薪尽火传

——邢公畹先生百年诞辰纪念论文集

陈 洪 主编

南开大学出版社

天 津

图书在版编目(CIP)数据

薪尽火传：邢公畹先生百年诞辰纪念论文集 / 陈洪
主编. —天津：南开大学出版社,2019.9
ISBN 978-7-310-05857-0

Ⅰ.①薪… Ⅱ.①陈… Ⅲ.①邢公畹(1914—2004)
—纪念文集 Ⅳ.①K825.5—53

中国版本图书馆 CIP 数据核字(2019)第 168206 号

南开大学出版社出版发行

出版人：刘运峰

地址：天津市南开区卫津路 94 号　　邮政编码：300071
营销部电话：(022)23508339　23500755
营销部传真：(022)23508542　　邮购部电话：(022)23502200

*

北京建宏印刷有限公司印刷
全国各地新华书店经销

*

2019 年 9 月第 1 版　　2019 年 9 月第 1 次印刷
230×155 毫米　16 开本　32.25 印张　4 插页　374 千字
定价：193.00 元

如遇图书印装质量问题,请与本社营销部联系调换,电话：(022)23507125

目　录

纪念篇

君子之学如蜕

——邢公畹先生语言学学术思想初探

石锋　曾晓渝　阿错

著名语言学家邢公畹先生在中国语言学领域孜孜不倦辛勤耕耘，治学态度严谨求实，在语言理论、汉语研究、语言应用和语言教学、汉藏语比较研究特别是汉语与侗台语比较研究等诸多方面做出重要成就，硕果累累，为中国语言学发展贡献了毕生精力，在国内外语言学界具有重要影响。邢公畹先生的精神和风范为中国语言学者树立了一面旗帜。本文拟对邢公畹先生语言学学术思想做初步解析和探讨。

1. 语言理论的求索

邢先生经常讲："治学必须有坚强的动力，然后才能不中断。对故乡和祖国的山川风物、土地及人民的深沉的、执着的爱，建设社会主义的理想，就是一种坚强的动力。"（1990）他自己就亲身实践了这一信念。他一生历尽坎坷，然而无论是身处逆境还是顺境，每日读书思考，笔耕不辍，直到耄耋之年还有论著发表。

治学的目的是什么呢？邢先生认为："治学的总目的在于探索宇宙间（包括人类社会）的各种规律，以便人去利用。至于具体学某一门学科，则常常带有一定的偶然性。从我说，……现在不过是通过语言研究来进行这种探索罢了。"（1990）有这样坚强的人生动力，有如此高远的治学理念，邢先生在语言学研究中高屋建瓴，视野开阔，不断寻求新的视角，尝试新的方法，认识人类，认识语言，博古通今，多有创获。

邢先生非常注意古今学者关于语言观的阐释，关注语言理论的发展。他说："中国古代语言理论与名学不分。汉以后名学衰微，语言学向应用方面发展，如文字、训诂、音韵。关于墨翟、荀卿提出的理论问题，洪诚说：'一唱之后，赓和无人。精义微言，光沉响绝。'"（2000a）《邢公畹语言学论文集》38 篇文章，专门论及语言理论的就有 11 篇，可见先生用力之重。书中即以《谈荀子的"语言论"》（1962）列为诸篇之首。

1.1 古人的语言论——评荀子《正名篇》

邢先生（1962）赞赏"荀子是公元前 3 世纪的一个唯物主义思想家"，认为他所写的《正名篇》是"公元前 3 世纪的一部极有价值的'语言论'"。古希腊的哲学家在争论思维和语词的联系、事物跟它们的名称之间的关系是规约论还是本质论的时候，也正值春秋战国时期的诸子百家在讨论意义相类的"正名"问题。荀子提出："名无固宜，约之以命；约定俗成谓之宜，异于约则谓之不宜。名无固实，约之以命实，约定俗成谓之实名。"邢先生认为："这里值得重视的还不在于他能正确地解决在古希腊争辩了几百年的问题，而在于他指出了语词成立的社会因素。"这里所讲的社会因素就是约定俗成。邢先生一语中的，抓住了问题的中心。

约定俗成是语言符号音义结合的重要原则，事物的名称由社会成员经过长期群体实践而确定或形成。约定俗成要受到双重约束：一是用什么样的声音来代表事物，能让人听懂呢？二是不同的人用不同的声音代表同一个事物，怎样达到一致呢？

邢先生引述荀子有关语词起源的言论："然则何缘而以同异？曰：缘天官。凡同类同情者，其天官之意物也同，故比方之疑似而通，是所以共其约名以相期也。……心有征知。征知则缘耳而知声可也，缘目而知形可也。"根据什么来辨别事物呢？根据人的感觉器官。相同的事物，人的感受也相同，所以相互比喻模仿都能够听懂。因此，人们创制的语词应该都是"比方之疑似而通"。

对于第二个问题，囿于时代，荀子没有讲。邢先生把约定俗成概括为社会因素是很精辟的。语言是在社会中产生，在社会中生存的。最初的理据应该很简单：跟事物本身的声音相近、容易发音、容易引起注意……等等。约定俗成就是理据的竞争，是优胜劣汰的选择过程。约要有人群，俗要有社会。语言跟社会不能分离。利用计算机建模仿真的实验（王士元、柯津云，2001），证明了人群形成统一信号系统的必然性：在人数少、声音数目也少的时候，人群很容易形成统一的信号系统。这就是达到约定俗成的结局。

1.2　西人的语言论——评索绪尔和乔姆斯基

邢先生（1994）曾经用"他山之石，可以攻玉"（《诗经·鹤鸣》）来说明学习借鉴国外语言学理论方法的道理。他自己更是身体力行，对于西方语言学理论积极引进。这种引进和借鉴并不是盲从照搬，而是经过头脑的认真思考，经过研究的实践检验。

邢先生《从对外汉语教学看"语言""言语"划分的必要性》（1993）中既看到索绪尔"语言""言语"学说在语言研究和语

言教学中的功绩具有重要意义，又看到其中的矛盾之处：

（1）索绪尔说："语言是形式而不是实质"。又说："语言科学……正要没有这些要素掺杂在里面，才能建立起来。"邢先生则认为"体系和局势（棋局）是不能凭空存在的"。

（2）索绪尔说："语言的能指……不是由它的物质，而是由它的音响形象和其他任何音响形象的差别构成的。"邢先生坚持唯物主义认识论原则，表明一个很浅近的道理："如果没有'音响'本身，怎么能有'音响形象'？可见'音响'是第一性的，'音响形象'是第二性的。"

（3）邢先生指出：索绪尔的"文字属于语言"这个说法有矛盾。"比如一个人有一些'意思'用话对人讲出来，这当然是'言语'，可是要是他把这些'意思'写成一封信告诉别人，却要算进'语言'，这是说不通的。"因此，对索绪尔的学说应该"进行一些必要的修正"。

邢先生最早将乔姆斯基《句法结构》译介到中国大陆，并写《论转换生成语法学》（1981）予以评介。在赞赏其"生成模式"方法的同时，也讲到乔姆斯基的"欠缺"多种：

（1）邢先生讲："要求语法理论必须能描写、解释人们的'语言能力'。""这种作为'天生的知识'的'语言能力'，在没有得到充分的证据以前，我们只能认为是一种'信仰'，不属于语言科学。"

（2）邢先生讲："企图只从'形式'去建立语言理论，肯定会成为一种可以破坏其所建立的'形式'本身的空理论。"因为，要是当真抛弃语言中的信息，空谈编码，编出来的只能是与自然语言无关的"人工的形式语言序列"。

（3）针对乔姆斯基"合语法而无意义的句子"的说法，邢先生在《语词搭配问题是不是语法问题？》（1980）中，引用当时学界对"我喝饭"问题的讨论，剥丝抽茧，层层深入，指出：句子里的语词彼此之间的互补作用，是产生语法结构作用的不可缺少的基础，"我喝饭"这样的句子是不合语法的句子。他进一步论证："语言结构公式的真实性在于它能反映语言事实，它的正确性在于把它用到语言实践中又能行之有效。"

1.3　从信息论的现代观念看人类语言

量子论创始人普朗克讲过："科学是内在的整体，它被分解为单独的部门不是取决于事物的本质，而是基于人类认识能力的局限性。实际上存在着从物理学到化学，通过生物学和人类学到社会学的链条，这是任何一处都不能被打断的链条。"语言研究的不同领域在整体上来看，就是这个总的链条上从人类学到社会学之间的一环。

邢先生的语言研究是开放式的，在语言学内部是泛领域的，在语言学外部是跨学科的。从信息论的新思想到考古学的新发现，都在他的关注之中。20世纪80年代，他就极力筹组人员，并用自己的科研经费在南开大学建立起国内较早的语音实验室。当年他应邀在北京大学做学术报告，提倡信息论和控制论跟语言研究相结合，立志走出一条语言学研究的新路。

邢先生在《语言和信息》（1986）一文中讲道："动物（包括人类）在自然界的活动和机器的自动控制，都可以看成是他本身各部分之间的信息传送过程。所以控制论就是扩大范围的信息论。"从信息论的窗口来观察世界、观察人类、观察语言，使他有了全新的思考和认识。以下这些精辟的论述，在今天仍然焕发勃勃生气，启迪理念的更新。

对于客观世界，邢先生说："不少人承认客观世界有三大要素：物质，能量，信息。……物质是实物，推动物质运动的是能量，传输事物存在方式或运动状态的是信息，三者合起来，不停地运动，组成我们这个宇宙。"

对于人类的认识活动，邢先生说："从地球这个天体来说，经过几十亿年的演化，……最后出现了作为万物之灵的人类，产生了意识和自觉能动性。"他认为："这许多'我'对宇宙所进行的认识，……用信息论的话来说，就是大自然的自我'反馈'。"他还引用诺伯特·维纳（Wiener Norbert，1954）的话"人是束缚在他自己的感官所能知觉的世界中的"来说明人的认识活动的生理限度。

对于人类的语言，邢先生说："一般认为，猿人掌握了两个开发自然界的武器：一个是石器，一个是火……应该说还有一个重要武器，甚至应该说是最重要的武器，那就是语言。""语言是一种把人们互相连接起来的看不见的'神经系统'"。因此，邢先生赞同赵元任（1980）讲的："语言是人跟人互通信息，用发音器官发出来的、成系统的行为方式。语言是传递消息的一种信号，标记语言的文字也是一种信号。"他提出要把语言定义为"人类社会最常用的信息载体"。这跟当时很多教科书上的定义都是不一样的。

1.4　从考古学的史前文化看语言演化

著名语言学家王士元对于人类知识的相互贯通有一个生动的比喻：不同学科之间的边界犹如画在沙滩上的线条，随着每一次先进知识的波涛到来，这边界就会发生变化，甚至完全消失。他还把考古学、遗传学和语言学作为考察历史的三个窗口。

邢先生早年曾攻读宋史，对于考古并不陌生。他在《汉藏语系研究与中国考古学》（1996）中写道："离开社会生活，语言就不能存在；所以要探索汉藏语的起源和演变，就必须探索中国原始社会的情况。"所以，把语言学和考古学结合起来，成为邢先生研究汉藏语言学的一个重要方法，他先后发表《汉藏系语言及其民族史前情况试析》（1984）、《原始汉藏人的住所和火的使用》（1997）、《原始汉藏人的宗教与原始汉藏语》（2001）等重要文章，对汉藏语研究产生重要影响。

根据考古学家张光直（Chang Kuang-Chih，1986）的描述：公元前四千年"虽然自北到南，在中国可以辨认出来好几个区域性文化，但这些文化显然全都是同一个交互作用圈的成员。这一点最显著的可以自它们共有的陶器特征上看得出来。这些特征有时可以称为'龙山形成期'的作风"。

邢先生认为：龙山时代庙底沟二期文化与当时其他各文化之间的强烈交互作用，可以称为"华夏化"运动。伴随发生的还有"夏语化"运动。"华夏化"运动是华夏文化与其他文化之间的交互运动，三代以后，几乎浸润全国；而"夏语化"运动则是单向地以夏方言为标准音的运动，远离中原的方言区，对此有一定的抗拒性，所以仍然独立发展为侗台、苗瑶等语。至于形成藏缅语的方言，由于在铜石并用时代的早期就已经从原始汉藏语中分出，所以不受夏语化影响。

邢先生（2000b）把考古学和语言学结合起来，论证了汉藏语历史演化的过程，进而形成了关于汉藏语系语言谱系关系、分化层次与相对历史深度的谱系图（见图1）：

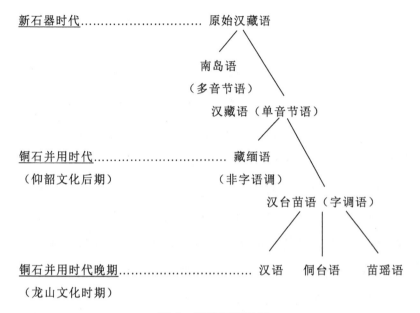

新石器时代.............................原始汉藏语

　　　　　　　　南岛语
　　　　　　　　（多音节语）
　　　　　　　　　　汉藏语（单音节语）

铜石并用时代.............................藏缅语
（仰韶文化后期）　　　　　　（非字语调）
　　　　　　　　　　　　　汉台苗语（字调语）

铜石并用时代晚期.............................汉语　　侗台语　　苗瑶语
（龙山文化时期）

图 1　汉藏语谱系图

2. 汉语研究

关于中国语言研究，邢先生从不同角度谈到自己的看法：

以印欧语言研究为中心的语言科学一遇到许多东方语言，就不大能用其概念和理论去解释，因而近十年来，国际语言学界逐渐认识到现代语言学对各国各民族语言学的传统继承得很不够，所以目前的语言理论是不全面的。(《汉语篇》，1991：55）

世界各民族的语言研究的逐步深入，将有助于对语言共性的认识，有助于语言科学的更好建立。(《语言论集》，1983：252）

在汉、藏缅、壮侗、苗瑶这四个语族中，有最古的文

字记录的语言是汉语，研究汉语以外的任何一支汉藏系语言，古汉语的知识也是非常重要的。(《汉语篇》, 1991：106)

邢先生强调中国语言研究的必要性，指出研究中国语言的最终目的是为了寻求人类语言的共同规律。而要研究好中国的语言，汉语知识、尤其是古汉语知识非常重要。

那么，应该如何进行汉语研究呢？邢先生的基本思路是：第一，研究古汉语应当尽可能地跟某时某地的自然语言结合起来；第二，古代汉语下头有各地汉语方言，这些都是从古代汉语演变出来的具体的自然语言；古代汉语上头还有一个更大的系统，这就是汉藏语系，我们对这些知道得越多，研究的路子就宽广。(《汉语篇》, 1991：106)

先生的这种思路至今仍具有指导意义。因为，现代语言学研究的趋势之一，就是从研究简化的、封闭的、静态的语言共时系统，进展到纷杂的动态语言的变异研究，从单个语言自身发展规律的研究进展到多种语言系统彼此接触而引发变化的研究，由此观察总结隐性或显性的语言规律。

2.1 汉语方言的研究

2.1.1　从声调的角度分汉语方言为两大区（《汉语篇》, 1991：45—47）

现代汉语方言要是只从声调上来分类可以分为两区：一个是声调复杂的汉语方言区，一个是声调简单的汉语方言区。因为这两个大区的语音特点都可以从声调上看出来。之所以能用声调的演变作为重要的分类标志，是因为声调是汉藏系语言的主要特征之一。

声调复杂的汉语方言区除两个平声、一个或两个上声之外，多数还有两个去声、两个入声。其中粤方言、客家方言和赣方言、闽南方言等保持了古辅音韵尾-m -p -t -k。从现代方言看，赣方言的临川话有-m 尾字，所以有-p 尾字；南昌话舒声字失去-m 尾，所以入声字也失去-p 尾，只有-t -k 两尾。从一个方言内部也可以看出这种鼻音尾和塞音尾的依存关系，比如广州话（"—"表示无此韵）：

表 1　广州话塞音尾依存关系

a 元音韵		i 元音韵		ε 元音韵		y 元音韵		œ元音韵		ɔ元音韵		u 元音韵	
-m	-p	-m	-p	—	—	—	—	—	—	—	—	—	—
-n	-t	-n	-t	—	—	-n	-t	-n	-t	-n	-t	-n	-t
-ŋ	-k	-ŋ	-k	-ŋ	-k	—	—	-ŋ	-k	-ŋ	-k	-ŋ	-k

还可以看出，-m 尾及其相依存的-p 尾是比较容易丢失的。总结起来可以得出两条规律：

第一，一种方言（或一种方言内部的一个元音韵类）如果舒声韵里-m 尾丢失了，入声韵里也就没有-p 尾；但是它可以有-t 尾、-k 尾跟它们相依存的-n 尾、-ŋ 尾；可是有-n、-ŋ 尾韵的方言却不一定有-t、-k 尾韵；

第二，一种方言（或一种方言内部的一个元音韵类）如果保留了-m -n -ŋ 尾韵，就会保留-p -t -k 尾韵。

这些规律不仅汉语许多方言可以证明，壮侗语的许多方言也可以证明。

声调简单的汉语方言区的语音特点是声调只有四个或五个（当然还有少到三个的），音系也比较简单。把声调简单的汉语方言区的方言分为江淮、晋、西南、北方四种。其中江淮方言、晋方言都有入声；西南方言大多无入声；北方方言的共同特点是古全浊入声现在说成阳平。

根据邢先生的声调划分标准，汉语分为"粤、客、赣、闽"和"江淮、晋、西南、北方"两大区，从中总结出塞音尾-p -t -k与鼻音尾-m-n -ŋ的某种依存关系，并以侗台语言予以旁证，这种现代语言类型学的观察发现，在当时是相当先进的。

2.1.2　安庆方言连读变调的轻重现象分析

在《安庆方言"字调群"的组结模式》（《语言论集》1983：91—106）中，邢先生详细描写了安庆方言两字组、三字组、多字组的连读变调，涉及前变调、后变调、轻声等变调规律，指出"在安庆方言里，接在重音字、次重音字之后的轻声字在字调群的组结模式中起着很重要的作用"。

邢先生对自己家乡话两字组、三字组、多字组的连读变调观察入微的描写，区分了"重音""次重音""轻声"，实际上已经涉及韵律层面的研究分析，这在当时也是前沿性的，为我们今天汉语连读变调的深入研究提供了很有学术价值的典型个案材料。

2.2　汉语语法研究

2.2.1　《诗经》"中"的倒置现象研究

在《诗经"中"字的倒置问题》（1947，《语言论集》1983：135—141）中，邢先生讨论了《诗经》中许多"中林"（林中）"中心"（心中）这种"方位中心语+限制词"的"倒置"用法。同时，他列举出现代侗台语龙州土话里普遍存在的直译为"中田""中房""中坑""中家""中山"等类似《诗经》"中林"的痕迹，由此认为这依稀可以辨认出汉语和台语在原始汉台语（Primitive Sino-Tai）中的血缘关系。

2.2.2　汉语的"连锁复句"研究

邢先生连续发表的三篇论文《说汉语的"连锁复句"》（1984）、《就汉语的"连锁副词"问题答史存直先生》（1985）、

《论汉语的"连锁复句"》（1990）（均收于《邢公畹语言学论文集》2000），将汉语中的"NP$_1$+VP+NP$_2$，ø+VP+NP"（如"台湾回归祖国是中国的内政，/ø/不容任何外人干涉"）类复句称为"连锁复句"，并与英语、俄语相比较，指出了汉语"连锁复句"与英、俄语结构上的不同；还从清末北京口语课本《官话类编》中搜集了141句"连锁复句"进行分析。

针对史存直先生"'连锁复句'说法不能成立""还是沿用'承前省略'的说法好"的批评，邢先生做了回应解释：因为"承前省略"的说法太笼统了，没有给出规律性的东西。要是只满足于它的"灵活"，就不能比较彻底地解决问题。"承前省略"是一个大类，内容太多，还得分出各种各样的细类来。所谓"省略句"不只是省略主语，还有省略其他句子成分的；而且被省略的主语也不一定都从前一分句的宾语来。所以，有必要分出"连锁复句"，以便对此类现象进行理论探讨。邢先生在文章中还提道："为什么在英语里没有相应句式的汉语句式我们就不能谈？为什么中国过去无人谈过的，我们也不能谈？特别是，为什么西洋语法书从未谈过的，我们也不能谈呢？""我认为分析汉语语法应以中国人说的话为标准，不应以英国话或其他任何话为标准。"

关于语法研究，邢先生还发表有《〈论语〉中的对待指别词》（《国文月刊》1949）、《语法和语法学》（1979）、《论转换生成语法学》（1980）（此三篇收于《语言论集》1983）、《现代汉语的构词法和构形法》（1956，《南开大学学报》第2期）、《现代汉语具有"位置移动"语义特征的动词》（1993，《邢公畹语言学论文集》2000：266—275）等论文，内容包含古代汉语和现代汉语，还涉及多种外语及西方语法理论。

2.3 汉语音韵学研究

2.3.1 《切韵》完整地储存了汉语中古音音位的信息

邢先生认为："《切韵》并不能代表 6 世纪的某一个具体的地点方言的音系，而是一种统计出来的方言调查字表，更确切地说，是一个有关晋隋间汉语音类的分韵同音字表，它比较完整地储存了汉语中古音音位的信息。"（1982：64）

《广韵》是隋代定下的理想的标准读音系统。一方面，方言与《广韵》作对比，以求得从中古音到现代音的大致演变情况。另一方面，《广韵》的音韵系统可以用具体的汉语方言去印证，这种印证可以逐渐分清公设性的复杂的《广韵》系统的合成层次；又可以用来跟上古经籍中韵文的韵脚和形声字的谐声系统对比，参之以明清以来古音学者的研究成果，以求出上古音韵（周王朝官话音韵）到中古音韵的大致演变情况；而陈述从上古音到中古音到现代音的演变情况都必须建立在演变程式的合理推导上；而在实际工作的程序上，这种推导其实是建立在具体的现代汉语方言的调查基础上的。（1990：143—144）

关于《切韵》音系的性质，目前学界仍有争论。从语言类型学的视角分析《切韵》音系知、庄、章三组声母在现代汉语方言中的复杂对应现象，观察《切韵》音系声韵调格局与现代汉语方言的明显差异以及《切韵》的小韵数量成倍高于现代汉语方言音节平均数等现象，再根据"均变性原则"，可以质疑《切韵》音系的单一性，而肯定邢先生的观点至今依然具有正确性。

2.3.2 从安庆话入声看中古后期官话的音系格局

在《安庆方言入声字的历史语音学研究》（1984b）中，通过对安庆话入声韵元音的详细分析，邢先生得出结论：（1）安庆方言入声韵字元音是紧的，这可以证明汉藏系某些语言，当塞音尾消失后，可能产生元音紧化的现象；（2）安庆话的 i、ʅ 两韵似从类似《中原音韵》的齐微韵来，ɿ、ɚ 两韵似从类似《中原音韵》的支思韵来，但安庆仍有入声，那么，安庆方言应是早于《中原音韵》的一种音韵格局；（3）设想中古之韵和《中原音韵》支、思韵的元音近似于[ɨ]音；（4）安庆方言入声韵母跟舒声韵母的搭配情况，可以从中把等韵学上的内外转分开来。

2.3.3   古平声调形可能是平调，去声可能为降调

在《说平声》（1983：80—90）一文中，邢先生根据现代方言及侗台语言声调系统调值情况的考察，并参考唐代处忠《元和韵谱》、元代日本僧人了尊《悉昙轮略图抄》等文献中关于声调的描述，得出几点结论：（1）绝大多数汉语方言及台语、侗水语的平声或平声之一都是平调；（2）古四声只有四个调，其后各调首先受声母清浊影响一分为二，其调值大概一个是新生的，一个是旧有的。汉语方言平调多属阴平，是否意味着阴平可能近似旧有调值？（3）关中方言和山西第四区平声却是降调，这大概就是陆法言所见的"梁益则平声似去"的现象，说明当时通语的去声是降调。

2.3.4   汉语史上[ɚ]音的产生是由于汉语内部关系变化所致

邢先生在《对外汉语[ɚ][ʅ]两音位的教学及[ɚ]音史的问题》（1995）一文中充分肯定了李思敬先生关于[ɚ]音史的研究成果，同时对高本汉"北方汉语的[ɚ]产生原因与辽金语言影响相关"的观点提出不同看法，认为"汉语音韵系统发展史上的音位系统的变化都是内部关系的变化，没有任何外部原因。……汉语是一个系统，但是在汉藏语系统中，它只是一个

子系统，而历史上北方民族语言一般不在这个系统之内。"

邢先生的以上看法，重视语言内部结构系统的调整变化是语音演变的主要动因。不过，为什么南方方言少[ɚ]音？高本汉的解释也是有道理的。语音演变的动因一是规则音变，二是接触音变，三是类推音变。就汉语语音史看，汉语通用音系的重大结构变化总是发生在汉族与北方少数民族密切接触交融的朝代，如南北朝时期、宋末、元（明）清时期，所以，汉语史上北方汉语[ɚ]音的产生不一定"没有任何外部因素"，当时辽金语言的接触影响的可能性是比较大的。

2.3.5　上古汉语阴声韵的塞音尾*-g、*-gw、*-kw 和*-d

邢先生《汉语塞音韵尾*-g、*-gw、*-kw 和*-d》（2002）一文指出："根据《诗经》押韵和文字谐声的情况，我们必须把带-p、-t、-k 尾的字群和带元音尾的字群（阴声韵）配合在一起。李方桂继承了这个优秀的音韵学传统，并且为那些带元音尾的字构拟了*-g、*-gw、*-kw、*-d 等塞音尾。本文作者根据藏文-b、-d、-g尾是破裂音这一事实，认为上古汉语中的*-p、*-t、*-k 和*-g、*-gw、*-d 等塞音尾也都是破裂音。当*-g、*-gw、*-d 等塞音尾消失后，*-p、*-t、*-k 尾也就变成唯闭音。"

在这篇晚年写作的论文中，邢先生根据藏文材料，列举了许多汉语非去声阴声韵字与藏语收浊塞音尾对应的同源词，如：

表 2　上古汉语与藏语同源例词对应

上古韵部	词义	汉语（李方桂拟音）	藏文	泰文
鱼部	肤	*pljag	pags-pa "皮肤" lpags(<*plags) "皮革"	pluak[7]<*pl- "树皮"
	举	*kjag	bkjag (figjogs)	jok[8]

还列举出不少汉语平声、上声与入声相谐的谐声字系列，如：

表 3　上古汉语平、上声与入声相谐例词对应

阴声韵			入声韵	
上古韵部	平声	上声	入声	上古韵部
之部	该*kəg 孩*gəg	亥*gəg	核*grək	职部
幽部	萧*siəgw		肃*siəkw	觉部
		搅*krəg	觉* krəkw	

对于上述非去声阴声韵字也与入声韵发生关系的现象，按照李方桂先生的构拟系统是有一定解释力的。由此，邢先生坚持维护他的导师李方桂先生的观点，并进一步论证予以支持，这种执着严谨的学术精神令人感动和敬佩。

上古汉语的阴声韵是否有浊塞音尾，一直是学界争论的焦点之一，其关键问题在于怎样解释处理《诗经》里入声韵与阴声韵通押以及一些谐声系列里阴声入声相谐的现象。学者们的思路和办法不同：高本汉、李方桂等学者采用了为阴声韵构拟浊塞音尾的办法，而王力先生（继而有白一平、潘悟云、郑张尚芳等）则是将上古与入声通押相谐的那部分阴声韵去声字归到上古入声韵中。

古音构拟的目的在于解释语音的历史演变。如何处理《诗经》及谐声字中与入声韵通押相谐的那部分在《切韵》里属阴声韵的字，我们认为各家古音韵尾构拟方案都有其合理性。但是，上古阴声韵中与入声发生关系的平、上声字究竟如何解释，若与入声发生关系的平声字有浊塞音尾，到中古脱落变为阴声韵的条件是什么，还值得再深入研究。

3. 汉藏语研究

邢先生在《我和汉藏语研究》（1998）中谈道："'汉藏语'是指汉语、藏语以及和它们可能有亲缘关系的许多语言的群体。研究汉藏语有四件重要的事：第一，语言研究并不是以"意义"为索引的语音形式的研究；第二，语言史的研究并不只是语音形式演变史的研究，应当更要关心这些语音形式所包含的反映客观实际的意义；第三，汉藏语系除汉语和藏缅语外，还必须包含侗台语、苗瑶语以及南岛语，侗台苗瑶等语是和汉语有亲缘关系的；第四，研究汉藏语系必须启用丰富的、古老的汉语文献。"

汉藏系语言特别是汉台语比较研究，一直是邢先生学术思考的重心，最能体现他的研究特色和巨大的学术贡献。

3.1 侗台语言调查研究

按照导师李方桂先生的指引，邢先生在研究生时期开始语言学田野工作，调查了远羊寨布依语，随后发表《远羊寨仲歌记音》（1942）、《评埃斯吉罗与韦野氏〈仲法字典〉》（1942）等文章。

在西南联大边疆人文研究室工作期间，邢先生进一步深入云南罗平、新平、元江等地区，调查了侬语、偻语、傣仍语、黑彝语、傣雅语等多种民族语言，尤其是傣雅语。1943年调查了傣雅语，四十多年后重新整理当年的调查材料，出版了专著《红河上游傣雅语》（语文出版社 1989）。1980年，年近古稀的邢先生带领研究生到广西三江侗族自治县调查侗语，随后出版《三江侗语》（南开大学出版社 1985）。这两部调查研究专著分别有63万字和46万字，是继李方桂先生之后，对于侗台语单点语言最为详实的记录。

3.2 汉台语言比较与"关系字"概念

在 1942 年南开大学边疆人文研究室人类学乙种双月刊《边疆人文》的创刊号上，邢先生发表了第一篇汉台语比较的论文《台语中的助词 luk 和汉语中的"子""儿"》，文章发现汉、台语两语言的这种"助词"，从音韵特征、本义引申义，到构词功能、语序等方面，都有着很大的一致。继而，《〈诗经〉"中"字说》（1942）、《汉台语构词法的一个比较研究——大名冠小名》（1949）、《论调类在汉台语比较研究上的重要性》（1962）、《现代汉语和台语里的助词"了"和"着"（上、下）》（1979）、《论汉藏系语言的比较语法学》（1979）等系列论文（分别收于《语言论集》和《邢公畹语言学论文集》），广泛利用田野资料和汉语古老丰富的历史文献，考查汉语与台语之间在构词、调类、虚词功能等结构类型方面的共性，其方法上以汉语文献考据的"字"音"字"义为轴心再与其他亲属语言比较，日后则发展成为汉藏语历史比较研究的一种典型范式。

1962 年，在《论调类在汉台语比较研究上的重要性》一文中邢先生首次提出日后影响重大的"关系字"概念，并理出了168 对汉台关系字。1976 年李方桂先生在国外发表"Sino-Tai"一文总结了 128 组汉台语"关系字"，在 1977 年《台语比较手册》中把有关邢先生关系字的论文录入"有选择的"参考文献中。改革开放后，邢先生相继发表《原始汉台语复辅音声母的演替系列》（1980）、《"别离"一词在汉语台语里的对应》（1983）、《汉语侗傣语里的-m，-ŋ 交替现象》（1986）、《论汉语台语"关系字"的研究》（1989）、《古无轻唇音是汉语侗台语的共有现象》（1990）、《台语-am，-ap 韵的汉语"关系字"》（1990）、《台语-an 韵的汉语"关系字"研究》（1991）、《台语-i 韵字里的汉语

"关系字"》（1991）等论文，在他的引领下，"关系字"与"关系词"的观念在汉语侗台语言比较研究领域流行，学者们从同源与借贷相纠缠的困惑中解脱出来。

邢先生以深厚的小学功底，对汉台关系字，包括李方桂先生已经指出的关系字，以丰富的汉语文献考证，发现对应的关系字往往是一些相关联的字组与字组的对应，这为日后形成同源体系、深层对应研究方法奠定了基础。

3.3 从同源体系到语义比较法

在 1982 年第 15 届国际汉藏语言学会议上，邢先生发表了论文《汉语遇、蟹、止、效、流五摄的一些字在侗台语里的对应》（《语言论集》1983：265—317），这是邢先生汉台语比较研究的重要转折。文章首倡"同源体系"说。比如，"筷子"汉语古称"箸"，而侗台语的说法与汉语音义相通，"箸"用以夹菜，"梜"汉语上古音为 kiap，泰语就称"箸"为 ta²kiap⁷，这就是所谓同源体系上的一致性（《语言论集》1983：314）。这种理念方法促进了汉台比较乃至汉藏语的系统性音义对应研究，直接催生了施向东《汉语和藏语同源体系的比较研究》（2000）等重要成果。

可是，由于感到"同源体系"方法"找不出多少规律性的东西"，邢先生又苦苦思索（《我和汉藏语研究》1998），鉴于汉藏语的历史比较法无法移用西方历史比较法的"形态学比较法"，如果只借用其语音形式对应的方法，必然产生难以判断是发生学关系还是借贷关系的弊病，所以必须建立"语义学比较法"——在被比较的两种语言的词之间建立起一种"形同（形近）义异对应程式"。例如：

> 广州 kau（阴上）＜*kjegw（上）"九"：曼谷 kau（阴上）
> ＜*k-"九"
>
> 广州 kau（阴平）＜*kjegw（平）"鸠"：曼谷 khau（阴平）
> ＜*khr-"鸽子"

邢先生认为泰语不可能为了要从汉语借用"九"字，连"鸠"字也借过去，所以这一组"形同（形近）义异对应式"所显示的是一种发生学关系。

邢先生陆续发表了《汉台语比较研究中的深层对应》（1993）、《台语 tɕ、s- 组声母的字和汉语的深层对应》（1993）、《汉苗语语义学比较法试探研究》（1995）、《汉台语舌根音声母字深层对应例证》（1995）等（均收于《邢公畹语言学论文集》2000）。由此建立了一种规范化、形式化的求证汉台语同源词的方法。

后来，丁邦新发表《汉藏系语言研究法的检讨》（2000，《中国语文》第 6 期）、聂鸿音发表《"深层对应"献疑》（2002，《民族语文》第 1 期）对邢先生的"语义学比较法"（亦称"深层对应"）提出了异议，邢先生为此又发表《说深层对应——答丁邦新、聂鸿音两位先生》（2002，《民族语文》第 6 期）予以回应。

学界争论的焦点问题是：侗台语里有大批与中古汉语《切韵》音系对应的"关系词"。按照历史比较法，成系列音义对应的词可以认为是同源词。但是，语言的深度接触也会形成上述的深层对应现象，而这种现象不宜按传统历史比较法的思路，纳入谱系树框架内加以解释。可以认为，侗台语言与汉语之间的关系是动态发展的历史过程，二者之间存在同源——分化——接触的关系，同源与接触并不完全对立，肯定接触关系，不一定就否定同源关系。

3.4 《汉台语比较手册》

《汉台语比较手册》（1999）是邢先生集毕生研究之大成的巨著。全书按照语义学比较法揭示了 1122 组汉台"关系字"（邢先生统计为 909 组），根据汉语上古韵部统摄编排，每一组关系字都列出上古汉语与原始台语的语音对应，同时分别给出从现代汉语广州话到上古汉语和从现代泰语到原始台语的历时语音面貌。对于其中的汉字字义，征引大量的古代文献加以详尽的训诂诠释；并广泛采用台语的田野调查材料论证，还尽可能地利用藏缅、苗瑶等亲属语言的材料作旁证。从中归纳上古汉语和原始台语的声、韵对应规律，细化已有的声调对应关系。

邢先生非常严谨，因为"区别同源字和借字是不容易的。台语的现代借词易于辨别，古代借字就不易分辨"（《汉台语比较手册》1999：21），因此书中始终使用"关系字"包容"同源字（词）"和"借字（词）"，尽管这里的"关系字"实际是"排出可以确认的借字之后的关系字"。这数量众多的"关系字"，为汉台语比较研究提供了重要的基本事实材料。这是对李方桂《比较台语手册》的拓展和深化，大大推动了汉台语的比较研究。

正如王均"序言"所述："邢先生是在李先生的基础上前进的，不仅是所寻得的比较研究材料多倍的增加，而且在研究方法上提出了不同类型的深层对应体系的比较方法，……这是两代语言学家、两位语言学大师的接力赛。"

"在这里，邢先生旗帜鲜明地重新确立了'汉台语'的名称，指出它们之间是'发生学关系'。这是作者经过多年辛勤工作后充满自信的论断。""应该看到本《手册》的重大贡献和历史地位。"

3.5 汉藏澳泰语系学说

1990 年，法国著名语言学家沙加尔（Sagart Laurent）首次提出汉语与南岛语同源说，并将论文寄给邢先生征求意见。邢先生对此十分关注，连续发表系列文章进行述评补正，并进一步提出"汉藏泰澳语系"学说（1991，《民族语文》第3、4、5期）。

邢先生在文中以大量的汉语文献考证，补正或否证沙加尔的研究，并结合人类学家、考古学家、艺术史家的辅证材料，如考古学家张光直（1959，1980）之"尚未区分开来的汉藏南岛综合体"（undifferentiated Sino-Tibetan-Austronesian complex），提出："我们似乎有根据提出这样的假设：在人类语言史上有两支规模最大的语系：一支从南向北延伸，叫作印度欧罗巴语系，一支从北向南延伸，叫作汉藏泰澳语系（郑张尚芳同志主张称'华澳语系'，这也很好）。"

1992年沙加尔发文答谢邢先生的评述，接受补正多处，并进一步讨论有分歧的地方。1998年，沙加尔专程赴天津邢先生寓所研讨（见袁明军2000）。2001年9月，沙加尔在北京大学的学术报告"Evidence for Austeonesian-Sino-Tibetan Relatedness"中，补充了汉语、侗台语与南岛语之间同源词的证据，之后形成了他的"汉藏南岛语"（Sino-Tibetan-Austronesian）理论（2004：305-327），与邢先生的观点异曲同工。

3.6 汉藏语比较中的"字单位"思想

邢先生十分强调汉藏语历史研究中以"字"为"基本比较单位"的重要性，可以称为"字单位"理论。在早年多篇论著里已有端倪，后来在《论调类在汉台语比较研究上的重要性》（1962）中明确指出："在印欧系语言的比较研究工作里，用来做比较研究的基本单位是'词'，而在汉藏系却是'字'。""字是用声母、韵母和声调所构成的有意义的音节。"（《语言论集》1983：142—172）同时认为，在印欧语系语言里，音节不能和语素直接对应，而在汉藏系语言里，音节则有语素意义。事实上，在汉藏语研究中采用"字"这种有意义的带调音节为基本单位，的确有着非常大的便利。邢先生很多论著都是以"字"为基础的比较成果，这也正说明其符合汉藏语的特点。

邢先生的《论汉藏语言的比较语法学》（1979，《语言论集》1983：123—134）参考李方桂（1977）关于 intrasyllabic juncture（字间组结）与 intersyllabic juncture（字内组结）的表述，讨论了"字内结构""字间组结"和"虚字"三个方面的研究，即：根据"字内结构"探求"原始语的可能的实字的可能形式来"；字间组结"其间既有音位学上的组结，也有语法关系上的组结"，"实质上都是语法关系的组结"；虚字"本身就是表示语法关系的，但是也有字间组结为其边界"。并具体用树形图分析"字间组结"结构与层次。这实质上是在探索如何把语言类型特征的历史发展与"发生学"结合起来，从而全面探究"原始语"的面貌。徐通锵后来提出"字本位"理论，二者确乎有异曲同工之妙。可见，无论从历时层面还是共时层面来看，"字"在汉藏系语言研究中都有着重要地位。

邢先生喜欢引用《荀子·大略》中的话："君子之学如蜕，幡然迁之"来比喻治学应当不断地从旧范围里走出来，走向新的境界。先生的学术研究就是这样不断突破自己，以极大的勇气探索前进。邢先生胸怀大爱，一生孜孜不倦，创新不懈，无愧是一位现代中国语言学研究的领跑者，他崇高的精神境界和重要的学术贡献，永远值得我们敬仰怀念！

参考文献

一、邢先生学术著作目录（限于本文所引的篇目，论文集中所收的不再列出）

1942《远羊寨仲歌记音》，西南联大·南开大学边疆人文研究室人类学专刊甲种第 1 卷，昆明油印。

1942《评埃斯吉罗与韦野氏〈仲法字典〉》，西南联大·南开大学《边疆人文》乙种第 1 卷第 2 期。

1956《现代汉语的构词法和构形法》，《南开大学学报》第 2 期。

1980《论转换生成语法学》，《民族语文》第 3 期。

1980《语词搭配问题是不是语法问题？》，《安徽师范大学学报（人文社会科学版）》第 1 期。

1982《汉语方言调查基础知识》，武汉：华中工学院出版社。

1983《语言论集》，北京：商务印书馆。

1984《汉藏系语言及其民族史前情况试析》，《语言研究》第 2 期。

1985《三江侗语》，天津：南开大学出版社。

1986《语言和信息》，《语文建设》第 3 期。

1989《红河上游傣雅语》，北京：语文出版社。

1990《治学经历自述》，《文献》第 3 期。

1991a《汉语篇》，马学良主编《汉藏语概论》（上），北京：北京大学出版社。

1991b《L.沙加尔〈汉语南岛语同源论〉述评补正（之一、二、三)》，《民族语文》第 3、4、5 期。

1993《从对外汉语教学看"语言""言语"划分的必要性》，《世界汉语教学》第 2 期。

1994 石锋编《海外中国语言学研究》序言，北京：语文出版社。

1996《汉藏语系研究与中国考古学》，《民族语文》第 4 期。

1997《原始汉藏人的住所和火的使用》，《民族语文》第 5 期。

1998《我和汉藏语研究》，《学林春秋——著名学者自序集》，北京：中华书局。

1999《汉台语比较手册》，北京：商务印书馆。

2000a《邢公畹语言学论文集》，北京：商务印书馆。

2000b 瞿霭堂、劲松《汉藏语言研究的理论和方法》序言，北京：中国藏学出版社。

2001《原始汉藏人的宗教与原始汉藏语》《中国语文》第 2 期。

2002a《汉语塞音韵尾*-g、*-gw、*-kw 和*-d》《南开语言学刊》第 1 期，天津：南开大学出版社。

2002b《说深层对应——答丁邦新、聂鸿音两位先生》《民族语文》第 6 期。

二、其他参考文献

丁邦新　2000 《汉藏系语言研究法的检讨》，《中国语文》第 6 期。

聂鸿音　2002 《"深层对应"献疑》，《民族语文》第 1 期。

沙加尔　2000 《汉藏语南岛语系：对汉藏语和南岛语关系的补充解释》，收入沙加尔《上古汉语词根》附录二，（龚群虎译），上海：上海教育出版社。

施向东　2000 《汉语和藏语同源体系的比较研究》，北京：华语教学出版社。

王士元、柯津云　2001 《语言的起源及建模仿真初探》，《中国语文》第 3 期，收入《王士元语言学论文集》北京：商务印书馆，2002 年。

袁明军　2000 《沙加尔、邢公畹对话录》，《民族语文》第 4 期。

张光直　1959《华南史前民族文化史提纲》，中国台湾地区"研究院"《民族学研究所集刊 7》。

张光直　1986 《考古学专题六讲》，北京：文物出版社。

赵元任 1980 《语言问题》，北京：商务印书馆。

朱宏一 2001 《著名语言学家邢公畹治学答问录》《河北师范大学学报》第 4 期。

Li，Fang Kuei 1976 Sino-Tai，王均译：汉语和台语，载《民族语文研究情报资料集（4）》，中国社科院民族所语言室编印，1984 年。

Li，Fang Kuei 1977 A Handbook of Comparative Tai, The University Press of Hawaii.

Sagart, Laurent 1990 Chinese and Austronesian are Genetically Related, 23rd International Conference on Sino-Tibetan Languages and Linguistics, October 5—7, 1990. Arlington, Taxas, U.S.A.

Sagart, Laurent 2001 Evidence for Austeonesian- Sino-Tibetan Relatedness, May 9,2001. Beijing University.

Wiener，Norbert 1954 The Human Use of Human Beings, Cybernetics and Society.（中译本）：1978《人有人的用处》，北京：商务印书馆。

Chang Kuang-Chih 1980 *Shang civilization*, Newhaven and London: Yale University Press.

（石锋、曾晓渝、阿错　南开大学文学院　天津　300071）

邢公畹先生的汉台语研究和治学
理念给我的启示

罗美珍

邢公畹先生是我的老师马学良先生的师弟，我的师叔。早在 1940 年，邢先生就师从李方桂、罗常培两位语言学大师开展了汉语和侗台语族语言的研究，成果卓著。我在兼任《民族语文》副主编的时候，1994 年 5 月曾经对邢先生做了一次采访（这次的访谈录载于《民族语文》1995 年第 2 期）。我主要是请邢先生谈谈自己的研究成果、贡献和治学理念，供后辈学者们学习、弘扬。这次的访谈给了我很大的启示。

邢先生的汉台语研究有几个特点值得后辈学习、继承：

（1）描写语言（语音、词汇、语法）的结构准确、提供的语言材料翔实、做学问严谨（如：《红河上游傣雅语》语文出版社 1989、《三江侗语》南开大学出版社 1985）。我在和本所周耀文同志合编《傣语方言研究》一书和独撰《傣语方言研究（语法）》时，充分参考了邢先生的《红河上游傣雅语》。他所描写的语言特点和我们归纳的红金方言完全一致。

（2）以深厚的古汉语知识做汉台语比较，探讨系属问题说服力强，令人信服（如："论汉语、台语关系字的研究"《民族语文》1989 年第 1 期、《汉台语比较手册》商务印书馆 1999）。

（3）有大度的胸怀，对别人的批评能做自我思考；对不同意见的新观点不排斥并做介绍（如：对沙加尔的汉语南岛语发生学关系的文章，曾做介绍、述评、补正，认为这是崭新的提法）。

（4）在研究实践中提炼出一些新的理论和方法（如：《民族语文》1993 年第 5 期的《汉台语比较研究中的深层对应》一文，提出"同形异义型"词可以用来证明汉台语有发生学关系的比较方法）。

邢先生的治学经验和理念，我也深有体会。

邢先生说："科学研究首先必须要有动力和兴趣。"先生的兴趣是语言学，他的动力就是对故乡和祖国的山川风物、土地及人民的深沉、执着的爱和建设社会主义的理想，所以他的研究硕果累累。的确，没有兴趣和动力是做不好任何事情的。然而在现实生活中不是所有的人所干的事业都符合自己的兴趣和理想。这就需要面对现实培养兴趣，主动、积极地去理解所从事的事业的意义所在，做到爱岗敬业。像一颗种子那样，埋在任何地方都能生根、发芽、开花。少年时候我的理想是做一名治病救人的白衣天使。可是 1952 年参加全国第一次统一高考后却被分配到了中央民族学院语文系学习，感到很失望，学习很没劲。后来经过政治学习才认识到：实现民族平等、帮助弱势群体提高文化也是一项相当于救死扶伤的高尚事业（语言研究和帮助少数民族创制、改革、选择文字与提高他们的文化有直接关系）。因此后来的学习和研究都有了劲头和兴趣，产生了正能量。一个人只要所做的工作对社会有益，就能体现你的人生的价值。

邢先生说："研究语言不能仅凭书本子，必须做田野调查。"

书本子的东西只能给你提供知识，展现道路，不可能使你有真实的感受，必须亲自上路。就像演员为了演好角色，必须亲身体验角色的真实生活才能演得逼真。我的亲身体会是：研究民族语言的人必须学会或熟练掌握至少一种民族语言，这样在研究该语言时才能像研究母语一样得心应手。我在大学时实习和调查黔东苗语一年。1963 年借所里把我下放到云南西双版纳傣族自治州劳动锻炼一年之机，学会了傣语文，和苗族、傣族结下了情结，并亲身体验到苗族、傣族的文化风情。"文化大革命"后我开始进入了邢先生所从事的侗台语言的研究领域。在编写《傣语方言研究》《傣仂-汉词典》的时候感到像研究母语一样，语言材料手到擒来。研究民族语言的语法结构，一般都由本民族学者进行，而汉族学者要研究民族语法离不开和本民族人士合作。我在独自撰写《傣语方言研究（语法）》一书时，没有条件和本民族人士合作，凭着和傣族人民交流时的口语深刻记忆，翻阅一些通俗读物就归纳出了语法规律，并常会涌现出一些觉得需要进一步探讨的题目。

　　邢先生教导我们："不能只研究一种语言，要研究一组相关的语言，这样才能观察到语言的深层现象。"还说："基础知识越丰富，楼就上得更高，看得越远。""要不断从旧范围里走出来，走向新的境界。"我开始研究侗台语时，阅读了国外一些有关侗台语言研究的文章，曾看到美国学者本尼迪克特的观点：侗台语和汉语没有发生学上的关系，只是接触关系；侗台语和南岛语才有真正发生学上的关系，属于南岛-泰（Austro-Thai）语系。当时在国外这个观点还占据多数。我感到很新鲜。因为那时我们只知道国内权威学者的看法：侗台语属于汉藏语系。于是我认为有必要将本尼迪克特的观点介绍给国内的同行们。我翻译了本氏的"台语、加岱语和尼西亚语——东南亚的一种新联盟"，登载在 1980 年本所语言室编的《汉藏语系语言学论文选译》，还和同事一起翻译了本氏的《汉藏语概论》一书，写出"本尼迪克特的汉藏语言观"一文提供给了首届民族语言学术研讨会。引起国内不少学者的关注，纷纷撰写论著发表自己的见解。我自己从此也不再局限于研究傣语的语言结构，对探讨侗台语的系属问题感到了兴趣，而邢先生深厚的古汉语知识和扎实地论证汉台语系属问题的文章更是令我信服。兼做《民族语文》的编辑工作让我开阔了视野，对一些综合性、理论性的问题也敢于探讨并发表自己的见解。

　　在研究侗台语言的系属问题时，有一个问题曾使我感到困惑，即：在汉语和侗台语言里确实有一些能够和印尼语构成对应的深层词。这类词本氏认为是南岛-泰语系的词，汉语借自南岛-泰语；持侗台语属于汉藏语系的学者认为这是汉台语同源词，南岛语借自汉语；主张建立汉藏-澳台语系的学者把这类词作为建立该系的证据。各说各有理。桥本万太郎的《语言地理类型学》，启发我从种族的生态环境、原始经济类型、迁徙、接触、交融来思考问题。从而打破了语言历史比较法的一些框框，认为人类语言的发展不是只有分化这一种模式（即：有层次地从原始母语分化出不同的语族——语支——语言——方言——土语）。随着种族的发展、迁徙和与其他种族的交往、接触，语言发展的模式也可以从借用——兼用（或并用）——交融到替换或质变。尤其是随着交通、商业的发达，这种语言发展的模式更为普遍。结合考古发现和历史文献，我理出了思路：操侗台语的人属于发祥于中国大陆的蒙古利亚人种的南支——马来人种，原先说的是原始马来语（现今的侗台语中保留有马来语的底层词）。从海路迁徙出中国大陆到达南洋群岛的马来人，保留的是多音节粘着型语言；而留在大陆和迁徙至东南亚的操侗台语的人，因为和汉-藏人接触深远，语言结构发生了质变，共同向单音节分析型语言发展，脱离了原始马来语的发展轨迹，进入到汉藏语系的行列发展下来(侗台语言的质变主要表现在：语音方面，无论是保留下的马来语底层词还是和汉藏语有对应的关系词都单音节化、产生了声调，调类与汉语构成对应、语音结构和汉藏语言有相同的演变规律；语法方面，在名词的性状标志上产生了计量词，以虚化的动词来表达各种语法意义，使用主-谓-宾的语序，古时的修饰、限定成分原在中心成分之后，后来汉语和有些语言将修饰、限制成分置于中心成分之前；在词汇方面，有不少古老的基本词汇构成对应)。这表明一个语系的原始基础语有两种类型：(1)语系内的各语言是从单纯一个种族的语言发展下来的；(2)语系内的语言是从多种族的语言融合体发展下来的。前者的发生学关系比较清晰，容易探讨；后者由于各种族集团的原有经济、文化不同，交融时会产生复杂的情况，其发生学关系模糊，较难探讨。也许这就是邢先生所说的"走向新的境界"。困惑的问题由此也可迎刃而解。

（罗美珍　中国社会科学院语言研究所　北京　100732）

饮其流者怀其源　学其成时念吾师

——追忆邢先生教导鞭策我的二三事

石林

饮其流者怀其源，学其成时念吾师。今年正值恩师邢公畹先生百年诞辰和逝世 10 周年纪念，在这个值得纪念的日子，我不由得追忆起先生栽培、关爱、鞭策我的二三事。

邢公畹先生是国内侗台语研究泰斗级的学者，是被海外学界喻为"非汉语研究之父"的李方桂教授的得意门生。邢先生曾任南开大学中文系主任、中国语言学会副会长。汉语研究与民族语研究相结合、共时研究与历时研究相结合、传统理论研究与现代理论研究相结合，是邢先生始终坚持的研究理论方法与实践。邢先生一生在中国语言研究中所取得的成就、贡献和影响，以及他对研究的专注、付出，在南开大学中文系恐无人能及，也恐无人能超越。很庆幸我能成为改革开放后先生的第一批研究生，使我今生能走上民族语言研究之路，成为南开大学等高校的教授，成为一位民族语言学家。没有先生的栽培、关爱、鞭策就没有我的一切。我也是先生属意留校工作的唯一研究生。研究生毕业时，我有机会出国或到别的高校、政府部门学习或工作。后来先生让我留下来工作，说侗台语研究室现处于恢复重建期，有很多工作需要你们，未来研究室要有更大的发展也需要你们。难辞先生的厚爱，感觉自己也较适合于做研究工作，于是我安心留校工作。先生退休后，让我担任侗台语研究室主任。先生对我的希望、信任很让我感动，但我能力有限，致使由陶云逵教授和先生创办的、在国内很有影响的西南联大边疆人文研究室（1978 年后改为侗台语研究室）后来被边缘化了。我深感愧疚，很对不起先生。

　　我能考上先生的研究生说来也是幸运的。1968 年我从中央民族学院民语系毕业后，分回贵州工作，但当时正是"文化大革命"时期，贵州省的革命委员会尚未成立，全国分到贵州的大学生都不能分配工作。这样，我们就被送到贵州龙里的昆字602 部队农场去劳动锻炼，等待分配工作。在那里我认识了毕业于四川大学哲学系的我现在的夫人，因为我们的家庭成分都不好，后来就被分到了边远落后的黎平，到黎平后又被分到了交通很不便的孟彦中学任教。当时孟彦无班车，又无电，基本的生活物品极为稀缺。我们的宿舍是木房，既不挡风又漏雨。更为恐怖的是，一到寒暑假，当地老师都回家了，学校又孤零零独居于空旷的坝子中，十分凄凉可怕。因此，我们一直不安心在那里工作。幸亏学校订有很多报纸杂志，老师们基本不看，似乎是专为我订的，成为我课余消磨时间的读物。1978 年秋，我无意中在《光明日报》看到南开大学中文系要招汉台语比较研究生的消息，决定要报考，抓紧课余时间和寒假，进行复习。考试时外语考的是英语，我写信给南开，要求改考俄语，学校同意了我的要求。这样我就考上了先生的研究生，改变了我的人生命运。

　　初到南开读研时，我的基础并不好，特别是汉语音韵学以前从未学过。先生要求我一定要学好学懂，只有学懂了音韵学，研究侗台语才有深度。以前我也从未写过学术论文，我就把我的第一篇论文拿去让先生批阅，后来我拿回来一看，上面批改得密密麻麻的，就像改过的小学生作文一样，心想一定花了先生的很多时间和精力。当我拿给读文学的同学看时，他们既惊叹又羡慕。因为他们的老师很少给他们上课，布置一大堆阅读书目让他们去看，以后检查一下就完了。后来自己不断地努力不断地进步，我一般就不再让先生审稿了，以免耽搁他的时间。

　　留校后，先生和师母在生活方面对我也很关心。我每周都要两三次从系里把书报信件送到先生家里去，每次到先生家里去，不管春夏秋冬，也不管平日和节假日，先生都在伏案埋头工作。晚年先生耳背，我进他的书屋他都未发现。这时，我就让先生休息一下，请教一些问题，聊聊天，完后师母往往要留我吃饭，同时问我生活上有何困难。1984年我们一家终于到天津团聚了，长达五年的两地分居结束了。先生和师母也为我们高兴，特意步行到西南村去看我的妻子和两个孩子，后来还设家宴请我们一家，令我们全家人感动难忘。后来师母得病先走了，先生非常悲恸。先生是一个意志很坚强的人，平时从未见他流过泪，但师母去世后我去看望他，一提起师母他当着我的面就泪流满面，很让我动容。这种情形一直持续了两年多，可见先生师母之间的感情之深。

　　先生晚年得了不治之病，长期住院治疗。那时我已不在南开工作了，暑假我们夫妇和日本神户独协大学的奥田宽夫妇去探望先生，望着先生瘦削如柴的身体和十分痛苦的面容，两位女士忍不住痛哭流涕。先生人虽很瘦，但思维仍十分清晰，可能觉得自己现在面相吓人，或说话时难受痛苦，不到十分钟先生就让我们离开了。这是我和先生的最后一次见面。

　　1980年10月，先生带我们四个研究生（张旭、李钊祥、董为光和我；李钊祥为王均先生的研究生，董为光为严学宭先生的研究生）到广西三江去搞语言田野调查，对三江侗语进行调研。这是先生第一次也是最后一次亲自带学生做语言田野调查，这让我们深感荣幸。我们白天记音，晚上就把记的字抄到卡片上，然后排同音字表，并找出记音中的问题，第二天记音前把不明白的问题向发音人请教，每天都如此循环。记音结束后，再把所有的卡片放在床上排出声调、声母、韵母表和同音字表。当时每天的工作时间都在 12 个小时以上，星期天也不休息，很辛苦，先生也和我们一样。记得我们是 10 月初到桂林，我们几个想看看"山水甲天下"的桂林，但先生根本不提此事，我们也就不敢提了，第二天大家匆匆赶往三江。因是土路又坑洼不平，天气又闷热，一到三江先生就晕倒了。我们赶忙把先生放到招待所床上，一个小时后先生才缓过气来，我们才放下心来。调查中先生对我们的要求很严格，我们其中一同学列了几百组语法例句向发音人调查，被先生发现后，当晚狠批了我们两个多小时，说这种投机取巧的做法你们连想都不应该有，应该从自己调查的长篇语料中去寻找语法例句，这样的句子更自然、更可靠。在调查中，侗寨老乡以贵宾级的长桌宴款待我们，天热有很多蚊蝇在饭菜上"狂轰滥炸"，其中一同学就不停用手驱赶，后被先生以怒目给制止了。回招待所后先生还跟我们说，当年李方桂先生带他们（邢先生和张琨先生）去贵州惠水调查时，遇到同样问题，作为洋大博士的他都能淡然处之，我们为什么不能呢？

在三江程阳侗寨调查时（我们不让先生下乡，由我们下去把发音人的长篇语料录下来，拿到县城古宜和先生一起分析记音），还有这样的一个插曲。那时我们都是三十出头的人，寨子里有一个高中毕业的美女。和我们下去调查的侗族发音人小吴很喜欢她，就问我们几个给她打多少分，我们就说 90 分以上，并开玩笑说你若不要我们就要了。后来事情闹大了，小吴回来后要与未婚妻分手，他的未婚妻说这与我们的纵容有关。先生无意听到此事后，又把我们几个狠批了一顿，说你们是研究生，这么做，既丢了研究生的面子，也丢了我的面子；作为一个语言学者到农村做田野调查，与当地人谈情说爱的事，特别是到少数民族地区，绝对不能做，这是高压线绝对碰不得。先生对我们的关爱是对的。1995 年一个外国的年轻学者和我们去贵州榕江调查，这样的事儿真的发生了。外国小伙子与房东漂亮的女儿恋爱了，我们也都想促成此好事。哪知小姑娘已名花有主，她的未婚夫知道后，提着一把长刀要来杀这个外国小伙子。危急之下，当地公安局把外国小伙护送到贵阳，此事才平息下来。

在三江调查时，先生反复向我们强调，调查结束后，一定要排同音字表，这是检查记音正确与否的最可靠的方法。我几十年的记音实践也体会到这一记音方法的有效性。在三江调查时，个别韵母先生与我的看法不同，如 on 和 uan 侗语是不同的韵母，经我反复解释，先生最后同意了我的意见，体现了先生宽容大度的胸怀。也许是在三江搞田野调查时，先生对我记音能力的认可以及侗语是我母语的原因，后来《三江侗语》一书初稿的撰写主要由我来完成。1982 年 10 月，我刚留校工作，先生又派我赴云南新平漠沙坝去调查傣雅语，回来后先生又让我撰写《红河上游傣雅语》的初稿。

今年是邢先生诞辰 100 周年纪念，也是先生逝世 10 周年纪念。先生仙逝已有十年了，但先生的音容笑貌仍留在我的脑海中，先生的教诲仍指导着我前行。

安息吧，先生！

邢公畹先生论对外汉语教学

——为纪念邢先生诞辰 100 周年而作

华学诚　　王雪波

邢公畹先生（1914.10—2004.7）是当代中国最杰出的语言学家之一，他在语言理论研究、汉语语法研究，特别是少数民族语言研究和汉台语比较研究等汉藏系语言的比较研究领域，取得了卓越的成就。邢先生还亲身参与了对外汉语教学工作，1953 年至 1956 年，他从执教的南开大学被派往苏联教授汉语，先后任教于莫斯科东方学院、莫斯科大学。自此而后，邢先生十分关注对外汉语教学及其研究，并就对外汉语教学问题发表了一系列研究论文，提出了很多深刻的见解。今天读来，启发尤深。

综观邢先生的对外汉语教学研究论文，其内容可以概括为如下几个主要方面：关注特殊的语言现象，主张细化语法描写；强调研究语言的深层结构，重视探寻语言之间存在的普遍规律；提倡本体研究与实际应用的紧密结合，不仅重视在课堂上传授"语言"知识，而且重视在语境中的"言语"交流。

1. 关注特殊现象　细化语法描写

1.1 关注特殊的语言现象

邢先生指出，用来分析语言结构的理论可以增加我们的知识，但对语言教学和语言学习的用处并不是很明显。指导外国学生学习汉语与其让他们记住一些抽象的公式，不如记住一些具体的例句。他十分强调对特殊类型的句子进行细致描写，要把它们的特点介绍给学生，并在此基础上给出一些规律性的东西。比如汉语的连锁复句就是一种很有特点的句型，邢先生先后在三篇文章中以这种句型为例，说明为什么要关注语言中的特殊现象。

什么是连锁复句？邢先生的解释说明极为深入浅出。如"台湾回归祖国是中国的内政，不容任何外人干涉"，在这个复句中，第一分句的宾语是第二分句的主语，按照汉语的习惯可以不重复，第二分句和第一分句就构成互相连锁、互相依存的关系。邢先生说，这种复句就是连锁复句，而"他这样冲撞我，我就不能答应"之类的句子，后句必须有主语，则不属于连锁复句。

邢先生更重视语言事实的举证。他从《鲁迅小说集》《赵树理选集》中搜集了46句连锁复句，并用它们的英译和俄译加以对照。如：

①我先前东边的邻居叫长富，是一个船户。(《鲁迅小说集》)

My　former　neighbor　on　the　east　side　was　called　Chang　Fu.He　was　a　boatman.

Нашего　соседа　зовут　Чанфу；он-лодочник.

②她有个女儿叫小娥，嫁到离村五里的王家寨。(《赵树理选集》)

Her own daughter named Hsiao O, who lived in a village about two miles away.

Ee родная дочь Сяо-э былана замуж в соседнееместечко Ванцзячжай, ли за пять отсюда.

邢先生还从《官话类编》中搜集了 141 句连锁复句。该书是美国传教士狄考文所写,最早出版于 1892 年。这部书系统记录了清末的北京口语,通过该书大体上可以看出当时口语里这种连锁复句的基本面貌,它们显示的是近代汉语向现代汉语过渡的情形。如:

③这是会上议定的章程,不能更改。

This is the settled policy of the society and cannot be changed.

为了简洁提炼连锁复句的特点,邢先生使用公式进行总结,以符号表达为:NP1+VP+NP2, ∅ +VP+NP, ∅=NP2。VP 是动词组,NP2 是它的宾语;∅代表一个空位,意义是 NP2,但在语法上不等值。∅所代表的空位不是一般性省略,添补后反而累赘。在调查的语例中,VP 为"是"和"有"的句子共占 2/3 左右,可知这两个动词易形成"连锁复句"。又因考虑到公式是根据印欧语的情况设计的,并不是全部语言的基本规则;另外,宾语还有使动词的意义具足并依附于动词而存在这样的特点,故把公式修改为 N1+V1+N2, ∅ +V2 (+N3),∅与 N2 同指。

就是连锁复句这样一种句型,邢先生不仅举出了大量语例说明其结构形式,细致描写它的特殊之处,而且用相应的外语译文进行对照,让外国学生更容易了解汉语和英语、俄语在结构上的不同之处,从而使学生更加准确地了解汉语中这种句子的特点。由此可见,邢先生为了对对外汉语教学有所帮助所进行的研究是如何有针对性,一个大学者在对外汉语教学上的用心是多么良苦。

1.2 为教学而强调细化描写

邢先生认为，细化描写不仅是发现搭配规律、深化语法研究的途径，而且是使语言教学取得有效成果的重要手段。在谈到语词搭配的问题时，邢先生指出，不管对词类进行细致的再分类工作有多少困难，为了满足社会实践的需要，语言教学工作者和机器翻译工作者都应该不懈努力。

为了清晰地证明上述意见，邢先生进一步举例分析，很有说服力。例如"他读着报，没有听见人叫他"，这句话正确；"他进着门，没有看见小王在门外扫地"，这句话错误。邢先生指出，探究对错的原因应寻找动词小类的意义。深入研究并细分小类就能发现："读""写""吃""喝""唱"等动词是"非结束性动词"，后面能加"着"；而"进""到""出""忘""允许"等动词是"结束性动词"，后面不能加"着"。又如，"我喝了凉水""冷石头"这些说法可以说；"香蕉喝了凉水""冷孩子"就不可以说。只有深究下去才能发现能说与不能说的原因："喝"是指人的行为的词，"冷"是指物的属性的词。只有对各类词进行更为细致的描写，才能更好、更准确地发现语词搭配的规律，从而更为有效地指导对外汉语教学。

邢先生研究问题、解决问题倾向于精细化，这一特点不仅体现在语法研究上，而且体现在语音教学上。例如，邢先生在教留学生卷舌化时，强调把卷舌音看作是从元音开始的卷舌过程，即[a]:[ar]；[u]:[ur]；[ə]:[ər]；[ɤ]:[ɤr]；[o]:[or]。李思敬先生在其著作《汉语"儿"[ɚ]音史研究》中，将[ɚ]符号的音值定为[əɹ]，并指出："北京地区的'儿''耳''饵''尔''迩'等字的实际音值是先发央元音[ə]，随后再带一个卷舌元音。这个卷舌元音约略相当于[ɹ]但较之略松、略弱。[ə][ɹ]

并不同时，不是一个发音动作。[ɚ]符号所代表的这些字的实际读音是[əɹ]。"邢先生非常赞成这一观点，认为以此指导教学易于取得效果，并据此提出了儿化音的具体教学方法："欧洲语言里多有[ʃ]音，让学生在[ʃ]的基础上练习改变为[ʂ]。之后再让学生单独发[ʂ]，但要延长、放松、元音化，用国际音标表示就是[ʂʐ]，这样实际就可以得到[ɻ]音。得到[ɻ]音，就容易学习复合元音[əɹ]了。"由此可见，邢先生不仅对汉语的现象观察得很细致，而且对不同语言之间的差异观察得也很细致，并从细致处着手处理教学难点，让学生对比鲜明、感受清晰、容易学习，从而提高教学效果。

2. 探究深层结构　把握语言共性

2.1 探究语言的深层结构

人们平常所讲的每一句话，都是一串能表达意思的包含着语法组织的线性声音序列。邢先生认为：这一线性声音序列体现的是语法学上的结构关系，这是语言的表层结构，而支持和制约它的是深层的意义结构。只要细化语词描写，就能把搭配问题转化成语法问题，搭配规律的发现正是语法研究深化的体现，这一过程也将逐步触及语言的深层意义结构。因此，在对外汉语教学实践中，探究语言的深层结构直接关系到教学效果。

为了证明上述观点，邢先生首先举了一个教学中碰到的实例。一个芬兰学生写出过这样的病句："这个国家的产品，到富裕国出口。"邢先生没有从介词的位置入手去解释这句话的病因，而是着眼于动词的语义特征进行分析：汉语的不及物动词可分为两类，一类是"移动位置动词"，"跑""跳""走""飞"

"滚"等词都是。以"跑"为例,"到操场上/跑"≠"跑·到/操场上"。因为前句"操场上"放在"到"后,表示"到"的目的地,"到操场上"是介词词组,作"跑"的状语;后句"操场上"放在"跑到"的后面,表示"跑到"的目的地,"到"字轻读,跟动词"跑"构成一种复合动词,病句中的"出口"就是这类动词。从逻辑上讲,一个国家的产品是不会运到别国再出口的,所以正确的说法只能是:"这个国家的产品/出口到/富裕的工业国/。"汉语的不及物动词还有一类是"不移动位置动词","住""坐""站""躺""睡"等词都是。介词可出现在这类动词的前后,意思相等,"在天津/住"="住·在/天津"。邢先生指出,从表面上看,芬兰学生的病句是介词位置问题,实质上却是复杂的汉语动词的不同类属的区别问题,只有从深层的语义特征着眼,才能找到出现毛病的关键。语言深层意义结构上的问题多如牛毛,这种研究越深入,对对外汉语教学越有利。

邢先生还引用贾彦德先生的观点从理论上进行了阐述。贾彦德先生指出,语法、语音与外界没有直接联系,只有语义是社会、自然、心理现象在语言中的反映,是交际中说话人或思想者思想的体现。语音、语法都是为语义服务的。邢先生非常赞同这一说法,并指出,语言的深层结构就是语义结构,而语义结构又可以分成表层的和深层的。表层语义结构是指符合语法的义位序列,深层语义结构是指一段共时存在的有组织的思想。同一思想可以用不同的语言去表达,思想中义位的标志是各民族语词的音响形象。邢先生进一步指出:从语义学的角度来观察,教学所及只是语义的表层结构,而交际中所触及的却是语义的深层结构;对外汉语教师如能对汉语的深层结构深入理解,在教学上是大有好处的。

2.2 把握语言之间存在的普遍性

邢先生指出，从语言的深层结构中可以看出，语言之间的普遍性大于差异性。无论在理论上还是应用上，对语言之间普遍性的研究都是很重要的。只有深入研究了语言的普遍性，才可以实现从宏观上对语言现象做出解释。语言之间如果没有普遍性，进行外语教学就成为不可能的事了，因此，从事对外汉语教学工作应该重视人类语言普遍性的研究。

邢先生指出，从语言的对比研究中可知语言之间存在共同的语法范畴。现代汉语中有"看，听"与"看到，听到"等对应的动词，马庆株先生借用藏语语法的命名，称"看，听"义的动词为自主动词，"看到，听到"义的动词为非自主动词。因为"看，听"等动作受个人意愿支配，可以自己做主；而"看见一个人"不能说我愿意看见，那个人就出现，这类动作不是由自己的意愿做主的。邢先生赞成这种观点，并进一步指出，曼谷泰语里有"Dū（看）Faŋg（听）"与"Hĕn（看到）Dîyin（听到）"，英语里有"Look（看）Listen（听）"与"See（看到）Hear（听到）"等，动词的自主和非自主的语义特征能够同样出现在汉、藏、英、泰语里，这正是语言之间存在普遍性的一种体现。

邢先生还举出了中英文"是"字句可以互译的例证。他从文艺作品及其英译中搜集了 46 组有代表性的"是"字句，通过对比分析，概括为四大类。一是宾语为名词，例如：

④我们/是/马克思主义者/。

We/ are/ Marxists/.

二是"的"字结构充任主语或宾语，例如：

⑤最可怜的/是/我的大哥/。

The　most deplorable/ is/ my　elder　brother/.

三是主宾之间并不是简单的同一或类属的关系，例如：

⑥那个东西/是/什么价钱/？

What price/is/ that article/?

四是"是"字的主宾语同形，表示"是否可以改变"，例如：

⑦忙时候/总是/忙时候。

It/was/the middle of the harvest season/and/the next day/was/a workday/.

⑧失意人/也不会总是/失意人/。

Lame dogs/do not remain/lame/forever/.

46 组有代表性的"是"字句虽然用法复杂，但可以实现互译，这正是语言普遍性的表现。邢先生指出，虽然各语言社会所建立的传播信息的编码系统及其编排方式和编排原则各不相同，但它们都必须具有音位系统，语素和语素结构模式是一致的。人类生活在同一个"自然"系统里，具有同一的生存和发展目的，这就保证了全人类语言里的"意思"具有普遍性。

即使是特色句子，也会呈现出共性语法特征。邢先生所举的例子是"存现句"，他在对比英译、俄译的基础上分析了其成句特征。一是单纯存现句，动词多用"有"。例如：

⑨/桌上/有/盏·灯/。/

/There is/a lamp/on the table/./

/на столе/(имеется, есть, находится)/ лампа/./

二是非单纯存现句，主语是处所助词，名词是施动者，动词为不及物，带"着"，但不表示动作进行，只表示动作产生的状态。例如：

⑩/桥脚上/站着/一个·人/。/

/Some one/was standing/at the foot of the bridge/./

/На　мосту/кто-то/стоял/./

三是出现消失句，宾语无定，是施事（或为主体）；动词带
"了"，为不及物。例如：

⑪/小路上/又·来了/一个·女人/。/

/Another　woman/came　down/the　path/./

/На　дорожке/появилась　еще/одна　женщина/./

邢先生分析其成句特征时着眼于"方位词"在句中的位置，
指出"方位词"在汉语中作主语，在俄语中作状语，在英语中
则置于句子末尾。虽然三种语言中构成"存现句"的表层结构
有差别，但这种差别并不影响它们能表达出相当的意义，因为
"存现句"在汉、英、俄语里呈现的主要特点是相同的，即表方
位的部分、表存现的谓词部分、表无定的存现主体部分这三大
部分的意义必须显示清楚。邢先生用汉外语言对比研究的方法，
揭示出语言之间的普遍规律，对对外汉语教学具有重要的指导
意义。

3. 语言为体　言语为用

3.1 对外汉语教学中的"语言"与"言语"关系

索绪尔把人类语言活动划分为"语言"和"言语"两方面，
邢先生认为，这个划分可以用在对外汉语教学上。中国哲学上
有"体""用"这对范畴，借而用之，可以说语言为体，言语为
用。作为交际的本体是语言，使用这个工具来进行交际的是言
语。语言是社会共有的结构系统，不受个人的意志支配；言语
指个人凭借前者所说的话，是言语活动中受个人意志支配的部
分。邢先生指出，这种相互依存的关系施之于对外汉语教学，
就是教学内容和教学目的之间的关系。对外汉语教学中所教的

内容是作为"语言"的汉语，听、说、读、写训练都是围绕这个中心进行的；对外汉语教学的目的是要求学生能把作为"语言"的汉语转化为自己的"言语"，使他们能用汉语说话，自由表达课文之外的自己的意思。对外汉语教学过程就是这样一个从一般到特殊、从语言到言语的过程。

3.2 "语言"转变成"言语"的"专化作用"

"语言"到"言语"的转化，邢先生称之为"专化作用"。这一术语本是叶斯柏森讲实体词与形容词的差别所在而使用的，被邢先生推演开来，用以说明语言里的句子进入言语时所起的作用。邢先生定义说，从一个一般性的、公设性的句子转化为实际生活中确有所指，能传达一定信息的句子的功能，叫语言的"专化作用"。邢先生强调，人类之所以有语言之体，就是为了要有言语之用。语言是一种符号系统，必须具有从一般性的意义组合转化为个别的、不可穷尽的言语里的句子的功能。外国学生在学习汉语的过程中，语言知识积累到一定程度之后，就会逐渐把汉语转化为自己的言语。对外汉语教师需要设法诱导，加速"专化作用"。而"专化作用"的发生，语境起着重大作用。语境包括对话的时间、处所，词语所指和对话的上下文，对话者之间的关系，有无共同的历史回忆，是否在同一种风俗习惯、文化传统中，对话者的知识水平，对话者当时的情绪等等。因而，要加速"专化作用"的发生，需要对外汉语教师具备很高的素养。

3.3 "语言""言语"的划分与对外汉语教学

邢先生认为，"语言"和"言语"的划分，对"专化作用"的认识，在对外汉语教学实践中具有重要意义。首先会促使我们关注"言语"教学。邢先生指出，正确认识到"语言"是教学内容，"言语"是教学目的，对外汉语教师就必然会关注"言语"教学。邢先生建议，应该在高年级开设一门"谈话"课，这门课不同于按课文进行教学的"口语"课，而是就某个话题让学生自主谈，教师针对在这个过程中暴露出的不合汉语规范的句子给予分析帮助。这样的课能促使学生把学到的汉语"语言"知识转化为自己的"言语"交际能力，并正确表达出自己的想法。还会促使我们重视"语境"作用。认识到语言的专化作用，就会在教学中设法加速它的发生。学生叙述课文时，通常所用的仍是语言里的模式，所以在课堂上要安排一些假设的语境，让学生多开口说自己的想法；还要组织学生到校外进行汉语实践，在真实的语境中提高他们的汉语表达能力。

4. 邢公畹先生对外汉语教学研究的启示

从 1953 年在苏联教授汉语始，到 20 世纪八九十年代发表一系列研究论文止，邢先生与对外汉语教育事业有长达 40 多年的关系。邢先生凭借语言学家的深厚功力，结合一线教学的体验，在深入思考的基础上所发表的一系列对外汉语教学研究论文，是基础研究与应用研究结合的典范，是接地气的真学问，可以称得上"顶天立地"。这些成果也是汉语国际教育学科的宝贵遗产，值得深入学习，并在汉语国际教育实践中予以应用，发扬光大。

综上各节所述，邢先生对外汉语教学研究及其成果给予我们的最大启发约有四端。

对外汉语教学要针对汉语自身的特点。吕必松先生曾经如此总结过，邢先生的这种研究为对外汉语教学提供了"短线产品"，是直接结合教学需要、针对外国人学习汉语的特点和难点开展研究的成果。20 世纪 70 年代中期以前，研究成果主要体现在集体编写的教材和教师的个人教案中，直到邢先生等老一辈语言学家陆续参与到这一领域，研究内容才得到了极大的拓宽和提升。

对外汉语教学要重视汉外语言的对比研究。40多年前，汉外语言对比研究在对外汉语教学与研究领域得到高度重视，学者们据之发现不同语言的共性和汉语的个性，揭示汉语的特点和规律，把握教学重点，解释分析学生的错误。其倡导者正是邢先生等老一辈语言学家，他们站在研究队伍的最前列，以敏锐的学术触觉和他们目光如炬的一系列论文，引领着对外汉语教学研究的大方向。

对外汉语教学需要依托对汉语的深入研究。邢先生提出将语法研究深入到语词的细致描写，强调进入语义层面剖析问题，要发掘语言深层结构规律等重要观点，如今已成学界共识。郑定欧先生所持的"词汇语法"观，认为语法理论无论是转换取向或功能取向，若不跟词汇分类相结合则不可能有实质意义的突破。语言学领域新出的"最小程序"论，则是将各种语言之间的不同归结为虚词成分和词汇方面的差异。张旺熹先生认为，汉语语法研究不断从句法向语义、语用层面的深度拓展，为我们语法教学上的深化提供了可能。

对外汉语教学要坚持语言为体、言语为用。刘珣先生（2000：296）指出，对外汉语教学最直接、最根本的目的就是培养学生运用汉语进行交际的能力。李泉先生（1996）提出，教学实践应注重课堂教学的交际意识。近年来，"抛锚式教学法""支架式教学法""任务型教学法"的讨论和课堂教学实验等都是对外汉语教学界的热点，其主要共同点是，都很关注如何让学生融入情境，以便完成贴近生活的教学任务。而在这些教学理念中，我们能够清晰地看到邢先生这辈学者学识的传承、嬗变与发展。

　　一代语言学大家邢公畹先生关于对外汉语教学的研究成果，立意高远，脚踏实地，见解精微，历经学术实践检验，愈发显示出其见远识卓，异彩大放！

参考文献

李泉　1996　《对外汉语课堂教学的理论思考》，《中国人民大学学报》第 5 期。

刘珣　2000　《对外汉语教育学引论》，北京：北京语言大学出版社。

吕必松　1990　《我国对外汉语教学学科理论的发展》，《语文建设》第 3 期。

邢公畹　1993　《从对外汉语教学看"语言""言语"划分的必要性》，《世界汉语教学》第 2 期。

邢公畹　1995　《对外汉语[ɚ][i]两音位的教学及[ɚ]音史的问题——评李思敬〈汉语"儿"[ɚ]音史研究〉》，《语言教学与研究》第 3 期。

邢公畹　1985　《就汉语的"连锁复句"问题答史存直先生》，《语言教学与研究》第 1 期。

邢公畹　1990　《论汉语的"连锁复句"——对〈官话类编〉一书连锁复句的分析》，《世界汉语教学》第 3、4 期。

邢公畹　1993　《论语言的可译性》，载南开大学《语言学论辑》编委会编，《语言学论辑》第 1 辑，天津：天津人民出版社。

邢公畹　1996　《论语言的深层结构和对外汉语教学》，《语言文字应用》第 2 期。

邢公畹　1990　《论语言普遍性的研究》，《中国语文》第 6 期。

邢公畹　1984　《说汉语的"连锁复句"——纪念〈语言教学与

研究〉创刊五周年》，《语言教学与研究》第 3 期。

邢公畹　1993　《现代汉语具有"位置移动"语义特征的动词》，载邢公畹主编，《汉语研究》（三），天津：南开大学出版社。

邢公畹　1987　《语言的"专化作用"和对外汉语教学》，《世界汉语教学》第 1 期。

邢公畹　1980　《语词搭配问题是不是语法问题》，载南开大学中文系语言学教研室编，《语言研究论丛》，天津：天津人民出版社。

邢公畹　1981　《怎样学好汉语》，《语言教学与研究》第 2 期。

邢公畹　2004　《邢公畹先生自述》，《南开语言学刊》第 2 期。

袁博平　1995　《第二语言习得研究的回顾与展望》，《世界汉语教学》第 4 期。

张旺熹　1994　《对外汉语语法教学理论认识的深化——〈对外汉语教学语法探索〉读后》，《语言教学与研究》第 3 期。

郑定欧　2002　《汉语动词词汇语法》，《汉语学习》第 4 期。

（华学诚、王雪波　北京语言大学人文学院　北京　100083）

邢公畹先生侗台语研究的贡献及
汉台'子:luk'同源补证

郑张尚芳

作为我国侗台语研究奠基人李方桂先生的高足，邢公畹先生自是推动这一事业发展的元勋，李先生 1977 年《比较台语手册》、邢先生 1999 年《汉台语比较手册》，都是这一事业的经典之作，被王均先生誉称为两代语言学大师的接力赛（1999 书序）。

在前辈学者中，邢先生是我最服膺的一位，就是他在中华人民共和国成立前发于《国文月刊》的早期名作《汉语子、儿和台语助词 luk 试释》《汉台语构词法一个比较研究——大名冠小名》，最早引起我对侗台语和汉台语比较的兴趣，影响颇深。我虽未能拜从先生门下学习，但暗暗依循先生指示的路径行进，所以在语言比较实践中所获得的许多研究理念常与先生的主张不谋而合、契合无间。比如从沙加尔提出汉语与南岛语同源论，我们就都主张把它联同汉藏语系建立一个大语系，邢先生（1991）称之为"汉藏泰澳语系"，并蒙在文中附注"郑张尚芳同志称'华澳语系'也很好"。在同源词比较方法上他提出了"深层对应同源体系"语义学比较法，我根据"同根、共形词"理论所提出"音义关联平行词系比较法"也依据了相同的理念[只是我再据来源区别同根或共形，此法用于汉藏共形词系比较雏形见郑张尚芳（1981）。王远新（1993）曾引称为"同族词比较法"，称呼不够精确]。

邢先生的研究理念与方法不仅限于侗台语研究，也影响及于整个汉藏泰澳语系研究，并取得显著成效，施向东（2000）、薛才德（2001）就都是显例。袁明军（2004）用了先生的方法比较白语与汉语、藏缅语的关系，结论是白语与汉语的，这一结论也与我的研究结果相同。

《汉台语比较手册》列出 909 组汉台关系字，依李方桂原始台语与上古汉语拟音进行对应比较，力图一一以深层同源体系方法证明不是借贷或偶合，取得很大成就。以核心词汇的身体词为例[马提索夫（1985）指出身体部位是词汇核心中的核心]，李方桂先生（1976）提出汉台同源词项 128 组，其中身体词算是较多的也只有 9 例（肚顱肉喉肺股髇涎颊），此与吴克德（Kurt Wulff，1934）的 8 例（脸肩膚肥尿血脓腰）、张元生 1990 的 9 例（胡髀臆跟骼骱痈粪尿），例数大略接近，而邢先生《手册》则提出有关身体的词多达 49 例，即使经最新古汉语拟音严格比对，先不计音义相距较大那部分语例，至少过半数应得以确立（髀肩腭影髻首瞳脸喉拇股胫骹臆腋腰筋肺肠尿屎脓囊甲毂）。这一成就超出前人三倍，对汉台核心词比较无疑是强力的推动。尤其是先生不拘一格，在对应方面重视收纳转义词例，语音形式也不怕纳入不甚相近的词例，需要很高的胆识。虽然有的词语可以讨论，如"肠"既对肚 thɔɔŋ⁴（9.6.3）又对肠 sai³（19.10.2），sai 音与"肠"音相差较大，改对"胣（小肠）"会更好（与其相类比的深层对应例对 sai5 的"装"可改为"载"）。"牙"对 khiau³（17.11.3）变化也过大，也可改用"齩"对。但这些对应，对扩充思路也是有意义的，也指引哪些需要探讨更合适对应的着力点。

由于先生深厚精湛的训诂修养，汉台比较收入不少今日罕用的绝代古词，比如 19 上古阳部一节开头，讨论路台语 thaaŋ²、可对古汉语"唐"（尔雅：庙中路，藏文 lam），侗语 khwən¹（泰文 hon）可对古汉语"壼"（尔雅：宫中巷）。这都是非常确切的佳对，正表明两语间很深的古远渊源。

20 世纪 40 年代邢先生就提出汉语"子"和台语 luk 同源的设想，除其功能相同外，由于当时汉语上古音系拟音的局限，在语音上对汉语"子"tsjəg 与台语 luk 只能指出"同为舌尖音声母、闭舌根音韵尾，发声部位、收声部位都相同"。但严格的同源比较，仅只同舌尖音部位是不够的，因为齿音与流音声母不常通谐。即使把"子"拟成复辅音 tsl-，与台语的 l-也还是有不小的距离。这一问题始终让人困惑，不能释怀。郑张尚芳（2003）拟ʔsl-，虽然较之前进了一步，还是让人不能完全释惑。于是他（2013）又改拟"子"为ʔlj-（其实是回到 1981《汉语上古音系表解》的构拟，不加 j 的ʔl、hl、ɦl 对章、书、船母）。

下面即专此问题再做些补正。

改拟"子"为ʔlj-，这是从邪母上古读 lj（梅祖麟、龚煌城与我都改李方桂先生 rj 为 lj）出发的，上古细音 lj 因至中古变 z 邪母，从而加入精组细音，则ʔlj 可依例因变ʔz，从而进入精组精母。看以下带 lj 的精组精、心、从三母字例，其词根声母都含有流音成分：

酒（子酉切）ʔlju'：由"酉"lu'转注分化

进（即刃切）ʔljins：说文"閵"rins 省声

四（息利切）hljids：与"呬"（虚器切）hrids 转注

肆（息利切）hljɯds："隶"（羊至切）lɯds 声

伜（在良切）ɦljaŋ："羊" laŋ 声

自（疾二切）ɦljids：谐"眉"（许介切）qhriids，与鼻 blids 眗 hrids 同源

"子"字拟ʔljɯ'，观其谐声系列同样也明显有流音成分："李"从子声而音 rɯ'；"汋（泅）"lju 说文"从水从子"，实为子声；"游" lu 汋声，自也是子声。

另一方面是，这样即可解决著名甲文地支"子巳同字"的双子难题。甲文"巳"字字形写成篆文"子"字，而"子"却另写成近"兒"字形。我们理解"巳""子"古同义，"巳"即象"包"（胞）字中子形（说文：包，象人怀妊巳在中想象子未成形也），但两字形音却俱有较大差异，为何"巳子"可以互换，一直令人疑惑。笔者多年前曾有旧稿《子巳探源》注意了这一问题，只为拟音始终未洽而未公开发表，只是友人间交流，也曾有人引用。现在经过重新安排，这系列同源三字的原来上古读法是：

邪母"巳"ljɯ'——精母"子"ʔljɯ'——从母"字"（养育孩子）ɦljɯs

如此自然就看出三字的词根同为 ljɯ，明显同源（也同源于壮语"子"lɯk、泰文"子"luuk），则"子巳"互换是基于词源同根。词源同根或词根同音，那正是一切古音转注、通假、谐声的基础。

我们的新拟音取消高本汉李方桂阴声韵的浊塞尾，但上声字带塞尾 '，所以"子"为ʔljɯ'。在汉台比较中有一批字是上声-'对台语-k尾的，如"辅 ba'：paak 嘴巴| 斧 pa'：ʔbaak 砍削| 吐 lhaa'：raak| 杜 l'aa'：raak 根| 婦 bɯ'：bjaak 水语女人"。所以这也是一条转换规则，子ʔljɯ'对台语 luuk 或 lɯk 正符合这条规则。

　　附带说一句，邢先生（1948）文中把"儿"作为子的同功能词尾并叙，但未考对其台语对应形式，按所引奶伢子：侬语 luɯk-ŋe²、布依 lə-nai² 中的鼻音阳平词干正可对"儿"*ŋje。

参考文献

李方桂　1976　《汉台语考》，王均译，文刊中国社会科学院民族研究所语言室编，《民族语文研究情报资料集》第 4 集，1984年。

李方桂　1977　《比较台语手册》A Handbook of Comparative Tai，夏威夷：夏威夷大学出版社。

马提索夫　1976《澳泰语系和汉藏语系有关身体部分词接触关系的检验》，王德温译，胡坦校，文刊中国社会科学院民族研究所语言室编，《民族语文研究情报资料集》第 6 集，1985 年。

施向东　2000　《汉语和藏语同源体系的比较研究》，北京：华语教学出版社。

王远新　1993　《中国民族语言学史》，北京：中央民族学院出版社。

吴克德　1934《汉语和台语》，Historisk-filologishe Meddelelser 20.3（马提索夫文引）。

薛才德　2001《汉语藏语同源字研究——语义比较法的证明》，上海：上海大学出版社。

邢公畹　1948《汉语子、儿和台语助词 luk 试释》，《国文月刊》第 68 期。

邢公畹　1949《汉台语构词法一个比较研究——大名冠小名》，《国文月刊》第 77 期。

邢公畹　1991《关于汉语南岛语的发生学关系问题——L.沙加尔〈汉语南岛语同源论〉述评补正》，《民族语文》第 3 期。

邢公畹　1999　《汉台语比较手册》，北京：商务印书馆。

袁明军　2004　《白语和藏缅语、汉语的语义深层对应关系》，《南开语言学刊》第 4 期

张元生、王伟　1990　《壮侗语族语言和汉语的关系》，《汉语与少数民族语关系研究》，《中央民族学院学报》增刊。

郑张尚芳　1981　《上古音系表解》，浙江语言学会首届年会论文。（1982 年曾在 15 届汉藏会议分发，后刊刘利民、周建设主编，《语言》第 4 卷，北京：首都师范大学出版社，2003 年。）

郑张尚芳　2003　《上古音系》，上海：上海教育出版社。

郑张尚芳　2013　《上古喉冠 1 声母的腭化》，《语言研究》第 2 期。

郑张尚芳 2014《汉泰身体词同源比较五十词例》，《民族语文》第 3 期。

（郑张尚芳　中国社会科学院语言研究所　北京　100732）

论文篇

语音部分

队列口令句的音高表现

焦雪芬　　石锋

1. 引言

口令，即口语命令，常用于军事社团，口令的下达和接受是军人重要的口语交际形式之一。军队的口令有许多类型，其中队列口令是最具代表性的，在军营中使用频率最高、适用范围最广，是一种特殊的、制式化的口语交际形式。队列口令在军事活动尤其是队列活动中起着重要的作用，使军人的行动整齐划一、令行禁止。

当前对队列口令的研究多见于军事训练的教材，鲜有语言学方面的探讨和研究，关于语音方面的研究则更加缺乏。其中李苏鸣（2006）在《军事语言研究》中提到军事训练中队列口令的类型以及下达口令应注意的问题，并从言语交际的角度对队列口令的特点做了较全面的描述，认为"队列口令都是要求受令者完成某种队列动作，与内容上的使令性特点相一致，均用祈使句。"袁毓林在《现代汉语祈使句研究》中提道"动词独用构成的祈使句，从意义上，有一类是表示发令的祈使句，主要用于两种语境中：特定的社会领域、一般的日常生活，有一类常用于军事操练或作战领域，像'稍息！''立正！''开火！''冲！'就属于这类。"因此，我们可以说队列口令实质上就是祈使句，从其所表达的祈使义来看，则是命令句。

由于队列口令特殊的使用范围和群体，它在语音方面特色鲜明，然而当前对其语音方面的探索十分缺乏，本文拟采用"语调格局"的思想，从音高角度，通过字调域、音高起伏度来考察队列口令的语调音高模式和特征。

2. 实验说明

2.1 实验语料

在军事上，队列口令根据预令和动令的组合情况，通常分为 4 种类型，即短促口令、连续口令、断续口令、复合口令。本次实验拟从语言学角度考察其中最具代表性且最常用的短促口令和连续口令。

短促口令，字数较少，一般只有两个音节，且只有动令、没有预令，不论几个字，中间不拖音、不停顿，通常按音节平均分配发音时间。连续口令，由预令和动令两部分组成，预令部分通常会出现拖音，其长短视队列大小而定，动令一般由一个字构成，短促有力。

本文收录了队列口令中常用的短促口令和连续口令，共 31 个，其中短促口令 11 个，连续口令 20 个，本次实验的短促口令都是双音节词，就语法结构来看，包括主谓、动宾、动补、联合、偏正。连续口令根据音节字数的不同，可分为三组，分别是三字组、四字组、五字组，就语法结构来看，都是偏正结构。为适于语言学角度的分析，本文将连续口令的预令称为预令语，动令称为动令字。实验语料见表 1。

本次实验的录音在南开大学语音实验室进行，录音软件为 Cool Edit Pro V2.1，采样率 11025Hz，16 位单声道。发音人共有四位：均为来自部队的军训教官，熟练掌握队列口令的发令要求。每个实验句连续说 3 遍，句与句之间间隔 3 秒，共得到 3*31*4=372 个样品句。

表 1　实验语料

实验语料	短促口令		稍息　出列　蹲下　起立　礼毕　立正 报数　敬礼　跨立　入列　踏步
	连续口令	三字组	齐步走　跑步走　踏步走　　正步走 向前走　向左转　向右转　向后转
		四字组	向左转走　向右转走　向后转走 向左看齐　向右看齐　向中看齐
		五字组	半面向左转　半面向右转　向前三步走 后退一步走　左跨一步走　右跨一步走

使用南开大学"桌上语音工作室（Mini-Speech）"对样品句进行声学实验，测算出音高数据，进行统计分析。计算内容包括：以百分比为单位的字调域以及各字调域之间的音高起伏度。

2.2 数据算法

本次实验在 Mini-Speech 中提取的音高数据以赫兹为单位，为使实验数据更适于语言学的考察和分析，将赫兹值转换为半音值，半音①在音高分析中具有优势，是适于反映心理一

———————————

① 从赫兹到半音转换的计算公式为：$St=12*lg(f/fr)/lg2$（其中"f"表示需要转换的赫兹数值，"fr"表示参考频率，男性设为 55 赫兹。）

声学的对应关系的语调研究单位（李爱军，2005）。因此计算百分比数值以半音数值为基础，百分比①是一种相对化、归一化的单位，类似于 T 值（石锋，1986），可以过滤发音高低和调域宽窄方面的差异，使不同发音人的实验结果具有可比性。

为考察队列口令内部各字调域的音高表现，在每位发音人各组口令的半音值数据中，选取其中的最大值和最小值作为调域的两极，即 100% 和 0%，求出每位发音人不同口令的各音节的百分比值，将四位发音人的百分比数据进行平均，得出各组口令的字调域的上线、下线及音高跨度②的平均值，将所得数据做成图，语句时长进行归一，即为各语句归一化的字调域图。通过字调域图，我们可以考察不同口令内部各音节调域的宽窄以及相互之间的位置关系。

起伏度（Q 值）是进行语调量化分析的重要指标。语调起伏度的计算方法是石锋等（2009）提出的一种相对化、归一化的研究方法，可以过滤掉不同发音人的个性差异，使实验数据具有可比性。本次实验，语句音高的起伏度计算是以字调域的百分比数据为基础进行的，计算方法就是前一字调域的百分比数值减去后一字调域的百分比数值所得的差值，其中正值为降，负值为升。起伏度便于考察不同口令内部各音节之间的音高起伏变化的情况。

---

① 百分比的计算方法如下：

$Ki=100*(Gi-Smin)/(Smax-Smin)$

$Kj=100*(Gj-Smin)/(Smax-Smin)$

$Kr=Ki-Kj$

（其中 Gi 代表调群调域上线半音值，Gj 代表调群调域下线半音值；Smax 为语句调域上限半音值，Smin 是语句调域下限半音值；Ki 为调群调域上线百分比，Kj 为调群调域下线百分比，Kr 就是调群调域的百分比数值。）

② 音高跨度是音高上线和下线之间的差值。

3. 队列口令的音高分析

队列口令作为强祈使句中的一类，在音高方面的特点突出，本文通过语音实验的方法，采用字调域和音高起伏度两个参量对队列口令的音高数据进行量化的统计和分析，从而得出其音高方面的特征。

3.1 短促口令的实验分析

3.1.1 字调域的实验分析

本实验中的短促口令均为双音节词，由于结构短小，我们按音节来统计音高，做出字调域图，本次实验的短促口令共 11 个，前字的声调为阴平、上声和去声，无阳平，末字多为去声，也有阴平和上声。

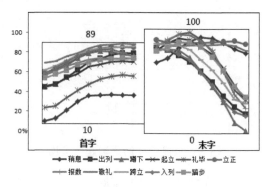

图 1　短促口令的字调域图

由图 1 来看，短促口令，总体上首字的音高跨度为 79%，末字的音高跨度为 100%，末字比首字高出 21%，而且末字的音高跨度最大，上线达到 100%，下线 0%，实现了语句的最大化的扩展，上线提升和下线降低的幅度基本相同，为 10% 左右。

根据图 2 中折线的走势，我们可以发现，短促口令的前字折线走势表现基本一致，呈上升的趋势，而其本字调都不是阳平，也就是发生了变调现象，原为阴平、上声和去声的字变为中升调，这就是队列口令的音高特点，即由低向高拔，通过前字音高的提升，使末字的音高达到全句的最大值。末字的折线走势多数表现为降调，这与其本字调一致，而"稍息、立正、敬礼"这三个口令折线的走势较平直，其中"稍息"的末字本字调为阴平，没有发生变调；"立正、敬礼"末字的本字调分别是去声和上声，可见其发生了变调，变为平声。总之，"稍息"末字并非变调，由于其本为阴平字，无需变调，是在本字调基础上的拖音现象，"立正、敬礼"末字发生了变调，变为平调，这是为了使队列动作保持一致，从而发生变调，便于拖音。

3.1.2 语调起伏度的实验分析

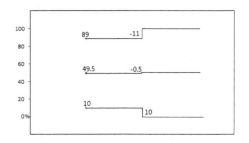

图 2　短促口令的语调起伏度图

图 2 表明，句首字调域上线为 89%，下线为 10%，从句首字调域到句末字调域上下线表现不一致，上线提升 11%，达到 100%，即全句调域的最大值，下线降低 10%，降到 0%，即全句调域的最小值，末字调域明显扩大，成为全句的焦点。从中线来看，从首字到末字变化幅度较小，为-0.5%，表现为微微上升的趋势。与首字相比，末字的调域出现扩展，且上线提升和下线降低的幅度基本相等。

3.2 连续口令的实验分析

3.2.1 三字组的实验分析

三字组的连续口令，前两字构成预令语，最后一字为动令字。本次实验的三字组连续口令共 8 个，前两个字均有阳平、上声和去声，末字为上声和去声。

（1）字调域的实验分析

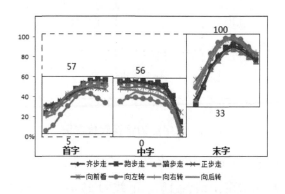

图 3   三字组的字调域图

由图 3，我们可以发现，首字的调域跨度为 52%，中字的调域跨度为 56%，末字的调域跨度为 67%，就音高跨度来看，末字＞中字＞首字，从首字到末字，域宽逐渐扩大，中字域宽的扩展表现为上下线的同时降低，下线降为全句音高的最小值 0%，成为全句调域的下限，末字实现全句的最大化扩展，上线为 100%，成为全句调域的上限，下线为 33%，上下线的位置均处在全句较高的位置，是全句的焦点所在。

由图中的折线走势，我们可以发现三字组的连续口令也存在变调的现象，首字均为上升的走势，其中本字调为上声和去声的字都变为中升调；中字均为下降的走势，其中原为阳平、上声的字都变为降调；末字均表现为先升后略降的趋势，与首字相比，升度较大，原为上声、去声的字均发生变调。首字和中字构成预令语，首字的上升是为中字的下降做准备，中字作为预令和动令之间边界，通过自身音高的下降来突显末字，使动令得到音高上的突显。

（2）语调起伏度的实验分析

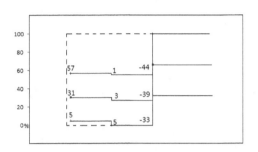

图 4　三字组的语调起伏度图

根据图 4，句首字调域上线为 57%，下线为 5%，从首字到中字，音高起伏度上线为 1%，下线为 5%，上下线均呈下降的趋势，且以下线的降低为主，下线降到全句的最低点；从中字到末字，上线为-44%，下线为-33%，上下线均表现为大幅度的抬升，且上线提升幅度更大些。中字整体降低是为末字的显著性提升做准备，末字成为全句焦点的承载者。总体来看，从首字到中字上、中、下线均呈阶梯式下降趋势，从中字到末字呈整齐的上升趋势。

3.2.2　四字组的实验分析

四字组的连续口令，前三字构成预令语，最后一字为动令字。本次实验的四字组连续口令共 6 个，首字均为去声，中字为阴平、上声、去声，次中字为上声和去声，末字为阳平和上声。

（1）字调域的实验分析

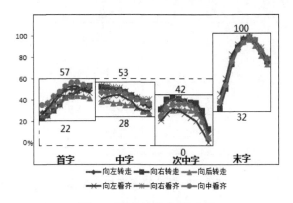

图5　四字组的字调域图

　　由图5来看，首字的调域跨度为35%，中字为25%，次中字为42%，末字为68%，就音高跨度来看，末字>次中字>首字>中字，从句首到句末，调域不断扩大，到末字达到全句最大值。就音高上线、下线来看，次中字下线降到全句的最小值，为0%，成为全句调域的下限；相比次中字，末字的上线显著抬升，达到100%，成为全句调域的上限。末字调域上、下线均出现抬升，使末字调域明显扩展，成为全句的焦点。

　　由图中的折线走势，我们可以发现，首字均为升调，中字均为降调，次中字也为降调，与中字相比，下降幅度较大，末字各音节几乎重合，均表现为陡升后略有下降的趋势。可见各音节都有变调的情况，首字由去声变为中升调，中字由阴平和上声变为微降，次中字由上声变为降调，末字由上声变为先升后略降，且升度较大。预令语部分，首字音高提升，中字微降，次中字降到全句的最低点，动令字陡升，成为全句音高的最大值，从而成为全句的焦点重音。

　　（2）语调起伏度的实验分析

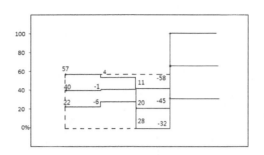

图 6　四字组的语调起伏度图

由图 6 来看，句首字调域的上线为 57%，下线为 22%，从首字到中字，上线为 4%，下线为-6%，上线的降低和下线的抬高，使中字调域收缩，从中字到次中字，上线和下线陡降，上线为 11%，下线为 28%，下线的降幅比上线高出 17%，下线降到全句的最低点，从次中字到末字，上线为-58%，下线为-32%，上线、下线均呈现上升的趋势，末字出现扩展，且以上线的提升为主。总体看来，从中字到次中字，上、中、下线呈阶梯式下降趋势，从次中字到末字，上、中、下线表现为层级式抬升。

3.2.3　五字组的实验分析

五字组的连续口令，前四字构成预令语，最后一字为动令字。本次实验的五字组连续口令共 6 个，首字为上声和去声，次首字为阳平和去声，中字为阴平和去声，次中字上声和去声，末字为上声。

（1）字调域的实验分析

图 7 显示，首字的调域跨度为 24%，次首字为 24%，中字为 27%，次中字为 45%，末字为 59%。整体来看，从句首到句末，音高跨度逐渐扩展，到句末达到最大化的扩展。音高下线，次中字调域达到全句的最小值 0%，占有全句调域的下限；音高上线，末字调域为全句的最大值 100%，占有全句调域的上

限。末字的上、下线位置较高，处于全句的上部。

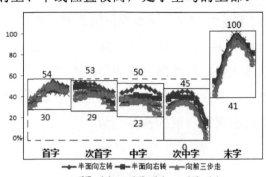

图 7　五字组的字调域图

由图中折线的走势来看，首字由上声和去声变为中升调；次首字有两种情况，"前"由阳平变为微降，"跨"由去声变为平调，其余去声字未变调；中字大部分表现为平调，只有"一"有微降的趋势；次中字均为降调，降为全句的音高最小值，大部分保留原字调，只有上声"左"变为去声；末字原为上声，均发生变调，先陡升后略降的趋势，成为全句音高的最大值，即焦点重音。

（2）语调起伏度的实验分析

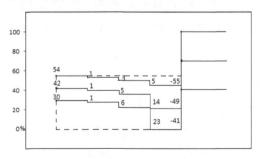

图 8　五字组的语调起伏度图

图 8 表明，句首字调域的上线为 54%，下线为 30%，从首字到次首字，上、中、下线均为下降趋势，且降幅均为 1%，

从次首字到中字，上线为3%，下线为6%，从中字到次中字，上线为5%，下线为23%，下线的降幅显著，从次中字到末字，上线为-55%，下线为-41%，抬升幅度较大，使末字的域宽出现扩展。总体来看，从首字到次中字，上、中、下线呈现出整齐的下降趋势，至次中字的下线降到全句的最低，末字陡升，上、中、下线表现出一致的抬升趋势。

4. 结论

本次实验采用实验语音的方法，运用"语调格局"的思路，将队列口令的音高表现进行量化的考察，通过上面对短促口令和连续口令的音高数据的分析，我们对队列口令的语调模式有了比较直观的认识，初步得出以下结论。

通过上面对短促口令和连续口令的字调域和语调起伏度数据和图表的分析，我们可以发现，短促口令结构短小，由两个音节组成，音高跨度上，末字实现最大化扩展，覆盖整个语句调域，末字的调域上线为全句调域的上限。三组连续口令，虽然音节个数有差别，但音高表现基本一致，即预令语各音节呈现出阶梯式下降的趋势，末字降到全句的最低点，与预令语相比，动令字陡升，上、中、下线表现为整齐一致的抬升趋势，且上线提升为全句的最大值，从域宽来看，连续口令从句首到句末逐渐扩展，在动令字处调域跨度最大。

焦点是话语表达时要突出的部分，是表达的核心，可通过句法、语音等多种手段来表现，而韵律凸显就是重要的表达手段之一。鲍林杰（Bolinger，1978）认为："如果一个重音在句子中出现，说话人能够通过加宽调域来标志它的重要等级或是强调的力度。"沈炯（1999）提出"低音线受到节奏结构需要的

调节，高音线受到句重音和语调结构的调节"。石锋、王萍（2014）
对边界调和焦点调的作用域进行了厘清，认为"焦点调重在调
域上线的提高，边界调重在调域下线的降低"。本实验中考察的
短促口令的末字以及连续口令的动令字的音高表现恰恰反映了
焦点调的特点，即调域出现扩展，上线显著提升，成为全句调
域的上限。连续口令的预令语末字作为预令与动令之间的边界，
则表现出边界调的特点，调域下线降到全句的最小值，承载着
韵律调节的作用。

对照字调域的宽度，短促口令的首字上线的百分比值为
89%，下线为 10%，而连续口令的上线集中在 54%—57%，下
线为 5%—30%，可见短促口令的首字起音较高，从首字到末字
的提升幅度较小。这与短促口令只有动令、没有预令有关。短
促口令一般都是表示简单的动作，无需准备过程，直接发令。
短促口令整体上构成一个强调重音，可以作为一个宽焦点。只
是末字与首字相比，音高表现更突出。

连续口令一般都是表示较为复杂、彼此配合的动作，由预
令和动令两部分组成。预令即预备动作，通常用于明确队列动
作的目标、方向、方法等；动令则是开始实施队列动作的信
号，如"向右看（明确方向）——齐""正步（明确方法）——
走"[1]。从言语交际来看，预令只是传达准备动作的信号，是
对于动作的说明和修饰，末字音高较低，拖长发音，使人做好
心理和行动的准备。动令是信息传递的核心，即焦点，都是单
音动词，激越高亢，短促强烈，如同发令枪声，如冲锋号角，
一言即出，令如山倒，随声而动，令行禁止。

队列口令在语调方面的一个突出特点就是字音的变调，通

---

[1] 李苏鸣 2006《军事语言研究》，北京：人民武警出版社，第 199 页。

过对字调域百分比图的折线走势的观察，我们发现不论短促口令的首字的原字调是什么，均表现为中升调的走势，末字则一般保留本字调，为高降，除个别字，如"稍息、立正、敬礼"的末字外，这三个口令的末字都表现为高平调，其中"息"是在本字调基础上拖音，"正、礼"则通过变调来拖音。连续口令也有相似的表现，预令首字也都表现为中升调的趋势，预令末字则表现为明显的降调，且随着音节数的增加，其下降的幅度也不断增大，除首字和末字外，预令语中的其他部分也都表现为降调，但下降趋势不明显；动令字音高表现一致，都呈现出先升后降的趋势，形成一个较短较高的峰值。特别是上声字"走""转"等，都变为短促高调，适于表达命令。"普通话上声的本质是低平调"①，因而无法表现出队列口令的强烈语气，所以必须变调。

参考文献

曹剑芬　2002　《汉语声调与语调的关系》，《中国语文》第 3 期。

陈怡、石锋　2011　《普通话强调焦点句语调的音高表现》，《南开语言学刊》第 1 期。

郭嘉、石锋　2010　《英语语调类型特征实验分析》，第九届中国语音学学术会议，天津：南开大学。

李苏鸣　2006　《军事语言研究》，北京：人民武警出版社。

林茂灿　2012《赵元任语调学说与汉语语调——纪念赵元任先生诞辰 120 周年》，《中国社会科学报》7 月 30 日 A07 版。

石锋、王萍　2014《边界调和焦点调》，《中国语言学报》（Journal

---

① 石锋，冉启斌 2011《普通话上声的本质是低平调——对〈汉语平调的声调感知研究〉的再分析》，《中国语文》第 6 期，第 550—555 页。

of Chinese Linguistics），第 42 卷 1 号。

石锋 2013 《汉语普通话陈述句语调的起伏度》，载石锋编著《语调格局：实验语言学的奠基石》，北京：商务印书馆，第 78—92 页。（注：原文与王萍、梁磊合作，刊《南开语言学刊》2009 年第 2 期）

王萍 石锋 2011 《试论语调格局的研究方法》，《当代外语学刊》第 5 期。

袁毓林 1993 《现代汉语祈使句研究》，北京：北京大学出版社。

（焦雪芬 北京育英学校 北京 100036）

（石锋 南开大学文学院 天津 300071）

试析胶辽官话中团音读如尖音现象

亓海峰　　张婷婷

胶辽官话大部分地区都分尖团音，其中在胶辽官话登连片的部分地区尖团音存在着一种比较特殊的读法：团音字读尖音，据资料记载（罗福腾 1998，王淑霞 2001，连疆 2006），胶辽官话登连片的荣成、牟平、文登、莱州、平度、即墨和长海等地都有这种现象，我们对文登方言进行了调查，本文以文登方言为例对胶辽官话中的这种特殊现象进行分析。

1. 文登方言见系字的文白异读

文登方言属于胶辽官话登连片的烟威小片，王淑霞（1995）描写了文登方言见系字白读为尖音，文读为团音的一种特殊现象，2010 年 9 月我们对文登方言进行田野调查，发现与王淑霞记载相同，在老派文登方言中，尖音字读 ts、tsʰ、s，团音字读 c、cʰ、ç，其中少量的团音字在有文白两种读法，文读时是 c、cʰ、ç，白读时是 ts、tsʰ、s，列举如下：

	白读	文读	白读	文读
见母字	家 tsia	cia	港 tsiaŋ	caŋ
	间 tsian	cian	见 tsian	cian

	肩 tsiaŋ	ciaŋ	经 tsiŋ	ciŋ
	嫁 tsia	cia	结 tsiə	ciə
	街 tsiei	ciai		
	窖 tsiɑɔ	ciɑɔ		
	浇 tsiɑɔ	ciɑɔ	鸡 tsʅ	ci
	交 tsiɑɔ	ciɑɔ	胶 tsiɑɔ	ciɑɔ
溪母字	牵 tsʰian	cʰian	敲 tsʰiɑɔ	cʰiɑɔ
晓母字	瞎 sia	çia	吓 sia	çia
匣母字	下 sia	çia	咸 sʅ	çian

从上述例字可以看出，文登方言的这部分团音字白读时与尖音字的读法相同。

2. 文登方言"见"系字读法的变化

对于文登方言这种文白异读现象，我们在市区的青年人中进行了多人次的调查，调查人年龄均在 35 岁以下，共调查了15 人，对"家、港、见、间、交、瞎、下、嫁、街、浇"十个"见"系字的读法进行了调查，发现这部分字存在着新、老派读法的差异，调查结果如下：

从我们的调查看，这些 35 岁以下的新派发音人"见"系字的读法已经不分尖团音，80%的发音人不论文读、白读"见"系字都读tɕ、tɕʰ、ɕ，少数发音人读c、cʰ、ç。

在连疆（2006）的调查中也描述"青少年不读 ts、tsʰ、s或 c、cʰ、ç，而是读tɕ、tɕʰ、ɕ，在'工作岗位'的人，不论新老都读'c、cʰ、ç'而不读'ts、tsʰ、s'，在广大的农村，不论'新老'，即使是受过教育的人，西部和北部绝大多数读团音 c、cʰ、ç，而东部和南部都读尖音 ts、tsʰ、s，就是语言习惯的问题……"

表1 文登方言"见"系字读音例词

	家	港	见	间	交	街	浇	下	瞎
文读 ts、tsʰ、s									
文读 c、cʰ、ç	1	1	1	1	1	1	1	2	2
文读 tɕ、tɕʰ、ɕ	14	14	14	14	14	14	14	13	13
白读 ts、tsʰ、s									
白读 tɕ、tɕʰ、ɕ	14	15	15	15	15	15	15	13	13
白读 c、cʰ、ç	1							2	2

从他的描述中也可以看出,"见"组字读尖音的读法在文登话中既存在社会分层变异也存在地域变异,同时在新词和旧词不同的词语中读法也不一样,"见"组字在旧词和老派口中一般读尖音,在新词和新派口中一般读团音,"见"系字读尖音的读法应该是更早的层次。

3. 文登方言"见"系字文白异读的语音层次

据宫钦第(2008)"宋代天圣五年,宋仁宗赦赐'望浆院'匾额于荣成望港山下佛教寺院,以'浆'为'港',是'港'的白读音与'浆'相同,至今土音仍然这样读",此外,《胶州志》(道光25年)、《莱阳县志》(1935年)也有方言中团音字读舌尖音的零星记载,结合文登方言的材料,可以推测胶辽官话中团音字读舌尖音的现象早已存在。从胶辽官话中"见"系字在细音前腭化的历史进程看，不同方言点"见"系字在细音前的读法经历了 ki、kʰi、xi > ci、cʰi、çi > tʃi、tʃʰi、ʃi > tɕi、tɕʰi、ɕi 的过程，而荣成、文登、牟平等地方言白读时"见"系字却发生了 ki、kʰi、xi > ts、tsʰ、s 的变化。

4. 对文登方言"见"系字文白异读的分析

这种读法是怎么产生的呢？

从空气动力学的角度看，舌根清塞音发音时首先会在口腔内形成非常高的气压，使声门的上下气压差几乎减小为零，为了爆发成音，口腔气压需恢复正常，使声门的上下气压差增大，但当它们后接高元音[i]时，高元音发音时会在舌、颚之间形成收紧点，这个收紧点同样会使声门气压差变小，使声带的振动时间变长，从而使舌根塞音的 VOT 变大，VOT 的变化会导致一系列的音变，最常发生的就是塞音变为塞擦音，也就是腭化音变，可能会导致 ki>tɕi 的音变，也可能会导致 ki>tsɿ 的腭化音变。

"见"系字逢细音读舌尖音的读法现在主要分布在胶辽官话登连片的几个方言点，我们目前发现有材料记载的是荣成、文登、烟台、乳山、威海、牟平、胶州、莱阳、莱州和莱西，集中在山东半岛东部，大部分属于胶辽官话登连片，在冀鲁官话与胶辽官话接壤的方言过渡地带也可以发现这种文白异读现象，比如山东的莱芜、博山等地，但是它们读为尖音的团音字很少，只有"耕、更、虹、冈"等极少数"见"系字在细音前白读时与尖音字读法相同，这种语音现象远不如胶东地区特点突出。东北地区的胶辽官话中均没有发现这种语音现象。

结合文献资料、方言词汇文白异读的差异，我们认为团音字读尖音的现象反映出胶辽官话中"见"系字最古老的读法。同时，从方言现象的地理分布，我们推测这种读法也许在一定的历史时期是胶东地区比较普遍的现象，随着官话方言的逐层覆盖，这种语音现象在周边地区已经接近消失，只在胶辽官话的中心地带还保留着。

参考文献

宫钦第　2008　《胶东方言的演变》，浙江大学博士论文。

罗福腾　1998　《胶辽官话研究》，山东大学博士论文。

罗福腾　1992　《牟平方言志》，北京：语文出版社。

连疆　2006　《文登话》，香港：国际炎黄文化出版社。

钱曾怡　2010　《汉语官话方言研究》，济南：齐鲁书社。

许卫东　2005　《山东招远话中的 AA 式和 AAB 式正反问句》，《中国语文》第 5 期。

刘远华　1999　《荣成市志》，济南：齐鲁书社，1999 年。

王淑霞　1995　《荣成方言志》，北京：语文出版社。

（亓海峰　张婷婷　青岛大学汉语言学院　青岛　266000）

从声学分析看横县汉语声调的变异①

冉启斌 胡泽颖 付瑜 尹怡萍

1. 引言

横县位于广西壮族自治区东南部，现为南宁市下辖县。该县东接贵港市，北靠宾阳县，西依南宁市，南临灵山、浦北两县（参横县人民政府网 www.gxhx.gov.cn）。横县境内语言状况比较复杂多样，主要可以分为汉语和壮语两种语言。其中壮语有横南壮语和横北壮语的区别；汉语则存在平话（本地或称客话）、客家话（本地或称新民话）、普通话和粤方言（本地称白话）的不同［均参《横县县志》（1989：600）］。汉语方言平话通常分为桂北平话和桂南平话。横县是桂南平话的主要分布地之一（张均如 1987：241；梁敏、张均如 1999：24）；按李连进（2007：74）横县平话属于桂南平话邕江小片。本文的分析研究以平话为主；同时也兼及横县粤方言和客家话。

横县境内平话的声调情况此前已有不少报道，声调数目大多主张为 10 个，不过调值在各地存在程度不同的分歧（详参后

① 国家社科基金项目"类型学视野下的汉语极端音系调查与研究"（12CYY059）成果之一。

文第 5 节）。这些研究大多是以耳听为主的传统调查结果，从声学实验角度进行的研究还很少^①。本文将通过声学实验方法对横县境内的 3 名平话发音人、1 名粤方言发音人和 1 名客家话的声调情况进行考察，较为全面地展示这 5 名发音人声调的声学表现，以及在此基础上的一些发现和讨论。研究中将着重于展现各发音人声调的实际状况，而不是单纯报告最终的调系整理结果。

2. 声调声学分析方法

2.1 通常的声调声学分析方法

传统方言调查中对声调的处理和研究，是通过耳听辨别各类声调例字之间的异同，相同的予以合并，不同的保持区分，以此确定一个方言的调类与调值情况。

通常的声调声学实验分析方法，一般仍然需要以传统的调查研究为基础。因为声学分析的基础是发音例字的设计，而如果不清楚目标方言是多少个调类是难以设计声学分析例字的。通常的实验研究过程是这样：调查得知某方言为 4 个调类，则按这 4 个调类设计例字，这样可以得出 4 个声调的声学表现。声调的声学表现主要是音高和音长等的变化情况；通过考察各个声调的声学表现可以研究、论述声调的某些问题。这种通常的分析方法一般是可行的。不过，如果某方言究竟是多少调类并不够清楚，设计例字就会遇到一些困难。

如果某方言声调数目的报道存在分歧，则使用声学实验考察究竟是多少调类需要更多的步骤。例如可以按不同声调数目

---

① 关英伟、梁晓丽（2010）曾通过声学分析考虑陶行平话入声分化和不同发声类型（松紧）的关系，不过关于各个调类本身的声学表现仍然有待研究。

分别设计例字进行声学分析，判断哪种调类数目更符合语言事实。举例来说，如果一种方言有的报道为 7 个声调，有的报道为 6 个声调，可以分别按 7 个和 6 个声调设计例字。声学分析结果显示 7 个声调相互之间差异明显，则可以考虑确定为 7 个声调；如 7 个声调当中有 2 个声调相互之间的差异过小，应该考虑合并成 6 个声调。这时通常的分析方法也是有效的，只是会繁复一些。

如果某方言实际是 7 个调类，但是因为种种原因只报道为 6 个声调，按照 6 个声调设计例字，声学分析的结果自然也就只有 6 个调类。如果某方言实际是 10 个调类，但只报道为 8 个或 6 个调类，声学分析的结果自然也就只有 8 个或 6 个调类。总之，如果设计例字的类别数目少于实际的声调数目，会无法显示被合并隐藏的声调；也就是说有一部分声调因为在例字类别中没有将它们分开而被遗漏掉。通常的声学分析在这时候遇到了很大的困难。

2.2 本文采用的声调声学分析方法

声学实验分析也可以采用不同的模式。本文使用的声学分析思路和方法如下。

为防止有的声调不能分开而被合并，可以尽可能多地设计例字的类别。例如针对某方言，设计包含可能影响调类的所有因素的例字，考察这些类别例字的声学表现，将相同或近似的音高曲线予以合并，不同的则保持独立，经过综合分析可以得到该方言的调类。

通常地说，影响汉语方言调类形成的因素有是否具备塞音韵尾（形成入声与非入声的区别）、声母的清浊（形成阴调与阳调的区别）等。除此以外还有很多因素，例如声母的送气与否、声母全浊与次浊的区别、元音的长短等。最理想的方法当然是设计包含有所有可能因素的例字。然而，影响汉语方言分调的因素事实上极其复杂，除上面列出的因素外还可能有鼻尾/非鼻尾分调、前塞尾/后塞尾分调、高元音/低元音分调、单元音/复元音分调（曹志耘、王莉宁 2009）等等；而且不排除某些方言还可能存在某些特殊因素。因此，要将全部因素包括进来制作一份适用于所有方言的声调例字表是非常困难的。

　　不过，特定方言并不是所有因素都影响分调，而是某些因素起主要作用，而另一些因素起次要作用，甚至不起作用。因此将所有因素包括进来进行例字设计不仅没有必要，而且还会极大地降低实验分析的可操作性。因此对于需要研究的目标方言声调，最重要的是确定可能影响该方言声调形成的各种因素。把可能影响这种方言分调的因素都包含进去，同时使例字的声母、韵母方面尽可能多样（因某些特殊原因，为提高可操作性也可以将确定不影响调类的因素舍去），这样形成的例字类别我们称为某方言声调例字的"极限类别"。

　　在声调数目极多的广西粤语研究中，我们看到送气是经常出现的因素（例如我们研究的博白水鸣镇粤语和容县粤语均是如此）。针对横县平话，我们考虑了声母的清浊、送气、入声元音的长短等，设计的"极限类别"例字为如下 13 类：不送气清平（后简称阴平。其他调类仿此）、送气平、浊平（含全浊、次浊。其他调类同此）、阴上、送气上、浊上、阴去、送气去、浊去、上阴入、下阴入、送气入、阳入。为满足后期可能的统计分析，每个类别的例字不低于 30 字。同时，由于每个类别的声调例字尽可能多样，为了防止声调遗漏，在听音和声学分析过程中如果发现在 13 类的基础上有进一步的声调分化，还应该进一步进行考察分析。

　　通过我们使用的声学分析方法（详见第 3 节）可以得出 13

类（或多于 13 类）例字的音高曲线及音长数据。我们将这些类别的音高曲线及音长数据称为实验类别音高曲线和音长数据，以区别于确定最终调类以后的音高曲线和音长数据。通过对实验类别音高曲线和音长数据的判断分析，将差异大的类别予以分立，将相同、相近的类别予以合并，最终可以确定出该方言的调类。这与通常的声调声学分析方法相比，不会造成声调遗漏。更重要的是，"极限类别"在声学分析的过程中，可以更好地展现各种可能因素影响下声调的声学表现及其内在特性。这将在后文对某些声调的分析中清楚地看到。

需要说明的是，在"极限类别"例字设计下的声调声学分析，仍然是声学与听感相结合的方法；听感的作用在分析中仍然需要扮演重要的角色。事实上，声学分析的目的应该是证实或证伪听感的某些看法，展现人耳不易感知的声学表现。声学分析并不高于听感；声学分析与听感判断是相互弥补、相互促进的。事实上很难有一种可以将分析过程完全交给它的声学方，原因在于，用某种声学方法做出来的音高曲线并不一定完全符合并能够全部展现其听感特性。

总之，不管使用哪种声学分析方法，其前提是对该方言的实际声调状况都要有比较深入的了解认识。声调的声学分析是建立在有针对性和有目的性的基础上的。

3. 实验情况

3.1 语料录音

本文的横县平话发音人（A、B、C）为 2 男 1 女，分别来自那阳镇、陶圩镇和百合镇。粤方言和客家话发音人各 1 名男性（D、E），分别来自横州镇和校椅镇。所有发音人在录音时

均按从小所说的地道本地方言发音。发音人均为汉族，年龄在
40—70 岁之间，总体来说属于老派（发音人简况参见文后附
录）。

使用"极限类别"法进行声调例字设计（限于篇幅从略）。
声调例字均为单念形式。发音人在电脑上观看例字 PPT 发音（每
个汉字一张 PPT。可以避免页码效应）。录音在安静的宾馆房间
进行。使用语音分析软件 Praat5.3 录音，采样率 22050Hz，存
储字节 16 位。发音人均给予适当发音费。录音时间为 2013 年
1 月 25—26 日。

3.2 标注与分析

对所有发音语料使用 Praat 进行标注。使用 Praat 脚本提取
音高及音长数据，每个音节等比例提取 30 个样点，音高曲线作
图后期不再进行平滑处理。对某发音人的所有音高数据，均以
该发音人的平均音高为参照音高进行半音处理（$St=\log_2(x/f_{ref})*12$）。

使用 SPSS19.0 进行音高曲线作图；使用"WPS 表格"进
行音长数据作图。

4. 实验结果

4.1 平话声调音高曲线分析

4.1.1 发音人 A

在研究过程中我们发现，发音人 A 的声调事实上还有进一
步分化。他的第 6 类（浊去）例字分化为两部分，一部分音高
是升的，另一部分音高是降的。他的第 12 类例字（送气入）分
化为两部分，一部分读为较高的短调，另一部分则较低较长。
他的第 13 类例字（浊入）也分化为两部分，一部分音高较低但

降势不明显，另一部分音高较低但降势明显。

这样事实上 A 的实验音高曲线和音长共有 16 类，显示如图 1①。下面分别进行说明。

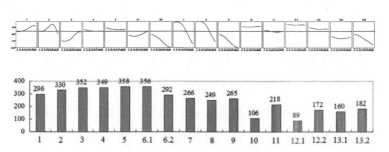

图 1　发音人 A 的 16 类音高曲线图（上。纵轴单位：半音）与音长直方图（下。纵轴单位：毫秒）

（平均音高 177Hz；调域 19.15 个半音（-12.07, 7.08））

该发音人第 1 类例字和第 2 类例字前半部分音高曲线近似，但是后半部分却存在差异：第 2 类出现了明显的降尾。通常看到声母送气对声调的影响是使其后临近元音的音高（通常是调头）降低（何大安 1989；石锋 1998），但是这里没有使调头降低，倒是调尾出现下降。这是否是送气声母产生的结果，还是由于其他因素，具体原因有待于进一步考察。总之第 1、2 类例字的差异是明显的。

第 4、5 两类例字也是声母不送气与送气的关系，这里同样没有看到送气使调头下降；相反，送气声母所在的调头看起来反而略有抬高了。不过这种差异的程度并不足够大。

第 6 类例字的第 1 部分和第 3 类例字比较接近，都是终点

---

① 曲线图上方的数字 1、2……等表示实验声调例字的类别。各图中的横线为标识零点的线。后文其他发音人与此相同，不另注。第 6 类实验例字分化为了两类，分别表示为 6.1 和 6.2，这是为适应统计软件识别作图的需要而这样表示的。余仿此。

达到平均音高附近的升调，起点则第 6 类例字明显高于第 3 类例字。第 6 类例字的第 2 部分和第 9 类例字非常接近，就是音长也相差无几。

属于不送气、送气关系的第 7、8 两类，第 10、12.1 两类和第 11、12.2 两类都没有明显的区别，如果实在要说有的话就是送气调比相应的不送气调略高。不过这些差异也是比较细微的。

第 10 类比第 11 类高且短；第 12.1 类和 12.2 类的关系也是前者比后者高且短。它们的区别还是比较大。第 13.1 类是较低的平调（该调音长较短，由于时长归一化该调看起来也有轻微的降势）；第 13.2 类是低降调，前者音长比后者要短。

通过以上分析可以看到，通常意义上的送气使音高降低的分调现象在该发音人是不明显的，但是送气调和相应的不送气调是否可以合并却还值得考量。对于第 1、2 类例字，音高曲线在后部差异很大，合并起来是困难的。第 4、5 两类音长差别不大，音高上存在一定程度的差异，是分是合还需要综合考虑其他因素。第 7、8 两类无论在音高还是音长上显然都缺乏分立的理由。第 10、12.1 两类和第 11、12.2 两类在音长和音高上均略有差异，但是这种差异还不足以使声调分立。

上述分析表明，A 的声调的声学表现是复杂的。为了使情况更加简明，我们从"能合并即合并"的思路出发将 A 的声调处理为 10 类，调类调值情况如下：阴平（45）、送气平（453）、阳平（24）、阴上（44）、阴去（52）、阳去（31）、上阴入（5）、下阴入（44①）、上阳入（22）、下阳入（21）。

上述处理是说：阳上字的一部分已经归并入阳去；另一部

---

① 逢入声为两个数字者皆下加横线，以示和舒声相区别。全文同，不另注。

分正处在向阳平归并的过程中。另外送气平声后部出现高降尾，与通常的送气影响声调表现不同，究竟是什么原因还需要进一步研究。上声、入声的送气字音高都略有升高的倾向。

当然如果不这样处理，从"能分立即分立"的思路出发，可以将 A 的调类处理为 14 个之多，但是这样处理似乎过于细碎繁琐了，不如处理为 10 个简明清晰。

4.1.2　发音人 B

发音人 B 的声调也有进一步分化，这些分化比起发音人 A 来似乎更严重。他的第 6 类例字（浊上）主要分化为 3 部分，一部分读为平调，另一部分读为升调，还有一部分则读为降调①。B 的入声字读音十分复杂。第 10 类例字（上阴入）主要是高短调，但也出现少部分中平的调型（用 10 表示主要的高短调型。少部分中平调型表示为 10.1）；第 11 类例字里调长均较短，但一部分略高，一部分略低（分别表示为 11.1、11.2）。第 13 类例字也分为两类，其音高均很低，但是一类较短，另一类则较长。除此以外，第 12 类字（入声送气）本来通常是与第 10 类例字接近，但其中还出现一些半高、另一些极高的发音。这两类音高不清楚是临时的读音，还是确实存在的本来发音，性质不明，我们单独把它列为 x4、x6 两类。

这样发音人 B 的实验音高曲线和音长共出现了 20 类，显示如图 2。

该发音人第 1、2 类例字区别不大。第 4、5 类例字情形与发音人 A 近似，均为略有高低的不同。第 6.1 例字和 6.2 例字在听感上一个较平一个带升，但在音高曲线上二者差异实在很小，音长也差别不大，应该合并。第 6.3 类和第 9 类，第 7、8

---

① 事实上第 6 类例字该发音人还有一种发音，是将例字读为高升调。因为只有 2 个字，为使问题不至过于繁琐，我们将它舍去了。

两类也都大同小异，可以合并。另外第 3 类例字的音高主要趋势是低升，但像带有自然的降尾。暂不清楚末尾降势的性质。

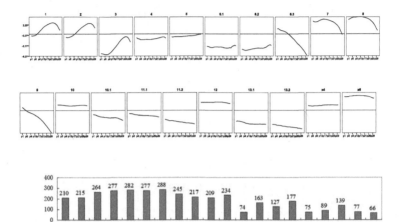

图 2　发音人 B 的 20 类音高曲线图（上、中。纵轴单位：半音）与音长直方图（下。纵轴单位：毫秒）

（平均音高 154Hz；调域 9.41 个半音（−5.27, 4.14））

入声方面，第 10、12、x4 类音高上近似，音长也非常接近，可以考虑合并为一个声调。x6 似乎也属于这一系列，不过它的音高太高，音长更短，合并起来并不合适。第 10.1、11.2 两类音高、音长较为接近，可以考虑合并。第 11.1 类音长既不是最长的，也不是最短的；音高在所有入声字中也属居中，不宜与其他调类合并。第 13.1 类和第 13.2 类均为浊入字，调型虽然略有近似，但是音长差别较大，适宜按元音长短分开为上阳入和下阳入。

这样，发音人 B 的调类及调值我们处理为 11 类，分别是：阴平（45）、阳平（13（2））、阴上（33）、阳上（22）、阴去（53）、阳去（31）、上阴入（5）、中阴入（3）、下阴入（<u>33</u>）、上阳入

（2）、下阳入（11）。除此以外还有一个来源于入声送气声母字的额外调值 x6，性质不太清楚，暂时没有列入。

这样处理暗含的情况是：该发音人在各个调类均没有送气分调（部分送气字的音高比不送气字还要略高）；阳上一部分归阳去；存在 1 个中短调的中阴入是该人的特点；另外有少数额外调值没有计入（也包括第 6 调里只有 2 个例字的额外调值）。

4.1.3　发音人 C

和发音人 A、B 不同，发音人 C 的声调状况就整齐得多了。C 也有分化，出现在第 6 类例字（浊上）。该类例字一部分读为平调，另一部分读为降调。入声也有分化，但读音判断起来很容易，例如第 12 类例字（送气入）一部分读高短调，一部分读中较长的调，我们就直接将它合并到第 10 和第 11 类里去了。第 13 类例字（浊入）也分为两类，一类是降调，一类是平调，我们也直接将它分为第 13 和第 14 两类了。

这样 C 的音高曲线共 14 类，显示如图 3。

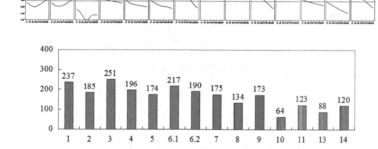

图 3　发音人 C 的 14 类音高曲线图（上。纵轴单位：半音）与音长直方图（下。纵轴单位：毫秒）

（平均音高 197Hz；调域 11.3 个半音（-7.3, 4））

发音人 C 的第 1、2 类例字几乎完全一样，自然应该合并。第 5、6.1 两类非常接近，应该合并。第 4 类与这两类似乎也有近似之处，但它在听感上整体音高比第 5、6.6 两类要略高；而且合并以后整个上声只有了 1 个声调，综合起来看似乎以不合为宜。第 6.2、9 两类和第 7、8 两类几乎一致，应该合并。入声方面，第 11 类是很平的调，不知怎么在音高曲线上带有降势了。第 10、13 两类是分属清声母与浊声母的短调，另两调是分属清声母与浊声母的长调，没有能够合并的。

这样发音人 C 的声调情况处理为 10 类：阴平（24）、阳平（213）、阴上（44）、阳上（33）、阴去（55）、阳去（42）、上阴入（5）、下阴入（<u>33</u>）、上阳入（<u>42</u>）、下阳入（22）。从这里列出的调类上看 C 是最整齐的，虽然她的 3 个上声在调型也有近似之处。

这样处理要说明的是：该发音人没有送气分调，但是在上声上有近似送气分调的表现，三声上声总体差异并不太大；阳上的一部分并入阳去。其他没有更多可以说明的。

4.2 粤方言声调

发音人 D 所操方言为白话（粤方言）。该发音人声调的进一步分化只存在于第 6 类例字和第 13 类例字。在第 6 类例字（浊上）中，有一部分字的音高在听感上与第 9 类例字（浊去）一致，几乎可以不需要实验进行确认。不过我们仍然将这部分例字单独标出来（用 9.6 表示它的音高已变为第 9 类，但其身份则来自于第 6 类），放在第 9 类例字后面进行对照。第 12 类例字（送气入）全部并入第 10 类和第 11 类，我们直接将其分化到相应调类之中。第 13 类例字（浊入）的分化主要是一类较长，一类较短，音高上差别不太大。

这样发音人 D 的实验音高曲线和音长共分 14 类，显示如

图 4。

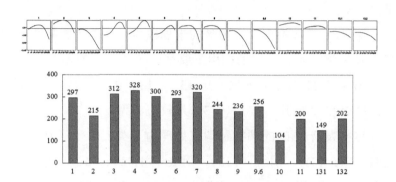

图 4　发音人 D 的 14 类音高曲线图（上。纵轴单位：半音）与音长

直方图（下。纵轴单位：毫秒）

（音高均值 209Hz；调域 19.88 个半音（-14.49, 5.39））

　　该发音人的发音有一点需要说明，即第 1、2、4、5、6 五类例字在发音的结尾带有一种自然的降势。这种降势在听音时并不太明显，但是在音高曲线上比较清楚地显示出来了。事实上就是在比较短促的入声第 10、11 两类，也能看到末尾十分轻微的下降趋向。这可能是该发音人的一种个性特征。

　　第 1、2 类例字是不送气与送气的关系，从图上看送气字反而比不送气字高。第 4、5 调这种关系似乎并不明显；第 7、8 类则看不出差异。送气入声字随不送气的清入字一样分为上阴入和下阴入，没有独立出来，因此也就没有办法单独列出。

　　第 2 类是较低的降调，这一调和第 6 类例字中的一部分（9.6）以及第 9 类非常接近，在音高曲线上看三者确实几乎一致。

　　第 4、5 两类与第 6 类之间在音高曲线上存在高低的差别，但这种差别并不十分明显。事实上在听感上二者差别也是比较小的。第 7、8 类与第 9 类（包括第 3、9.6 两类）的差别还是清楚的。

第 7、8 类起始部分有明显的平稳段落，但这一平稳段在听感上几乎感觉不到。它的作用主要是放缓了下降的速度。

第 10、11 类是阴入调，第 13.1、13.2 类阳入调；第 10、13.1 类是更短的调，第 11、13.2 是较短的调。

这样发音人 D 的调类及调值处理为 9 类：阴平（44(2)）、送气平（55(3)）、阴上（335）、阴去（(4)42）、阳去（31）、上阴入（5）、下阴入（<u>44</u>）、上阳入（2）、下阳入（<u>22</u>）。

上述处理应说明：该发音人存在一个孤立的送气平；阳平和阳上的一部分却和阳去合流。这一调类格局不同于一般的方言状况，显得偏颇失衡，但从音高表现上看却只能这样处理了。

4.3 客家话声调

发音人 E 说的是客家话。E 的调类相对少得多，不过我们仍然使用和平话相同的发音字表。E 的声调的进一步分化也存在于第 6 类例字。该类例字分化为三个部分，一部分音高为中升，一部分音高为低降，一部分音高为中高的平调。除此以外就没有其他的声调分化了。

这样 E 的实验音高曲线和音长共分 15 类，显示如图 5。

第 1、2 类例字是不送气与送气的关系，看不出二者有显著的差异，应该合并。事实上第 6.1 类与第 1、2 类也近乎一致。

第 3、4、5 类例字均为较低的降调，起点看起来呈递增的趋势；音长则呈递减的趋势。这三类在听感上确实有近似之处，如不合并似乎显得调类分立的标准太松散；如三类都合并为一个声调，似乎调类合并的标准太松散；如两类合并一类单立，哪两类合并，哪一类单立，单纯从音高表现上看让人头疼。最后我们还是决定从历史来源上看把第 3 类独立作为阳平，第 4、

5 两类合并作为阴上。另外，第 6.2 类在音高曲线上也与第 5 类近乎一致，应该与第 4、5 两类合并。

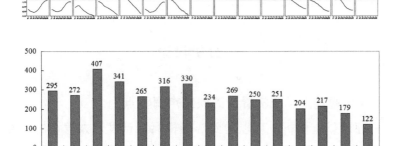

图 5　发音人 E 的 15 类音高曲线图（上。纵轴单位：半音）与音长直方图（下。纵轴单位：毫秒）

（音高均值 144Hz；调域 12.11 个半音（-7.11，5））

第 7、8、9 三类相似度极高，统应合并。第 6.3 类音高曲线与这三调一样，但是整体高度要略低。第 6.3 类是否应和第 7、8、9 类合并呢？事实上第 6.3 类的有些字在听感上和去声差不多。尤其是阴去的音高存在一定程度的变动幅度，有些字略高一些，听感上比第 8、9 类的字还高；有些略低一些，听感上比第 8、9 类的字要低。鉴于这种情况，考虑将第 6.3 类与第 7、8、9 三类合并；而且事实上这样合并更符合阳上归去的一般规律。

入声方面，第 10、11、12 类也大同小异，分立的理由不充分。事实上这都是阴入字，不再按元音长度分为上、下阴入；也不存在送气分调现象。第 13 类没有进一步分化，就是阳入了。

这样，最终将 E 的调类及调值处理为 6 个，是：阴平（213）；阳平（21）；上声（31）；去声（55）；阴入（<u>32</u>）；阳入（4）。

对于这种处理，应该说明如下问题：（1）阳平的读音与上声有近似之处，这是为更符合各自的历史来源才这样处理的。（2）阳上中的一部分字比去声略低，似乎反映其可能处在与去声合并但还没完成的阶段。

5. 分析讨论

5.1 通过声学分析看到的横县声调特点

通观以上分析，可以看到 3 名横县平话发音人声调的内部变异可以说是巨大的。这种巨大的变异既体现在不同发音人之间（inter-speaker），也表现在相同发音人内部（intra-speaker）。从发音人之间来看，我们将 3 名发音人的声调状况整理为 10 调和 11 调两种情况，但具体调类、调值差异很大。A、B 两人各调类的音高表现存在很大的变异；C 的各调类则相对整齐。从相同发音人内部来看，A、B、D、E 都是突出的，例如 A 的音高曲线我们整理为 10 个调，事实上多个调都表现出很多细微的内部差异，我们最后是从"合并的思路"出发确定该发音人声调数目的。

具体来看，各发音人的各种变异体现在以下三个方面。

第一，很多例字类别之间数据不够集中，音高或音长看起来有区别，但是其区别又不足够大。例如 A 的第 10 类与 12.1 类，第 11 与 12.2 类；B 的 1 与 2，4 与 5，6.1 与 6.2，10、12 与 x4，10.1、11.1 与 11.1；D 的 4、5 与 6.1；E 的 3、4、5 与 6.2，6.3 与 7、8、9、10、11 与 12 等，都是相互之间级好像有界限但又很模糊。即便最整齐的发音人 C，其 4、5 与 6.1 之间也呈递降趋势。音高曲线之间的这种模糊与离散，造成某些类别之间是分还是合很不容易处理。

第二，5 名发音人整理出的调类往往不够整齐，呈现失衡的状态。例如发音人 A、D 在上声、去声、入声均不存在送气调，但在平声却多出一个送气调类。而且 A、D 平声送气调的表现差异巨大：A 的送气调是末尾出现下降的弯头；D 的送气调是整体音高高于不送气调。B 的调类格局失衡表现在一个来源于送气入声字的额外调值。C 的三类上声事实上比较接近，如果合并则平、去、入三类均有阴调、阳调的区别，而唯独上声没有，我们是考虑到保留上声的阴阳调差异才没有合并的。E 也存在平、入分阴阳，上、去不分阴阳的问题。

第三，声调的具体情况还出现一些比较特殊的语音（phonetic）或音韵（phonological）表现。例如通常观察到声母送气对声调的影响是使起始音高降低，但这种现象只在发音人 C 的上声有轻微的表现；A 的上声、入声，B 的上声、去声、入声，D 的平声、上声，E 的上声等，却都出现了相反的表现：送气字的音高反而高于不送气字，有的甚至非常明显（例如 D 的平声）。另外阳声调通常比阴声调低，但 E 却是阳入反而比阴入高很多。发音人 B 的入声调类达到 5 个，多出 1 个中阴入。C 的送气上和阳上中的一类接近；D 的阳平和阳上、阳去合流；E 的阳上的一部分和阴平同调。这些表现均不同于汉语方言中通常的音韵表现。

如果说 5 名发音人还有很具体的共性特征，那就是阳上的多种表现之一了：5 名发音人均存在阳上归入阳去的现象，虽然归入的数量多少并不一定完全相同［覃远雄（2004）曾经讨论过平话的阳上归阳去问题］。总体而言，5 名发音人存在一定的共同特征。

以上的很多表现，似乎表明某些调类之间正处在变动的过程之中。看起来比较明显的是，A 的阳上的一部分似乎正在向阳平靠近，以至于二者调型有相似之处（参见图1）；C的阳上正在和阴上合流，二者调型已很接近（参见图3）；E的阳上的一部分似乎还没完全并入去声，阳上的整体音高略低于去声（参见图5）；等等。

5.2 与以往研究的调类、调值比较

以往关于横县平话声调的报道主要有《横县县志》（1989），闭克朝（1994），闭思明（1998a, b），覃远雄（2004），黎曙光（2004），谢建猷（2007），黄海瑶（2008），关英伟、梁晓丽（2008）等。其中《横县县志》"语言"部分撰写者为闭克朝（当时称为"客话"，即平话），与闭克朝（1994）的调系是完全一致的。将上述各报道及本文得出的结果列出对照表如下表1所示。上述报道所依据的乡镇方言不尽相同，对照表中按可与本文发音人相比较的列在一起，不能比较的列在后面。

表1　横县平话声调调类、调值对照表

来源	阴平	阳平	阴上	阳上	阴去	阳去	上阴入	下阴入	上阳入	下阳入
《横县县志》（1989）、闭克朝（1994）百合一带	44	13	33	22	55	42	4	<u>33</u>	2	<u>42</u>
黄海瑶（2008）百合镇武留村	34	13	44	23	55	42	4	3	2	<u>42</u>
本文发音人C百合镇黄村岭江村	24	213	44	33	55	42	5	<u>33</u>	2	<u>42</u>
闭思明（1998a, b）那阳镇岭鹨村	24	12	33	122	53	31	5	<u>33</u>	21	22
本文发音人A那阳镇岭鹨村鸡头岭屯	阴平45送气平453	24	44	/	52	31	5	<u>44</u>	22	21
关英伟、梁晓丽（2010）陶圩镇	34	13	33	22	55	41	4	<u>33</u>	2	22

来源	阴平	阳平	阴上	阳上	阴去	阳去	上阴入	下阴入	上阳入	下阳入
本文发音人 B 陶圩镇令里村中令坡屯	45	13(2)	33	22	53	31	5 中阴入 3	33	2	11
覃远雄（2004）县城	55	24	33	13	53	21	44	24	33	21
黎曙光（2004）县城横州镇蒙村	513	312	55	13	51	22	55	33	13	22
谢建猷（2007）县城	55	232	33	24	52	22	55	33	22	24

《横县县志》（1989）、闭克朝（1994）依据的是"百合一带"的平话；黄海瑶（2008）的发音人来自百合镇武留村。这两地与本文发音人 C（百合镇黄村）比较接近，具备比较的基础。表上显示，事实上本文的结果与前两种报道总体上是很接近的，声调数目与调类相同，阴去以后的调值都几乎一致；阳上之前的调值也相差不远。略有不同的是，阴平我们处理为中升调，阳平处理为降升的折调。

闭思明（1998a,b）记录的是作者本人所在的"那阳镇岭鹩村"话。本文发音人 A 为那阳镇岭鹩村鸡头岭屯人，可以与之进行比较。总体来看二者差距并不大，阴去以后的调类、调值几乎一致。所不同的是本文多出了送气平而少了阳上这一调类。送气平声我们从图 1 看到调型和阴平近似，但后部多出了一个降尾，我们将它独立了出来。闭思明记录的该调情况如何不得而知。阳上闭思明记为 122，事实上与阳平的 12 差异不大，我们将这两个调合并了。最后的上阳入和下阳入调值，本文的结果和闭思明正好反过来了。通常上阳入是短调，下阳入是长调，从发音人 A 的音长（见图 1）能看到本文的上阳入是较短的（160毫秒）；下阳入是长的（182毫秒）。

　　关英伟、梁晓丽（2010）报告的是作者之一、来自陶圩镇的梁晓丽的发音。和本文的结果相比，二者也大同小异，阳平，关、梁记为13，我们记为13（2），用括号注明了一个轻微的降尾。实质的差异只有阴去调调值，关、梁为高平调，本文为高降调。观察关、梁文的音高曲线，可以看到这不是处理方式的差异，关、梁的音高曲线还呈略微上升的趋势。这一差异可能就是语言事实的差异了。

　　除上述3名发音人以外，我们没有县城的发音人，无法与覃远雄（2004）、黎曙光（2004）相比较。不过覃、黎的报道也略有差异，如阴平、阳平、阴上、上阳入的调值均不相同。其中的具体情形还有待以后研究的证实。

　　关于横县粤方言的声调情况，各方报道存在差异。侯精一等（2002：195）提到横县粤方言声调为8个；谢建猷（2007）则列为10个。侯精一等没有给出具体调值，无法比较。这里列出谢建猷（2007：169，234—235）的10个调值和本文的9个调值如下表2所示。

表2　横县粤方言声调报道对照表

来源	阴平	阳平	阴上	阳上	阴去	阳去	上阴入	下阴入	上阳入	下阳入
谢建猷（2007）县城	55	232	33	24	52	22	<u>55</u>	<u>33</u>	<u>22</u>	<u>24</u>
本文县城	44(2)送气平55(3)	/	335	/	(4)42	31	5	<u>44</u>	2	<u>22</u>

　　上表显示谢建猷（2007）的调类调值与本文的结果还是存在一定程度差异的。我们多出了一类送气平，但是阳平、阳上和阳去合流；而谢的阳平、阳上和阳去均单列。另外阴上的调

值谢为平调，本文处理为平升调。除此之外，其他调类还有一些细节上的差异。①

广西客家话的声调通常为 6 个，例如陆川大桥 [《广西通志·汉语方言志》（1998）]、北流塘岸、马山片联（均见谢建猷2007：259）等地（为便观察，这里也一并列出其具体调值如下表 3）。上述客家话声调数目虽然与本文一致，但从表 3 的对比可以看出，其具体调值与本文相差较大。横县客家话的声调情况目前我们没有看到相关报道，这里不能进行比较。

表 3　部分广西客家话声调对照表

地点	阴平	阳平	上声	去声	阴入	阳入	来源
陆川大桥	35	213	31	52	3	5	《广西通志·汉语方言志》
北流塘岸	55	24	42	53	<u>22</u>	<u>55</u>	谢建猷（2007）
马山片联	33	213	31	55	<u>22</u>	<u>55</u>	谢建猷（2007）
横县校椅	213	21	31	55	<u>32</u>	4	本文

5.3　横县声调变异的原因

通过前面的分析可以看到，本文 3 名横县平话发音人的声调状况在总体上与此前的报道差别不大，但是更重要的是本文揭示 5 名发音人声调的具体声学表现，和由此清楚观察到的十分突出的变异（variation）现象。这些情况表明，一地的声调状况很可能并不像报道看起来的那样整齐划一；充分展现语言事实的实际面貌，是方言语音报道中应该重视的一方面。

横县方言声调为什么具有如此突出的变异表现呢？这显然与当地多样的语言（方言）状况密切相关。横县多样的语言状

---

① 需要指出的是，横县县城平话声调按谢建猷（2007:58）也列为 10 个，且其调值与上述粤方言调是完全相同的。谢建猷（2007）在"平话"这部分下并没有横县这一方言点，但在平话内部一致性里却列有横县。我们推测其中可能有误，具体情况还需要进一步考察，这里不做更多比较。

况首先是汉语和壮语的共存。横县的人口构成主要是壮族和汉族，其中壮族占近 2/3，汉族占 1/3 强①，可以想见汉语会受到壮语很大的影响（闭克朝 1991 曾专门讨论过壮语对平话的影响）。从方言的相互影响来看，横县本地存在平话、粤方言和客家话三种方言（普通话应该是后来传播进入的），其中平话为 95%的汉族人使用②；粤方言和客家话通行的范围较小，粤方言主要在县城使用；客家话则集中在校椅、那阳等乡镇的一些自然村落（闭克朝 1985）。不管怎样，横县境内的语言和方言状况是多样的，一县之内具有这么复杂的语言状况，其必然会相互接触产生影响。这些外在语言环境是产生不同种类方言声调突出变异结果的基本原因。

6. 结语

本文通过"极限类别"例字，考察了共 5 名横县发音人声调的声学表现，看到发音人之间及发音人内部都存在大量变异情形。我们也说明了通过"极限类别"例字进行声学实验与通常声学方法的不同。"极限类别"例字设计更有利于展现调类之间的变异及声调的微观声学表现。横县语言状况是复杂多样的，本文选取了 5 名发音人分析其声调状况。这从发音人的数量上看不算太少，但是分析过程已经显得比较繁琐。由于横县方言的复杂状况，从反映不同种类方言上看发音人数还显得不够。横县汉语方言的声调情况我们将继续研究。不管怎样我们认为

---

① 谢捷猷（2007:233），"1990 年横县总人口约 98.63 万人，其中壮族人口占 63.47%，汉族人口占 36.48%，其他民族人口占 0.05%。"这是较早的数据，近年横县民族人口构成发生了逆转，按 2012 年晚些时候更新的数据，横县壮族人口约占总人口 34%（参见横县人民政府网 www.gxhx.gov.cn）。

② 有研究认为横县以平话为母语的人口达到 66 万（袁少芬 1998）。

更多地展现和报道客观的语言事实是不应忽视的。

附录　发音人情况[①]

A　闭爵安　　汉　男　48　1359701****　横县那阳镇岭鹨村鸡头岭屯　初中

B　王克环　　汉　男　48　1397878****　横县陶圩镇令里村中令坡屯　函授本科

C　谢水文　　汉　女　40　1387872****　横县百合镇黄村岭江村高中

D　吴光　　　汉　男　69　1387861****　横县横州镇环城西路**号初中

E　余耀秋　　汉　男　47　1376864****　横县校椅镇横塘村福塘村高中

参考文献

闭克朝　1985　《桂南平话的入声》,《方言》第 4 期。

闭克朝　1991　《壮语对横县平话的影响》,《中南民族学院学报》(哲学社会科学版)第 4 期。

闭克朝　1994　《广西横县平话词汇(一)》,《方言》第 1 期。

闭思明　1998a　《横县那阳平话的语音特点》,《右江民族师专学报》第 11 卷第 3 期。

闭思明　1998b　《广西横县那阳平话的音变现象》,《西南民族学院学报》(哲学社会科学版)第 19 卷第 S3 期。

曹志耘、王莉宁　2009　《汉语方言中的韵母分调现象》,《语言科学》第 8 卷第 5 期。

---

① 发音人电话号码及住址(如有必要)均作模糊处理,如因研究需要可向本文作者索取。

关英伟、梁晓丽　2010　《广西横县陶圩平话入声分化的发声类型》，第九届中国语音学学术会议，天津：南开大学。

广西壮族自治区地方志编纂委员会　1998　《广西通志·汉语方言志》，南宁：广西人民出版社。

何大安　1989　《送气分调及相关问题》，《中央研究院历史语言研究所集刊》第 60 本第 4 分册。

横县县志编纂委员会　1989　《横县县志》，南宁：广西人民出版社。

侯精一主编　2002　《现代汉语方言概论》，上海：上海教育出版社。

黄海瑶　2008　《广西横县百合平话音系》，《桂林师范高等专科学校学报》第 22 卷第 2 期。

黎曙光　2004　《略论横县平话语音特点》，《广西民族学院学报》（哲学社会科学版）第 26 卷第 6 期。

李连进　2007　《平话的分布、内部分区及系属问题》，《方言》第 1 期。

梁敏、张均如　1999　《广西平话概论》，《方言》第 1 期。

石锋　1998　《送气声母对于声调的影响》，《中国语言学报》（Journal of Chinese Linguistics），第 26 卷 1 号。

覃远雄　2004　《桂南平话的声调及其演变》，《方言》第 3 期。

谢建猷　2007　《广西汉语方言研究》，南宁：广西人民出版社。

杨焕典、梁振仕、李谱英、刘村汉　1985　《广西的汉语方言（稿）》，《方言》第 3 期。

袁少芬　1998　《平话人研究》，南宁：广西大学民族研究所。

张均如　1987　《记南宁心圩平话》，《方言》第 4 期。

（冉启斌　南开大学汉语言文化学院　天津　300071）

关于上古汉语阴声音节的韵尾、韵素和声调问题的探讨

施向东

1. 经典押韵观念和阴声塞音韵尾构拟的检讨

关于上古汉语韵部的构拟，从高本汉以来已经有多家有影响的理论，但是至今仍然存在很大的分歧，尤其是对于中古阴声韵字上古读音的构拟。有人主张阴声韵是开音节，有人主张阴声韵是闭音节，也有人主张阴声韵既有开音节的，也有闭音节的。而这些不同的主张都来源于对《诗经》押韵的分析（以及与此有关的对汉字谐声系统的分析）。这里列举几家有代表性的说法，如表 1 所示：

表 1　各家关于《诗经》韵部阴声韵尾的构拟

	无辅音韵尾	收流音韵尾	收-d	收-b	收-g
高本汉[①]	第 1/2/3 部	第 6/11 部 收-r	第 5/8/10 部 阴声	第 13/15 部 阴声	第 17/19/21/ 23/24/26 部阴声
陆志韦[②]	无	无	至/祭/支/脂 部阴声	葉/缉部阴声	之/幽/宵/侯/鱼/ 支/脂部阴声

续表

	无辅音韵尾	收流音韵尾	收-d	收-b	收-g
李方桂③	无	歌部收-r	脂/微/祭部阴声	（葉/缉部阴声）	之/鱼/佳/侯部阴声
王力④	之/幽/宵/侯/鱼/支/脂/微/歌部	无	无	无	无
郑张尚芳⑤	鱼/支/侯/之/幽脂$_2$/宵部	微/歌/脂$_1$部收-l	祭/队/至部收-ds	盍/缉部$_{之一部分}$收-bs	铎/锡/屋/职/觉质$_{之一部分}$收-gs

此外，李方桂幽、宵部阴声收-gw，郑张尚芳药、觉部之一部分收-wgs，后来变为-h。而且，郑张尚芳以及其他一些学者主张上古汉语上声和去声字有辅音韵尾，则仅仅平声的阴声韵才是开音节。①

陆志韦全面观察了诗经押韵和汉字谐声的事实，提出了上古汉语没有开音节的主张后，曾经无可奈何地自问自答说："上古汉语没有开音缀的结论有的人一定以为怪诞不经。世上哪里会有这样的语言呢？……我们的结论尽管是不近情的，然而这样的材料只可以教人得到这样的结论。拟音的结果必得遵照拟音的方法。"②他所说的"拟音的方法"，其中有一条虽然没有说出来但是却奉行不违的原则，就是押韵的字必须有相同的韵腹和韵尾（后来有学者表达为"押韵字必须韵基相同"）。③假如阴声字没有塞音韵尾，却和带塞音韵尾的入声字押韵，就违反了这一条原则，这就是他（以及其他许多古音学者）不得不为阴声字构拟塞音韵尾的苦衷。

但是这种经典的押韵观念是很成问题的。给阴声字构拟一

① 郑张尚芳　2003　《上古音系》，第62—63页，上海：上海教育出版社。
② 陆志韦　1985　《古音说略》，见《陆志韦语言学著作集（一）》，第94—95页，北京：中华书局。
③ 薛凤生　1999　《汉语音韵史十讲》，第5页，北京：华语教学出版社。

个浊塞音韵尾，就能使阴声跟入声具有相同的韵基了吗？答案无疑是否定的。如《诗经·郑风·清人》卒章："清人在轴，驷介陶陶。左旋右抽，中军作好。"入韵字"轴/陶/抽/好"，王力构拟为 diuk/du/thiu/xu，拿 u 跟 uk 押韵，韵基固然不同；高本汉构拟为 d'i̯ɔk/d'ɔg/t'i̯ɔg/xɔg，拿 ɔg 跟 ɔk 押韵；李方桂的构拟为 drjəkw/dəgw/thrjəgw/həgwx，拿 əkw 跟 əgw(x)押韵，韵基也都不相同。三者比较，只不过五十步与百步之间，看不出阴声构拟浊塞音韵尾的优越性何在。-g 与-k 的不同是音位性质的不同，以此两者充当韵尾的韵母，韵基也是不同的，按照"押韵必须韵基相同"的教条，它们算不上是好的押韵。从本质上说，-g 尾与-k 尾的押韵跟-0 尾与-k 尾的押韵具有同样的性质，只是程度上或许有些细微差别而已。

　　从古至今，押韵既有韵基相同的字相押，也有韵基不同但是声音相近的字相押。清人段玉裁《六书音均表一》有"古音韵至谐说"，谓"古人用韵精严，无出韵之句"，但是我们通读《六书音均表》，可知不论《诗经》还是先秦群经，都存在"古合韵"。①假如把"古合韵"排除在押韵之外，那么"出韵之句"真还不少。据邓葵（2014）统计王力《诗经韵读》，总押韵次数为 1730 次，其中通韵 82 例，占总押韵章次的 4.74%；合韵 125 例，占 7.23%；通合韵总计 207 例，占 11.97%。而如果我们按郑张尚芳的拟音，通合韵的比例还要高，总共有 696 处，占 38.8%。②

　　因此，对于押韵这件事，我们应当用现代认知理论中关于原型范畴的观念来描述它、考察它。原型范畴学说认为，一个

---

　　①［清］段玉裁　1981　《说文解字注》，第 806—867 页，上海：上海古籍出版社。

　　② 邓葵　2014　《〈诗经〉押韵及相关问题研究》，南开大学博士论文。

范畴不是由其成员共同具备的充分必要条件界定的，而是由集合了范畴成员最多特征的原型和与原型有着不同程度相似性的其他成员以及模糊不清的边界组成的。①按照这一理论，在押韵这一范畴中，如果"韵基相同"跟"通合韵"相比离原型近一点，那么"介音—韵腹—韵尾"全同才是押韵最核心的原型。以《广韵》独用同用例为例，上平声四江、九鱼、下平声五肴、六豪这四个独用的韵，是最核心的至谐的韵，"介音—韵腹—韵尾"全同；上平声一东、八微、十二齐、下平声九麻、十五青、二十一侵，这六个独用的韵，加上上平声冬钟、寒桓、下平声歌戈、阳唐四组同用的韵，介音不同而"韵基"相同，是次谐的韵；其余各组同用的韵，占《广韵》的绝大多数，都是合韵。

图 1　《广韵》"原型范畴"分类

图 1 其实还可以扩展，民间文学中那些既不符合韵书规定，

---

① 李福印　2008　《认知语言学概论》，第 97 页，北京：北京大学出版社。

又不符合口语规范的更为宽泛的押韵，①体现了"押韵"这一范畴的"模糊不清的边界"。所以如果一定要说"韵基"相同算押韵，那只是包括了极少部分押韵事实。就《诗经》押韵而言，阴入相押只是整个押韵中的一小部分，它并不具备诗经押韵"原型"的资格，只是上古押韵的家族成员之一。给阴声韵构拟浊塞音韵尾或零韵尾，都使它与带清塞音韵尾的入声具有某种程度的相似性，在揭示阴入押韵的机制上都具有某种合理性。②

2. 上古阴声韵开音节构拟的合理性与致命缺陷

诚如上文所指出的，给阴声韵构拟浊塞音韵尾或零韵尾都有其合理性，那么究竟哪一种构拟更好、更合理？要回答这一问题不能仅凭单一的鉴别标准。我们必须对各种说法进行全面的、多角度的分析。

王力先生曾对一些学者给阴声韵构拟浊塞音韵尾的做法提出严厉的批评："但是这样做的结果，导致上古开口音节（以元

---

　　① 如京韵大鼓《探晴雯》（见《京韵大鼓传统唱词大全》，中国戏剧出版社，2000年）："冷雨凄风不可<u>听</u>，乍分离处最伤<u>情</u>。钏松怎担重添<u>病</u>，腰瘦何堪再减<u>容</u>。怕别无端成两地，寻芳除是卜他<u>生</u>。只因为王夫人怒追春囊袋，惹出来宝玉探晴<u>雯</u>。痴心的相公啊，他们二人的双感<u>情</u>。"这段鼓词以"雯"韵"听/情/病/容/生/情"，混淆了-n尾与-ŋ尾，不符合北京话的语音系统。

　　② 我们在《略论上古音研究中的几个问题》（渤海大学学报（哲学社会科学版），2012年第6期）一文中分析过零韵尾与-k韵尾押韵的合理机制："从合理上说，气流从肺部经过喉部使声带震动，然后在口腔不受阻碍地流出，这类音就是元音。古代学者把它们称作"喉音"，特别是连 i/u 韵尾也没有的音节，被称为"直喉"，认为他们发自喉部，这是有道理的。从韵尾发音部位上讲，"直喉"（-∅）与"穿鼻"（-ŋ/-k）是最接近的，所以"阴阳入"对转要拿"鱼-阳-铎""侯-东-屋""之-蒸-职""幽-冬-觉"等等来配对。这种认识跟等韵学对声母的分析也是一致的。在唐末宋初的等韵学者那里，零声母音节被称为"喻母"，是"喉音"声母的一种，与"影母、晓母、匣母"被视为同一个发音部位的声母，"影母"和"喻母"被认为是准双声。其中的道理是一样的。"

音收尾的韵）极端贫乏，那是幻想出来的语言，决不可信。"①
这是从语言类型学的角度亦即语言共性的角度提出的批评。点
检汉藏系诸语言，没有哪一个语言没有开音节的，相反，完全
都是开音节而没有闭音节的语言倒是有不少，比如普米语、扎
坝语、贵琼语、史兴语、彝语、傈僳语、哈尼语、拉祜语、纳
西语、嘎卓语、白语、土家语、克伦语等等。②作为汉藏系语
言之一的汉语，却曾经没有开音节，确实是匪夷所思的事情。

　　因此，王力、俞敏（1979）、郑张尚芳（2003）等学者从汉
语史、汉藏同源比较、梵汉对音等不同角度构拟的上古音体系
都给开音节留有地位，这是合理的。我们也曾多次发表论文（施
向东 2004、2006、2012 等）支持上古阴声韵为开音节的观点并
给予论证。但是现在看来，这种论证还是不够的，因为，上古
阴声韵开音节的构拟还存在一个致命的缺陷，就是它在韵律结
构上还不能自圆其说。

　　按照韵律构词学（Prosodic Morphology，J.McCarthy &
A.Prince,1993）的理论，语言的各韵律单位构成韵律层级
（Prosodic Hierarchy）：

　　　　韵律词（prosodic word）
　　　　　｜
　　　　音步（foot）
　　　　　｜
　　　　音节（syllable，常常用希腊字母 σ 表示）
　　　　　｜
　　　　韵素（mora，常常用希腊字母 μ 表示）

① 王力　1980《诗经韵读》，第 9 页，上海：上海古籍出版社。
② 参见黄布凡　1992《藏缅语族语言词汇》，第 637—677 页，北京：中央民族
学院出版社。

韵律词是从韵律学的角度来定义的语言中"最小的能够自由运用的韵律单位"，它是通过"音步"（foot）来实现的，而音步则通过比它小的单位"音节"来确定。韵律词必须至少是一个音步，而音步则必须同时支配两个成分，这样才能形成"轻重抑扬"的韵律节奏。[1]韵素是最低层级的韵律单位，它是音节韵母的最小成分。一个音节可以只有一个韵素，因此分量较"轻"，而分量"重"的音节则有双韵素。双韵素的音节可以独立构成音步，因为它可以满足音步"必须同时支配两个成分"的要求。[2]

按照陆志韦、李方桂的构拟，上古汉语每一个音节可以描写为 CVC 结构，其中 C 表示辅音，V 表示元音（这里暂且不讨论介音，因为介音在音系分析上不影响我们下文的讨论）。音节可以分析为：

（1）　音节 σ

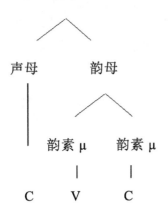

可见每一个音节都是双韵素结构。我们记作 σ(重)。按照王力的构拟，不带辅音韵尾的音节中，与收舌的阳声韵（-n）和

① 冯胜利　2009《汉语的韵律、词法与句法》，第1—2页，北京：北京大学出版社。

② 冯胜利　2009《汉语的韵律、词法与句法》，第37—38页，北京：北京大学出版社。

入声韵（-t）相对的阴声韵脂、微、歌三部有-i 韵尾，可以分析为 CVV 结构，也可以记作 σ(重)：

（2）　音节 σ

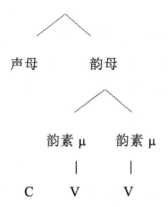

而高本汉构拟的上古韵部 1、2、3 部，王力构拟的与收喉的阳声韵（-ŋ）和入声韵（-k）相对的阴声韵之、幽、宵、侯、鱼、支六部没任何韵尾，只能分析为单韵素结构，我们记作 σ(轻)：

（3）　音节 σ

众所周知，上古汉语的词是单音节为主的，这种单音节词毫无疑问是"最小的能够自由运用的语言单位"，从韵律上说，它也应该是"最小的能够自由运用的韵律单位"即一个韵律词，那么，它至少必得是一个音步，必须同时支配两个成分。那也就意味着，除了不能独立运用的虚词之外，上古汉语的单音节

词，一定不能是单韵素的。从这个角度看，陆志韦、李方桂构拟上古阴声 CVC 结构的音节在韵律节奏上是合理的，而王力等构拟的 CV 结构的音节在韵律分析上存在致命的缺陷。

可能有人会说，上古汉语的句法词虽然以单音节为主，但是韵律词却是双音节的，一个音步支配两个音节，因此音节不必具有双韵素。看来矛盾是解决了，但是深入分析，问题仍然存在。

首先，假定上古汉语的韵律词是双音节的，那么单音节词的独立运用就违反了韵律规则。比如"利簋"铭文"易（赐）又（右）史利金"，句中一定有独立运用的单音节词（比如"易（赐）"）字；《尚书·牧誓》"勖哉夫子，尚桓桓"，《洪范》"臣无有作福"，其中"尚""臣"节奏上无疑是独自为单位的；《诗经·邶风·柏舟》"之死矢靡它"，《卫风·竹竿》"女子有行，远兄弟父母"，其中"矢""远"无疑是独自为节奏单位的。此外，像《尚书·尧典》"咨、吁、都、於、往、俞"，《论语》中"由、求、安"等独词句的存在，都说明了先秦汉语中可以独立运用的韵律词不是双音节的。

其次，上古汉语双音节韵律词的假设经不起上古汉语诗歌韵律分析的检验。我们现在尝试观察一下《诗经·周南·关雎》的首章：

诗句	王力拟音	韵律
关关雎鸠，	koan koan tshia kiu	σ(重) σ(重)σ(轻)σ(轻)
在河之洲。	dzə ɣai tɕiə tɕiu	σ(轻)σ(重) σ(轻)σ(轻)
窈窕淑女，	yu dyô ziuk nia	σ(轻)σ(轻) σ(重)σ(轻)
君子好逑。	kiuən tsiə xu giu	σ(重) σ(轻)σ(轻)σ(轻)

若按照双音节韵律词的假设，此章有 8 个韵律词，仅仅"在河""淑女"和"君子"三个符合音步对"轻重抑扬"的韵律要

求。因此，说《诗经》时代以前，汉语韵律词已经是双音节的，既不符合句法词是单音节占绝大部分的事实，也经不起诗歌韵律的检验。而假设该时代的韵律词是单音节的，就不能接受大量存在 CV 结构阴声音节的构拟。

郑张尚芳的上古音构拟，主张中古一、二、四等字在上古汉语中韵腹是长元音，三等字的韵腹是短元音。[①] 假如我们把长元音描写为 VV，则一、二、四等阴声音节仍然可以分析为上述（2）式的双韵素结构 σ(重)，但是不带辅音韵尾的三等字，因其韵腹为短元音 V，则只能分析为上述（3）式的单韵素结构 σ(轻)。尽管单韵素结构的只有三等阴声字，但是考虑到三等韵字几乎占汉语音节总数的一半，上古允许如此大量的单韵素音节作为可以独立运用的词，也是不可思议的。

3. 解决阴声音节单韵素问题的几种可选方案

根据现有各家的上古音构拟，解决阴声音节单韵素问题的方法有如下几种：

（1）加元音韵尾。如王力的脂、微、歌三部有-i 韵尾；俞敏的之部有-i 韵尾；[②]李新魁的脂、微二部有-i 韵尾，幽、宵二部有-u 韵尾。[③]

（2）加流音韵尾。如高本汉的第 6、11 两部、李方桂的歌部有-r 韵尾；郑张尚芳的歌、微、脂三部有-l 韵尾；俞敏的歌、微、脂三部有-l/-r 韵尾。

（3）加半元音韵尾。如郑张尚芳的幽、宵二部有-w 韵尾。

---

① 郑张尚芳 2003 《上古音系》，第 171 页，上海：上海教育出版社。
② 俞敏 1989 《汉藏同源字谱稿》，《民族语文》第 1—2 期。
③ 李新魁 1986 《汉语音韵学》，第 321 页，北京：北京出版社。

（4）加擦音韵尾。如俞敏的微、脂两部的一部分有-s 韵尾；西门华德的阴声诸部有-β、-ð、-γ 韵尾。①

（5）加塞音韵尾。如陆志韦、李方桂。

（6）构拟长元音韵腹。如上述郑张尚芳等学者的构拟。

加-i/-r/-l/-s 诸韵尾，解决了对应于收舌的阳声（-n）和入声（-t）的阴声韵部的单韵素问题。加-u/-w 诸韵尾，解决了对应于收唇的阳声（-m）、入声（-p）和个别收喉的阳声（冬部）、入声（药部、觉部）的阴声韵部②的单韵素问题。而大多数收喉的阴声韵部（之部、侯部、鱼部、支部）的单韵素问题依然存在。从这里我们可以发现，收喉各部阴声韵如何构拟，实在是解决上古阴声韵单韵素问题的要害所在。郑张尚芳构拟长元音韵腹，解决了一、二、四等阴声韵字的单韵素问题，三等阴声韵字的单韵素问题依然存在。只有西门华德、陆志韦、李方桂的构拟全盘避免了阴声韵字的单韵素问题。

但是，尽管李、陆两家的构拟可以避免产生音节单韵素的问题，我们仍然不能赞同，其理由我们在上文和以前的文章中说了很多，这里再从声调的角度来申述我们不赞成把阴声韵字构拟成促声音节的理由。众所周知，汉语平上去入四声的发现是在中古，中古汉语的平上去三个声调只出现在作为舒声的阴声韵和阳声韵中，而入声一调是作为促声的入声韵的声调。上古声调的状况，古音家各有拟测，但从未有将平声视为促声的。阴声韵当然不都是平声，但是至少有一半是平声，假如阴声字都有塞音韵尾，则不得不读为促声，那么上古的平声就陷入一

① Simon W 1927 Zur Rekonstruktion der altchinesischen Endkonsonanten. Mitteilungen des Seminars für Orientalische Sprachen an der Friedrich-Wilhelms-Universität zu Berlin XXX (1): 147—167.

② 施向东 1999 《试论上古音幽宵两部与侵谈缉盍四部的通转》，《天津大学学报(社科版)》第 1 期。

个不能自拔的泥坑。王力关于上古声调的主张，早年说古只有平入两声，各分长短，长平到中古为平声，短平到中古为上声，长入到中古为去声，短入到中古为入声；晚年将上声独立出来，主张古无去声之说。其基本的看法，将平声视为一个长调，应该说是准确无误的。阳声韵在上古绝大部分是平声字，因为带着鼻音韵尾绝对是读成舒声长调的。稍微具有正常思维，就不会认为一个带着塞音韵尾的字可以跟一个带着鼻音韵尾的字读成一样的长调！

给阴声加塞音韵尾的方法既不可取，我们就必须另开思路。这样，80多年前西门华德的上古汉语韵尾的构拟重新回到了我们的视野。西门氏构拟的阴声韵尾是擦音-β、-ð、-γ，这就避免了将阴声变成促声的不合理状况，同时也满足了使阴声韵字具有双韵素的要求，并与他的入声韵尾的构拟（-b、-d、-g>-p、-t、-k）相呼应，便于解释《诗经》等上古韵文阴入互相押韵的现象，这是他的构拟的最大优长之处。

但是西门氏的构拟也有其不合理的地方。最主要的有两条，一是这些擦音韵尾在中古汉语中找不到痕迹，二是在汉藏语的同源词比较中擦音韵尾-β、-ð、-γ缺乏解释力。关于这些问题笔者将另文详述，这里先一笔带过。

从上文我们已经看到，-i/-r/-l/-s与-u/-w诸韵尾的构拟已经解决了收唇、收舌阴声诸韵部的问题，收喉各部阴声韵如何构拟，才是解决上古阴声韵单韵素问题的要害所在。西门氏为收喉各部阴声韵构拟的-γ尾虽然还不理想，然而优于陆志韦、李方桂的-g尾实多，足以给我们启发：在为上古收喉各部阴声韵构拟-0韵尾和-g韵尾之间，我们完全不必做非此即彼的选择，其实还存在足够广阔的空间！

沿着这样的思路，我们找到了一条新的出路。藏语-α尾在存在和演变，正好是汉语上古收喉各部阴声韵尾的一面镜子！

4. 藏语-ɑ尾对解决汉语阴声音节单韵素问题的启发

在汉藏语系诸语言中，藏语具有除了汉语以外最悠久和丰富的文献。众所周知，藏文表现了古代藏语的面貌，尤其是热巴巾王文字改革之前，7—9世纪吐蕃时代的古藏文，其音节结构和书写形式对我们的启发极大。

藏文三十字母中有一个 ɑ，俗称"小 a（a-chung）"，作为字基时一般公认为应该读作 ɦa。在拼写中，ɑ 除了可以充当字基声母外，还有四个用途，一是当前加字，即加在字基前充当复辅音声母之一（有学者认为当前加字的 ɑ 应读鼻音，兹不具论）；二是当后加字，即加在元音后充当音节韵尾；三是将两个元音连接在一个音节里：ŋɑ ŋaɦi=ŋai、deɦ deɦi=dei、beɦ beɦu=beu 等等；四是在转写梵文时使用，加在字基底下表示长元音，如 ꠇ 表示 kɦa=kaa、ꠇ 表示 kɦi=kii、ꠇ 表示 kɦu=kuu。

ɑ 当后加字，在现代藏文中是这样规定的：当一个词由两个单体字（即没有前后上下附加字符的藏文字母）组成时，前一个字母为字基（带元音 a），后一个字母是后加字，如 dag。如果要让后字成为字基，则必须在后头再添上-ɑ 作后加字，如 dgaɦ、bkaɦ。这些-ɑ 都是不发音的[1]。这样看来，这种-ɑ 似乎只有正字法的意义（即区别哪一个字母是字基）而没有实际读音的意义，因此单独一个字母成词的就不能添加-ɑ 作后加字，而本来带有-ɑ 后加字的词添上具格词尾 ꠸（-s）时，ɑ 就不再需要了：bkaɦ → bkas（具格）。但是在古吐蕃时代

---

① 金鹏　1983《藏语简志》，第159页，北京：民族出版社。

热巴巾王厘定藏文之前，却有不同的情况。厘定前，藏文文献中有 པའ pafi、ལའ lafi、དའ dafi、བའ bafi 等字，即在一个"单体字"后面加后加字 འ，即使是具格形式，后加字 འ 仍然存在：བཀའས bkafis（见第穆萨摩崖刻石、楚布江浦建寺碑）①。这说明后加字-འ 并不是正字法的需要而确实是一个音节的必要成分。据藏族学者的研究，更早的时候，单体字后面都有后加字-འ；不仅如此，连带有元音符号的字基后也有-འ②，也就是说，不仅是 a 元音，其他元音结尾的音节后也都要有-འ 韵尾；更深一步说，后加-འ 更注重的是音节有没有其他后加字。这似乎就意味着，藏语早期也有一个音节双韵素的要求。

　　在厘定前的古藏文文献中，-འ 韵尾已经呈现衰落的状态。一个词带后加字 འ 或不带，似乎是自由变体。比如 བཀ 亦作 བཀའ（谐拉康碑乙）、ལ 亦作 ལའ（桑耶寺兴佛证盟碑）、ལ 亦作 ལའ、བུཚ 亦作 བུཚའ（恩兰·达札路恭纪功碑）、བཀའས（第穆萨摩崖刻石）亦作 བཀས（唐蕃会盟碑等）。热巴巾王厘定藏文后这种 འ 字一律取消了③。这些"异文"告诉我们，在藏文厘定前后，元音后面的-འ，已经演变为一个不区别词义的赘余成分。更加耐人寻味的是，后加字 འ 在厘定前的藏文文献中还可以写到字基的底下，例如 བཀ = བཀའ bkafi（谐拉康碑甲）、དབས = དབའས dbafis④ 等。须知 འ 写在字基底下，是藏文中专门用来转写梵文长元音的方法⑤。这就促使我们思考，如何给 འ 的用法一个统一的解释。

　　能够统一解释上述现象的，就是-འ 作为喉部浊音 ɦ，用作

　　① 王尧　1982　《吐蕃金石录》，第 97、173 页，北京：文物出版社。
　　② 例如 སྟེ stefi、དུ dufi、མཁོ mkhofi 等等，见王尧、陈践　2008　《敦煌古藏文文献探索集》，第 4—27 页，上海：上海古籍出版社。
　　③ 王尧　1982　《吐蕃金石录》，第 10 页，北京：文物出版社。
　　④ 王尧、陈践　1985　《吐蕃简牍综录》，简牍 73 RMF 26:35，北京：文物出版社。
　　⑤ 江荻，等　2010　《藏文字符研究》，第 185 页，北京：社会科学文献出版社。

后加字时，其作用与梵文的涅槃点 visarga（ḥ）相似，能够轻微地带出前边元音的余势（但是有一点不同，梵文的 visarga 是喉部清音 h，带出的元音余势声带不振动，而藏文后加字 ꞏ 是喉部浊音 ɦ，带出的元音余势声带继续振动）。唯其如此，所以在元音后的 ꞏ 能够保持这个元音连续而不变（但是音量减弱），大体上相当于元音的延长，因此 ꞏ 写在后加字位置上跟写到字基的底下的形式可以相互交替，藏文将 ꞏ 写在字基底下来转写梵文长元音也因此顺理成章，所以在两个元音间的 ꞏ 可以将两者连接成为真性复合元音而毫无滞碍。古藏语的元音没有音位性的长短之别，当音节双韵素不再是韵律的强制性要求之后，-ꞏ 作为音节韵尾的作用就逐渐淡化，蜕化为赘余成分，因此古藏文中单体字后的后加字 ꞏ 和在 ꞏ 前的 ꞏ 在厘定后被取消而不会影响到那些词的发音。那种认为 ꞏ 是"超音位的字符"的看法，恐怕只是未加深思之论。

由此我们得到启发，在上古汉语中，与收-k 入声字押韵谐声的那类阴声韵字，不妨也可以像藏语中后加-字-ꞏ 一样，为它们构拟一个喉部浊擦音-ɦ 尾音，发音时能够轻微地带出前边元音的余音，听觉上是元音的延长。但是它跟长元音不同。一个长的单元音其发音的全过程应该是同质的，而一个带-ɦ 尾的元音，-ɦ 尾后的余音一定是弱的。因此，这样的音节，当然我们可以分析为双韵素结构，但是两个韵素前强后弱，构成抑扬对比，形成单音节音步，与带有-i/-u 韵尾和辅音韵尾的音节一样，都是韵腹元音为强韵素，韵尾为弱韵素的音步。

长元音的构拟，虽然也能使我们可以将零韵尾的音节如上述那样分析为双韵素结构，但是却不能分析为一强一弱两个韵素的音步。这也是我们不赞成为上古汉语构拟长短元音对立的元音体系的重要原因。

（4）音节 σ

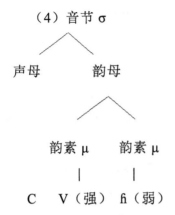

声母　　韵母

韵素 μ　　韵素 μ

C　　V（强）　ɦ（弱）

这种 CVɦ 类型的音节，本质上更像 CVi、CVu 类的开音节，以其韵腹的强韵素和韵尾的弱韵素构成双韵素的音节，使上古单音节音步可以成立。这样便可以解释《诗经》句子的韵律结构，每个音节都是一个前强后弱的双韵素音步，构成了抑扬有致的韵律。早期二言诗的韵律也得以获解，二言诗句就是两个音步的结合，是"<u>强-弱　强-弱</u>"的交替反复。上古汉语中单音词为主的现象也顺理成章地得到了解释。

当汉语的韵律体系由双韵素音步向双音节音步转变的时候，每个音节是否双韵素就不再是韵律结构的强制要求，因此阴声韵字的-ɦ 韵尾开始变化衰落，如同藏语中-ɑ尾发生的情况一样，也跟汉语中其他韵尾的情况类似。比如歌部脱落了 r/l/i 韵尾成为-a 韵，鱼部脱落了-ɦ 韵尾也成为-a 韵，两者竞争的结果，鱼部的元音高化，推动了汉语后元音韵部侯部、幽部的链式变化。中古汉语以韵腹结尾的阴声韵大量产生。汉语韵部的变化与韵律结构的变化是互为表里的。

5. 阴声音节、韵素问题与上古声调的关系

上古汉语的声调问题，是以中古平上去入四声为出发点去

观照上古音的结果。清儒诸家讨论上古声调都离不开中古四声的樊笼。比如顾炎武主张"四声一贯"、江永谓"四声虽起江左，案之实有其声，不容增减"、夏炘谓"四声出于天籁，岂有古无四声之理"、段玉裁持"古无去声之说"、孔广森认为"入声创自江左，非中原旧读"、江有诰、王念孙则主张"古人实有四声，特与后人不同"。民初始有学者意识到上古声调问题与汉语音节结构密切相关。黄侃主张古"惟有平入而已"，"古声但有阴声、阳声、入声三类，阴、阳声，皆平也"。王国维的"五声说"，认识到阳声也是独立的一声："古音有五声，阳类一与阴类之平上去入是也。说以世俗之语，则平声有二（实则阳类自为一声，谓之平声，语不甚切），上去入各一，是为五声。"现代很多学者认识到，谈论上古声调问题，实际上是在谈与中古声调相对应的上古音类问题。《诗经》中所谓"平多韵平，仄多韵仄""平自韵平，上去入自韵上去入"的现象，并不一定要用中古声调的超音段音位来解释，也可以用入韵字具有相同的尾部音缀来解释，至于是不是有可能产生伴随音高，因为一方面尚缺乏坚实的证据，另一方面即便有伴随音高也不具有音位的性质，所以不是讨论上古"声调"的关键问题。下面是郑张尚芳所列的上古"声调"表：

表 2　郑张尚芳上古汉语声调构拟表

	平声	上声	去声	入声
后置尾	-∅	-ʔ	-s → -h	
鼻　尾	-m -n -ŋ	-mʔ -nʔ -ŋʔ	-ms -ns -ŋs	
塞　尾			-bs -ds -gs	-b -d -g
伴随调	33	35	31	3

在这个韵尾体系中，除了后置尾为-∅的平声外，其他所有

音节都有辅音韵尾。而正是在这一位置上，出现了单韵素的音节——阴声韵的平声三等字。这不好解释平声应该是舒而长的音节为何却只有单韵素，也不好解释按理应该"长言之"以抒发情感的语气词却用"咨、俞、耶（邪）、吁、夫"等阴声韵的平声三等字充当，更不好解释语流中不应该出现"轻"的音节的位置上却常常出现阴声韵的平声三等字的现象，如：

关关雎鸠，在河之洲。窈窕淑女，君子好逑。《诗经·周南·关雎》

又如：

子曰："有诸？"《论语·述而》

六四：括囊；无咎，无誉。《周易·坤卦》

因此我们抛弃上古元音分长短的假说，而为原先认为无韵尾的阴声韵的平声构拟-ɦ韵尾，以替换原来的-ǿ韵尾。

这一构拟的好处在于：

（1）解决了上古汉语阴声韵平声音节单韵素的矛盾；

（2）便于解释阴声韵与入声韵的押韵；

（3）便于解释阴声韵后来的演变。-ɦ韵尾比-ɣ（西门华，1927）、-g（陆志韦，1985；李方桂，1980）更容易脱落；

（4）便于解释汉语与藏语的同源关系，-ɦ韵尾与藏文后加字-ɑ有相同的性质和作用；

（5）在分析上古声调上具有很强的解释力，对前修与时贤的分歧观点能够很好地弥合。王力曾主张古代有平入两声，各分长短，长平演变为中古平声，短平演变为中古上声。后来则主张上古舒声高长调为平声，低短调为上声。[1] 何谓长平、长调？我们认为就是具有双韵素的阴声和阳声。段玉裁虽然认为

----

① 王力　1985　《汉语语音史》，第73页，北京：中国社会科学出版社。

古音有上声，但是阳声只有平声。[1] 因此上声应该首先是从阴声韵中产生出来的。阴声韵在某种机制下（譬如造新词、语法创新等等）产生词尾-ʔ，取代了阴声的-ɦ韵尾，因而使长调变为短调。这样，诸家理论都能弥合：

表 3　各家关于上古汉语声调的学说

学说＼音节	段玉裁三声说	黄侃两声说	王国维五声说	王力两声说	王力四声说	郑张尚芳四声说	我们的构拟
入声	入声	入声	入声	短入	短入	入声	-V+P（plosive）
入声				长入	长入	去声	-V+P+s（次入）
阳声	平声	平声	阳声	长平	平声	平声	-V+N（nasal）
阴声			平声				-V+ɦ　-V+V/l/r
阴声	上声		上声	短平	上声	上声	-V+ʔ　-V+V/l/r+ʔ
阳声							-V+N+ʔ
阴声			去声		去声	去声	-V+s　-V+V/l/r+s
阳声							-V+N+s

　　王力早年主张上古有平、入两声说，平入各分长短，中古平声在上古是长平，中古上声在上古是短平，中古去声在上古是长入，中古入声在上古是短平。但是他说的长平短平、长入短入是元音的长短，还是音节的长短，没有明确定义过。我们现在从韵尾的角度看，平声有元音、流音、浊擦音、鼻音这些响音尾，是可以延长的音节，作为长调是当之无愧的，上声有-ʔ尾，因此可以归入促声，从这一角度看，王力说的话是有见地的。入声收于塞音，无可延长，自然是短调，去声有-s尾，s是擦音，理论上也是可以延长的，王力的话也是有道理的。郑张尚芳认为-s尾的去声音节也是促声，所以《诗经》中常常跟入声押韵。这一点笔者不敢苟同。去声跟入声常常押韵的原因

是存在一类李新魁、麦耘称之为"次入"①的韵母，我们认为是-V+P+s的音节。去入合韵实际上大部分是"次入"跟入声的押韵，是因为两类音节都有塞音韵尾。而没有塞音韵尾的去声是不是存在呢？按王力的理论是不存在的，但是按郑张尚芳的理论应该是存在的，如果存在，这种去声字是跟舒声押韵还是跟促声押韵？我们看《诗经·小雅·鹿鸣》二章：

> 呦呦鹿鸣，食野之蒿 qhaaw。
>
> 我有嘉宾，德音孔昭 tjew。
>
> 视民不恍 lheew，
>
> 君子是则是傚 greews。
>
> 我有旨酒，嘉宾式燕以敖 ngaaw。

以宵部去声"傚"字与平声字"蒿昭恍敖"为韵。又《大雅·文王》卒章：

> 上天之载，无声无臭 khljus。
>
> 仪刑文王，万邦作孚 phuw。

以幽部去声"臭"字与平声字"孚"为韵。又《邶风·谷风》四章：

> 就其深矣，方之舟 tjɯw 之。
>
> 就其浅矣，泳之游 lu 之。
>
> 何有何亡，黾勉求 gu 之。
>
> 凡民有丧，匍匐救 kus 之。

以幽部去声"救"字与平声字"舟游求"为韵。又《邶风·谷风》五章：

> 不我能畜，反以我为雠 gju
>
> 既阻我德，贾用不售 djus

① 李新魁　1986《汉语音韵学》，第 417 页，北京：北京出版社；麦耘　2009 《音韵学概论》，第 101 页，南京：江苏教育出版社。

以幽部去声"售"字与平声字"雠"为韵。又《小雅·采薇》首章：

　　靡室靡家 kraa，玁狁之故 kaas。

　　不遑启居 ka，玁狁之故 kaas

以鱼部去声"故"字与平声字"家居"为韵。又《郑风·将仲子》一至三章：

　　仲可怀 gruul 也，

　　父母之言亦可畏 quls 也。

以微部去声"畏"字与平声字"怀"为韵。又《小雅·车攻》六章：

　　四黄既驾 kraals，两骖不猗 qral。

　　不失其驰 l'al，舍矢如破 phaals。

以歌部去声字"驾破"与平声字"猗驰"为韵。这些韵例告诉我们，去声的-s 尾不是造成促声的因素，否则它怎么能跟这些舒声的平声字很好地押韵？去声和平声音节同是长的音节，直到中古的唐代依然如此，这在梵汉对音中清清楚楚地表现出来。众所周知，梵语的元音是分长短的，梵汉对音中用汉语平声音节和去声音节对译梵语含有长元音的音节，是再明显不过的事实[①]。

6. 结语

总结以上的议论，我们将自己对上古音系统中韵尾、声调、长短音的问题的看法归纳如下：

第一，中古阴、阳、入三类音节在上古有不同的格局，阳

――――――――――

① 施向东　1983　《玄奘译著中的梵汉对音与唐初中原方音》，《语言研究》第 1期。

声韵有鼻音韵尾、入声有塞音韵尾，中上古都一样，中古阴声韵依据声调不同在上古有不同的韵尾。属于中古上声的阴声韵在上古有-ʔ韵尾；属于中古去声的阴声韵在上古有-s 韵尾；而属于中古平声的阴声韵，与收舌（-n/-t）阳、入声相承的上古韵部有-r/-l/-i 韵尾，与收唇（-m/-p）阳、入声相承的上古韵部有-w/-u 韵尾，而与收喉（- ŋ /-k）阳、入声相承的上古韵部有喉部浊擦音-ɦ尾。-ɦ尾发音时，气流离开声门后在口腔中不再受阻，等于前边元音的弱延长，因此带-ɦ尾的音节本质上仍然是开音节，但是 Vɦ 不同于长元音 V̄，长元音的整个发音过程是同质的，而 Vɦ 则是前重后轻的。因此上古带-Vɦ 的音节本身具有一重一轻两个韵素，可以构成一个音节音步。

第二，郑张尚芳的上古音构拟，承认上古存在开音节，又构拟了长短对立的两套元音，认为中古一二四等字上古带长元音，中古三等字上古带短元音。这样势必造成上古三等开音节为单韵素的局面。这种情况使诗歌韵律处于尴尬的局面，无法说明诗歌要求的音步抑扬轻重对比的韵律，因为单韵素音节不能构成单音节音步，一二四等字的长元音即使可以分析为双韵素的 VV，也不能形成重轻对比的两个韵素而构成单音节音步。而假设双音节音步的话，诗歌中存在大量双重（如"关关"）或双轻（如"雎鸠"）的结构，不成音步。同时也无法说明上古汉语单音节词是可以独立运用的语言单位的事实，因为一个最小的可以独立运用的语言单位必须是一个韵律词，而韵律词必须由音步来实现。长短元音的构拟无法解释 CV 类音节如何实现为韵律词。

第三，上古汉语音节的长短不是由韵腹元音长短决定的，而是由韵尾的性质决定的。入声韵的塞音韵尾决定了它们只能是短的音节，这从上古到中古都是如此，直到现代，凡是尚存塞音韵尾的方言中入声都是短调。阳声韵的鼻音韵尾决定了它们是长的音节。阴声韵中，平声因为带有响音尾-ɦ/-r/-l/-u/-i，因此也是长的音节。段玉裁的古声调理论中阳声诸部是只有平声的，王国维的"五声论"中也是把阳声和平声视为一类的，理由均在此。上声因为带-ʔ尾，在上古只能是短调。去声带-s尾，因此也是长调。长短应该是上古"声调"的主要特征，因为这是由韵尾的不同必然引起的特性。当上古韵尾系统简化以后，音高升降变化才取而代之，成为具有区别作用的主要特征。

参考文献

邓葵　2014　《〈诗经〉押韵及相关问题研究》，南开大学博士论文。

［清］段玉裁《六书音均表》，见段玉裁　1981　《说文解字注》，上海：上海古籍出版社。

［清］段玉裁　1981　《说文解字注》，上海：上海古籍出版社。

冯胜利　2009　《汉语的韵律、词法与句法》，北京：北京大学出版社。

高本汉　1940　《汉文典》，潘悟云等译，1997 年版修订本，上海：上海辞书出版社。

［清］顾炎武《音学五书·音论》，1982 年版，北京：中华书局。

黄侃《黄侃论学杂著》，1980 年版，上海：上海古籍出版社。

黄布凡　1992　《藏缅语族语言词汇》，北京：中央民族学院出版社。

江荻等　2010　《藏文字符研究》，北京：社会科学文献出版社。

［清］江永《古韵标准》，1982 年版，北京：中华书局。

［清］江有诰《再寄王石臞先生书》、王念孙（清）《石臞先生书》，

见《江氏音学十书·唐韵四声正卷首》，严式诲　1957　《音韵学丛书》50 册，成都：四川人民出版社。

金鹏　1983　《藏语简志》，北京：民族出版社。

[清] 孔广森　1983　《诗声类》，北京：中华书局。

李方桂　1971　《上古音研究》，1980 年版，北京：商务印书馆。

李福印　2008　《认知语言学概论》，北京：北京大学出版社。

李新魁　1986　《汉语音韵学》，北京：北京出版社。

陆志韦　1947　《古音说略》，见《陆志韦语言学著作集》（一），1985 年版，北京：中华书局。

麦耘　2009　《音韵学概论》，南京：江苏教育出版社。

施向东　2012　《略论上古音研究中的几个问题》，《渤海大学学报（哲学社会科学版）》第 6 期。

施向东　1999　《试论上古音幽宵两部与侵谈缉盍四部的通转》，《天津大学学报（社科版）》第 1 期。

施向东　1983　《玄奘译著中的梵汉对音与唐初中原方音》，《语言研究》第 1 期。

王国维《五声说》，见《观堂集林》第 2 册，1959 年版，北京：中华书局。

王力　1985　《汉语语音史》北京：中国社会科学出版社。

王力　1980　《诗经韵读》，上海：上海古籍出版社。

王尧、陈践　2008　《敦煌古藏文文献探索集》，上海：上海古籍出版社。

王尧、陈践　1985　《吐蕃简牍综录》，北京：文物出版社。

王尧　1982　《吐蕃金石录》，北京：文物出版社。

[清] 夏炘《诗古韵表二十二部集说》，见严式诲《音韵学丛书》51 册，1957 年版，成都：四川人民出版社。

薛凤生　1999　《汉语音韵史十讲》，北京：华语教学出版社。

俞敏　1989　《汉藏同源字谱稿》，《民族语文》第 1-2 期。

郑张尚芳　2003　《上古音系》，上海：上海教育出版社。

（施向东　南开大学汉语言文化学院　天津　300071）

共振峰与韩国语的发音教学

太平武

　　语音教学是外语教学中的一个重要环节，它在整个外语教学中占有至关重要的地位。特别是当前在加强韩国语教育的时候，如何准确地把握两种语言的发音方法与发音部位，以及在教学中的不同策略，已成为韩国语教学中的重要课题。

　　人类的交际主要靠说话，要说话必须经过"发音→传递→感知"三个不同的阶段。发音首先是生理现象，气流从肺部呼出，经过声带振动，咽腔、口腔和鼻腔的共鸣，以及其他发音器官的完美协调完成的。话者说话呼出的声音又是物理现象，声音以声波的振动形式通过空气为媒介传递到听者的耳朵，听者再通过自己的听觉系统，把振动的物理信号转换为能够感知的语言信号。传统的语音学主要研究第一阶段的生理现象，叫生理语音学；后来的热门研究是物理学上的音响学（acoustics）研究，把声音的传播过程当作一种物理现象，用精密仪器手段经过测试、量化分析，此乃属于自然科学范畴；第三阶段是生理学和心理学角度研究的认知语言学研究阶段，是更深层次的阶段。

　　本文主要从音响学（acoustics）的角度，考察发音的原理和特点，把声音作为物理声波的共振峰参数 F1、F2、F3 的不同比例关系来分析中国语[①]和韩国语在发音部位、发音方法中的对应关系，然后简单考察实际教学当中遇到的一些问题。

1. 共振峰与元音识别

1.1 发音的基本原理

从实验语音学角度看，人类的能动发音器官为声带、舌头、嘴唇和下颌，声音是通过声带振动而形成的基音频率（F0）在不同的共鸣腔中形成的不同频率带的共振峰，它有 F1、F2、F3和 F4 等多个频率，它们各自在咽腔和口腔中形成。首先第一共振峰 F1 在咽腔中形成，它是声带产生的基音频率和第一共鸣腔（咽腔）倍音频率谐振后产生的共振峰，发音中舌头的上下位置主要由 F1 决定；而第二共振峰 F2 是气流通过咽腔而到第二共鸣腔（口腔）倍音频率谐振后产生的共振峰，发音中舌头的前后位置主要由 F2 决定；第三共振峰 F3 主要跟舌头的伸直有关系，中国语中的卷舌音就与 F3 有关，舌尖翘起来时 F3 的频率明显下降；[②] F4 主要与辅音有关系，与元音没有直接关系。这个共振峰也叫声学共振峰或音响共振峰。对元音来说，F1 与F2 反映元音的基本特征，F3 和 F4 只影响前元音的一些语音特征，而不影响后元音。

1.2 共鸣腔与共振峰的关系

共鸣腔是基音频率产共振的地方，它由咽腔、鼻腔和口腔三个部分组成，共鸣腔的大小和各种形状确定音质，而音质的确定主要靠舌头、下颚和嘴唇，其中舌头起决定性作用，嘴唇和下颚起补助作用。

---

① "本文出现的 '中国语' 均指汉语，后同。"

② 林焘、王理嘉　1992《语音学教程》，第 56 页，北京：北京大学出版社。

　　共振峰是由声带振动而产生的基音频率 F0 在与共鸣腔中的固有频率相一致时产生的共振频率，也就是最大的音。这好比小提琴手拉弓时通过琴弦的不同位置娴熟地对准不同的共鸣腔而产生的演奏一样。共鸣腔的容积和共振峰是成反比的，如下图 1 中，共鸣腔 V1 的容积大了，其相对振动速度慢，共振峰 F1 则小；相反，V2 容积小了，其相对振动数就大了，共振峰 F2 也大了。换句话说，咽腔大了，F1 变小，咽腔小了，F1 变大；同样，图 2 中，V2 即口腔大了，F2 变小，反之亦然。其关系表示如下：

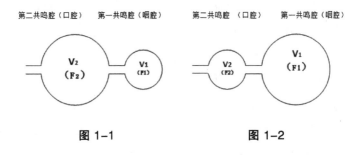

图 1-1　　　　　　　　图 1-2

图 1　共鸣腔与共振峰 F1、F2 的关系[①]

　　图中 F1 产生于第一共鸣腔 V1，F2 产生于第二共鸣腔 V2；V1 越大，第一共振峰 F1 越变小，V1 越小，F1 则越变大；相反，V2 越大，F2 越变小，反之亦然。学者们研究结果表明，发音时舌头越后，口腔 V2 就越大，咽腔 V1 越小，第一共振峰 F1 就越大；舌头越前，口腔 V2 越小，第二共振峰 F2 就越大。

　　舌头的位置与共振峰大小有密切的关系。从音响学（acoustics）的角度看，第一共振峰 F1 决定舌头的上下位置，

------

　　① 林焘、王理嘉《语音学教程》　1992　北京：北京大学出版社第 57 页中说：如果以 1000 赫的声音作为标准，当听觉感觉到音高降低一半的时候，实际上频率并不是降到 500 赫，而是 400 赫左右。当听觉感觉到音高升高一倍时，实际频率也并不是升到 1000 赫，而是上升四倍，达到 4000 赫左右。

F1 越大，舌头的位置越底，口腔开口度就越大。韩国语"ㅡ [ɰ]"或中国语"e""y"的开口度各自比韩国语"ㅏ"[a]或中国语"a""o"都大。所以，可以说 F1 决定元音上下发音位置。同样的原理，第二共振峰 F2 决定舌头的前后位置，舌头越靠前 F2 就越大，越靠后 F2 就越小，用这种原理来确定发音中舌头的位置，正好与生理语音学中的元音四角图相吻合（中国语里的平舌音-i[ɿ]和卷舌音-i[ʅ]除外）。

共振峰的频率反映音响学的特征，它们的大小决定单元音的不同音质。我们所听到的元音音质是听觉的感知结果，也是不同共振峰在物理学上的反映。声学和心理学听觉实验的研究结果表明，频率的实际高低和听觉的音高感并不成比例的变化。[①]但是，这种数学物理参数来确定具体发音位置，可量化、可视化，比较科学而直观。它对韩国语发音教学也具有指导意义。

1.3 中国语与韩国语单元音共振峰的平面对应关系

下边表格中的中国语（汉语）共振峰数据是取自《吴宗济语言学论文集》（2004：9），韩国语（朝鲜语）共振峰数据是取自《北韩的音声学研究》（1998：160），这两本书都是权威著作，有其代表性。

（1）表格中第一共振峰 F1 的大小与第二共鸣腔中的舌位有密切关系，舌位越低，元音开口度越大，第一共鸣腔咽腔的共振峰 F1 就越大；舌位越高，元音开口度越小，咽腔中的共振峰 F1 就越小，由此我们可以初步确定高元音和低元音的相对位置。

① 以下内容主要参考金真哲、金成根、金秀吉 1995 《朝鲜实验音声学研究》平壤：朝鲜科学百科综合出版社；高道兴 1995 《北韩的音声学研究》首尔：韩国文化社。借此机会向他们表示衷心的感谢。

表 1　中韩单元音共振峰数字对照表(均为男性，F 为赫兹)[①]

序号	中国语（吴宗济）				韩国语（马日洙）			
	字	F1	F1	F1	字	F1	F2	F3
1	a	1000	1160	3120	ㅏ（a）	770	1133	2390
2	o	530	670	3310	ㅗ（o）	417	825	2420
3	e	540	1040	3170	ㅓ（ə）	404	808	2549
4	ê	480	2240	3470	ㅔ（e）	349	2062	2799
5	i	290	2360	3570	ㅣ（i）	271	2308	3162
6	u	380	440	3660	ㅜ（u）	266	731	2370
7	ü	290	2160	3460	ㅟ（wi）	266	2166	3099
8	I	380	1380	3020				
9	I	390	1820	2600				
10	er	540	1600	3270				
11					ㅡ（ɰ）	262	1149	2166
12					ㅐ（æ）	512	2095	2683
13					ㅚ（ø）	387	1836	2366

（2）第二共鸣腔中的共振峰 F2 越大，舌头的位置越由后往前移，也就是说越是前元音 F2 越大，越是后元音 F2 越小，由此我们也可以确定舌头的相对前后位置。

（3）以 F1 为横坐标 x，F2 为纵坐标 y，在坐标上按共振峰数据连线，其交结点就是各元音的位置。如，上表中中国语"a"的 F1=1000，F2=1160，其交结点就是元音"a"的发音位置，也就是调音点 point of articulation。韩国语"ㅏ"[a]的 F1=770，F2=1133，其交结点就是韩国语"ㅏ"的发音位置即调音点 point of articulation。以下类推，可以得出两种语言元音三角图的三个定点。

需要说明的是因本人电脑画图水平有限，实际数据与坐标上的位置不一定完全吻合，下亦同，请予以谅解。

---

① 中国语共振峰数据取自吴宗济　2004《吴宗济语言学论文集》，第 9 页，北京：商务印书馆。韩国语（朝鲜语）共振峰数据取自高道兴　1998《北韩的音声学研究》，第 160 页，首尔：韩国文化社。

下边是共振峰 F1 和 F2 的平面结构图。

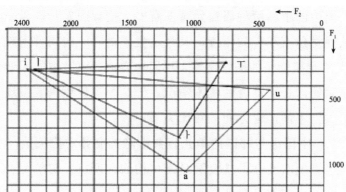

图 2　中韩单元音三角平面考察图

由此图中可以看出中国语和韩国语三个元音的大概分布情况，韩国语"ㅣ"[i]、"ㅜ"[u]、"ㅏ"[a]三个元音都比中国语"i""u""a"高，"ㅜ""ㅏ"比中国语靠前，而中国语"i"比韩国语"ㅣ"稍靠前，这与生理语音学元音图差不多，似乎更具科学性和直观性。可这也不是万能的，尤其在不同语言之间的关系。从共振峰的参数来看，每个人都不一样，男女也不一样，成人和孩子又不一样，不同民族的共振峰更不一样。即使是同一个人发同一个音也每次都不一样，所以取共振峰数据并不绝对准确，最终得到的共振峰参数都是各种不同数据的平均值。但从宏观角度看，一个民族或一个方言区的发音位置的比例大体上是固定的，如中国语"i""u""a"分布比例是一样的，韩国语或其他语言也是其发音点之间的比例是一样的。因为在漫长的历史进程中形成的发音基础是固定的、不变的、习惯的，个人的差异不会直接影响音质的本质差异。所以，即使是某些器官没有发挥好，由其他器官也可以随时弥补其缺陷，因而单凭共振峰数据来简单判断中国语和韩国语的发音位置都不很准确，带有冒险性，这只不过是一种简单的平面考察。那么，上边的中韩两种语言元音图有多大把握呢？长期以来，我们从视觉角度和听觉角度，又经过生理语音学的角度考察，或通过 X 光摄影机的图像考察，我们知道上述图表中的元音位置是正确的，合乎语言的基本情况。但这个理论还需要发展，还要扩大到不同语言之间的对比关系中。

1.4 中国语与韩国语单元音共振峰的立体对应关系

语言反映社会，社会又是立体构成，所以，它的元音与共振峰关系也应该是立体关系,而不是平面关系。

第一,发音器官发出的声音不单靠一两个特定器官来完成，而是在一定的谐音区域内各种发音器官同时协调地进行，所以其过程是立体现象，各种不同器官，如口腔、咽腔、鼻腔、上腭、下腭、舌头和嘴唇等都同时协调进行。

第二，规定元音音质的共振峰之间距离并不完全固定在某一个定点上，而是在一定的范围内相对移动，不十分固定。

第三，共振峰的基础是在声带产生的基音频率 F_0, 它关系到声道的长短厚度和软硬程度等，以及在声道中的声强。声强越大，气流流速也越快，其共振峰也越大。在同样的发音点发出的圆唇音和非圆唇音又不一样。

第四，我们常说，第二共振峰 F2 决定舌头的前后关系，也就是说第二共鸣腔容积大了，第二共振峰数据小，反过来，第一共鸣腔大了，第二共鸣腔变小，则第二共振峰大了；但，从严格意义上说，圆唇音，如韩国语"ㅗ[o]""ㅜ[u]""ㅚ[ø]""ㅟ[wi]"等决定于口型，跟舌头的高低没关系，其共振峰值都比较低。

第五，第三共振峰（F3）跟卷舌有关，舌尖越上翘，F3 就越下降，造成第二、三共振峰接近。[①]

第六，图中的[i]元音和[u]元音，除了它们舌位的前后不同，还有展唇圆唇之分，有的学者把这些音叫作三维立体音，把圆唇元音划在另外一个坐标。[②]

从以上情况看，元音和共振峰关系不是简单的一个平面上的对应关系，而是复杂的立体对应关系，所以单靠共振峰单一数据来确定单元音相对位置是不很可靠的、有问题的。

前面已经讲过，共鸣腔和共振峰关系中，后元音 F1 发生在咽腔 V1 中，前元音 F2 发生在口腔 V2 中，而且这两个共鸣腔之间成反比关系。越是前元音，口腔 V2 越小，而咽腔 V1 就越大，则 F1 越小；相反，越是后元音，口腔越大，而咽腔越小，则 F1 越大。所以，学者们开始采取比较复杂的方法，用 F2 / F1 的比例关系来确定其发音的前后位置。

首先，F2 / F1 关系可以立体地、比较准确地反映元音中的舌位前后关系，它可以用 R1 来表示。R1 = F2 / F1 中，R1 越大，V2 也越大，V1 越小，则其元音代表后元音，也就是发音点（或调音点 point of articulation）在后位置；

相反，R1 越小，V2 也越小，而 V1 越大，则其元音代表前元音，也就是发音点在前面位置。这个发音点正好搭在第一共鸣腔和第二共鸣腔之间，它们的大小（V2 与 V1）成反比。所以，发音点的关系应在这种比例关系中考察。[③]下边看看韩国语单元音前后关系的 R1 数据与图表。

---

① 石锋　2008　《语音格局》，北京：商务印书馆，第 21 页。

② 高道兴　1998　《北韩的音声学研究》，首尔：韩国文化社，第 86 页。

③ 高道兴　1998　《北韩的音声学研究》，首尔：韩国文化社，第 33 页。

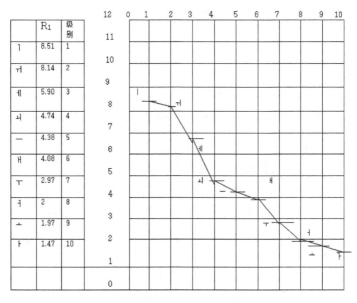

级别 →

图 3　韩国语单元音 R1 的数据与图表

上边图表比较准确地确定韩国语舌位的前后位置关系。从共振峰单平面来说 F1 能确定舌位的上下位置关系，F2 能确定舌位的前后关系，而 F2 / F1= R1 则是从立体角度更准确地反映元音的前后发音位置。上边图表中元音" ㅣ [i]"的 R1= 8.51 最大，"ㅏ [a]"的 R1=1.47 最小。从音响学的角度看，一个音的高低特征表现在光谱分析仪上的频率带基本能量的分布上。这里讲的基本能量是指 F2 的能量，所以，我们可以得出这样的结论，即 F2 集中于高能量的频率带，它的声音就高，集中于低频率带，就产生低音；反之在低能频率带上，则 R1 越大，舌位就越高，R1 越小其舌位越低。而从发音学的角度看，R1 变大就意味着发音时舌头往前腭移动。

由此得知 R1 不仅反映单元音舌位的上下关系，也能反映它的前后关系，如韩国语中 R1 最高的元音是"ㅣ"，最低元音是

"ㅏ"，而它们又同时反映"ㅣ"是最前元音，"ㅏ"是最后元音。只不过是更忠实地反映舌头的前后位置罢了。这就是共振峰的立体考察。下边再看看韩国语单元音上下关系的 R3 数据与图表。

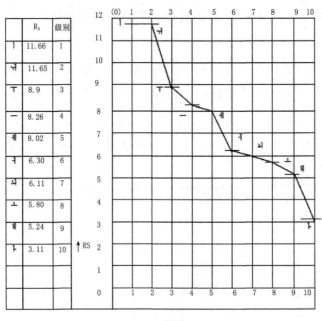

	R_3	级别
ㅣ	11.66	1
ㅟ	11.65	2
ㅜ	8.9	3
ㅡ	8.26	4
ㅔ	8.02	5
ㅓ	6.30	6
ㅚ	6.11	7
ㅗ	5.80	8
ㅐ	5.24	9
ㅏ	3.11	10

图 4　韩国语单元音 R3 的数据与图表

从音响学角度考察，声音又是在密集性和扩散性方面互为对立。这个对立来自 F1 和 F3 的频率差异。如果这两个共振峰之间的频率差异变小，声能相接近，此乃音响学上说的密集性声音；相反，这两个共振峰之间的频率差异变大，声能传播在广大的区域内则是扩散性声音。光谱线上的共振峰之间密集性和扩散性正好反映低元音和高元音的对应关系。

换句话说，F1 与 F3 差异变小，则其声音在音响学上属于密集性声音，在发音层面上属于低元音，反之，F1 与 F3 差异变大，则音响学上称之为扩散性，在发音层面上属于高元音，如果这两个共振峰之间的频率差异变小，声音的能量相接近，此乃音响学角度的密集性声音。[1]另外，研究表明，声音的密集性程度和扩散性程度关系到第二共鸣腔（口腔）的开口度和舌头接近上腭的程度，其相关关系用公式表示如下：R3= F3 / F1。

公式中可以看出，R3 的数据大了，光谱仪上的 F1 和 F3 差异大，声音显扩散性；反之 R3 数据小了，F1 和 F3 成为密集性，声音也带密集性。R3 的大小表示高低元音的对应关系，也就是说，R3 的数据大了，表示高元音；相反，R3 变小了，表示低元音。

其互相关系用图表来表示如下：

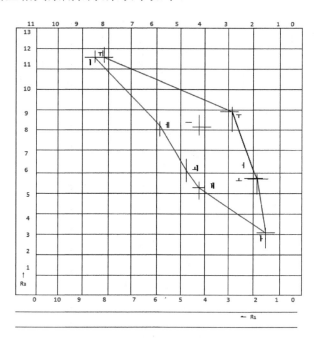

图 5　韩国语单元音 R1、R3 值交结图表[2]

---

① 参考高道兴　1998　《北韩的音声学研究》，首尔：韩国文化社，第 86 页。
② 参考高道兴　1998　《北韩的音声学研究》，首尔：韩国文化社，第 86 页。

这些表格与数据和以前的单平面共振峰表格不同（参考图2"中韩单元音三角图"），但有其理论基础和前期研究成果，我们应该积极采纳与应用这些方法（请参考高道兴　1998　《北韩的音声学研究》，首尔：韩国文化社，第 5 页注释 5）。

表 2　中韩元音共振峰数字综合对照表

序号	中国语（吴宗济）					韩国语（马日洙）				
	字	F1	F2	F3	R1	R3	字	F1	F2	F3	R1	R3

序号	字	F1	F2	F3	R1	R3	字	F1	F2	F3	R1	R3
1	a	1000	1160	3120	1.16	3.12	ㅏ	770	1133	2390	1.47	3.10
2	o	530	670	3310	1.26	6.25	ㅗ	417	825	2420	1.98	5.80
3	e	540	1040	3170	1.93	5.87	ㅓ	404	808	2549	2.00	6.31
4	ê	480	2240	3470	4.67	7.23	ㅐ	349	2062	2799	5.91	8.02
5	i	290	2360	3570	8.14	12.3	ㅣ	271	2308	3162	8.52	11.67
6	u	380	440	3660	1.16	9.63	ㅜ	266	791	2370	2.97	8.91
7	ü	290	2160	3460	7.45	11.93	ㅟ	266	2166	3099	8.14	11.63
8	ɿ	380	1380	3020	3.63	7.95						
9	ʅ	390	1820	2600	4.67	6.67						
10	er	540	1600	3270	2.96	6.06						
11							ㅡ	262	1149	2166	4.39	8.27
12							ㅒ	512	2095	2683	4.09	5.24
13							ㅚ	387	1836	2366	3.58	6.11

说明：此表是笔者根据《吴宗济语言学论文集》商务印书馆（2004 年，第 9 页）和韩国高道兴的《北韩的音声学研究》韩国文化社（1998 年，第 160 页）中的共振峰统计数据制作的。上述的韩国语共振峰坐标也是根据此数据画的。

我们不妨用同样的原理和方法画中国语的共振峰图表，并通过两种语言单元音共振峰 F1、F2、F3 及其比例关系值 R1 和 R3 的对比分析，找出其相同点和差异。

从语音学角度看，中国语和韩国语有相似的地方，也有不同的地方，其中最明显的特点是前者有卷舌音和平舌音的差异，而韩国语则没有卷舌音，韩国语有高元音"ㅡ[ɨ]"，它位于前高元音"ㅣ[i]"和后高元音"ㅜ[u]"之间，而且稍靠"ㅜ[u]"，与中国语"-i[ʅ]"和"-i[ɿ]"有相似的地方，但又不一样。

通过对比，我们进一步确定两种语言的语音特点和发音特点。

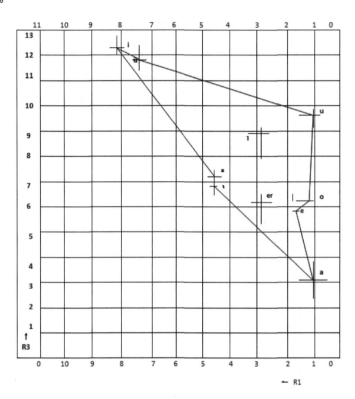

图 6　中国语单元音 R1、R3 值交结图表

　　以上分两部分比较详细地考察韩国语和中国语共振峰的平面关系和立体关系，分析 R1 = F2 / F1 的关系和 R3 = F3 / F1 的关系，并从 R1 和 R3 的综合关系来确定中国语和韩国语单元音的立体位置和发音特点。这是从音响学角度，用共振峰特点和复杂关系来科学地确定元音位置和特点的比较可靠的方法。

　　下边将中国语和韩国语两种语言单元音 R1 与 R3 的关系进行综合对比，作为音响学研究的基础理论与方法论。当然这还得继续研究和完善。

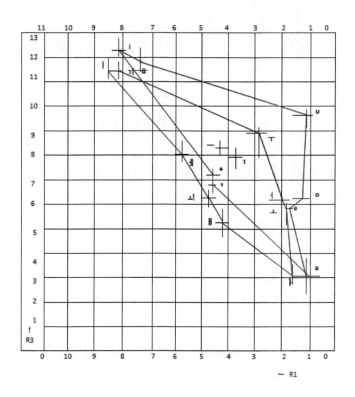

图 7 中国语韩国语单元音 R1、R3 交值图表

通过以上分析和考察，我们可以初步断定中韩两种语言单元音的基本位置。

（1）从整体上看中国语的单元音比韩国语靠后、靠上，也就是说，中国语的元音偏高、偏后，韩国语的单元音比中国语偏低、靠前。

（2）中国语"a"和韩国语"ㅏ"[a]的高低位置相差不大，只有前后差异。

（3）韩国语"ㅔ"[e]比中国语"ê"靠前、靠上，有明显的差异。

（4）韩国语"一"[ɯ]与中国语"-i[ʅ]"、"-i[ɿ]"有明显的差异，而且前者比后两个都高。

（5）韩国语"ㅗ"[o]与中国语"e"发音位置比较相近，与中国语"o"却有较大差异。

（6）总的来说，中国语和韩国语是两种不同的语言，它们在音质上有不同的属性和差别，发音位置和方法上也有相似之处。

（7）共振峰比例R1、R3数据之间相差不大，却代表它们之间的综合比例关系，不可小看微妙差异。

以上的考察和分析是根据不同国家、不同研究员在不同的环境下测试、统计分析出来的，有其量的依据，也有理论支撑和逻辑归纳与推理，唯独不安的是没有在同一个人、同一平台上同时测试分析两种语言，得出更合理可靠的结论，希望有朝一日有志者完成此项任务，圆我美好的梦。

以上比较系统地考察中韩两种语言单元音的音质特征与其理论依据，至于复合元音和辅音关系不在这里谈及。准备在别的机会再分析考察。

下边从实践角度考察教学当中遇到的一些发音问题。

2. 舌位与发音教学

发音教学是外语教学中的基础环节，它的初始阶段没有对第二语言的深入了解，所以母语对外语学习的影响比较大，下边就韩国语教学中遇到的一些问题进行分析。

2.1 学习外语中母语的干涉问题

在学习韩国语时，有些学习者因为受到中国语平舌音的影响或习惯于舌前发音的影响，出现发音不准或错误的现象。

例如：

把"말씀하시다"[malssɯmhasita]（说话）读成"맏씀하시다"[matssɯmhasita]，"먹습니다"[məksɯmnita]（正在吃）读成"멋습니다"[mətssɯmnita]。这里的"말"[mal]可分解为"ㅁ+ㅏ+ㄹ"[m+a+l]，韩国语中的"ㅁ"[m]与中国语中的"m"没有太大的差别，但中国有些方言把"a"发音太靠前，甚至比韩国语"ㅏ"[a]的位置还靠前，加之该同学还没有掌握好"ㄹ"[l]的发音特点，原本应该将舌头弯曲，用舌尖轻轻触碰上腭然后轻轻分离，但是该同学在发此音时从双唇音瞬间变换为唇齿音，并且发音位置过于靠前，所以就导致发音错误。事实上，暂时抛开发音方法不谈，只要发音时能考虑到舌的前后位置就能体会到舌的移动过程，换句话说，教学的时候教师应该告诉学生这三种"ㅏ"[a]准确的发音位置，使他认识到自己的错误，再进行反复修正。也有人把"먹습니다"[məksɯmnita]读成"멋습니다"[mətssɯmnita]。韩国语的"ㅓ"[ə]与中国语的"e"相比，发音位置偏高，并且靠前，但学习者因为受到方言的影响，发音位置过分靠前，闭音节"ㄱ[k]"发音无劲，所以造成不是"머-억"[mə-ək]，而是"머-엇"[mə-əts]等音。再看几种情况。

（1）"말을하다"[malɯlhata]读成"마얼하다"[maəl hata]（说话）

这类错误主要是因为中国语没有"ㅡ"[ɯ]这一元音（准确地说是没有"ㄹ"[l]音），所以很难发出"을"[ɯl]音，往往选择与"ㅡ"的发音位置相近的音，即中舌音[ə]。这个音不存在发音的强弱，舌头处于放松状态，发音无须太费力。此外，中国语还有常用于末音节的"er"化音，学习者有时也会直接把它用在此类发音上，这也是造成发音错误的原因之一。

如，中国语也存在与"ㅡ"[ɯ]相近的平舌音"-i[ɿ]"（F1：

380，F2：1380）和卷舌音"-i[ʅ]"（F1：390，F2：1820），但这些音都比"一"的发音位置要靠下，卷舌音和平舌音都比"一"音靠后。因此发"즈"[tsʉ]或"쯔"[tstsʉ]、"츠"[tshʉ]，"스"[sʉ]"쓰"[ssʉ]音时，往往后面加"er"使其儿化，如：zhʉer-zher，最终变成"절"[tsəl]。

像"조카"[tsokha]和"侄儿"就属于这种类型，还有"밥을 먹다[paplʉl məkta]-밥얼 먹다"[papəl məkta]（吃饭）和"책을 보다[tshækʉl pota]-책얼 보다"[tshækəl pota]（看书）也都属于这种情况。

（2）"얌전히"[yamtsənhi]（老实，乖乖的）读成"얀저니"[yantsənni]

此类错误是因为学习者没有完整地发出辅音双唇音"ㅁ"[m]，同时后面又受到"ㄴ"[n]音逆向同化的影响而造成的。还有一个原因是中国普通话里没有以[m]为收音的韵母。

在进行语音教学时，教师一定要理论与实践相结合，不仅要告诉学生正确的发音部位在哪里，还要让他们通过练习自己摸索，进而发现自己的错误并改正之。

2.2 学习外语中的态度问题

学习外语是教师授课，学生认真听讲，反复练习，不断纠正毛病的过程。这里没有捷径可走。可是总有一些人在学习外语时图捷径，耍小聪明，把"敢说、敢写，不怕说错"当作"蒙混过关"的借口。他们遇到不好发音或难发音的时候不怎么下狠功夫，发音阶段结束了，人家已进入下一阶段任务，自己还是老样子，觉得不好意思，采取消极的方法，以加快语速来掩盖发音上的毛病，似乎说快了，别人听不出来。这种侥幸心理或对自己不负责任的态度是万万要不得的，错过这一纠正的最佳时机，机会再不来了，你一辈子改变不了磕磕巴巴的外语。

（3）"아니 그렇지 않아"[ani kɯlɘhtsi anha]读成"아니 그너치 아나"[ani k ɯnɘhtsi ana]（不，不是那样）

（4）"코를 틀어막고 마신다"[kholɯl thɯlɘmako masinta]读成"코느 트너막고 마신다"[khonɯ tɯnɘmako masinta]（堵住鼻子喝）

（5）"육일절을"[iukiltsɘlɯl]读成"육이쩌르"[iukitsɘlɯ]（把六一节）

（6）"선생님"[sɘnsæŋnim]读成"선샌님"[sɘnsænnim]（老师）

上面这些错误是因为学习者在初学阶段没能很好地掌握语音的发音位置和发音方法，一直坚持错误的发音方式，最终酿成了错误的习惯。他们并不想如何纠正自己的发音错误，而总是希望通过含糊其辞的方式来蒙混过关。下面再进一步做分析。

先来看例（3），"그렇지"[kɯlɘhtsi]读成"그너치"[kɯnɘhtsi]是因为没有掌握好韩国语"ㄹ"[l]的发音。"ㄹ"[l]音对中国学生来说确实是一个特殊的语音，它与中国语的"l"或"r"也不大相同。它们之间的关系，如表3所示：

表3　中国的r、l与韩国语的ㄹ、ㄴ关系表

种类	语　　　　　音			
	中国语		韩国语	
语音	r(a)	l(a)	ㄹ(ㅣ)	ㄴ(一)
发音位置	舌尖后，硬腭	舌尖中，上齿龈	舌尖，上齿床	舌尖，上牙床
发音方法	摩擦音 卷舌音 声带震动	气流停止 声带震动 通过舌边	气流暂停 声带震动 通过舌底	气流停止 声带震动 通过鼻腔
舌前后位置	中间位置	稍靠前位置	更靠前位置	最靠前位置

由表 9 可知，"r"的开口度最大，舌位居中，卷舌音，是声带震动的摩擦音；"1"音与"r"相比，舌位更高，并且靠前一点，气流暂时停顿后爆破成音，是舌边音；"ㄹ"比"r"舌位更高，属于暂时停顿后伴随声带轻微震动而发出的舌底音。

通过共振峰频率又可以看出，"ㄴ"的 F2 是 1750Hz，"ㄹ"的 F2 是 1500Hz，也就是说"ㄴ"的发音位置要比"ㄹ"靠前。正因为"ㄹ"音的发音比较困难，所以很多人会选择与其发音接近、但相对容易发音的"ㄴ"音。除此之外，第一个例子末尾"않아"[anha]中的"ㅎ"[h]发音也比较困难，所以很多学习者将其省略。

同理，例（2）"코를틀어막고 마신다"中，"틀"[lʉl]音的"ㄹ"[l]被省略，并且由发音相对容易一些的"ㄴ"[n]代替了"ㄹ"[l]，即"코를"[kholʉl]读成"코느"[khonʉ]。接下来，例（5）"육일절을"[iukiltsəlʉl]也是发音时省略"ㄹ"的情况。最后，例句（6）"선생님"[sənsængnim]中的中间音节"생"[sæng]由于受到逆向同化的影响，发音变成了"샌"[sæn]，学习者通过这种方式自行降低了发音难度。

2.3 学习外语中的规范化问题

有些错误并不是学生自己的问题，也不是教师的问题，而是一些规范化问题。这里值得一提的是，由中国 25 所大学共同参与编写的《标准韩国语》中关于发音方法的解释中有一些值得深思的问题，应做一些修改。如：

（1）（ㅂ）[p]与汉语的辅音（b）：〔例如汉语中的爸（ba），不（bu），笔（bi）等字的声母〕相似（第 4 页）

（2）（ㄷ）[t]与汉语的（d）：〔例如打（da），得（de），底（di）中的声母〕发音相似（第 7 页）

（3）汉语中的（z）：〔例如资（zi），责（ze），杂（za）中

的声母）与（ㅈ）发音相似（第 13 页）

（4）汉语中的（g）：〔例如哥（ge），古（gu），国（guo）中的声母〕与（ㄱ）相似（第 16 页）

上面提到的这些对应关系有误。这里需要说明的是，中国语的辅音有送气与不送气之别，即构成二音对立体系，而韩国语则由送气、不送气、紧音构成三音对立体系。由此，我们可以说，紧音是韩国语的一个重要语音特征，而在中国语中并没有这些音。所以，两种语言辅音体系有如下不对称关系。

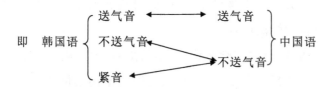

图 8　韩国语和中国语辅音体系的不对称关系

由此可知，韩国语的辅音不可能与中国语完全对应。其不对应关系是：

（1）韩国语送气音和中国语送气音相对应。

（2）中国语没有紧音体系，所以，韩国语的不送气音和紧音只能与中国语不送气音对应。所以，中国语不区分不送气音和紧音。

如，“菠菜”念成[potshai]也行，[ppotshai]也行，“哥哥”念成[kəkə]也行，或[kkəkə]也无妨，同样把“浙江”念成[tsə tsyang]也行，或[tstsətsyang]也可以，这些差异中国人不在意，但韩国人的感觉完全不一样，他们把两种发音完全作为不同韵位来理解和读。

以上粗略地考察韩国语发音教学当中的一些理论问题和实践问题，望各位专家学者予以批评指正。

参考文献

高道兴　1998　《北韩的音声学研究》，首尔：韩国文化社。

金成根　1995　《朝鲜实验音声学研究》，朝鲜：朝鲜科学百科综合出版社。

林焘、王理嘉　1992　《语音学教程》，北京：北京大学出版社。

朴在用　1985　《普通语言学研究》，朝鲜：朝鲜科学百科词典出版社。

金日成综合大学语言学讲座　1989　《语音及文字论》，朝鲜：金日成综合大学出版社

朴在用　1989　《语言学概论》，金日成综合大学出版社。

邱辉山、高道兴等主编　2001　《音声科学用语翻译词典》，首尔：韩国文化社。

《标准韩国语》教材编写组　1995　《标准韩国语（一）》，北京：北京大学出版社。

吴宗济　2004　《吴宗济语言学论文集》，北京：商务印书馆。

格洛丽亚 J. 博登、凯瑟琳 S. 哈里斯、劳伦斯 J. 拉斐尔，金基浩、杨炳根、高道兴、邱辉山翻译　2000　《语音科学——发音、音响、听觉音响学》，韩国文化社。

哈特曼、斯托克　1973　《语言与语言学词典》，黄长著等译，1981 年版，上海：上海辞书出版社。

（太平武　中央民族大学　北京　100081）

傣语红金方言元江县南洒傣拉话辅音韵尾变化的类型和特点

杨光远　　汪亚岚

本文的语料来源主要有两种：一是笔者于 2013 年田野调查的语料：以云南省玉溪市元江县澧江镇南洒村委会南洒村的傣话为调查对象，采用田野调查法的方式收集语料。笔者之一的汪亚岚（女）的母语是傣拉话，自幼生长在南洒村。所选调查者均为南洒村人，母语均为傣语，能熟练使用傣拉话，分别为：封秉荣，男，60 岁，中专学历，小学退休教师；刀智平，女，45 岁，小学学历，农民；刀燕，女，19 岁，大学专科在读。因此，将发音人分为老、中、青三组。二是文献资料。

1. 元江县南洒傣拉和傣拉话的基本情况

元江县澧江镇是多民族杂居的地方，南洒村村委会是澧江镇的一个行政村，有彝族、傣族、哈尼族、汉族等民族。由于南洒地处辖区中心地带和商贸集市，与汉族和其他兄弟民族接触较多，每月的 1、6、11、16、21、26 日，哈尼族、彝族、傣族和汉族同胞都会到这里来赶集、做买卖，人们在买卖过程中基本上都是使用汉语方言或其他语言进行交流。或许正是处于这样一个复杂的语言环境下,南洒傣拉话才有了变化。

周耀文、罗美珍先生合著的《傣语方言研究》系统地论述了云南的傣语方言,包括绪论、语音、词汇、文字和汉语、巴利语对傣语的影响五部分,根据各地的语音和词汇的异同情况将云南的傣语分为四个方言:德宏方言、西双版纳方言、红金方言、金平方言。红金方言又包含元新、永武、马关、绿石、元江五支土语,元江傣拉话即属于元江土语,有 32 个声母,62个韵母,10 个声调;有-i、-u、-ɯ、-m、-n、-ŋ、-p、-t 8 个韵尾,-k 韵尾已消失。[①]

原始傣语里有*-i、*-ɯ、*-u 三个元音韵尾,*-m、*-n、*-ŋ三个鼻韵尾和*-p、*-t、*-k 三个塞音韵尾,景洪傣语里面还有喉塞音 -ʔ 韵尾。元江傣拉话的韵尾相对于原始傣语的韵尾而言,由于-k 韵尾已经脱落,所以仅剩下 8 个,南洒傣拉话的韵尾也一样。语言的发展变化与声母、韵母、声调息息相关,韵尾的变化便是语言发生变化的原因之一,一个韵尾的消失意味着与这个韵尾相关的韵类的消失,而为了保持语言的稳定和交流,原有的韵类就会产生新的韵类或并入其他韵类,尽量使原来该韵类的词不至消失。傣拉话中的塞音韵尾-k 消失以及-p、-t 如何变化是本文关注的重点,而要了解其变化的情况,探讨变化的规律,得通过比较,将傣拉话带塞音韵尾的音节与芒市傣话(德宏方言)、景洪傣话(西双版纳方言)进行比较才能看出。

---

① 罗美珍,周耀文 2001 《傣语方言研究》,第 43—47 页,北京:民族出版社。

2. 傣拉话韵尾的变化及类型

　　傣语韵母的变化通常都是从塞音韵尾的变化开始的，-p、-t、-k 三个塞音韵尾的变化又以舌根音-k 最易变化和遗失。傣拉话中只有-p、-t 两个塞韵尾，舌根韵尾-k 已经消失或转变为其他韵尾。南洒傣拉话的塞韵尾类型有十个：ap、ep、εp、op、ɔp、at、et、uət、ɔt、ət。

2.1 南洒傣拉语-k 韵尾的变化

　　在德宏、西双版纳傣语方言中，a、i、e、ε、u、o、ɔ、ɯ、ə 九个单元音都可以带上塞音韵尾-k 构成如下韵母，只有 a 带上韵尾分长短，如：ak、a:k、ik、ek、εk、uk、ok、ɔk、ɯk、ək。傣拉语的-k 韵尾已经消失或者已经变化或融入到其他韵母中去。这十个韵母变化的情况如何，我们可以通过同源词的比较找到其轨迹。

　　2.1.1 德宏、版纳方言 a:k 韵母，从下面例词中可以看出，a:k 同傣拉语的（老年）ə、 aɯ 和中年、青年组 a:u 相对应。例如：

词义	德宏方言	版纳方言	傣拉（老）	傣拉（中）	傣拉（青）
雹子	ma:k⁹hep⁹	ma:k⁹hep⁹	mə²lε³hεp³	mə²le³he³	mə²le³he³
根	ha:k⁸	ha:k⁸	haɯ⁶	ha:u⁶	ha:u⁶
饱满	ma:k⁸	ma:k⁸	maɯ⁶	ma:u⁶	ma:u⁶
漆	ha:k⁸	ha:k⁸	haɯ⁴	ha:u⁴	ha:u⁴
额头	la³pha:k⁹	na³pha:k⁹	lə⁶phjaɯ⁵	na³phja:u⁵	na³phja:u⁵
杵	sa:k⁹	sa:k⁹xok⁸	łaɯ⁵lɯŋ⁵	ła:u⁵lən⁵	ła:u⁵lən⁵

　　德宏、版纳方言的 ak 韵母，从例词中可以显示，ak 同傣拉语老年组的 aɯ，中年、青年组的 a:u 相对应。例如：

词义	德宏方言	版纳方言	傣拉（老）	傣拉（中）	傣拉（青）
舀（饭）	tak^7	tak^7,tik^7	taɯ^3	ta:u^3	ta:u^3
插	pak^7	pak^7	paɯ^3	pa:u^3	pa:u^3
蔬菜	phak^7	phak^7	phjaɯ^{3}ɕiu^1	phja:u^{3}ɕiu^1	phja:u^{3}ɕiu^1
偷	lak^8	lak^8	laɯ^4	la:u^4	la:u^4
刀鞘	fak^7	fak^7	faɯ^{3}pja^4	fa:u^{3}pja^4	fa:u^{3}pja^4
插	pak^7	pak^7	paɯ^3	pa:u^3	pa:u^3

2.1.2　德宏、版纳方言的 ik 韵母，从下面的例词中显示，ik 在傣拉话中表现为直接脱落。例如：

词义	芒市	景洪	傣拉（老）	傣拉（中）	傣拉（青）
翅膀	pik^7	pik^9	pi^5	pi^5	pi^5
撕（纸）	sik^7	sik^9	tshi^5	tshi^5	tshŋ^5

2.1.3　德宏、版纳方言的 ek 韵母所构成的词不多，从下面的例词中显示，ek 与 ai 或 i 对应。例如：

词义	芒市	景洪	傣拉（老）	傣拉（中）	傣拉（青）
锡	hek^9	hek^9	hi^5	hi^5	—
铁	lek^9	lek^7	lai^3	lai^3	lai^3

2.1.4　德宏、版纳方言的 εk 韵母，从下面的例词中显示，εk 与傣拉语的 ai 相对应，-k 韵尾对应元音-i。例如：

词义	芒市	景洪	傣拉（老）	傣拉（中）	傣拉（青）
扛	mεk^9	bεk^9	vai^5	vai^5	vai^5
爆炸	tεk^9	tεk^9	phai^5	phai^5	phai^5
牛轭	ʔεk^9	ʔεk^9	ʔa:i^5	ʔai^5	ʔai^5
交换	lεk^8	lεk^8	lai^6	lai^6	lai^6

2.1.5　德宏、版纳方言的 uk 韵母，从下面的例词中显示，uk 与傣拉语对应的例子多数为 u 元音，puk^7（puk^9）"种植"这个词在泰语中声母为复辅音 pl，韵母为 uk，可能是这个原因，

其所显示的变化有所不同。例如：

词义	芒市	景洪	傣拉（老）	傣拉（中）	傣拉（青）
种（树）	puk^7	puk^9	piu^5	piu^5	piu^5
骨头	luk^7	duk^9	lu^5	lu^5	lu^5
儿女	luk^8	luk^8	lu^6	lu^6	lu^6
成熟	suk^7	suk^7	ɬu^3	ɬu^3	ɬu^3

2.1.6　德宏、版纳方言的 ok 韵母，从下面的例词中显示，ok 与傣拉的 ou 相对应，即 k 韵尾与元音 u 的对应。个别词如老年组的 pop^9，转为 p 韵尾，例如：

词义	芒市	景洪	傣拉（老）	傣拉（中）	傣拉（青）
六	hok^9	hok^7	tshou^3	tshou^3	tshou^3
落	tok^9	tok^7	tou^3	tou^3	tou^3
烫	lok^8	lok^8	lou^6	lou^6	lou^6
臼	xok^8	xok^8	tsou^{4}kə^1	tsou^{4}kə^1	tsou^{4}kə^1
泡沫	pok^9	pok^9	khɤ^{6}pop^9	pou^5	po^5

2.1.7　德宏、版纳方言的 ɔk 韵母，从下面的例词中显示，ɔk 大多与傣拉的 ou 相对应，其规律仍然是 -k 韵尾与元音 -u 的对应。例如：

词义	芒市	景洪	傣拉（老）	傣拉（中）	傣拉（青）
告诉	mɔk^9	bɔk^9	vou^5	vou^5	vou^5
逗（小孩）	jɔk^9	jɔk^9	zou^5	zou^5	zou^5
剥（皮）	pɔk^9	pɔk^9	pou^5	pou^5	pou^5
花	mɔk^9	dɔk^9	zou^5	zou^5	ʐou^5
雾	mɔk^9	mɔk^9	fa^{3}mo^5	fa^{3}mo^5	fa^{3}mo^5
出（去）	ʔɔk^9	ʔɔk^9	ʔou^5	ʔou^5	ʔou^5
掏	tsɔk^9	tsɔk^9	tsou^3	tsou^3	tsou^3
矛	hɔk	hɔk^{9}jɔŋ^2	tshou^5	kɤ^{6}tshou^5	kɤ^{6}tʂhon^5

回（家）	$pɔk^8$	$pɔk^8$	$ta:u^6$	$ta:u^6$	$ta:u^6$
（猪）圈	$xɔk^8$	$xɔk^8$	xou^6	xou^6	xo^2
蜕（壳）	$lɔk^8$	$lɔk^8$	lou^6	lou^6	lo^6

2.1.8 德宏、版纳方言的 ək 韵母，从下面的例词中显示，ək 韵母分别与傣拉语老年组的 ɯɯ、aɯ（ou）韵母，与中年的 ou（aɯ）韵母、青年组的 ou（ə）韵母相对应。情况显示 ək 韵母的对应关系稍微复杂，但是，从例词来看，-k 尾主要同老年、中年组的 ɯ 元音对应，与青年组的-u（ə）元音对应。例如：

词义	芒市	景洪	傣拉（老）	傣拉（中）	傣拉（青）
（蛋）壳	$pək^9$	$pək^9$	vou^5	vou^5	vou^5
芋头	$ho^1phək^9$	$ho^1phək^9$	$phəɯ^5$	$phaɯ^5$	$phə^5$
深	$lək^8$	$lək^8$	$ləɯ^3$	$lə^4$	$lə^4$
选	$lək^8$	$lək^8$	$laɯ^6$	lau^6	lau^6

2.1.9 韵母 ɯk 所构成的词较少，德宏方言的如 $hɯk^7$（崖）边，$xɯk^7$ 一种捕鱼工具。

2.2 塞音韵尾的-t 变化

塞韵组韵尾-t 在南洒傣拉话中的变化表现为：老年人还保留着这个韵尾，中年人在个别词中还保留着-t 韵尾，青年人则完全脱落了。

2.2.1 a:t、at 韵母的例词，在青年人的语音中不区分长短元音。例如：

词义	芒市	景洪	南洒（老）	南洒（中）	南洒（青）
晒席	$sa:t^9$	$sa:t^9$	$ɬa:t^9lon^1$	$ɬa^5lon^1$	$ɬa^5lon^1$
簸（米）	fat^7	fat^7	fat^7	fat^7	fa^3
抽打	fat^8	fat^8	fat^8	fa^4	fa^4
涩	$fa:t^9$	$fa:t^9$	fat^9	$fa:t^9$	fa^5

2.2.2 et 韵母的例词，老年人还保留着-t 韵尾，中年人只在

个别词中保留-t 韵尾，青年人的语音-t 已经脱落。例如：

词义	芒市	景洪	南洒（老）	南洒（中）	南洒（青）
鱼钩	met^9	xo^{1}bet^7	xo^{1}vet^7	xo^{1}ve^3	xo^{1}ve^3
鸭	pet^9	pet^7	pet^7	pe^3	pe^3
青蛙	xet^9	xet^9	ʔɤ^{6}me^3	ʔɤ^{6}me^3	ʔɤ^{6}me^3
擦	tset^8	tset^8	tset^8	tse^4	tse^4
七	tset^9	tset^7	tset^7	tse:t^7	tse^3
穿山甲	ket^{9}lin^6	ket^{7}lin^6	tsat^{7}lin^5	tsa^{3}lin^5	tsa^{3}lin^5

　　2.2.3 ut 韵母的例词，南洒老年人还保留着-t 韵尾，中年人和青年傣喇人的-t 韵尾已经脱落。例如：

词义	芒市	景洪	南洒（老）	南洒（中）	南洒（青）
猴子	hut^7	hut^9	mə^{6}ɬuət^9	mə^{6}ɬuə^5	mə^{6}ɬo^5
吸（气）	hut^7	hut^9	luət^9	luə^5	lo^5
抽（烟）	lut^7	dut^9	luət^9	luə^5	lo^5
剃、刮	xut^9	xut^9	xuət^9	xuə^5	xo^5

　　2.2.4 ot 韵母的例词，南洒老年人还保留着-t 韵尾，中年人介乎于两者之间，青年人的-t 韵尾已经脱落。德傣和西傣为元音 o 的，南洒傣话往往用元音 ɔ。例如：

词义	芒市	景洪	南洒（老）	南洒（中）	南洒（青）
沸	fot^8	fot^8	fɔt^8	fɔ^4	fɔ^4
蜷缩	hot^9	hot^7	hɔt^7	hɔ^3	hɔ^3
弯（的）	kot^8	kot^8	kɔt^8	kɔt^8	kɔ^4
蚂蚁	mot^8	mot^8	mɔt^8	mɔt^8	mɔ^4
屁	tot^9	tot^7	tɔt^7	tɔ^3	tɔ^3
浇（水）	hot^9	hot^7	hɔt^7	hɔ^3	hɔ^3
胡子	lot^9	not^9	nuət^9	nuə^5	no^5

　　2.2.5 ət 韵母的例词，南洒老年人还保留着-t 韵尾，中年人

和青年人的-t 韵尾已经脱落。例如：

词义	芒市	景洪	南洒（老）	南洒（中）	南洒（青）
臭虫	hət^8	hət^8	hət^{10}	hə^6	miŋ^{2}mɛn^{1}hau^3
血	lət^8	lət^8	lət^{10}	lə^6	lə^6

2.3 塞韵尾-p 的变化

南洒老一辈人还保留着-p 韵尾，中年人的-p 韵尾转化为-t 韵尾或消失，年轻人的-p 已全部脱落。

2.3.1 ap 韵母的例词，老年人还保留着-p 韵尾，从例词中显示只有短 a，无长元音 a。-p 韵尾的例词，中年人和青年人已经脱落。例如：

词义	芒市	景洪	南洒（老）	南洒（中）	南洒（青）
磨（刀）	lap^8	lap^8	lap^8	la^4	la^4
关（门）	hap^7	hap^7	hap^7	ha:t^7	ha^3

词义	芒市	景洪	南洒（老）	南洒（中）	南洒（青）
韧	ja:p^9	ja:p^9,neu^1	—	mɛn^3	—
挑（水）	ha:p^9	ha:p^9	hap^9	ha^5	ha^5

2.3.2 ip 韵母的例词，老年人保留着-p 韵尾，中年人转化为-t 韵尾或消失，年轻人已全部脱落。例如：

词义	芒市	景洪	南洒（老）	南洒（中）	南洒（青）
夹（菜）	kip^8,hip^8	kip^8	jep^9	je:t^9	je^5
窄	kap^8	kap^8	kap^8	ka:t^8	ka^4

2.3.3 ep 韵母的例词，老年人保留着-p 韵尾，中年人的-p 韵尾转化为-t 韵尾或消失，年轻人的语音已全部脱落。这个韵母在傣拉话的词很少。例如：

词义	芒市	景洪	南洒（老）	南洒（中）	南洒（青）
拾、拣	tsep^{10}	kep^7	tsep^7	tse^3	tse^3

2.3.4 op 韵母的例词，老年人保留着-p 韵尾，中年人的-p

韵尾转化为-t 韵尾或消失，年轻人的语音已全部脱落。例如：

词义	芒市	景洪	南洒（老）	南洒（中）	南洒（青）
田鸡	kop⁹	kop⁹	ʔəˀ⁶kɔp⁷	ʔəˀ⁶kɔ³	ʔəˀ⁶kɔ³
敷（药）	kɔp⁸	kɔp⁸	kɔp¹⁰	kɔ⁶	kɔ²
拍（桌子）	top⁹	top⁷	tɔpˀ⁷	tɔ³	tɔ³
叠（被子）	top⁹	top⁸	tɔpˀ⁸	tɔ⁴	tɔ⁴
嘴	sop⁹	sop⁷	ɬɔpˀ⁷	ɬɔ:t⁷	ɬɔ³

2.3.5 εp 韵母的例词，老年人保留着-p 韵尾，中年人的-p 韵尾转化为-t 韵尾或消失，年轻人的语音已全部脱落。这个韵母在傣拉话的例词很少。如：

缝　jɛp⁸ jɛp⁷ zap⁸ja:t⁸ za⁴

3. 小结

探讨元江县傣拉话的塞音韵尾的变化规律，得通过德宏、版纳两个方言中带塞音韵尾的同源词进行比较，才能看出傣拉话塞音韵尾的变化情况。

在分析塞音韵尾的时候，其声调都是入声调，入声调又分为阴阳：第 7、第 9 调是阴类调；第 8、第 10 调是阳类调。第 7、第 8 是短元音，第 9、第 10 是长元音。

3.1　-k 韵尾的变化。

在本文中-k 均指德宏、版纳方言中的韵尾，通过比较可以看出，-k 韵尾在傣拉话中已经全部消失，变化的大致情况是：

（1）从例 1 中可以看出 ma:k⁹（hep⁹）"雹子"这个词，老、中、青都发为 mə²音，ma:k⁹是阴入调的字，它是一个类别词，"果子"的意思。其余的则分为两类：a:k、ak 韵尾的音节老年组为-ɯ 尾，中、青组为-u 尾，无论是长元音还是短元音，包括

"额头"这个词也符合这一规则。

（2）从例 2 中看出，ik 韵母的例词在傣拉话中表现为-k 直接脱落。

（3）从例 3 中看出，ek 韵母所构成的词不多，-k 与-i 对应。

（4）从例 4 中看出，εk 韵母与傣拉语的 ai 相对应，-k 韵尾与-i 元音对应。

（5）从例 5 中看出，uk 韵母除了"种植"一词对应为 iu 韵母外，其余均为-k 尾脱落。

（6）从例 6 中看出，ok 韵母与傣拉的 ou 相对应，即-k 韵尾与元音-u 的对应。个别词如 pok⁹"泡沫"，老年发为 pop⁹，转为 p 韵尾。

（7）从例 7 中看出，ɔk 韵母大多与傣拉的 ou 相对应，即-k 韵尾与元音-u 对应。

（8）从例 8 中看出，ək 韵母分别与傣拉语老年组的 ɯ、aɯ （ou）韵母，与中年的 ou（ɯ）韵母、青年组的 ou（ə）韵母相对应。情况显示，ək 韵母的对应关系稍微复杂，但是，-k 尾主要同老年、中年组的 ɯ 元音对应，与青年组的-u（ə）元音对应。

（9）德宏方言 ɯk 韵母，在其他方言没有找到同源词。

3.2　-t 韵尾的变化

喻翠容先生在《傣拉话的语音特点》中列出的带-t 韵母有 6 个：at、it、εt、ut、ɔt、ɯt。在傣拉话中，老年人中保留着-t 尾，还有中年人部分保留着-t 尾，青年人已经没有这个韵尾。

（1）在老年人和中年人中还有 a:t、at 韵母的区别，在青年人的语音中不区分长短元音。

（2）et 韵母的例词，老年人还保留着-t 韵尾，中年人只在个别词中保留，青年人的语音-t 已经脱落。

（3）ut 韵母的例词，南洒老年人对应为 uət，中年人和青年傣喇人的-t 韵尾已经脱落。

（4）ot 韵母的例词，南洒老年人还保留着-t 韵尾，中年人介乎于两者之间，青年人的-t 韵尾已经脱落。德傣和西傣为元音 o 的，南洒傣话往往用元音 ɔ 对应。

（5）ət 韵母的例词，南洒老年人还保留着-t 韵尾，中年人和青年人的-t 韵尾已经脱落。

3.3　-p 韵尾的变化

喻翠容先生在《傣拉话的语音特点》中列出的带-p 韵母有 6 个：ap、ip、ɛp、up、op、ɔp。在南洒傣拉话中老年人还保留着-p 韵尾，中年人的-p 韵尾转化为-t 韵尾或消失，年轻人的语音已全部脱落。

（1）ap、a:p 韵母在老年人中只有短元音的 p，中年人已经变为-t 或者脱落，青年人则已经脱落。

（2）ip 韵母的例词，老年人保留着-p 韵尾，中年人转化为-t 韵尾或消失，年轻人已全部脱落。

（3）ep 韵母的例词，老年人保留着-p 韵尾，中年人的-p 韵尾转化为-t 韵尾或消失，年轻人已全部脱落。

（4）op 韵母的例词，老年人保留着-p 韵尾，中年人的-p 韵尾转化为-t 韵尾或消失，年轻人已全部脱落。

（5）ɛp 韵母的例词，老年人保留着-p 韵尾，中年人的-p 韵尾转化为-t 韵尾或消失，青年人则是塞音韵尾全部消失。

-k 韵尾全部脱落；老年人还保留着-t 韵尾，中年人只在个别词中保留，青年人的语音-t 已经脱落；老年人保留着-p 韵尾，中年人的-p 韵尾转化为-t 韵尾或消失，青年人则是塞音韵尾全部消失。这便是南洒傣拉话塞音韵尾变化的类型和特点。

　　罗美珍先生的论文《傣语长短元音和辅音韵尾的变化》[1]中以版纳、德宏、金平白傣、金平黑傣、武定、绿春、永仁的傣语为研究对象，探讨了不同傣语元音长短对立的消失与不同程度的存留在不同傣语中的变化现象及辅音韵尾的脱落：武定话的-m尾并入-n尾，塞音韵尾-p并入-t；而绿春话的-m、-n尾均已脱落，仅保留-ŋ尾，塞音韵尾脱落后变为高元音-i、-ɤ、-u韵尾，部分变读为-ŋ；-ɔ后面的-p、-t韵尾脱落，元音变为ua，-e后面的-p、-t、-k韵尾脱落后元音变为 iɛ。金平白傣和黑傣话都保留了短元音后面的-k；长元音后面的-k，白傣老年人变读为-ʔ，在青年人中脱落，黑傣都脱落；二塞音韵尾脱落后，多数元音变为复元音。

　　李钊祥在《石屏傣话的韵尾》[2]中论述到，现代石屏傣话的韵尾仅剩下-i-u-n-ŋ 四个，且-n 尾字极少又不稳定。石屏傣话韵尾的变化情况有以下几类：-ɯ、-m、-p、-t、-k 尾完全消失，-n尾基本消失；塞音韵尾由于声母的腭化或腭化失落后韵尾的变化情况有三种：*-p > -iu、-ue、-ie，*-t > -ie、-ue、*-k > -i、-u；部分可能由原来是复合元音带韵尾的韵母成为二合元音：*-ɛ：t > -iat—ia；*-ɔt > -uat—-ua；*-m、*-n 韵尾在丢失过程中发生变化，如：*-m > -ŋ、*-n > -ŋ 或脱落，*-ŋ 韵尾也有鼻化现象。

　　红金方言塞音韵尾总的发展趋势是消失。从元江县南洒傣拉话的案例中可以看出，它是逐步在消失，例如：k 尾已经全部消失，老年人中还保留着-p、-t 尾，中年人的-p 尾转变为-t尾，青年人的傣话中则全部消失。随着老年人的逝去，青年人

　　① 罗美珍　1984　《傣语长短元音和辅音韵尾的变化》，《民族语文》第 6 期。
　　② 傅懋勣主编，中国民族语言学会编　1986《中国民族语言论文集》，成都：四川民族出版社，第 150—165 页。

傣话中塞音韵尾的消失将是必然的趋势，只是时间的问题。

参考文献

傅懋勣主编，中国民族语言学会编　1986　《中国民族语言论文集》，成都：四川民族出版社。

罗常培、王均　2002　《普通语音学纲要》，北京：商务印书馆。

邢公畹　1989　《红河上游傣雅语》北京：语文出版社。

喻翠容　1990　《傣拉话的语音特点》《民族语文》第 1 期。

喻翠容　罗美珍　1980　《傣语简志》北京：民族出版社。

周耀文　罗美珍　2001　《傣语方言研究》北京：民族出版社。

（杨光远　云南民族大学　昆明市　650000）

（汪亚岚　云南中医学院　昆明市　650000）

也谈汉语近代音的研究

叶宝奎

著名语言学家邢公畹先生是我们敬重的前辈大师，先生数十年如一日孜孜以求，辛勤耕耘，在语言理论、汉语研究、语言应用和语言教学、汉藏语比较研究特别是汉语与侗台语比较研究等诸多领域建树颇多，成绩卓著，为中国语言学的发展做出了杰出贡献，值得后人学习与敬仰。现在南开大学文学院举办邢公畹先生学术思想研讨会纪念邢先生百年诞辰，意义重大。我们纪念、缅怀先生，就是要继承和发扬先生倡导和身体力行的优良学术传统，促进语言学的健康发展。我与邢先生曾有一面之缘，那是1994年在南开大学召开的音韵学研讨会上，参加了庆祝邢公畹先生和周祖谟先生八十华诞的活动，有幸认识先生，感到非常高兴。今年恰巧也是我的导师黄典诚先生的百年诞辰，此前我们举办了黄典诚先生学术思想研讨会，出版了《黄典诚教授百年诞辰纪念文集》，得到了学界许多师长、朋友的关心与支持，效果很好。现在南开大学文学院邀我参与纪念邢先生的活动，我自然乐意，哪怕只是凑凑热闹也好。

我从事汉语近代音的研究始于20世纪90年代初。经过多年来对汉语近代音的探讨研究，我有几点体会向诸位汇报如下。

1. 必须紧密联系中国特定的历史文化背景

袁家骅先生（1989）说得好："汉语和它的方言的发展史的突出特点就是书面语言的统一，书面语言和口语的脱节，方言处于半独立状态而同时从属于书面语言。这种状态跟汉族人民的经济政治生活是分不开的。"文言文一直到 20 世纪初都处于官方文学语言的位置，只有读书音是雅的，而各地方音都是俗的，具体地点的方音（即便是都城的方音）都不可能通行全国。以读书音为基础由官修韵书所确定的代代相传的"正音"，不只是文人学士心目中的标准音，也是他们在官场上以及各种庄重场合所使用的标准音。

《论语·述而》："子所雅言，诗书执礼皆雅言也。"讲的是孔夫子诵读诗书和执礼时都用雅言（音）而不用家乡方音。这是一种典型现象。

清俞正燮《癸巳存稿》载："嘉庆十一年，奉旨：上书房行走者，粤东口音于授读不甚相宜。谨案诗书执礼，孔子皆用雅言，不用齐鲁音。而经史各有方音，学者贵知之。然必立一雅言为之准而后方言可附类而通也。"

《颜氏家训·音辞篇》说："自兹厥后，音韵锋出，各有土风，递相非笑，指马之喻，未知孰是。共以帝王都邑，参校方俗，考核古今，为之折衷，权而量之，独金陵与洛下耳。"颜氏早已为我们勾勒出了认识当时语音状况的基本框架。当时基础方言中最有代表性的音系当是金陵音（南音）和洛阳音（北音），但南音"轻举而切诣"，北音"沉浊而鈋钝"，且"南染吴越，北杂夷虏，皆有深弊"，都不是共同语的标准音。它们与"雅俗共赏，以为典范"的《切韵》音系（读书音）同源异流，既有联系又有区别。

汉语历史悠久，汉语语音尤其是标准音具有十分显著的历史传承性。明清官话音是汉民族共同语标准音代代相传不断演化的产物，并不是在当时某个地点方音的基础上形成的，更不是某个时点某些学者可以凭主观意志生造出来的。这是正确认识汉语近代音应有的历史观点。

古人历来注重文字，先秦典籍尤其是儒家经典具有垂范千秋的崇高地位。汉语书面语与口语长期脱节，也必然导致共同语标准音和基础方言口语音的分离。封建社会经济落后（自给自足的小农经济）、教育不普及、交通不便等也使得一地方音难以推广普及。而官修韵书便于传播学习，使五方之人（主要是读书人）学习正音有了统一的标准，唐宋以来的科举考试不仅强化了正音的权威性也促进了正音与俗音的分离。也就是说，在中国封建社会特定的历史文化背景下，只有传统的读书音才有可能具备超时空的性能，成为通行全国的标准音。我们如果不紧密结合中国特定的历史文化背景去研究汉语近代音，许多问题与现象将得不到很好的解释。

如果没有"五四"时期提倡"言文一致""国语统一"的白话文运动，如果白话文不能取代文言文而成为官方文学语言，就不可能实现言文一致，北京音就不可能成为现代汉语的标准音。

2. 注重域外对音资料的参证价值

汉朝对音资料具有很高的学术价值。1443 年朝鲜拼音文字《训民正音》创制以后，朝鲜李氏王朝编撰刊行了一系列汉朝对音韵书、辞书及会话课本等。諺文是拼音文字，它克服了汉字传统表音法（反切注音）的局限性，能较准确地给汉字注音。

特别是《洪武正韵译训》《四声通考》《四声通解》等尤为珍贵。申叔舟、崔世珍等朝鲜著名的汉学家对汉语语音做了相当全面、精确的考察描写，其成果具有很高的学术价值。考察研究朝鲜对音文献，可以弥补国内近代音资料的遗缺，为汉语近代音的研究提供较为可靠的参证。其他域外对音材料同样珍贵，比如，日本的对音资料以及明治时期的官话课本等，对于研究汉语近代音和普通话语音史具有重要价值。

3. 注重南方方言语音资料

南方方音与近代音相似度很高，可资参证。现代北京音在汉语方音中相对而言是离中古音最远的，历史上许多音变现象难以用北京音加以解释，而闽语、粤语等南方方言的语音材料，尤其是它们与北音之间存在显著差异的事实，则有助于人们正确认识许多语音现象的历史演化。现代汉语方言之间共时的语音差异，竖起来就是汉语语音历时的差异。

赵荫棠《等韵源流》（1985：328—329）指出：“宋人四等之意义与明人四呼之意义，是不相同的，若拿历史的眼光看起来，两者都有存在的理由。但是决不可将二者混而为一，以后者就是前者的。不幸‘等’说失亡之后，学者反以‘呼’说诋诬之。遂演成等与呼混淆之局面。至民国，首起而辩之者，则为高元氏。他说：‘等呼论的重要著作有：《七音略》《韵镜》《切韵指南》《等韵切音指南》《切韵要法》《华梵字谱》《等韵一得》等书。中间以《等韵切音指南》同《切韵要法》为界。《等韵切音指南》以上同《切韵要法》以下，两者内容截然不同。前者北方人或中部人读之，茫然不解，所以历来音韵学者对于前者韵书，攻击不遗余力，而潘氏（稼堂）更闹了一个大笑话，他用自己的方音做评判古音的标准（见《类音》《等韵一得》引言），大骂《指南》不合。殊不知若以广东音读之，则潘氏所谓不合者无不一一切于实际，而对于《切韵要法》《等韵一得》诸书所列，反觉茫然。这个差别，向来论者只以为一是八等分法，一是四等分法，不过一个分得疏略些，一个分得精细些，分类标准并没有改变。这便大错了。其实两派并不是程度上差别，乃是性质上差别，他们分类之结果同为四等，而所持分类标准则全然不同，……'（高元《国音学》三章八节《辟等呼论》）"

看来方言背景对于近代音的研究也有一定影响。在近代音的研究中，有人认为唯有地点方音才是具体实在的而官话音则是凑合的、人造的甚至是没有一定标准的。比如罗常培先生（1930）曾说："我们可以断定金、利二氏所据的声音乃是一半折衷各地方言，一半迁就韵书的混合产物。用明代韵书的术语说，我们可以叫它作中原雅音；用近代可用的术语说，也可以叫它作明末的官话。"

罗先生的观点在学术界很有影响，有些学者不仅赞同他的意见，而且内心深处潜藏着浓厚的"北京情结"，总是过高地抬举北京音；具体的语音资料只要与北京音不相吻合则认为是杂凑的，或是存古或是保留方音，就是不愿意承认官话音的存在。我们以为罗先生的意见值得商榷，我们不能因为《西儒耳目资》音系与各地方音特别是北京音不同，就认为是混合的音系。

此类例子甚多，比如，杨亦鸣先生的《李氏音鉴音系研究》运用剥离法考查整理了《字母五声图》所记录的北京音与海州板浦音，并以为《字母五声图》只记南北方音，其基础音系是北京音。杨亦鸣先生认为："这个语音系统是以 18 世纪末的北京音为基础，兼列当时海州音中与北京音相异的部分。在音系的具体安排上，兼采的这一部分只是在北京音系之外重出，一般说来并未影响到北京音系的完整性。"

认为《字母五声图》只记南北方音，不免以偏概全。李氏云："……况古来韵书莫不议论纷纭，其音已自互异，若谓悉从古音，则何者当从，何者不当从耳？此历代所以不能不为韵书之作也。定以时音者，则文有所从而韵有所准，学者可无茫然之患。"（卷一第八问）事实上，《字母五声图》的语音基础是时音——当时的汉语标准音，即官话音，而南北方音不过是以为参照的附加音系而已，均寄存在时音之中，未出其外。

再比如，潘逢禧《正音通俗表》（1870）把复韵母分为发音收音两部分（单韵母谓直收本音），所用"收音"这个概念虽然不够准确、贴切，但他已将韵母分成二音或三音，实际上已经切分到最小语音单位，并在此基础上分析归纳出 10 个描写正音韵母的基本语音单位（3 个鼻辅音音位、7 个元音音位）。他清楚地认识到："大凡人声之收发不过数声，推而广之，交互而错综之则其变不穷。"（《论源流·口法》）

潘氏辨音总表如下：

鼻音：此穿鼻音，凡人从鼻出音，不外《通俗表》中翁酣二母。但认定翁母之鼻音即此音。[ŋ]

开 1 音：此开口第一音。《通俗表》中沙部之翁母即此音也。[a]

开 2 音：此开口第二音。《通俗表》中遮部之翁母即此音也。[ə]

开 3 音：此开口第三音。《通俗表》中波部读字之尾音皆此音也。[o]

腭音：此抵腭音。出音与穿鼻同但必以舌抵上腭耳。按此辨甚微今已多有混者，姑识此以存伧羊之迹。[n]

齐 1 音：此齐齿第一音。按此音口法颇不易学。须仍做开 1 音而紧咬两旁牝齿则得此音矣。故谓咬齿音。《通俗表》中知部之翁母是也。[ï]

齐 2 音：此齐齿第二音。与噫字同。《通俗表》中伊部之翁母即此音也。[i]

合音：此合口音。与乌字同。《通俗表》中铺部之翁母即此音也。[u]

撮音：此撮口音。与纡字同。《通俗表》中须部之翁母即此音也。[y]

闭音：此闭口音。出音亦与穿鼻同，但读字讫必阖唇耳。按此音近来多有缺者，故亦与鼻音音易混。[m]

"右总表十音，凡读正音者发音收音皆不外此，各处乡谈互异多有出十音之外者，以非正音不录。"（辨音总表）

并将以上 10 音当作注音符号给 32 部韵母注音，使得各个韵部的音值体现得更为具体。

"初学正音者当先读韵目三十二字,但恐口法不精则读之仍多不肖。兹於各部目条下标明发音收音，皆各部翁母阴平之声。学者仔细辨明则由翁母而推之二十一母，无不冲口而出矣。"

请看潘氏 32 部韵母注音表：

邀部：齐2音、开1音、合音；君部：撮音、鼻音；登部：开2音、鼻音；高部：开1音、合音；山部：开1音、鼻音；川部：合音、开1音、鼻音；周部：开2音、合音；遮部：开2音；花部：合音、开1音；靴部：撮音、开2音；铺部：合音；鸳部：撮音、开2音、鼻音；阶部：齐2音、开1音、齐2音；烟部：齐1音、开2音、鼻音；波部：合音、开3音；昏部：合音、开2音、鼻音；秋部：齐2音、合音；沙部：开1音；嗟部：齐2音、开2音；哉部：开1音、开2音；胸部：撮音、开3音、鼻音；中部：合音、鼻音；悲部：开2音、齐2音；相部：齐2音、开1音、鼻音；乖部：合音、开1音、齐2音；却部：齐2音、开2音；知部：齐1音；伊部：齐2音；心部：齐2音、鼻音；须部：撮音；归部：合音、齐2音；家部：齐2音、开1音

这与现代人用国际音标描写记录语音的方式一致。"譬如欲读邀部之字，即将邀部下所注 齐2音、开1音、合音 三音连属而急读之则邀部翁母阴平之字，即此音矣"。（论三十二部·辨音）潘氏自造汉字以为注音符号，用来标音，比反切注音自然是进

步多了。

关于《正音通俗表》音系的性质，学者们的意见很不相同。有的学者认为记的是北京音，有的学者认为"正音"只是一个空洞的口号，没有一定的语音实体和它对应，它只存在于理论上而不存在于实际生活中。岩田先生则认为"本书音系是一种混合产物。我们可以说，《通俗表》的音系，总体来说是虚构，部分来说是实录"。（岩田宪幸，1994）

此外还有几点小的体会：

第一，宋元以来编著韵书、韵图的学者多是博学多才绝顶聪明的人士。薛凤生先生说："在汉语音韵学的研究中，等韵学是最值得大书特书的辉煌成就。它的重要性不仅在于为中古汉语提供了许多极宝贵的资料，更重要的是它为汉语音韵学的研究提供了极巧妙的新方法，所以有人说等韵学就是中国的理论音韵学，这是极有见地的看法。"许多明清等韵学家，不仅古文学养深厚，精通天文地理之学，还是善于分析律吕声音的乐律家，亦是精研象数易理的哲学家，他们往往能跨越律吕、语音、象数之间的藩篱，将不同领域的概念范畴予以统合融贯，借由不同领域的概念范畴来考察、描写特定的语音现象，或借由语音规律来印证自然运行的法则。要读懂他们的创作意图，并不容易。

第二，中古《切韵》音系与北音、南音同源异流，它们望前走，到了明清时期，官话音与北音、南音自然也是同源异流的关系。近代汉语标准音（正音、官话音）与北音、南音同源异流，既有联系又有区别。就演化的情况来看，北音（尤其是北京音）变化速度明显快于南音和正音。元明以来不仅南音跟着北音走，而且官话音受北音和通俗白话文学的双重影响，变俗倾向愈来愈明显，也一直是跟着北音的变化而变化的，但总是慢一两步，直至清末官话音与北京音仍有区别，北京音还不是共同语标准音。这是历史事实，我们不应回避。

第三，近年来有的学者认为，近代汉语的正音材料（韵书、韵图）都只是记音类而不是记音值的。其实不然，韵书以加注反切记音，近代韵图以特定的声韵调拼合关系体现音韵地位，处于特定位置的音节，虽无反切，其音自明。记录特定时代音系的韵书、韵图，不仅能区分音类也能体现具体音值，因为每个时代的语音都是具体的，可以言传的。当然由于受汉字特点的限制（汉字不是拼音文字），后人阅读先前的韵书、韵图，根据其反切要准确了解前代语音系统自然会遇到一些困难，但不是不可能。因为语音是不断演化的，人声递变，代有不同。后人认识古音还有一条路子，那就是师传，口耳相受，一代代往下传。可以弥补汉字反切注音的不足。诚如章太炎先生所说："须知文字之学，口耳相受，不可间断。设数百年来，字无人知，后人断无能识之理。譬如'天地玄黄'，非经先生口授，何能明其音读？先生受之于师，师又受之于师，如此数千年，口耳相受，故能认识，或有难识之字，字书具在。但明反切，即知其音。若未注反切，如何能识之哉？"

第四，同时期的正音材料所体现的大同小异的状况往往是不约而同的，而相互间的小的差异主要体现为汉语近代音演化过程中所呈现的先后不同状况，是编著者对某些语音现象（历时演化的事实）取舍态度的不同所致。比如，轻唇音合口三等韵的演化，牙喉音开口二等韵的腭化，等等。

第五，开口一等德韵与开口二等陌麦合流的是官话音，分流的是北音。在北音中，德韵与陌麦合流的是文读音，分流的是白读音。

第六，文白异读是方言现象，标准音不分文白异读。先前北京音存在文白异读，说明北京音还不是标准音。现在北京音成了标准音，原先的文白异读，性质也就变了，它们正逐渐走向消亡。

参考文献

耿振生　1992　《明清等韵学通论》，北京：语文出版社。

［清］李汝珍　2002　《李氏音鉴》，嘉庆十五年刻本，续修四库全书 260 册，上海：上海古籍出版社。

罗常培　1930　《耶稣会士在音韵学上的贡献》，历史语言研究所集刊，第一本第三分卷。

［清］潘逢禧《正音通俗表》，逸香斋稿。

薛凤生　1999　《汉语音韵史十讲》，北京：华语教学出版社。

岩田宪幸　1994　《正音通俗表音系的特征》，中国音韵学国际学术研讨会论文，天津：南开大学。

杨亦鸣　1992　《李氏音鉴音系研究》，西安：陕西人民教育出版社。

叶宝奎　2001　《明清官话音系》，厦门：厦门大学出版社。

袁家骅　1989　《汉语方言概要》，北京：文字改革出版社。

章太炎　1995　《国学讲演录》，上海：华东师范大学出版社。

赵荫棠　1985　《等韵源流》，台北：文史哲出版社。

（叶宝奎　厦门大学中文系　厦门　361005）

五屯话的声调、元音长短及重音①

意西微萨·阿错　　向洵

与以往研究认为五屯话是一种无声调而拥有可区别意义的重音［陈乃雄，1982、1986、1988、1989；Charles N. Li（李讷，1983、1984、1986）；Thomason & Kaufman（托马森、考夫曼，1988）；Thomason（托马森，2001）；Lee-Smith & Wurm（李-史密斯、乌尔姆，1996）］、或拥有长短元音对立语言［Juha Janhunen（尤哈·杨胡宁）2007、2008］的观点不同，我们的研究认为，五屯话首先是一种声调语言（阿错，2005、2009；向洵 2006；阿错、向洵，2006、2015）。五屯话在单音节词汇层面拥有两个可区别意义的声调，在多音节词汇层面则拥有三个调类可区别意义的调类。重音并非可区别词汇意义的语音特征，而是五屯话多音节词变调之后的潜在驱动力量。

① 本文是南开大学百名青年学科带头人培养计划项目，以及国家社科基金重点项目《藏语方言的重音及相关韵律问题研究》项目（13AYY008）成果。感谢为本文奠定语料基础的 ELDP 五屯话濒危语言记录项目组的其他成员，包括天津大学王宇枫、西南大学胡蓉、青海省同仁县教育局夏吾东周、同仁县五屯下庄的李本才让、才让吉等各位先生和女士；感谢青海省黄南州语委的各位先生、同仁县隆务镇的桑吉措女士，以及五屯上、下庄众多朋友对我们的调查的无私帮助和支持。文中的部分语音实验采用南开大学桌上语音工作室（MiniSpeechLab，石锋、朱思愈等开发）完成。

由于五屯话声调部分的内容此前已在《中国语文》（2015 年第 6 期）发表，这里做了删减，所保留部分也根据本文主题和结构需要做了诸多调整。相关研究一向得到业师曾晓渝先生和诸多师友的指导及指误，特此致谢，如尚有错漏责任全在作者。

前人对五屯话的"自由重音"和长短元音的描写，无法区分单音节词层面的音高对立，也无法准确描写多音节词层面三种调类复杂组合和变化的现象，更不用说揭示这种变化的规律。"自由重音"的描写，实质上相当于对五屯话部分变调结果的有限反映。五屯话的音系中，声调是表层的、直接的，是可描写的；而重音是潜在的、间接的。轻重音分析的引入，其意义在于对变调行为内在驱动机制的音系学解释。利用声调吸引重音能力，亦即重音表达等级理论和节律音系学的方法，可以很好地解释五屯话变调之后的重音驱动机制。因此，在可辨别词汇意义的区别特征或音位的描写层面，包括结构主义性质的音系描写，不需要也无法仅仅借助重音描写；相反声韵调及变调描写不但是必须的，而且是完全自足的。

另一方面，安多藏语公认是一种无声调语言，而我们认为还可以将其分析为音高重音（或称乐调重音）语言（阿错，2012、2013）和力度重音并存的语言。五屯话的特殊的语音面貌，正是由有声调的汉语与无声调而拥有重音系统的藏语等语言深度接触的结果。

1. 重音描写还是声调描写

陈乃雄（1982、1986、1988、1989），习元麟（1983），李讷（Charles N. Li，1983），李-史密斯、乌尔姆（Lee-Smith & Wurm，1996），阿错（2003），杨胡宁等（2008）对于五屯话的音系各有系统的描写。各家对五屯话音系的分析也有相当大的出入，但是除了我们以外，各家一致认为五屯话没有可以区别意义的声调。如李讷（Charles N. Li，1986：180）说"As a case study of contact-induced loss of tones，I will cite Wutun"，认为

五屯话是一种典型的通过接触失去声调的例子。

同时，除了 Janhunen et al.（2008）以外，陈乃雄（1982、1986、1988、1989）、李-史密斯、乌尔姆（Lee-Smith, et al., 1996）还认为，五屯话有一种可区别意义的轻重音系统。

1.1 前人描写的五屯话重音系统

陈乃雄先生指出："五屯话原先有过声调，这种声调长期受没有声调的同仁藏语的影响，逐渐改变了它的本来面貌，退化了。作为声调的补偿，它转化为一种词重音，表现为每一个多音节结构里总有一个或多于一个音高较高，音强较强的音节。"（陈乃雄，1988：5）。

五屯话的描写也就用多音节中标记重音的方式记录。以学界最先报道五屯话的陈乃雄（1982）为例（五屯话的语音标记各家不一，本文引用语料时一如原文，下同）：

tɕi'tan 蛋类	wan't'iɤ 豆类	sa'ja 百万	ts'ui'ja 葱
xui'juɤ 鱼	k'a'wɤ 空气	xi't'ian 飞机	tɕ'uan'ti 衣服
ke'ken 师傅	'ʂutia 树梢	'xætɕ'i 生气	'tsekə 稍微
'tiemie 糖	'mɵt'ən 厕所	'kaka 哥哥	

Lee-Smith 和 Wurm（1996：885—886）也认为，五屯话尽管在某些汉语词中有"声调的痕迹"，但是实际没有声调，"很明显，声调形式被重音（stress）形式所取代"（1996：885—886，原文为英文，这里直接译为汉语，只在关键术语后附英文，下同），并且列举了若干重音区别意义的若干最小对立的材料：

'aʔo 老人	aʔo 年轻人	'dapo 大炮	da'po 工资
'potsɤ 蛀木虫	po'tsɤ 肚脐	'tɕædzɪ 蝎子	tɕe'dzɪ 茄子

的确，以轻重音标记，能够很好地区别这些词汇的对立。尽管重音是"一个音高较高，音强较强的音节"（陈乃雄，1988：5），甚至音高特征可能比音强更为明显（"茄子"一词的"重音"

为何在后缀"子"上，正是因为"子"的音高更高）；尽管音高问题也可能更方便处理为声调对立，但是从这些材料来看，采用标记重音的方式似乎已经能够很好地区分这些词语，也就没有必要说非得处理为声调的不同。

　　五屯话的"重音是自由的（stress is free），并出现在多音节词汇中"（Lee-Smith & Wurm，1996：886）。自然，单音节实词无所谓轻重差别，所以单音节实词不用标轻重。比如（陈乃雄1982）的例词：

　　xu 花朵　 tsʻʅ 关节　pʻæ 白　ө 光　　tɕi 跳　tʂʅ 万

　　不过，实际情况可能没有这么简单。阿错（2003、2004）就开始指出，五屯话单音节词汇也有音高不同的差别并能区分意义，如果是这样，单音节实词难道也可能有轻重的不同？这就给五屯话"重音"性质的研究带来了新的问题。

1.2 单音节实词有无"轻重"对立

　　对于重音可以区别词汇意义的语言来说，单音节词是否可以有轻重的不同？通常来说重音是一种相对的概念，必须在两个以上音节比较中相对地存在，似乎很难想象单音节词可以有轻重的不同，以致出现"山"轻"水"重，"日"轻"月"重之类的现象。不过有几种特殊情形，需要略加辨析。

　　（1）单音节实词与虚词（或语法功能词）轻重有别。在一种有轻重音音位区别的语言中，单音节的虚词或者语法功能词始终不能承载重音是很常见的，从这个意义上说，也可以说单音节实词"重"、虚词"轻"。五屯话当然也有这样的情形，语法功能词，如单音节的格标志，不承载重音（从音高角度看，这些功能词的音高不能自主而由前面的实词所决定）。不过问题是，这样的语法功能成分实际上是不能单用的，其"轻重"也只能在与其他实义成分的结合中"相对"地表现出来；而可以独立单用的单音节实词未必能分轻重。前人对五屯话的单音节实词的描写也是不分轻重的。

（2）与单音节直接相关的"轻重"范畴莫如"音节重量"（syllable weight）。在这一范畴之下，一个音节（即使属于实词）无须处在多音节环境中，自身完全能够根据结构特征确定音节的轻重，例如吠陀梵语、古希腊语等；但是五屯话的情况显然不是这样。事实上，汉语中统统可以用"轻重"字眼来表现的weight和stress，并非完全同一的语言学范畴。

（3）还有一种情形，一些语言中的单音节实词，即使单念的时候无法区别，也可能有"潜在"的重与非重的不同。例如在日语中，"日"与"火"都读hi，但实际可以认为两者"潜在"（或"低层"）地存在是否有"重音核"（或"调核"，アクセント核/アクセント素/accent nucleus）的差别（参考服部四郎，1954），亦即"火"有重音核，"日"无重音核。也就是说，如果把日语看作一种音高重音语言的话，似乎可以说"火"与"日"有"潜在的"轻重差异，可谓"火"重"日"不重。证据在于，当后接不承载重音的语法功能词的时候，"火"与"日"有无重音核就能表现出来，如加上主格助词"が"之后，"火が"读"高低"（"火"为重音核），"日が"读"低高"（"日"无重音核）。五屯话中也有类似的表现，如来自汉语古阳平调的字与非阳平的单字相比，在与其他成分结合的时候，有不同的音高行为，颇似拥有"潜在重音"。不过关键问题在于，日语等语言的这种"潜在重音"，最终仍然要在多音节层面才能相对地凸显出来。而五屯话在单音节词汇层面，就直接而非潜在地可以观察到大量通过音高对立区别意义的情形。

因此，除上述特殊情形之外，如果在单音节实词中，音高还能普遍区别意义的话，就很难用轻重音的形式来描写了。阿错（2003）曾提供了一系列的实验材料反映单音节词汇中区别意义的音高对立，如图1（阿错，2003），五屯话中表示"免去""面粉""灭"的单音节词（来自汉语词"免""面""灭"）不是同音词。其中"灭"与"免""面"韵母不同，自然不同音；而"免"与"面"声韵完全相同读为"mian"，但是在五屯人听来完全能够区分这两个词，那么区别在什么地方呢？看窄带谱图中的基频曲线，有着明显的不同，对于声韵相同的"免"与"面"来说，这个音高的不同正是能够区别意义的关键。

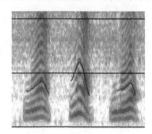

免　　面　　灭

图1　五屯话"免""面""灭"的单字调频谱图

实际上，五屯话的每个单音节词，都分属这样两种不同的音高类型，并且可以看到大量"免"与"面"这样通过音高为"最小对立"来区别词义的例子。

我们把"免""灭"这类具有相对"低"的基频特征的词记为"1"，把"面"这类具有相对高的基频特征的词记为"2"，例举五屯话来自汉语的词汇中音高为最小对立的词汇：

miɔ¹ 猫 - miɔ² 庙	mɛ¹ 买- mɛ² 卖	pi¹ 背负- pi² 背面
pɛn¹ 搬 - pɛn² 办	pu¹ 补 - pu² 布	pie¹ 憋 - pie² 瘪（鼓胀）
pʰa¹ 拔 - pʰa² 伴	tin¹ 等 - tin² 瞪	ta¹ 打 - ta² 大
tui¹ 堆 - tui² 对	tɛn¹ 担当 - tɛn² 蛋	tsiɛn¹ 剪 - tsiɛn²箭（供神用）
liɯ¹ 柳 - liɯ² 漏	lɛ¹ 来 - lɛ² 赖	lɛn¹ 揽 - lɛn² 烂

si¹ 利息 - si² 细   rən¹ 人 - rən² 认   ŋɛn¹ 年 - ŋɛn² 念

cço¹ 胶 - cço² 窖   cçʰi¹ 骑 - cçʰi² 气   xui¹ 水 - xui² 睡

kɛ¹ 改 - kɛ² 盖   kuɛ¹ 乖 - kuɛ² 怪   kui¹ 鬼 - kui² 贵

kʰun¹ 唷 - kʰun² 发困 kun¹ 滚（煮）- kun²棍 ŋɛ¹ 捱（忍）- ŋɛ² 艾草

hi¹ 肥 - hi² 会（懂得）

五屯话中来自藏语的词比汉语的词少，但是仍然能找到以音高为最小对立的词：

le¹ 命运，来自藏语 las —— le² 上面，来自藏语 klad

nɛ¹ 出嫁，来自藏语 gnas —— nɛ² 疾病，来自藏语 nad

同时，在来自藏语和来自汉语的词之间，也可以找到以音高为最小对立的词，例如：

ŋo¹ 脸面，来自藏语的 ngo —— ŋo² 我，来自汉语

tuɛn¹ 熊，来自藏语的 dom —— tuɛn² 段（量词），来自汉语

ni¹ 二，来自藏语的 gnis —— ni² 你，来自汉语

cçʰi¹ 狗，来自藏语的 khyi —— cçʰi² 气，来自汉语

pʰɛn¹ 失败，来自藏语的 pham——pʰɛn² 绊、绊倒，来自汉语

mɛn¹ 药，来自藏语的 sman —— mɛn² 慢，来自汉语

来自汉语的词与来自蒙语支系语言的词汇之间也偶尔有对立的词：

ʁua¹ 瓦/挖，来自汉语 —— ʁua² 山，可能来自蒙语支系语言

suɛn¹ 藏族，可能来自蒙语支系语言 —— suɛn² 计算，来自汉语

可见，如果说在多音节词汇中，能区别意义的音高可以处理为轻重音的话，在单音节词汇层面，这种以音高区别意义的现象，显然无法再用轻重音来描写，采用声调对立的描写更为方便和切合语言事实。因此，我们把这两种音高的对立归结为两个声调的对立。

当然，"单字调"和多音节韵律词中的"变调"在五屯话中

到底哪个是基本的、底层的，哪个是派生的、表层的，是需要加以讨论的。在五屯话的"变调"现象中，有的可以从共时层面的单字调加以解释，这时把单字调看作"本调"，多音节中的字调看作"变调"是可以的；而多音节词中有的字调无法从单字调类来解释，但能从历史音类来分析——这时"变调"实际上显现的是历史的、"原本"的音类信息，也就难以说单字调是"本调"。仅为方便起见，后文仍采用汉语声调研究"单字调—变调"的描写习惯。

1.3 五屯话单音节词中的基本调类

五屯话的单字调可以归为两个调类，单音节的词汇分属这两个对立的声调，而调值则可以有相当的弹性，大致相当于 24（或 243）、51（或 451）。尽管调值可以有相当的游移空间，但是调域的高低是关键的区别特征；另一方面，两个声调似乎都是可以读作升降调，实际上，通过听辨测试可以看到，前者的升的特征最重要，后者的降的特征更重要。因此，我们将两个声调简略地记为 24、51，或以调类记为第 1 调（低升）、第 2 调（高降）。

另外，这两个声调，除了音高上的差别外，还有时长的不同，具体表现为 24（1 调）长、51（2 调）短，可以归纳为表 1：

表 1　五屯话声调特征对比表

调号（调类）	调型	调域	时长
1 调	升	低	长
2 调	降	高	短

在音高与时长中，更有区别意义的特征仍然是音高与调型。在音高与调型正确的情况下，改变时长虽然显得不自然但是难以改变词义，因此可以认为时长是一种伴随性特征。

1.4 去声居高调：五屯话单字调的基本来源

不仅单字调可以归为高低两个调类，而且，这两个调类的来源可以追溯到相关词汇的历史音类，并非毫无规律可循。尤其是来自汉语的词，其共时声调与汉语的历史调类直接相关。阿错（2003）曾注意到，来自汉语的词汇（来自汉语的词汇是五屯话常用词和核心词的主体）中，五屯话的这种"音高较高"的"重音"多出现在去声字上。这样一来，前人描写的、并不清楚其分布规律的自由"重音"，从历史声类的角度有可能窥见其内在规律。关于多音节声调和重音的问题，将在后文专门讨论，这里先看看单音节词汇中两个调类的来源问题。

事实上，通过分析来自汉语的词可以看到，单音节词高低调的对立基本相当于去声与非去声的对立。只要看看前文 1.2 列举的单音节词汇的对立，来自汉语词中第 2 调（高降调）的绝大多数都是去声字。同时，来自藏语的单音词的声调也有大致清楚的历史语音条件。综合来自汉、藏语的词的情况具体可以总结为：

（1）汉语来源词汇中，去声字居高调（2 调），其余字居低调（1 调）。其中，去声既包括古去声字，也包括古浊上字，表明五屯话的源语言之一的汉语方言曾经历了浊上变去的历史。去声字（含浊上）读高调，例如：

pʰa² 伴，伙伴；ʂaŋ² 上；χa² 下；xɯ² 后；tʂʰuŋ² 重；pʰən² 笨；

cçʰin² 近；tʰɛn² 淡；tʰuŋ²动；ɕaŋ² 像；kʰui² 跪。

与此同时，古入声字居低调，可见源语言之一的汉语方言，古入声消失但是基本没有派入去声，读为非去声的 1 调，例如：

cçʰə¹ 吃；ʂa¹ 杀；cçʰi¹ 漆；tsʰi¹ 七；pa¹ 八；xi¹ 黑；χa¹ 瞎；

pʰa¹ 拔；ʂɯ¹ 十；pʰɛ¹ 白；tʂʰɯ¹ 尺；pɛ¹ 百；cço¹ 脚；kɯɣ¹ 角；

liɯ¹ 六；je¹ 月；mie¹ 灭；re¹ 热；lu¹ 绿；ji¹ 玉。

（2）五屯话中，来自藏语的词汇主要分布在文化词层面，基本词汇和核心词汇中不多，声调情况也略为复杂，但大致说来，也可以看到一些基本的线索：在古藏语（参考书面藏文）中为塞音结尾的闭音节词在五屯话中一般读高降调（2调），而古藏语开音节、流音韵尾、鼻音韵尾的单音节词一般读低升调（1调），例如：

di¹ 箭（mdav，藏语词源，下同）；ba¹ 牛毛帐篷（sbra）；ʁa¹ 狐（wa）；ra¹ 栅栏（ra）；ge¹私人（dge）；le¹ 命运（las）；ŋo¹ 脸（ngo）；tʂu¹ 船（gru）；gu¹ 动（vgul）；mbu¹ 供奉（vbul）。

nɛ² 病（nad）；ło² 教学（slob）；tʂɯɣ² 六（drug）；zɯɣ² 豹子（gzig）；ʰtəʁ² 虎（stag）；dzɯɣ² 龙、雷（vbrug）；pʰəʁ²猪（phag），doʁ² 颜色（mdog）；jjɯɣ² 考试（rgyug）；ʔor² 光（vod）等。

综上，我们可以确信，五屯话不是"声调形式被重音（stress）形式所取代"的语言，相反，五屯话首先是一个拥有两个基本调类的有声调语言。

2. 长短元音对立与声调对立

轻重音描写显然无法体现同声韵的五屯话单音节词意义的区别。因此，Janhunen（2007）、Janhunen，et al.（2008）对五屯话的描写，也放弃轻重音描写系统，不过他们也并不主张用声调对立描写，而认为五屯话拥有长短元音的对立。

2.1 Janhunen et al.对五屯话长短元音的描写

Janhunen，et al.（2008）是一本概括介绍五屯话的著作，该著对五屯话的语音系统归纳相当简明，并用拉丁字母系统表示出来。其元音系统如下（Janhunen，et al.，2008：32）：

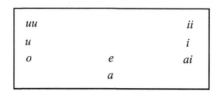

Fig.3. Wuntun vowels

图 2　五屯话元音系统

从中可以看到，与以往描写五屯话的各家都不同，在没有轻重音或者声调对立的同时，其最大的特点是元音描写为拥有长短的对立。如 u 是短元音，uu 是相应的长元音；i 是短元音，ii 是长元音，元音长短可以形成最小对立，例如（Janhunen, et al.2008：31）：

tii [tʰi:] 提或踢 —— ti[tʰi] 地；　　　luu[lu:] 绿 —— lu[lu] 路

前文我们也讨论到，五屯话单字调的两个调类拥有元音长短的伴随特征。从这个意义上说，这两个声调对立，在共时层面描写为长短元音的对立也是可以的——不管其历史来源是什么。上述两组对立的词，我们描写为：tʰi¹ 提或踢 —— tʰi² 地；lu¹ 绿 —— lu² 路。严式记录起来，如果标出伴随声调的长短元音，也可以记为：tʰi:¹ 提或踢 —— tʰi² 地；lu:¹ 绿 —— lu² 路。

因此，从一定程度上说，Janhunen, et al.的长短音，大致相当于我们的声调方案，部分地相当于陈乃雄先生等的轻重音系统。三种方案的关系，可以粗略表示为：短音—重音—高降调，长音—轻音—低升调。

不过，长短音描写与陈乃雄先生的重音系统也有很大的区别。首先由于单字词无轻重，不可能与单字词中的长短音相当；其次，在多音节词中，陈乃雄先生的重轻音也并非完全与长短音相对应。

　　而与我们的声调方案相比，在单音节词汇层面，短音—高降调，长音—低升调，从系统层面说是基本对应的；但是具体情形上差别仍然相当大。抛开元音系统归纳本身的不同（单元音我们归纳为 9 个，他们归为 6 个），只从长短音与高低调对应的角度看，也无法完全相互转换。

　　首先，Janhunen，et al.（2008）的元音长短只出现在 i 和 u 元音上，其所归纳的 6 个元音中其他 4 个元音 a、o、ə、e（ə、e 分别用拉丁字母转记为 e、ai）则并无长短对立。而在我们的描写中，不仅仅是 i、u，所归纳的全部 9 个元音均有不同的声调分布，且找得出仅以声调不同为最小对立的很多例子。

　　a 元音（1 调长，2 调短，下同）：

ɕa¹ 鸡 —— ɕa² 发旋	ja¹ 锈迹 —— ja² 院子
χa¹瞎 —— χa² 吓唬	tʂa¹ 扎 —— tʂa² 炸
ŋa¹ 小洞 —— ŋ̩a² 按压	tʰa¹ 倒塌 —— tʰa² 沓（量词）

　　o 元音：

tsʰo¹ 搓；锉 —— tsʰo² 坐	to¹ 躲；多 —— to² 剁
wo¹ 窝（量词）—— wo² 卧	tsʰo¹ 湖水 —— tsʰo² 聚会
pʰo¹ 泼洒 —— pʰo²破	mo¹ 磨（动词）——mo² 磨子

　　ɔ 元音：

jɔ¹ 摇动 —— jɔ² 需要	cçɔ¹ 胶 —— cçɔ² 窖；叫
hɔ¹ 搀扶 —— hɔ² 浮，漂浮	tɔ¹ 掉落 —— tɔ² 倒下；到达
kɔ¹ 高 —— kɔ² 告状	pɔ¹ 包（动词）——pɔ² 抱；菢

　　ɛ 元音：

lɛ¹ 来 —— lɛ² 赖	mɛ¹ 买；埋 —— mɛ² 卖
kɛ¹ 街；改 —— kɛ² 盖子	ʂʰɛ¹ 筛 —— ʂʰɛ² 晒
χɛ¹ 鞋 —— χɛ² 伤害	tsʰɛ¹ 猜；裁 —— tsʰɛ² 菜

　　ɯ 元音：

　　　　sɯ¹ 死 —— sɯ² 四　　　　　ɣɯ¹ 遗失 —— ɣɯ² 二

　　　　ʂɯ¹ 屎；湿 —— ʂɯ² 阴面　　kɯ¹ 角 —— kɯ² 佛像总称

ə 元音：

　　　　ʂə¹ 蛇 —— ʂə² 舍（家）　　　tɕə¹ 采摘 —— tɕə² 这

e 元音：

　　　　je¹ 噎（住）—— je² 夜

　　即使最小对立不多的 ə 和 e 元音，两种声调在这些元音中仍然有很多分布，例如：

　　　　xə¹ 河、喝；lə¹ 歌；kə¹ 割；rə¹ 惹，逗弄；kʰə¹ 渴；ŋə² 饿；

　　　　nə² 西边；tɕə¹ 采摘；tʂʰə¹ 拆；se¹ 雪；xe² 力气；ne¹ 出嫁；

　　　　le¹ 命运；me¹ 火；re¹ 传染；cçe¹ 揭；ŋe¹ 捏；tʂe¹ 窄；等等。

　　由于各元音都伴随有长短对立，Janhunen（2007）、Janhunen， et al.（2008）仅有 i、u 元音区别长短元音的描写显然远远不够。不过，单音节词层面的这种长短音描写的"不够"，只是"量"的多少问题，从"质"或者"系统"上说仍然可以认为与声调描写是等价的。

　　然而，在多音节词层面上考察不同音高组合及其变化的时候，仅长短两项对立，就开始不敷使用了。

2.2 多音节词中的新调类：长短元音难有三种尺度

　　从记录声调的角度看，五屯话的单音节词有两个基本调类（或说有两种单字调），同时伴随有长短元音的不同。而在多音节韵律词的层面，则有新的调类出现，或者说有"变调"现象的出现。根据能否区别意义，多音节词中至少可以分析出三种调类来。——这样一来，仅有两项对立的长短元音描写方法显然很难应付。

　　当然，从理论上说元音长短三分也并非不可能，如在梵语声明学①的一些传统流派中，就有元音以"短、长、极长"三分的描写方式，并且在藏传梵语声明学中也得以继承至今：藏语转写梵文，有专门的长音（梵文 dīrgha，藏文 ring-po）符号和极长音（梵文 plut，藏文 hin-tu-rin-po）符号，并以零形式表短元音（梵文 hrasva，藏文 thung-ngu）。且不论梵语元音三分是否音位性对立、"极长音"是否存在等问题尚可存论，在五屯话中则是不可能找到这样的事实基础的，Janhunen（2007）、Janhunen，et al.（2008）也没有这样描写。

没有描写并不意味着不需要，单字两种调类（长短）对立的五屯话，在多音节"连读"中可以发生"变调"并且出现新的调类，而且这种调类的不同可以区分意义，因此必然要求加以描写。如果一定要以长短元音来描写，则似乎非得有三种长短元音不可了。

五屯话的多音节词汇不但出现变调，而且事实上，每一个多音节词必须发生变调。根据能否区别意义，我们将多音节词中出现的调类归纳为三种，除了单音节词中已经出现的两个基本调外，新出现一种低平（或低降，22、11 或 21）调类。我们记调值为 21，记调类为第 3 调。例如（调类标记中"/"前为本调，后为变调）：

　　hən¹tʰu¹/³ 红土　　　　sa¹/³ŋgu¹ 地震　　　χa²χua¹/³ 汉话

　　ma¹/³tsʰia¹/² 铜钱　　kʰun¹/³cçʰi² 空气　　dza¹/³tɕʰə¹/² 山泉

从中可以看到，有前字变调，有后字变调，还有前后字都变的情形。变调后的结果有两种，一种是变为低调类的 3 调；另一种则变为一个高降调（可以记为 53 调），由于与同属高调

---

　　① 一种古印度语学（梵文）的理论，古印度有王明，即声明，工巧明，医方明，因明和内明。声明是研究语言和名、句、文身等如何构成的学问。《悉昙章》即为此类著作。

域的 2 调不能形成对立，所以，我们仍记为 2 调。

　　另外鼻音尾的 24 调在多音节词词末的时候往往可以读若高平 44，可以看作是一个自由变体，我们仍然归在 1 调中不另立类别。

　　这样，采用 1、2、3 三个调类符号（或用调值 24、51、21）可以将五屯话词汇中各种音高组合表现都记录下来。

　　这里将上述三种调类总结，如表 3 所示。

表 3　五屯话词汇中各种音高的组合表现

调类	调型	元音长短	出现环境	参考调值
1 调	中升	长	单字调、多音节词中未变的字调（鼻音尾且位于多音节词尾时往往读若 44）	24（24/44）
2 调	高降	短	单字调、多音节事中未变的字调；以及多音词变调的音调	51（51/53）
3 调	低平/降	长/短	变调后的低调，不出现在单字调中	21（22/21/11）

　　如果说长短元音记录与高低声调的记录方式在单音节词中的描写能力是等价的话，在多音节词中的三个调，很难再用长短元音来记录，而采用声调的记录方式则是很方便的事。

　　这时候，如果仍坚持用长短元音来记录，难以避免应有的高低对立未能充分描写的情形。如前文提到的动词"提"或"踢"，Janhunen et al.（2008）记为同音的 tii [tʰiː]，在单音节层面，我们的记录也是同音的，记为 tʰi¹。而这些动词，如果用后附体标志、名物化标志等构成韵律词，则有完全不同的长短—音高表现，变化后又完全能够区别意义。以后加名物化标志"tə"为例：

　　　　　tʰi¹tə³ 提的（东西）—— tʰi³tə² 踢的（对象）

这两者完全能够区别意义，并不同音。如果用严式描写可以记为：

[tʰiː²⁴tə²¹]提的（东西）—— [tʰi²¹tə⁵³]踢的（对象）

如果按照 Janhunen et al.（2008）描写方案的逻辑，"提的"和"踢的"只能都记为"tii–te"，视同同音。事实上，不但能区分意义，而且区分意义的关键因素正在于音高要素亦即声调。这两个词不仅第一音节的"提-（tʰiː²⁴-）"与"踢-（tʰi²¹）"有了声调的"变与不变"的重要区别；而且第二音节的 tə，也有声调高低完全相反的对立表现。

又如，Janhunen et al.（2008：126）附录的百词表中有这样的例词：hai-li（是）—— bai-li（不是）。从这种记录看来，这两个词的区别似乎只是声母的差别，实际上它们的语音表现是：hɛ²li³[hɛ⁵¹li²¹]（是）—— pɛ¹li³[pɛ²⁴li²¹]（不是）。亦即这两个词尽管词首辅音不同，但是声调上的差别也很大：两者词首音节的音高类型（一升一降）完全不同，同时在第二音节又出现了与词首音节的两种音高类型完全不同的一个新的音高类别。凡此种种，如果不是用声调的描写方式，很难加以表现出来。

2.3 长短音+轻重音描写还是变调描写

通过上述归纳，双音节韵律词变调结果中，必然有个音节的声调是 3 调。这样，也许可以认为，把连读变调中新出现的第 3 个调看作是一个轻声（或轻音），则长短元音加轻声（或轻音）就可以描写五屯话了。这样的办法部分的是可行的，但遗憾的是并不完全可行。

实际上，在五屯话的变调中新出现的第 3 调，有两种不同性质的变调来源。其中一种变调与相同连调域中其他字的调类有关，同时与该字自身的单字调类有关，可称之为"自主变调"，

如前文所举例词 χa²χua¹ᐟ³汉话、kʰun¹ᐟ³cçʰi²空气等词中 1 调变为 3 调等。

第 3 调来源的另一种情形的确有点像是轻声，这种变调与该字的单字调无关（也可能有的语素无法单用，也就没有单字调可言），其调值由同一连调域中其他字的调类决定。例如，在名词词缀（如"-tsɯ"，来自汉语"子"）、名词化标志（如"-tə³"，语音形式来自汉语"的"）以及动词趋向标志（如"-ʂɯ"，语音形式来自汉语"上"）等成分中往往可以出现第 3 调：

cçin¹ 金 — cçin¹tsɯ³ 金子　　ka¹ 尕、小 — ka¹tə³ 尕的、小的

cçi² 锯 — cçi²tsɯ³ 锯子　　　tɕʰuɛn² 串 — tɕʰuɛn²ʂɯ³ 串上

这时候，如果将这些双音节成分的前字看成是重音，后字看成是轻音，然后再辅以长短元音的描写看上去似乎是可行的，例如上面的例子可标记为（标记重音，轻音不标）：

cçiːn 金 — 'cçiːntsɯ 金子　　　ka: 尕、小 — 'ka:tə 尕的、小的

cçi 锯 — 'cçitsɯ 锯子　　　　tɕʰuɛn 串 — 'tɕʰuɛnʂɯ 串上

前文已经提到，五屯话的变调中有两种结果，一种是低调的 21（记为 3 调），一种是高调的 53（归为 2 调）。也就是说，这些词缀或者语法标志在与词根或词干的结合中出现的"变调"，实际并不限于低调（3 调），也可以出现高调（2 调），出现条件取决于词根或词干的调类。例如，上例"cçi²tsɯ³ 锯子"相对应的，还有一个词"cçi³tsɯ² 虮子"，都有"子"缀，但是"锯子"的"子"为 3 调，"虮子"的"子"为 2 调。

又如，与上例"tɕʰuɛn²ʂɯ³ 串上"相应的，还有个词"tɕʰuɛn³ʂɯ² 穿上"，这两个谓词结构韵律词，其内部词素的声韵都相同，仅仅以声调组合的不同形成最小对立。两者同时也都是同样的"动词词干+趋向标志"结构，如果要说是轻重，自然都是"重轻"模式，但是因为前字的调类不同，后字一个

是低降调，一个是高降调。请看图中的实验结果（阿错，2003）。换句话说，如果以轻重音论，轻音就有高低两种。

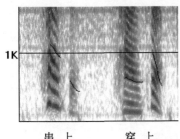

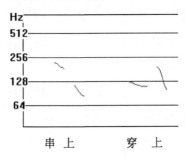

| 图 3　五屯话 '串上'、'穿上' 双字调频谱图 | 图 4　五屯话 '串上'、'穿上' 音高分布图（单位：赫兹） |

再以谓词名物化标志"-χua"为例，-χua 加在动词、形容词之后使之名词化，可以表示动作和状态表现的样貌、程度，在与不同的词根结合后，体现出高低两种音高变化，我们归为 2 调（高）和 3 调（低）：

phɛ¹ 白 —— phɛ¹χua³ 白的程度

cçhə¹ 吃 —— cçhə¹χua³ 吃的方式

ruɛn¹ 软 —— ruɛn³χua² 软的程度

khɛn¹ 砍 —— khɛn³χua² 砍的方式

kuɛ² 快 —— kuɛ²χua³ 快速的程度

cçhi² 去 —— cçhi²χua³ 走去的方式

"不自主变调"现象在并列结构合成词中也能看到，尤其是非去声、阳平字组合的词汇中也常有表现，其中的具体细节与原因尚待进一步研究。

就这样，不但轻音有高低两种，而且从上述实验与例词中可以看到，重音也有高低两种对立。因此，即使以长短音加上轻重音描写，在多音节层面，仍然不足以描写五屯话所有可区别意义的语音特征，尚须借助声调描写的方式。

　　相对于"不自主变调"，由于"自主变调"的条件涉及的是这些字的历史音类，我们放在下一节集中讨论。这里从共时的角度对五屯话的变调行为（包括自主的与不自主的）做一个集中梳理。

　　以双音词为例，从共时层面看，五屯话的变调行为可以总结为如下几个基本特点：

　　（1）每个双音节韵律词都必须有变调。

　　（2）有前变的，有后变的，也有前后都变的。

　　（3）变调后，为避免两个基本调在同一韵律词中同现，不管是1+1、2+2还是1+2、2+1都是不允许的（双音节词汇声调组合直接用"+"连结调类号来表示，下同）。

　　（4）变调结果也不会出现3+3这样的组合。

　　（5）2调与1调结合，2调保持，1调变3调。例如（例词括号中所注汉字为"本字"，下同）：

$k^hun^{1/3}t^hi^2$ 空地　　　　　$xui^{1/3}p^hɔ^2$ 水泡

$lu^2xui^{1/3}$ 露水　　　　　　$mɛn^2hən^{1/3}$ 微风（慢风）

　　（6）2调与2调结合，前字保持，后字变为3调，亦即表现为2+3的结局。例如：

$si^2miɛn^{2/3}$ 细面　　　　　$t^hie^2mie^{2/3}$ 唾沫

$χɛn^2t^hi^{2/3}$ 旱地　　　　　$χa^2χua^{2/3}$ 汉语（汉话）

　　（7）1调与1调结合，可以出现1+3、3+1和3+2三种形式，但不会出现2+3的形式。

　　第（5）（6）条是直接可以从共时层面看到的规律；但是第（7）条则完全无法从共时层面看出规律，因为条件都是1+1，却有不同的三种变化结果。

　　每一个多音节韵律词都发生变调。——从这个意义上说，是否变调正是韵律词与韵律短语的重要区分标志。因此，如果出现 1＋1、2＋2 或 1＋2、2＋1 这样的组合，可以判定不是韵律词，而表现为韵律短语，例如：

tʳa²hən¹ 大风　　tsʰa¹miɛn² 豌豆面

tɕu¹sie¹ 猪血　　loʁ²siɛn² 电线

ʂu²tsɛ¹ 树栽　　xui¹mo² 水磨房

jaŋ¹ʂʰa¹ 杀羊　　χa²tiɛn² 汉人开的旅店

最终经过变调，双音节韵律词有如下四种基本声调组合类型：

3＋2（21＋51）型：xui³lɛ² 波浪　　kɯɣ³cçia² 山沟

　　　　　　　　　ʔor³se² 光芒　　ɉja³tsʰo² 大海

3＋1（21＋24）型：ka³xə¹ 小河　　je³kɯɣ¹ 野狗

　　　　　　　　　kʰɛ³kʰɛ¹ 打开　tsʰo³ŋaŋ¹ 海心山

2＋3（51＋21）型：hən²tsɯ³ 缝子　χɛn²tʰi³ 旱地

　　　　　　　　　lu²xui³ 露水　　ŋo²pʰo³ 膀胱（尿泡）

1＋3（24＋21）型：pʰɛ¹ʐɯ³ 白日　xui¹kɯɣ³ 水沟

　　　　　　　　　lo¹pa³ 马蜂　　pʰo¹kʰə³ 鸽子

　　总之，从共时层面看，无论是轻重音、长短音还是长短音加轻重音，都不足以描写五屯话所有可区别意义的语音特征。五屯话，首先必须描写为一种拥有音高区别意义的、有声调语言。更进一步来说，五屯话的变调行为，从共时层面看似难以找出条件的地方，从历史音类的角度看大多能够得到解释。

2.4 五屯话变调的历史音类条件

　　五屯话的所有多音节韵律词一律要求有变调，禁止基本调连续出现，这是一个基本的前提。那么，在这一前提下的各种变化，尤其是无法用共时层面的单字调加以解释的变化，其具体的条件与规则是什么呢？首先，根据词汇来源语言的不同有不同的表现；其次，根据历史音类的不同有不同的表现。在来自汉语的多音节词汇层面，甚至可以离析出四种历史调类来。

源自藏语的两音节词的变调，基本的规律很简单：大多无条件地表现为"低—高"模式，不管单字调是高调还是低调——这也就是古今藏语体词"音高重音"的基本韵律模式（阿错2012）。"低高"调型也有两类，主要模式是 3+2 式，多数来自藏语的词属此类，这里不赘举例词。也有一些属 3+1 式，一般说来，后字韵母为鼻音尾的情况下多读 3+1 式，例如：

sa³lɛn¹ 湿气　　　　　nə³luŋ¹ 西风

ŋin³ndzən¹ 日食　　　　sa³lɛn¹ 湿气

tsʰo³ŋaŋ¹ 海心岛　　　tɕʰar³luŋ¹ 暴风雨

tsa³thaŋ¹ 草原　　　　ne³tɕʰaŋ¹ 青稞酒

这两类模式有时候也可以变读，基本不对立，因此可以看作是"低高"模式的变体。

而来自汉语词的变调有着更为复杂的规律，可以根据历史调类的不同来加以预测——或者说，可以从不同的变调现象中离析各种历史调类。除了单字调中的去声（2 调）之外，还可以从非去声（1 调）中，进一步离析出阳平、上声和阴平，总共四种调类。下面根据四种历史调类条件，以双音节词变调为例逐一加以讨论。

（1）去声：根据是否有去声，来自汉语的双音节词表现为不同的变调形式。

（a）去声（2 调）与非去声（1 调）相连，保留去声（2 调），1 调变 3 调（例词括号中注的是"本字"，释义文字与本字相同者不加括号，下同）。

2+1 > 2+3 如：

tɔ²ʂɯŋ³（倒手）左手　　　tɕɛn²ʂɯŋ³（正手）右手

tʰi²ɕaŋ³ （弟兄）弟弟　　　lɛn²ŋɛn³ （烂泥）沼泽地

1＋2 ＞ 3＋2 如：

cçi³tɛn² （鸡蛋）蛋类　　　a³tsʰiɔ² 麻雀

ŋiɯ³hən² 牛粪　　　　　　ŋiɯ³tʰu² 牛犊

（b）两个去声（2 调）相连，保留前字去声（2 调），后字变为 3 调。

2＋2 ＞ 2＋3 如：

tʰi²ʂɯ³ （地势）地方　　χɛ²ʂɯ³ 坏事

χɛ²pʰa³ 害怕　　　　　　ŋɔ²pʰɔ³ 尿泡

因为去声与非去声两个调类已出现在单字调中，所以上述分析当然可以看作是一种根据共时（单字调）条件的变调。这个意义上，可以把单字调看作是"本调"，而把多音节词中的字调看作是"变调"。

但是，前文述及，在没有去声调的组合中，亦即在"1＋1"的情况下，除了不会出现"2＋3"之外，既会出现"1＋3"，也会出现"3＋1"，个别还出现"3＋2"的形式。这样，在共时层面则完全无法预测变调与解释。

而这些从共时层面不能预测的变化，从历时角度看，则大多能够得到很好的解释。根据不同的历史调类，可以看出若干不同的变调情形。这个意义上说，五屯话在下列条件下出现的"变调"，才是历史的、原有的"本调"。

去声以外的、多音节词中新出现的第一个历史音类条件是"阳平"（含入声，下同）。根据"是否有阳平字"为条件有着不同的变调结果。

（2）阳平：在无去声字的情况下根据是否有阳平表现为不同的变调形式。

（a）阳平字与非阳平字相连，阳平字保留 1 调不变，非阳平调变为 3 调。

因此，根据阳平字在前还是在后的位置，有"1+3"与"3+1"两种变调结局。如：

阳平在前 ＞ 1+3

ŋa¹tʂʰa³ 牙齿　　　　se¹ŋɛn³ 斜眼

liaŋ¹sin³ 良心　　　　pʰi¹kuŋ³ 鼻孔

阳平在后 ＞ 3+1

tsʰɔ³li¹ 草驴　　　　cçaŋ³səŋ¹ 缰绳

pʰiɛn³ŋiɯ¹ 犏牛　　　　xui³jaŋ¹ （水羊）鱼

（b）两个阳平字相连，倾向于前字保调、后字变调，其结果为"1+3"的变调形式。如：

阳平相连 ＞ 1+3

mən¹ʂɛn³ 门神　　　　po¹mu³ 柏木

tʰiɯ¹χua³ 头发　　　　kə¹pi³ 胳膊

这里再以阳平字"人"组成的合成词，集中观察上述规律（包括含去声的情况）。

表4　"人"构成的合成词变调情况

ʂʰaŋ³rən¹（生人）傻子		lɔ³rən¹老人	
wi³rən¹（歪人）蛮横的人	阴平+人 ＞3+1	n̠i³rən¹（女人）妻子	
hən³rən¹（疯人）发疯的人		sɯ³rən¹死人	
çiɯ³rən¹（羞人）怕羞的人		χɔ³rən¹好人	上声+人 ＞3+1
cçʰin¹rən³穷人	阳平+人 ＞1+3	χa³rən¹（哈[傻]人）坏人	
wa¹rən³（娃人）男子		tsʰɔ³rən¹草人	
nɛn¹rən³（男人）丈夫		rən¹rɯɤ³（人肉）鱼鳃	人+入声 其他+人 ＞1+3
si²rən³（细人）吝啬的人	去声+人 ＞2+3	suɛn¹rən³（？人）藏人 "suɛn"的来源尚不很清楚	
χa²rən³汉人			

　　其中，除了 suɛn¹ 一例本字尚需考证外，很好地体现了前述规律。

　　（c）非去声非阳平字相连，一般后字不变，前字变为 3 调，例如：

　　　　1＋1 ＞ 3＋1

　　　　hən³kʰɛ¹ 分开　　　　tsʰo³pɛn¹ 搓板

　　　　ma³piɛn¹ 马鞭　　　　ɕɔ³cçaŋ¹ 小襟

　　　　je³tɕu¹ 野猪　　　　ʂuŋ³wuŋ¹ 晌午

　　这类双音节词，有时也可以读若"3+2"型，或者"3+1"与"3+2"两读，如：

　　　　1＋1 ＞ 3＋2

　　　　tʰu³hi² 土匪　　　　tɕuŋ³cça² 庄稼

　　　　jaŋ³ŋɔ² 羊羔　　　　la³wa² 乌鸦（老鸹）

　　这种情形与来源于藏语的词汇类似，在非去非阳双音节词汇中，"3+1"型往往与"3+2"型不甚对立。尤其是后字为"上"（-ʂɯ）"的"（-tə）"头"（-tʰiɯ）等词缀性质成分时，更倾向为"3+2"型：

　　　　1＋1 ＞ 3＋2

　　　　kɛ³ʂɯ² 街上　　　ɕin³ʂɯ² 心上　　　ʂən³ʂɯ² 身上

　　　　kɛn³tə² 干的　　　χɔ³tə² 好的　　　ji³tʰiɯ² 里头

　　在趋向标志"上"（ʂɯ）与动词（非去声非阳平）结合的谓词结构韵律词中，也同样有"3+2"型的变调：

　　　　1＋1 ＞ 3＋2

　　　　pɔ³ʂɯ² 包-上　　　pʰi³ʂɯ² 披-上　　　tun³ʂɯ² 蹲-上

　　　　tu³ʂɯ² 堵-上　　　ŋɛn³ʂɯ² 攃-上　　　tɕʰə³ʂɯ² 扯-上

　　在这种谓词结构中，动词为去声或阳平时也与前述规则一样，各自保调，如：

阳平＋上 ＞ 1＋3

mɛ¹ʂɯ³ 埋-上　　　ho¹ʂɯ³ 合-上　　　cçʰi¹ʂɯ³ 骑-上

去声＋上 ＞ 2＋3

tsʰiaŋ²ʂɯ³ 呛-上　　pi²ʂɯ³ 闭-上　　　kɛ²ʂɯ³ 盖-上

到此为止，来自汉语的词在变调层面，至少可以看出三种历史调类，即：去声、阳平和其他（或者叫作"非去非阳"）三种调类。进一步，在个别特殊的结构中，还可以从"非去非阳"中辨析出阴平和上声的痕迹来。

（3）阴平与上声：在与"子"（-tsɯ）缀结合的"X+子"结构体词中，上声与阴平调类有着不同的变调表现，具体的规律是：

阴平字+子 ＞ 1＋3

ʂʰa¹tsɯ³ 沙子　　　jin¹tsɯ³ 银子　　　tʰɛn¹tsɯ³ （滩子）草滩

tɔ¹tsɯ³刀子　　　cçin¹tsɯ³金子　　　tʂa¹tsɯ³ 渣子

上声字+子 ＞ 3＋1

tʰɛn³tsɯ¹ 毯子　　　tʂɔ³tsɯ¹ 爪子　　　jin³tsɯ¹ 影子

nɛ³tsɯ¹ 奶子　　　saŋ³tsɯ¹ 嗓子　　　paŋ³tsɯ¹ （膀子）翅膀

由此，可以将能够出现在"子"缀前的上声字与阴平字区分开来。

当然，"X+子"中，前字为阳平字与去声字自然保持"本调"，例如：

阳平字+子 ＞ 1＋3

ʂʰe¹tsɯ³ 虱子　　　xɯɣ¹tsɯ³ 瘊子　　　re¹tsɯ³ 日子

χuŋ¹tsɯ³房子　　　pʰi¹tsɯ³ 皮子　　　je¹tsɯ³ 叶子

去声字+子 ＞ 2＋1

kʰuɛ²tsɯ³ 筷子　　　tɛ²tsɯ³ 带子　　　kɛ²tsɯ³ 盖子

jaŋ²ndzɯ³ 样子　　　sui²tsɯ³穗子　　　tʰu²tsɯ³ 肚子

　　总结说来，五屯话中来自汉语的词，其变调可以通过中古调类加以推导，来自藏语的词汇，单字调与其早期形式的音节结构有关，双音节词的声调，大多为低高模式。

　　当然也有相当多的例外情况。阿错（2009）初步讨论过若干例外情况，有的与特殊的词类有关，比如人称代词的普通形式一律都读作去声（高降调），作为封闭性词类的人称代词有着特殊的音变并不奇怪，许多汉语方言中也有人称代词调类趋于一致而不同于本字调的情形。有的应该是有不同来源或者不同历史层次的借词问题。例如前述"suɛŋ¹rən³（藏人）"一词，"suɛŋ¹"的本字不够确切，何以用"suɛŋ¹"指称藏人，颇为费解。从其语音和意义上看，其原初本字估计是汉语对藏人称呼之一的"藏"，但是其声母对音很难解释。我们推测，这个语素的来源有一个曲折的历史路径：最初源自汉语的"藏"，可能经过了蒙古系语言的桥梁，再转借进了五屯话。蒙古系语言没有/ts/、/tsh/类辅音，汉语的"藏"进入这些语言声母多匹配为/s/。另外，不同历史层次的借词也是重要的原因，如借自当今汉语的许多新词，往往不符合上述规律。例如，下列变为"3＋1"类的词汇都不符合前述变调规律：

mo³ji¹ 毛衣	ruŋ³ji¹ 绒衣	tʰo³χɛ¹ 拖鞋
pɛn³tʂʰe¹ 班车	tiɛn³jiɯ¹ 电影	ər³cçi¹ 耳机
kʰɛ³kuɛn¹ 开关	mo³tʰo¹ 摩托	

而这些词汇，很明显都是当代新借词。

2.5 作为源语言的汉语方言的声调线索

　　五屯话是汉语、藏语（乃至阿尔泰系语言）深度接触的结果。从种种迹象看，作为其基本词汇来源语言的汉语方言与如今分布在周边的主要汉语方言——青海话似乎并不一致，与周边的刘屯话（孙凯，2013）、河州话等语言现象之间的关系也并不完全清楚。那么五屯话的源语言之一的汉语方言到底何所从来，是个有趣的问题。向洵（2006）以五屯话中来自汉语的"汉源词"为研究对象，将其与汉语中古音比较，对五屯话汉源词的音韵特点做了系统分析，得出五屯话的汉源词古全浊声母多读送气；大部分精组字不腭化；知章庄合流读为舌面音；见组声母腭化为舌面后音而与舌面前音不混；书生二母有别；生母开合有别；古流摄的尤、宥、有等韵出现辅音韵尾-ɣ；古全浊上声多变去声；入声派入阳平等基本特点。这反映了五屯话基本词汇原初来源的汉语方言的基本音韵特点。这些特点与周边的汉语方言有着相当大的差别。

向洵（2006）也初步拟测了这个汉语方言的声调系统的特点，结合本文的研究，我们可以进一步做如下推论。

（1）去声调类在五屯话的声调系统中非常强势，无论单字调还是多音节中的字调，保持高降，可以设想去声原本应该就是一个高降调。

（2）阳平仅次于去声，在无去声的情况下最为强势，且在变调中，相对居于高调（其余调类则变为低降的 3 调），因此可以设想其原初的调域居于高调域；同时阳平也是在多音节词汇中最能保持单字 1 调的调类，也就是最能保持"升"调型特征的调类。综合起来可能是一个中升的调类（高调域）。

（3）上声在与"子"缀的结合中，与阴平表现出特殊的区别。而"子"本身也是一个上声字。"后字保持而前字低降"的这种变化，非常类似于普通话上声的变调。因此，我们设想其调值也类似于普通话上声，是一个低调域的曲折调（或低升调）。

（4）阴平的信息相对较少，但是与去声和阳平（含入声）相连时，阴平调始终居低调；与上声的结合中也并无必须居于高调的要求。由此看来，阴平与上声一样，应该同属于低调域或者说属"非高"调类。但是其具体调值，尚难推定。

总结起来，作为五屯话基本词汇来源语言的汉语方言，其声调系统可以拟测拥有如下几个特点。就调类而言，①拥有四个单字调类（阴平、阳平、上声、去声）；②古全浊上归去，入声归阳平。就调值而言；③去声高降、阳平中升；④上声低升（或曲折）、平声非高。这些是探求五屯话早期汉语方言来源问题的、从声调方面看到的重要线索。

3. 声调之后的轻重音

总结前述分析，我们认为，前人的研究之中有很多合理的因素，亦即五屯话音系中既有长短元音的因素，也有重音的因素。同时，前人对五屯话作为无声调（而有音位性重音或长短元音）语言的描写是有缺陷的。可以说，五屯话首先是一种拥有两个调类的有声调语言；其次，可以说不同的声调又可以有不同元音长短的伴随特征；同时，五屯话的单字调类或变调有着明显的历史音类背景。本节预备进一步讨论的是：一方面，五屯话在多音节词的层面是否发生变调和如何变调又与重音有着密切联系；另一方面，五屯话的声调系统以及重音制约的变调现象之后，反映了有声调的汉语方言与无声调但拥有音高重音特征的藏语方言（或许还有阿尔泰系语言）之间的深度接触背景。

3.1 声调和变调相关其他特殊现象

在检讨前人关于五屯话重音描写的缺陷、可以代之以声调描写的讨论之后，这里需要再次回到重音与声调问题上。从上文分析可以看到，在单字（或说单音节词或语素）层面，乃至从音位描写层面，五屯话是可以不借助重音，而用声韵调描写的方式就完全足够——这种情形也与大多数汉语方言类似。相反，抛弃声调描写而采用轻重音或长短音的描写，则无法描写出全部可以区别意义的语音特征，同样轻重或同样长短的音节可以用不同的音高区别意义。所以对于五屯话来说，声调描写不仅是可行的、自足的，而且是必须的。

不过，如果由此认为五屯话的描写和研究中完全没有必要理会重音却不然。相反，进一步的分析可以看到，重音分析不但在五屯话的语音研究中有重要的价值，而且在描写解释五屯话音变中应有其合理的位置。可以说，重音不是五屯话多音节词中直接区别意义的语言学特征，但是重音以潜在的方式影响着多音节词层面声调的变化。

到此为止，五屯话的单字调和变调，汉语来源的词主要基于中古的调类；藏语来源的词，单字可以根据音节结构（或历史音节结构）推测，多音节词则多为"低高"模式，也就是说单字调来源和连读变调的基本规则能够得到相当好的解释。进一步，与五屯话声调相关，尚有一些很有意思的现象，例如：

（1）五屯话的藏语来源词中，双音节词汇大多为前低后高模式；汉语来源词中，双音节词的变调也不允许相同调类同现；汉语词中的"不自主变调"也表现为与控制变调字呈音高相反的异化现象。也就是说，五屯话的变调，始终有一个"高低交错"，不允许相同的音高连续出现的一种"异化"音变性质变调现象。

（2）五屯话的藏语来源词的音高模式，可以称为默认"前低后高"。而默认音高为什么是"前低后高"而不是"前高后低"，这是单字的音节结构无法解释的，词中音节的音高表现不是由"单字"的音节重量（音节结构），而是由词中的前后位置决定的；同样，汉语来源词中，在既没有去声也没有阳平的时候，也就是说在没有特殊条件的默认情况下，双音节词汇也多倾向于前低后高，而且这种前低后高，同样与历史调类无关，而只与词中音节的前后位置相关。

（3）汉语来源词中，在"非默认条件"下，亦即当两个去声字相连，或者两个阳平相连的情况下，表现为前字保留，后字变调。但是，为什么是前字保留而后字变调，从中古调类是无法解释的；词中音节的前后具体位置才是变调的关键制约因素。

（4）汉语来源双音节词中，古去声字（含浊上）与古非去声字相连的时候，古去声字必然居高调亦即不变调；若无古去声字，则古阳平（含入声）不变调。也就是说，在多音节词层面的三种主要调类中，哪种声调稳定不变，或者哪种声调容易变化，有一个如下"稳固 > 变化"的等级序列：

古去声（及浊上）＞古阳平（含入声）＞上声（含阴平）

上述种种情形，包括词中不允许连续分布相同的声学（音高）特征；当词中的某一位置声调更容易保留，某一位置声调更容易变化；或者某一位置总是高调而另一位置总是低调的时候，很容易想到用轻重音来加以解释。

3.2　声调、重音表达等级与轻重音

上述特殊现象，无法用共时音节结构或者历史音类来解释。但是联系轻重音的分析可望有进一步的解释余地，下面来具体讨论。

3.2.1　轻重音与变调

首先，从上述第（1）（2）种情形看，五屯话不能出现连续相同的调类，不能连续有相同的声学特征分布，要求音高"高低交错"分布等，很可能是一种轻重交错的要求。拥有轻重音系统的语言，防止重重或轻轻连续分布而更愿意是轻重交错。

换句话说，用轻重交错可以很好地解释五屯话的这种高低交错的现象；而单纯使用历史调类或音节结构则无法解释这种异化音变现象的动机。

其次，从第（3）的情况来看，前字保留、后字变调，变调或保调与否与位置相关。由此我们可以假设，双音节前字是重音位置。这样也就可以解释为什么去声和阳平在双音节前字能够保持，后字必须变化。而这种与词中位置相关的变调是无法用音节结构和历史调类来解释的。

在这个意义上，端木三（Duanmu，1993）关于"重音节—保调 / 轻音节—变调"或蒋平（2005）"重读音节保调，非重读音节变调，轻读音节失调"的假说在这里是完全适用的。尽管这一假说仍有争议，可能并非在各种有声调语言或在所有汉语的变调中起作用，但是在有些汉语方言的变调现象中能够得到很好的体现。一种音系规则，在有的语言中得以体现，有的语言中则不予采用，并不奇怪。对于五屯话来说，第（3）类情形应该说很好地体现了"重音节—保调/轻音节—变调（或失调）"的现象。

陈渊家（Matthew Y. Chen，2001：285）曾说"汉语音系研究者正在达成共识：连读音变与轻重音密切相关"，同时又说"自相矛盾的是，虽然轻重音节在决定声调行为时起着关键的作用，但是却很难找到声学或感知方面的证实"。五屯话中的情形也很类似，除了以"保调/变调"作为重音所在的依据外，很难再找到其他作为相对凸显的客观声学信息。元音长短方面，有长（阳平）有短（去声）；音高方面，重音位可高（去声）轻音位也可以高（不自主变调位置变高调）；音强方面更是难以有显著的证据。正如端木三（2007：3）"在有调语中（如汉语、日语），因为声调有别义作用，重音的语感不一定明显"，这对五屯话而言同样是适用的。

不过，从利伯曼、普林斯（Liberman and Prince，1977）至今，重音作为一种相对凸显（relative prominence）的认识已广为接受。轻重相对是一个相对概念，重音未必需要绝对的物理声学属性。在这个意义上，"保调/变调"本身，尤其是与词中位置有关的保调/变调有规律交错的情形，与一些语言重音位置元音饱满而非重音位置元音弱化现象一样，仍然可以理解为一种重音凸显或重音驱动的相对语音凸显行为，仍然是一种可验证的客观现象。

3.2.2 重音表达等级与字调

如前所述，我们可以看到五屯话汉语来源词的变调中，多音节层面的三种调类，在变调现象中的稳定性有个很清楚的等级序列，亦即古去声（及浊上）＞古阳平（含入声）＞上声（含阴平），越在左边的调类越稳定。从重音保调非重音变调/失调的的设想看，上述现象似乎表明，三个不同的调类有着不同的重音承载能力的问题。不同的音节结构有着不同的重音承载能力，这也是人类语言中常见的现象，现代音系学在这方面的探索集中在音节重量的研究中。因此，可以引进类似音节重量的概念来解释五屯话的这种现象。

现代音系学的音节重量，主要基于韵素（莫拉）分析。最典型表现，一个韵素为轻音节，两个韵素是重音节。根据不同的语言，韵素不仅与元音韵核（nucleus）有关，也可能与整个"韵基"（rime）包括韵尾（coda）有关；通常来说，韵素、音节重量通常都与声调无关。不过，Meredith（梅雷迪思，1990）曾提出，声调语言的声调可以有一个重音表达能力等级（Stressability Hierarchy）系统，或称为相对强势（Relative Strength）序列，如汉语普通话声调的等级序列：

4>1>2>3，也就是：去声>阴平>阳平>上声（Meredith 1990：134）。

逻辑上说，既然重音承载与元音乃至韵尾有关，重音与声调有关也不奇怪。我们不妨采用梅雷迪思（Meredith，1990）的理论分析五屯话的声调。五屯话单字调只有两个，但是多音节变调中可以看到三种调类，三个调值。其中，去声的调值很清楚就是单字调中的 2 调，从阳平在与非去声字结合时不变调的情况看，阳平调的调值也可以推知是单字调的第 1 调，剩下第 3 调是个低降调，如果把它看作是上声（含阴平）的调值，则从音高角度，我们可以看到类似"去声>阳平>上声"的序列。上声（含阴平）的调值在共时层面并不容易确定，不过，我们可以参考利用历史音类知识拟测出的、作为五屯话源语言的汉语方言的声调，而这应该正是五屯话的声调的底层形式。

前文我们回顾了阿错、向洵（2015：496）构拟的作为五屯话源语言的汉语方言的声调，认为"就调类而言，①拥有四个单字调类（阴、阳、上、去）；②古全浊上归去，入声归阳平。就调值而言；③去声高降、阳平中升；④上声低升（或曲折）、平声非高"。也就是说，这个声调系统中，去声与阳平的调域调值调型与普通话正好一致；而阴平与普通话不同是个低调域声调，而在五屯话中，阴平与上声是合在一起的（即"其他"调），都是一个低调域的调类。

因此，参照梅雷迪思（Meredith，1990）的理论，分析五屯话多音节词汇层面三种调类的底层调域，其相对强势等级应该是：

去声（含浊上）　＞　阳平（含入声）　＞　上声（含阴平）

这与五屯话变调中"稳定性序列"完全一致，因此可以很好的解释五屯话变调中为什么去声最强势，阳平次之，其他最弱的现象，也就说明五屯话的三种调类有着不同的重音表达能力等级。结合五屯话的变调规则，也可以说三种调类中，去声吸引重音的能力最强，其次是阳平，上声调类则无法吸引重音。为简便起见，去声与阳平可以称为"重调"，"其他"不能负载重音，可以称为"轻调"。

尽管梅雷迪思（Meredith，1990）的声调重音表达等级理论解释普通话的重音行为并不特别成功，但是在五屯话这里却能够完满地解释相关现象。可以说是否采用"声调重音表达等级"是人类语言的一种可选参数；而相较于普通话，五屯话更是一种典型的拥有声调表达重音等级的语言。声调重音等级与音节重量不完全是一回事，但是就其音系功能而言都表现为承载重音能力的不同。在以音节承载声调的"字调"语言中，由于声调重音表达能力与音节重量的作用范围都在音节，因此也许可以把两种现象都理解为是一种广义的音节重量。

3.2.3　重音驱动变调的三条规则

这样，结合声调重音表达等级理论，我们利用三条规则（或制约条件）就可以解释五屯话双音节的全部变调模式。为简便起见，这里把五屯话来自汉语词的去声标为 I、阳平标为 II、上声标为 III；那么 I 调和 II 调为重调，III 调为轻调。这三条规则可以表达为：

（1）重音表达等级规则：I > II> III，轻调不承载重音

（2）同等级重调相连左重

（3）轻调相连右重

其中第（3）条规则反映的是没有重调情况下双音节默认声调模式"低高"，五屯话声调重音表达等级，实际上是音高等级（Meredith 1990 的普通话也是），音高越高重音表达等级越高。因此，默认的后高模式可以认为是一种后重。第（2）和（3）

条也可以合并为一条：

  同等级重调相连左重，同等级轻调相连右重

  这三条规则，有着先后不同的作用顺序，或者说有着制约条件等级高低的不同。从这些规则的作用域而言，第（1）条规则的作用域只是在音节层面；第（2）条和第（3）条规则的作用域则是在韵律词或音步层面。目前对五屯话韵律层级的细致研究还有待展开，不过，由于典型的音步正是双音节成分，而在汉语和五屯话这样的语言中，双音节又正是典型的韵律词词长，因此，一个双音节成分既可能是音步也可以同时是韵律词。

  有了这些重音规则，我们可以尝试采用节律音系学的分析办法，将韵律词（或音步）层、音节层和字调（原调）层分别看作为 L2、L1 和 L0 层，建立节律栅框架。如以"男子"（wa^{1}rən$^{1/3}$娃人，阳+阳）一词为例：

L2 * *　韵律词（或音步）层……根据规则（3）重调相连左重
L1 * *　音节层………………………根据规则（1）（2）确定有无重音
L0 II II　字调层………………………原调
wa^{1}rən$^{1/3}$ 娃人（男人）（阳-阳）

  在 L0 声调层，输入的是相应语素的声调（底层原调）；然后在音节层，根据规则（1）三种声调重音表达等级分为轻重；如果调类相同，去声与阳平都是重调吸引重音；上声轻调不能吸引重音，重调（I 去声，II 阳平获得重音，轻调 III 上声没有重音）；接下来在韵律词或音步层使用第（2）条规则"重调相连左重"，就得出最后的正确结果，也就是左重保持声调，右轻失去原调变为低降的 3 调。

  同样的方式，可以将五屯话双音节层面三个调类 9 种类组合的双音节变调分析如下。

（1）

L2	*	
L1	*	*
L0	I	I

$\chi\varepsilon^2\mathrm{su}^{2/3}$
坏 事(去-去)

（2）

L2	*	
L1	*	
L0	I	II

$\chi a^2 r \partial n^{1/3}$
汉 人(去-阳)

（3）

L2		*
L1		*
L0	II	I

$ma^{1/3}ts^hi\partial^2$
麻 雀(阳-去)

（4）

L2	*	
L1	*	
L0	II	II

$n\varepsilon n^1 r\partial n^{1/3}$
男 人(丈夫)(阳-阳)

（5）

L2		*
L1		*
L0	I	II

$l\mathfrak{s}^{1/3}r\partial n^1$
老 人(上-阳)

（6）

L2		*
L1		*
L0	II	III

$lia\eta^1 sin^{1/3}$
良 心(阳-上)

（7）

L2		*
L1		
L0	III	III

$t\varphi u\eta^{1/3}c\varphi a^{1/2}$
庄 稼(上-上)

（8）

L2		*
L1		*
L0	III	III

$c\varphi i^{3/1}t\varepsilon n^2$
鸡 蛋(蛋类)(上-去)

（9）

L2		*
L1	*	
L0	I	III

$t\varphi\partial n^2 \mathfrak{s}u\gamma^{1/3}$
正 手(右手)(去-上)

由此可以得出全部正确的变调形式。而来自藏语的词汇，因为单字本身没有声调，所以与"轻调"相当，其变化也就和来自汉语词的第（7）类情形相当。由此也就可以解释五屯话来自汉语和藏语的词汇。

3.1 小结

由上可见，当我们引进轻重音分析之后，五屯话的声调和变调分析很大程度上更有解释力了。这样也就为重音在五屯话中找到更为恰当的位置：重音是制约多音节词变调之后的驱动力量，而不是直接表现为辨别词汇意义的表层区别特征。如果单纯用重音描写，既无法区分单音节词层面中通过音高区分意义的不同词汇，也无法准确描写多音节词层面三种调类复杂组合和变化的现象，更不用说揭示这种变化的规律，因而，前人对五屯话的重音描写只能处理为"自由重音"。而这种"自由重音"的描写，实际上仅仅是对五屯话部分变调结果的有限反映。五屯话的音系中，声调是表层的、直接的，是可描写的；而重音是潜在的、间接的，需要通过规则驱动作用于多音节词汇，并通过声调组合的变化（变调），间接地表现出来。所以，在可辨别词汇意义的区别特征或音位的描写层面（包括结构主义性质的音系描写），不需要也无法仅仅借助重音，声韵调及变调描写是必须的而且是完全自足的。轻重音分析的引入，其意义在于对变调行为内在驱动机制的音系学解释。

通过重音分析还可以看到，与前人对五屯话所做的"自由重音"描写不同，五屯话的重音与词中的位置有密切的关系，更显得是一种"固定"重音。也就可以见到，前人的重音描写，不但无法穷尽描写五屯话的所有可区别意义的语音特征，也没能揭示重音的真正位置。

4. 复杂重音现象之后的语言深度接触背景

综上，引入重音对解释变调及其动因有着很大的方便，不过，对于五屯话这样通过语言深度接触形成的特殊语言而言，我们还可能有机会对相关现象做更细致的观察。比如关于重音位置的看上去相当矛盾的现象：在相同等级的情况下，重调相连前重，轻调相连后重。又如，为何多音节层面有三个对立的调类，而单字调层面则只有两个调类。这些问题，很难单纯从一种语言的视角研讨。

4.1 进一步的追问

重音在前还是在后，尽管其不同位置有着明确的条件限制，通过规则可成功预测，不过如果再继续追问为什么两种重音位置相反，也是很有意思的事情。

为了统一解释重调相连前重，轻调相连后重的现象，有一种办法，是把"前低后高"的默认调型，也认为属于前重，亦即这时候的低调位置也是重音位置。因为重音是一种相对的凸显，并没有理由绝对地规定高是重、低是轻，逻辑上"低"也可以看作是重音的表征，例如李兵、贺俊杰（2010）关于蒙古语双音节词重音的实验研究，李兵、李文欣（2011）关于鄂伦春语双音节词重音的实验研究，以及李兵、汪朋、贺俊杰（2012）在锡伯语双音节词重音的实验研究中，都得出相同的结论，在这些语言中"词重音属于音高显突型，稳定的低调域平调是重音显著和主要的语音表征"。

尽管"低为重，高为轻"似乎与通常的经验相悖，但"稳定的低调"从逻辑上消解了阿尔泰语重音位置在前/在后的论争，不过还是不能完全解决五屯话的重音问题。

如果说五屯话中"重音"也可以以"低"为特征的话，居高调的去声何以吸引重音；其次，去声、阳平字吸引重音保留本调之后，剩下变调的轻音字又为何一律表现为低调。

如果进一步追问，为什么五屯话的单字调类如此之少？为什么两个单字调的调值是高短与低长的不同？与汉语方言相比，五屯话是调类很少的语言，两个单字调类可谓声调最少的语言了（如果只有一个声调，恐怕也就很难说是声调了）。众所周知，汉语方言的声调从南到北越来越少，北方和西北地区有许多三个调类的方言，再到青海的五屯话、刘屯话（孙凯 2013）等单字调可以少到两类。这些语言深入西北一带藏语/阿尔泰语地区，其特殊的声调面貌之后是与这些语言长期复杂的接触背景。

凡此种种，五屯话的声调、变调，以及在变调与重音的关系等问题上，如果想进一步深入探索，无法回避其后的语言接触背景。就像描写和解释五屯话的共时变调，以及重音与变调的关系的时候，无法离开单字的历史音类一样。换句话说，动用历史音韵知识，能够帮助理解其底层音系，因为五屯话的底层音系中，有着历史的沉淀；同样，如果不以语言接触的视角，难以进一步理解五屯话复杂的韵律特征，因为五屯话有着深度的语言接触历史。

从语言深度接触视角，通过观察五屯话之后，形成五屯话的两种源语言——藏语和汉语的特点，可望较好地回答上述问题。

4.2　藏语的音高重音与五屯话的字调和默认变调

首先，五屯话的单音节词中的 2 个单字调和多音节词变调中新出现的调类及其调值，可望从藏语双音词音高模式中所拥有的音高要素得以解释。

4.2.1　藏语体词的音高要素与五屯话单字调

李讷（Charles N. Li，1996）曾讨论过临夏回民语言（属河州话）的声调与蒙古语族语言重音的关系；陈其光（1999）也将河州话的声调看作是汉语声调与阿尔泰语重音混合的产物，并提出了"声调重音"的重要概念。阿错（2003）已经初步将五屯话的这种特殊重音、音高模式与当地藏语的"音高重音"联系起来，并以"重音模式：语音系统异源混合的绝妙实例"为题以专节讨论了安多话与五屯话的重音问题。

这里再来略加回顾一下五屯话所在当地安多热贡藏语的情况。藏语安多方言一向认为是一种无声调的语言，安多藏语"无辨义声调，只是有习惯音高"（华侃，2002：31），然而阿错（2003）的研究初步认为，热贡一带的安多藏语单音节词没有音高差别，但是在多音节词中有一种"音高重音"。"不辨意义的这一习惯音高，把它理解为习惯重音也没有什么问题。重音未必一定'重'，在不同的语言中可以有不同的表现，如表现为音长、音强、音高等""……藏语安多话的习惯音高（重音）由于不辨意义，很少有人去注意。通过语音试验可以看到，当地藏语的双音节词的音调模式总是表现为一高一低，或前高后低，或后高前低"（阿错，2003、2004：244）。

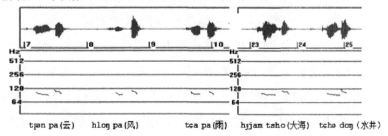

tɕən pa (云)　　hloŋ pa (风)　　tɕa pa (雨)　　hjjam tʂho (大海)　　tɕha doŋ (水井)

图 5　安多藏语双音节词在 Minispeech 中的实验结果图：波形图（上）

与基频曲线图（下）

上图是阿错（2003）对当地藏语的实验结果之一。从中可以看到，藏语双音节名词有规则的表现为高、低两个音高特征，同时，高的短，低的长，高的降，低的平。可以总结为如下表现：

表 5　藏语双音节名词声调特征表

高	短	降
低	长	平

再比较五屯话的单字调类，两者何其相似：

表 6　五屯话单字调特征表

调号（调类）	调型	调域	时长
1 调	升	低	长
2 调	降	高	短

联系到五屯话的藏语与汉语深度接触的背景，很难想象这是一种巧合。按照语言深度接触中的"异源结构"机制（阿错 2003），语法结构与语音要素来源一致，而作为 SOV 型语言的五屯话，恰恰就是语法结构与汉语不同而与藏语更加一致，语

音要素与藏语一致也就理所当然。因此我们可以合理设想，正是当地藏语多音节词汇中的这种"高（降、短）""低（长、升或平）"的音高要素，是五屯话单字调的原初来源。

4.2.2　藏语体词的音高模式与五屯话默认变调

继续从上面的实验结果图（阿错2003）中可以看到，藏语的双音节体词的音高模式，很规则地表现为"前低后高"的模式。卡普洛（Caplow，2009）也明确指出，安多藏语，乃至原始藏语有着体词后高的重音模式。也就是说，藏语体词的基本韵律模式，与五屯话在没有重调吸引重音情况下的前低后高的"默认变调"模式完全一致。

另外，热贡地区的安多藏语中双音节词中，不仅体词（低高），谓词（高低）也表现为一种高低交错的韵律特征，不出现"低—低"或"高—高"相连的情形。这也与五屯话双音节韵律词中，当重调相连、轻调相连或者相同调类相连时，其中一种必须发生变调，禁止相同音高连续出现，不出现"低—低"或"高—高"相连的情形完全一致。

阿错（2013：424—423）通过分析"阿尔泰系语法流"的研究也认为，"句法、形态，原始音素格局以及韵律系统"正是萨丕尔所谓一种语言的难以灭绝的"沿流"（drift），在语言接触和历史演变中也紧密地联系在一起。因此，用当地藏语的双音节名词的音高模式可以很好地解释五屯话的"默认变调"的来源。

4.2.3　藏语谓词的音高模式与五屯话多音节字调

阿错（2003）首次认识到安多藏语双音节词有"高低""低高"的不同音高模式，后来明确看到两种音高模式的不同正是体词与谓词的不同（阿错，2009）。卡普洛（Caplow，2009）的实验，以及段海凤（2012），以及段海凤、刘岩（2012）的实验也证实了这点。值得一提的是，阿错（2003）、卡普洛（Caplow，2009）、段海凤（2012）所做的安多藏语实验，选择的正好都是热贡（同仁）地区安多藏语，也就是五屯话所在地区的藏语方言。

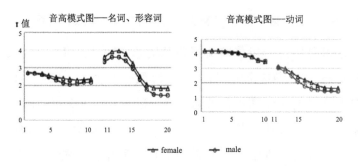

图 6　段海凤、刘岩（2012：141）安多藏语音高模式实验

以段海凤、刘岩（2012：141）的实验图为例（亦相当于段海凤 2012：101），藏语双音节词的两种音高模式中，可以看到：高降（体词后字）、低平（体词前字）；高略降（谓词前字）、低降（谓词后字）等四种音高要素。而这 4 个音高要素，与五屯话的多音节词中的单字调调值非常一致。除了前面已经讨论过的、可以很好地解释五屯话单音节字调的来源的高降和低平调，多出的高略降（谓词前字）、低降（谓词后字）共 4 个音高要素，正与多音节变调中多出现的 2 个变调完全一致：

阿错、向洵（2015：489）以及本文描写的五屯话变调后的结果"有两种，一是变为低调类的 3 调；另一种则是变为一个高降调（可以记为 53 调），由于与同属高调域的 2 调不能形成对立，所以，我们仍记为 2 调"。与单字调中的高降的调值 51 相比，新出现的高降描写为 53，正如我们在藏语实验中看到的谓词前字的"高略降"；而谓词音高模式中的后字"低降"，正与五屯话新出现的低降调（调值记为 21）一致。

图7　五屯话"串上""穿上"音高分布图（单位：赫兹）

这里可以进一步将前文述及的阿错（2003：140）所做五屯话的实验（串上/穿上），与上文段海凤、刘岩（2012：141）关于安多藏语的实验图加以比较，就可以看到，两次实验的时间、对象、方式以及使用的软件等各不相同，但实验分别观察到两种语言"高低""低高"音高模式，以及其中的4种音高要素的特点极其一致。

当然，安多藏语是一种无声调语言，单音节词层面没有可区别意义的音高对立；而五屯话是一种声调语言，单音节层面就有区别意义的音高对立。当我们说五屯话的单音节词中的两个调类来源的时候，用安多藏语的体词音高模式中的音高要素来解释；而当我们解释五屯话多音节变调中新出现的调值时，用安多话谓词的音高模式来解释。似乎并不在一个层面上。不过语言接触的机制，在声调语言与无声调语言的接触中，未必能够找到完全严格的层次；而在类型差异这样大的语言之间，出现这样的"错配"并不奇怪。而更为重要的是，藏语口语中动词绝大多数都是单音节，双音节动词极少，前文说的藏语的"谓词结构"，从语法上说实际上主要是一种短语结构，包括动宾、主谓等结构；"体词结构"，则主要是双音节名词、形容词。也就是说，双音节成分的高低、低高两种音高模式之后，实际上是在词与短语两个语法层级上。这两个层级，正好与五屯话的单字调、变调两个层级相对应。可以将这种关系图示如下：

表 7　五屯话单字调、变调与安多藏语音高模式对应表

五屯话	安多藏语
单音节词中字调 低升、高降	双音节名词形容词音高模式 低平+高降
多音节词中变调 低降、高略降	双音节谓词性短语音高模式 低降+高略降

4.3　藏语的力度重音系统与五屯话的前字保调

如前所述，五屯话的默认变调与当地藏语体词的音高模式相当一致，都是"低高"模式。我们可以把这种音高模式看作是一种"后高"以及"后重"的"音高重音"现象。同时，我们也知道五屯话还有一个"前字保调"的现象，这种现象似乎又暗示着五屯话有个前重的重音模式。实际上，藏语尤其是安多藏语（安多藏语内部也有不同），也正是拥有两种不同性质的重音，包括后高的音高重音（或叫作乐调重音 musical stress，下同）和前重的"力度重音"（dynamic stress）系统。其中，音高重音的作用域在音步层面，力度重音的作用域在韵律词层面。

4.3.1　藏语音步层面的音高重音，与韵律词层面的力度重音

长期以来，我们不断对藏语韵律系统进行探索。相关认识有个不断发展深化的过程，需要略微交代一下。阿错（2003）最先提出藏语有音高重音，阿错（2005）进一步设想安多藏语既有重音轻音交替，也有音高交替，这两种相对独立又有复杂联系，并认为音高结构有几种特征，"①基本结构为低高；②音调结构与语法有关；③不区别意义"；重音有三种基本特征："①前重后轻；②主要声学特征为音长长，与音高没有直接关系；③不区别意义"（阿错 2005：1）。这个结论为完玛冷智（Chamtshang，

2009：250—251）所赞同并加以引申和补充。阿错（2012）进一步认为，原始藏语也拥有"音高重音"和"力重音"两种独立的词重音系统并为安多藏语所继承。现代藏语各方言的音高重音相当一致：体词在后，谓词在前，应该是原始藏语音高重音的继承；而力重音则随方言的不同而不同，与本文相关的安多藏语力重音在前，与原始藏语一致。

　　一种语言同时拥有两种独立的词重音系统，似乎有些匪夷所思。不过，如果把重音看作是某一音节或者语音成分的相对凸显（relative prominence）关系；如果承认以音高这种凸显的主要声学相关物就可以叫作"音高重音"的话，那么可以说藏语的确有音高重音系统。同样，如果也承认以音强音长等（非音高的）为声学相关物的相对凸显可以叫作"力度重音"的话，藏语同时也有力度重音系统。

　　藏语尤其是安多藏语的体词"低高"的音高重音模式，同时也可以分析为是一种"节律"（metrical）系统。安多藏语体词性成分以两个音节为单位，从左至右反复实施"低高、低高"的"习惯调型"，双音节为"低高"，三音节为"低高低"，四音节为"低高低高"。这种情形完全符合麦考莱（McCawley，1970）等关于"节律性"的典型特征：节律的载体单位（音步），通常有两个音节，其中一个凸显。由此也可以确认，安多藏语基本的节律特征是两音节一音步，以后字音高凸显的方式标记音步边界。

　　与此同时，安多藏语例，双音节体词的重音位置也可以分析为力重音的"前重"，理由如下。

　　（1）体词结构双音节韵律词，音高模式为"低高"的同时，首音节往往更长更强，末音节更轻短。阿错（2005）明确认为双音节前字位置"声学特征为音长长"；段凤海（2012：103—

104）对同仁藏语双音节词的音长实验，无论采用音长百分比均值统计的办法，还是用"散点图"逐一统计的办法，也同样得出了"第一音节长于第二音节"的结论。

（2）双音节体词末音节更容易发生音变、弱化，这方面有大量的例证。

（3）安多藏语牧区话在表现强调和焦点时加重首音节，甚至可以使音高模式也倒转为"前高后低"。

（4）双音节韵律结构拥有"辅音和谐"现象，也就是首音节辅音韵尾同化末音节音首。

（5）双音节词末音节是词缀位置。藏语是一种后置型语言，构词上更是无论名词、动词还是形容词，大量靠后加词缀构成。词根+词缀的结构，韵律上表现为"重轻"比"轻重"更自然。

上述两种重音的界说，放在不同的语言那里不成问题，但是放在同一语言中，似乎难以想象。不过，不仅仅是藏语，南岛语中的一种 Ma'ya 语，同时拥有词重音（lexical stress）与词调（lexical tone）系统，表现为一种混合韵律系统（hybrid word prosodic systems）的面貌（Remijsen，雷米森，2002）。实际上，最早由匈牙利语言学家伊格涅茨·科诺斯（Kúnos，1905）提出，土耳其语同时存在力度（erősségi）和音高（magassági）两种不同性质的重音（hangsúly），并且指出力度重音无一例外地在词首，而音高重音通常在词尾（Kúnos，伊格涅茨·科诺斯，1905：207，原文为匈牙利语）；其后 Raquette（拉凯特/刺给特，1927）也同样强调土耳其语拥有两种不同性质的重音；进一步地，波普（N. Poppe，1965：180）指出整个阿尔泰诸语同时拥有乐调（musical tone）和力度重音（dynamic stress）系统，并且也明确指出力度重音在前，乐调在后。

不过同一个词（多音节），前后有两个重音，一个前重一个后重，从现代音系学"重音相对凸显"的角度来说难以讲得通：前后都重，也就没有凸显，也就相当于没有重音。因此同时拥有前后两种重音，在现代音系学意义是需要加以解释的。

阿错（2016b）为此提出了解释方案。对于藏语来说，后高的音高重音（或乐调重音 musical stress）和前重的力度重音（dynamic stress），之所以能够同时在一个双音节词层面，是因为：①两种重音处在韵律系统中不同的韵律层级（Prosodic Hierachy）。双音节成分的"乐调重音"现象为音步（foot）的语音表征；而"力度重音"系统，则属于韵律词（prosodic word）的语音表征。②两种重音系统各自采用的语音表征的性质也各不相同：音步采用音高特征凸显重音；而韵律词的重音表达则主要依赖时长特征，辅以音强。或者说，是音高特征（音步）与非音高特征（韵律词）的不同。③由于藏语中的标准音步和典型的韵律词都是双音节，亦即双音节体词成分既可以是音步也可以是韵律词，因而藏语中出现了同一个双音节成分同时拥有两种不同的重音系统的现象。

如果在同一个双音节成分的不同位置上，同时施加两种相同音征的重音，必然引发重音冲突，无法表达到底何者为重；这样的描写和分析在逻辑上也必然是有问题的。但是，由于藏语的两种重音所依赖的语音表征不同(音高特征/非音高特征)、承担的功能不同（音步/韵律词），因而使得两种重音在同一双音节成分的不同位置得以保存而不发生冲突。

4.3.2　藏语力度重音与五屯话前字保调

区分音高重音与力度重音的语言，力度重音的物理表征通常是音高之外的各种语音特征，包括音长、音强，也包括音色方面信息。音色的主要表现是，元音饱满与否，辅音脱落与否，声调保持与否等等。五屯话在重调相连的时候，前字保持原调不变，而后字变为低降调的这种情形，是前字保调后字失调，可以看作是前重后轻的表现。其重音的物理音征是音色，是保调。而正如前文所分析的，藏语的力度重音是在双音节前字，与五屯话前字保调所体现的重音位置是一致的。

而默认变调"前低后高"所体现出来的重音（后重/高）的物理音征，是纯粹的音高，没有其他音长、音强和音色方面的凸显。我们知道五屯话默认变调后高的声调表现，就是一个"高略降"调值，从力度重音的角度看，如同轻音，然而音高的高调域确实非常清楚的——其背后是藏语双音节后高的音高重音。

这样，从语言接触的视角，结合音系学分析，能够相当完满地解释五屯话的单字调来源、变调来源，以及重调相连左重和轻调相连右重的现象。不过，语言深度接触之后的"异源结合"，并非两个语言系统机械地"加合"，往往是一种语言的要素系统与另一种语言的结构系统相结合的异源结构（阿错2003、2004）。来自藏语的两种重音系统，未必机械地复制到五屯话中，也就是未必保持藏语的、以不同的韵律层级对应的不同重音的韵律系统，而是与来自汉语的声调系统的异源结合，形成以重音驱动的复杂声调—变调系统。

4.4 声调语言与重音语言的异源融合

因此，进一步的分析还可以看到，在五屯话的形成机制中，有声调的汉语与无声调而拥有固定重音的藏语的这种融合，仍然遵循了混合语的"异源结构"整合的机制（阿错，2003、2004）。以系统的"要素/结构"的分野为条件，异源建构的语言混合机制，可能有着相当广泛的普遍意义（胡明扬，2006）。

五屯话是一个藏汉混合语,基本词汇的核心部分来自汉语；而语法系统与藏语同构；语音结构上与汉语对应，而语音要素格局又与当地藏语一致，也就是说拥有典型的异源结构混合特征。在本文讨论的声调与重音方面，仍然可以尝试从结构/要素二分的视角加以分析。

（1）单字调子系统中，结构（调类）来自汉语，要素（调值调型）来自藏语。

五屯话的这种两调类的基本单字调系统，正是当地无声调的藏语节律的高—低特征（要素），与汉语音高区别意义的调类系统（结构）异源整合的结果。当地藏语"习惯音高"—音高重音—节律的基本要素是高和低，由此去匹配整合汉语的多声调格局，最终把汉语的各种声调，感知、匹配为去声（高、短）和非去声（低、长）两组音高对立的声调系统。由此我们也有理由相信，作为五屯话的源语言之一的那个汉语方言，其去声可能是一种高降调、阳平可能是一种中升或低升调。

2）在连读变调层面，要素（调类）来自汉语，结构（变调规则）则来自藏语。

五屯话连读变调的基本单位是调类，这时候相对来说就是要素；而制约连读变调的那些规则，相对来说是结构性的。这种结构性的要求，包括前字保调、高低交错、默认后高等等，则主要来自藏语。

可以将上述分析总结为如下结构/要素的异源表现：

类似的现象，在藏汉混合语"倒话"的变调系统中也能够观察到，倒话的变调与汉语的变调相去甚远，而与藏语的"高低交错"韵律更加一致（马晓勤，2010）。

因此，除了萨丕尔所说的"语音要素格局"和"语法结构"之外，"韵律结构"可能也是这样一种"你要把他消灭了倒比消灭整个语言还难"（萨丕尔1921，陆卓元译1985：185）的神秘的"沿流"（drift）之一，它们在语言接触乃至混合语的形成之中，也似乎"神秘"地联系在一起。

表 8　五屯话单字调与连读变调要素及结构异源表现

	单字调	连读变调
要素	藏语（调值调型来自藏语音高要素）	汉语（调类，以及各调类的重音表达等级）
结构	汉语（调类，以及各调类的重音表达等级）	藏语（变调规则来自藏语重音系统：前字保调与藏语力度重音在前、默认低高与藏语音高重音在后等）

　　藏语中音高重音（或称乐调重音）和力度重音，是相对独立的系统，作用在不同的韵律层级。但是，在五屯话中却显得处于胶着状态。前字保调的力度重音效应与后字居高的节律凸显效应都同时发酵，并都对连读变调现象施加影响，形成一种竞争性局面。同时，藏语的节律性音高凸显，在面对汉语的声调系统时候，首先找到了具有"高"特点的去声和阳平这样的"重调"以承载这种音高凸显；而在继承藏语的低高/高低交错的节律系统的时候，由于汉字的调类在多音节词中的位置是随机的，因而藏语的以体词/谓词为条件区分高低/低高的限制被打破，五屯话的体词中也出现了高低/低高两种音高节律模式。

5. 余论：阿尔泰系语法流与五屯话

　　本文从五屯话的声调与变调现象的基本描写到将其与重音问题联系起来，最终将其置于藏汉语言深度接触的背景之下讨论其内在机制。不过，尽管陈乃雄（1982、1986、1988、1989）、阿错（2003、2004）等认为五屯话主要是藏语和汉语接触的产物，也有格西·诺萨嘉措（Dgebshes Blogsal Rgyalmtsho, 1988），夏吾东周（Shabo Dongrub，2004）等学者则力图直接证明其藏语渊源，但是，包括五屯话在内的甘青一带词汇主要来自汉语的一系列 SOV 型语言，其接触背景到底是汉语与藏语接触的结果，还是汉语与阿尔泰语言接触的结果，向来极具争议。尤其是刘屯话（孙凯，2013）与五屯话的声调和变调类型相当一致，且刘屯话又较难看到如五屯话这样直接与藏语接触的背景，相关问题更值得深思。甘青一带历史上到现实生活中，阿尔泰语和藏语、汉语交错分布，五屯话等特殊语言之后，汉语与藏语接触，或者汉语与阿尔泰语接触，乃至汉语、藏语与阿尔泰语同时接触的背景都可能存在。

不过，在本文所讨论的藏语同时具备独立的力重音系统与音高重音问题上，藏语与阿尔泰语有着相当惊人的一致。阿错（2012）认为，一种语言同时具有两种词重音系统是藏语和阿尔泰系语言的共同特征，在音高重音上广泛体现为后高的特点，同时有前字稳定后字弱化的力重音居前的特点。联系阿错（2003，2005）关于藏语与阿尔泰语结构类型上的特殊历史关来看，相似的韵律特征也未必只是一种偶然巧合，至少是一种特殊的语言区域现象。

前文也提到，阿尔泰语，尤其是蒙古语的词重音问题，向来有前重与后重的不同争论，前重论的重要证据正在于后字弱化前字稳定，而后重论者则看到其"后高"的特点。实际上引发这种争论的秘密就在于，阿尔泰语言的音高重音在后而力重音在前 ［波普（Poppe N.，1965：180）］。

不妨将段海凤、刘岩（2012：141）关于安多藏语音高模式的实验结果与李兵、李文欣（2011）关于鄂伦春语重音实验中音高"音高曲线"放在一起做一比较（这里将李兵、李文欣原图"柱子""铁"的左右顺序调为"柱子""铁"，以便与段海凤、刘岩实验相对比）。

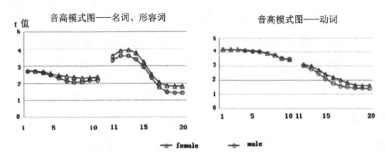

图 8　段海凤、刘岩（2012：141）藏语音高模式实验

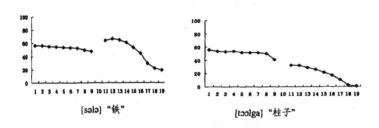

图 9　李兵、李文欣（2011）鄂伦春语重音实验

两者如此惊人地相似，生动反映了藏语与阿尔泰语韵律上的一致性。从这个意义上说，本文对五屯话和藏语韵律/节律结构的分析，实际可以代表藏语与阿尔泰语共同的韵律特征，亦即属于"阿尔泰系语法流"（阿错，2003）或"藏—阿尔泰系语法流"（阿错，2016a）的范畴。因此，五屯话、刘屯话的历史背景中，与汉语深度接触的语言，不管是藏语还是阿尔泰语，或者两者兼而有之，即使有着这些争议，本文分析的基本逻辑仍然能够成立。

参考文献

陈保亚　2005　《语言接触导致汉语方言分化的两种模式》，《北京大学学报》（哲社版）第 3 期。

陈乃雄　1982　《五屯话初探》，《民族语文》第 1 期。

陈乃雄　1986　《关于五屯话》，『アジア・アフリカ言語文化研究』(31)，東京外国語大学アジア・アフリカ言語文化研究所；又见《陈乃雄论文集》，呼和浩特：内蒙古教育出版社。

陈乃雄　1988　《五屯话音系》，《民族语文》第 3 期。

陈乃雄　1989　《五屯话的动词形态》，《民族语文》第 6 期。

陈其光　1999　《河州话的声调重音》，《中国语言学报》第 9 期，北京：商务印书馆。

段海凤　2012《藏语安多方言词重音对于普通话声调习得的影响》，《大众文艺》第 3 期。

端木三　2007　《重音、信息和语言的分类》，《语言科学》第 5 期。

胡明杨　2006　《混合语理论的重大突破——读意西微萨·阿错著〈倒话研究〉》，《中国语文》第 2 期。

华侃　2002　《藏语安多方言词汇》，兰州：甘肃民族出版社。

蒋平　2005　《荔浦方言的轻重音与连读变调》，《方言》第 3 期。

李兵、贺俊杰　2010　《蒙古语卫拉特方言双音节词重音的实验语音学分析》，《民族语文》第 5 期。

李兵、李文欣　2011　《鄂伦春语双音节词重音实验语音学报告》，《民族语文》第 3 期。

李兵、汪朋、贺俊杰　2012　《锡伯语双音节词重音实验语音学研究》，《民族语文》第 2 期。

马晓勤　2010《倒话汉源词的音韵特点及汉语方言来源初探》，南开大学文学院硕士论文。

芈一之、席元麟　1985　《同仁四寨子（五屯）土族历史考察》，载国家民委民族问题五种丛书编辑委员会青海省编辑组编辑

《青海土族社会历史调查》，西宁：青海人民出版社。

萨丕尔　1921　《语言论——言语研究导论》，陆卓元译，陆志韦校，1985 年版，北京：商务印书馆。

孙宏开、胡增益、黄行主编　2007　《中国的语言》，北京：商务印书馆。

孙凯　2013　《青海贵德刘屯话的连读变调》，南京大学文学院硕士学位论文。

青海民族学院民族研究所同仁土家考察组，席元麟（执笔）（1983）《同仁土族考察报告——四寨子的民族历史、语言和艺术》（第二部分语言），油印本。

向洵　2006　《五屯话词汇构成及汉源词的音韵特点研究》，天津：南开大学硕士论文。

徐思益、高莉琴　1992　《关于维吾尔语的重音、声调问题》，《语言与翻译》第 3 期。

意西微萨·阿错　2003　《藏、汉语言在倒话中的混合及语言深度接触研究》，天津：南开大学文学院博士学位论文。

意西微萨·阿错　2004　《倒话研究》，北京：民族出版社。

意西微萨·阿错　2005　《关于五屯话的声调与韵律》，南开大学文学院"语言学沙龙"发言稿，11.15。又见 ཆམ་ཚང་པདྨ་ལྷུན་གྲུབ། （Chamtshang Padma Lhungrub）2009

ཨ་མདོའི་ཡུལ་སྐད་ཀྱི་སྒྲ་གདངས་ལ་དཔྱད་པ། མཚོ་སྔོན་མི་རིགས་དཔེ་སྐྲུན་ཁང་། （A mdovi yul skad kyi sgra gdangs la dpyad pa. 完玛冷智，《藏语安多方言语音研究》），西宁：青海民族出版社，第 250—251 页藏文节译。

意西微萨·阿错　2008　《程章藏语音系》，四川境内藏缅语国际研讨会，台北：中国台湾地区"研究院"，11.21—11.22。

意西微萨·阿错　2009　《五屯话的"重音"与声调——声调语言与重音语言的混合及其格局》，2009 南开·语言接触国际学术研讨会，天津：南开大学，6.20—6.22。

意西微萨·阿错　2012　《共同藏语的重音及其演变》，2012演化语言学国际研讨会，北京：北京大学，11.8—11.11。

意西微萨·阿错、向洵　2015　《五屯话的声调》，《中国语文》第6期。

意西微萨·阿错、向洵　2017　《五屯话的重音》，《民族语文》第1期。

曾晓渝 2004　《汉语水语关系论》，北京：商务印书馆。

Kúnos, Ignác. 1905 Oszmán-török nyelvkönyv: nyelvtan, szótár, olvasmányok. Budapest: Keleti Kereskedelmi Akadémia.

Chen, Matthew Y. 2000 Tone sandhi: Patterns across Chinese dialects. Cambridge: Cambridge University Press.

དགེ་བཤེས་བློ་གསལ་རྒྱལ་མཚོ། 1988 རེབ་གོང་གསེར་ལྗོངས་ཡུལ་གྱི་བྱེ་བྲག་སེང་གཤོང་དེབ་ཐེར་གཡས་འཁྱིལ་དུང་གི་ སྒྲ་དབྱངས་ཞེས་བྱ་བ་བཞུགས་སོ། (Dge- bshes Blogsal rgyal mtsho 1988 *Reb gong gser ljongs yul gyi bye brag seng gshong deb ther g-yas bkhyil dung gi sgra dbyangs zhes bya ba bzhugs so.* 格西·诺萨嘉措，金色热贡地域的支系桑格雄历史右旋白螺之妙音，吾屯下寺藏历火虎年木刻版）

ཆམ་ཚང་པདྨ་ལྷུན་གྲུབ། 2009 ཨ་མདོའི་ཡུལ་སྐད་ཀྱི་སྒྲ་གདངས་ལ་དཔྱད་པ། མཚོ་སྔོན་མི་རིགས་དཔེ་སྐྲུན་ཁང་། （Chamtshang Padma Lhungrub 2009 *A mdovi yul skad kyi sgra gdangs la dpyad pa.* 完玛冷智，藏语安多方言语音研究，青海民族出版社）

ཤ་བོ་དོན་གྲུབ། 2004 མདོ་སྨད་རེ་སྐོང་སེང་གེ་གཤོང་གི་སྐད་རིགས་ལ་དཔྱད་པ།། རྩེར་སྙེག （Shabo Dongrub 2004 *mdo smad re skong seng ge gshong gi skad rigs la dpyad pa. Rtser snyeg.* 夏吾东周，论安多热贡地区桑格雄语的系属，载《攀登》第4期）

ཡེ་ཤེས་འོད་གསལ་ཨ་ཚོགས། 2013 བོད་སྐད་དང་རྒྱ་སྐད་བར་ཕྱོགས་ཐ་དད་པའི་གྲུབ་ཚུལ་གྱི་འབྲེལ་བར་དཔྱད་པ། （Yeshe Vodsal Atsok 2013 *Bod skad dang rgya skad bar phyogs tha dad bavi grub tshul gyi vbrel bar dpyad pa.* 意西微

萨·阿错，藏语和汉语及与周边语言之间的"异向关系"问题），*Proceedings of the Panels on the Domains of Use & Linguistic Interactions*, Vol. I., Published by Trace Foundation, New York, U.S.

服部四郎　1954「音韻論から見た国語のアクセント」,『国語研究』2：2-50。又见柴田武、北春甫、金田一春彦編《日本の言語学》第二卷《音韻》，大修館書店，1998（四版）

Caplow, Nancy Jill 2009 *The role of stress in Tibetan tonogenesis: A study in historical comparative acoustics.* PhD dissertation, University of California, Santa Barbara.

Duanmu, San. 1992 An autosegmental analysis of tone in four Tibetan languages. *Linguistics of the Tibeto-Burman area.* 15(1).

Duanmu, San. 1993 Rime length, stress, and association domains, *Journal of East Asian Linguistcs* 2(1).

Janhunen, Juha 2001 Typological Inyeraction in Qinghai Linguistic Complex. Papers on The 34th Conference on Sino-Tibetan Langusges and Languistics (ICSTLL), 24—28, Oct., Kunming, Yunnan, PRC.

Janhunen, Juha 2007 On the Phonological Transformation of Wutun Mandarin. 2007 年度第一回日本中国語学会關東支部例會，日本東京大東文化大学，5.19。

Janhunen, Juha & Marja Peltomaa & Erika Sandman & Xiawu Dongzhu 2008 *Wuntun*. Languages of the World/Materials 466, Published by LINCOM GmbH.

Lee-Smith, Mei W. & Stephen A. Wurm 1996 The Wutun Languge.In: *Atlas of languege of Intercultural Communication in the pacific, Asia and Americas*, vol. H.2, edited by Stephen A.

Wurm, Peter Mühlhäusler and Darrell T. Tryon, Berlin-New York: Mouton de Gruyter.

Lewis, M. Paul, Gary F. Simons, and Charles D. Fennig (eds.) 2013 *Ethnologue: Languages of the World*, Seventeenth edition. Dallas, Texas: SIL International. Online version: http://www. ethnologue.com.

Li, Charles N. 1983 Languages in contact in western China. *Papers in East Asian Languages*. Department of East Asian Languages and Literatures, University of Hawaii.

Li, Charles N. 1984 From Verb-Medial Analytic Language to Verb-Final Synthetic Language: A Case of Typological Change. In Claudia Brugman et ai., eds., *Proceedings of the Tenth Annual Meeting of the Berkeley Linguistics Society*.

Li, Charles N. 1986 The Rise and Fall of Tones Through Diffusion. *Proceedings of the Twelfth Annual Meeting of the Berkeley Linguistics Society*.

Liberman, M. and Prince, A. 1977 On Stress and Linguistic Rhythm, *Linguistic Inquiry*, 8(2).

McCawley, James 1970 Some tonal systems that come close to being pitch accent systems but don't quite make it. Papers from the 6th Regional Meeting, Chicago Linguistic Society. Reprinted in McCawley 1979b.

Meredith, Scott 1990 *Issues in the phonology of prominence*. PhD dissertation, Massachusetts Institute of Technology.

Poppe, N. 1965 *Introduction to Altaic linguistics*. Ural-altaische Bibliothek 14. Wiesbaden: Otto Harrassowitz.

Raquette, G. 1927 The accent problem in Turkish, In *Lund*

Universitets Årsskrift. Lund: Gleerup, and Leipzig: Harrassowitz.

Remijsen, Bert 2002 *Word-prosodic systems of Raja Ampat languages*, PhD Dissertation, University of Leiden.

Slater, Keith W. 2001 Creolization, Borrowing, BilingualMixing, and Sdandardization in the Formation of the Qinghai-Gansu Sinitic Creole Varieties. Papers on The 34th Conference on Sino-Tibetan Langusges and Languistics (ICSTLL), 24—28, Oct., Kunming, Yunnan, PRC.

Thomason, Sarah Grey, and Terrence Kaufman 1988 *Language contact, creolization, and genetic linguistics*. Berkeley: University of California Press.

Thomason, Sarah Grey 2001 *Language Contact: An Introduction*. Georgetown University Press.

（阿错、向洵　南开大学文学院　　天津市　　370001）

基于《百夷译语》的傣语汉语历史语音探讨[①]

曾晓渝

1. 引言

《百夷译语》是明清时期由官方编辑的傣汉对译词汇资料的统称（傣族旧称"百夷"或"摆夷""摆彝"），这些文献资料对研究云南傣语、汉语的近代历史有重要学术价值。

目前存世的有乙种本《百夷译语》（1407 年四夷馆编辑），丙种本《百夷译语》（明万历年间 17 世纪初会同馆编纂），丁种本《百夷译语》包括云南地区的《耿马译语》《镇康译语》《猛卯译语》《潞江译语》《南甸译语》《樊夷译语》《车里译语》《湾甸译语》《芒市译语》《猛麻译语》《孟连译语》《干崖译语》《猛缅译语》（1748 年之后会同四译馆编辑）。其中乙种本、丙种本的各钞本大多散落于海外，只有丁种本完整保存于北京故宫博

① 谨此特别感谢远藤光晓先生为笔者提供了日本所藏的《百夷译语》钞本复印件、日本学者相关的研究资料并且对本文写作予以指教！文中丁种本傣汉对译的系列译语资料为笔者在故宫博物院图书馆查阅抄录所得。本文初稿在"第 47 届国际汉藏语暨语言学会议"（2014 年 10 月，云南昆明）上发表，承蒙与会的周庆生教授、杨光远教授、李锦芳教授、薄文泽教授提出宝贵意见，罗美珍教授还专门写信赐教，谨此一并向各位先生致以谢忱！

物院图书馆。

表 1　《百夷译语》文献资料存世情况简表

种类	时间	种数	藏本所在地
乙种本	明 1407 年	《百夷译语》1 种	北京、台北、东京、巴黎等
丙种本	明 1573 年后	《百夷译语》1 种	东京、伦敦、河内等
丁种本	清 1748 年后	车里、芒市、孟连等 13 种译语	北京、台北、河内等

各种《百夷译语》均按天文门、地理门等分类，分别收有约 400~700 词条。其中乙种本、丙种本的每一词条由傣文、汉语义、汉字注傣语读音三部分组成，丙种本的词条只由汉语义和汉字注傣语读音两部分组成。

迄今利用《百夷译语》研究傣语、汉语历史语音的学者屈指可数，有日本学者山本达郎（1935）、泉井久之助（1945—1949）、西田龙雄（1960）、更科慎一（2003）、富田爱佳（2009）等，中国学者罗美珍（1983）、曾晓渝（2013）等，他们曾分别对乙种本、丙种本《百夷译语》或丁种本中的《干崖译语》《车里译语》进行过一些考证研究，但是，将乙、丙、丁种本相互参照，结合现代傣语汉语方言进行研究，前人尚未做过，本文拟在这方面进行尝试。

2. 明代乙种本、丙种本《百夷译语》的傣语基础方言考证

明初乙种本《百夷译语》、明末丙种本《百夷译语》分别是在北京四夷馆、会同馆编辑的，这两种《百夷译语》是以哪一地区傣语为基础的，一直以来并不清楚，而弄清乙种本、丙种本《百夷译语》的傣语基础方言，是利用《百夷译语》研究傣

语近代语音历史演变的重要前提条件。

2.1 考证的基本思路方法

选取丁种本"百夷译语"中具有地区代表性的译语，同时也参考现代傣语方言的分区及材料，与乙种本、丙种本《百夷译语》相比较，与之相近的可能就是其基础方言。

现代傣语方言主要分为德宏、西双版纳、金平、红金四种方言（周耀文、罗美珍，2001：10—14），清代丁种本中 13 种译语材料分布的地点情况如下图（本文采用南开大学与天津信会网络技术服务中心合作研制的语言地图绘制软件 System of Geolinguistics；文中傣语方言及其他侗台语材料主要参考引自周耀文、罗美珍 2001，梁敏、张均如 1996，Mahidol University & Central University for Nationalities 泰国玛希隆大学和中国中央民族大学 1996，中央民族学院少数民族语言研究所 1985；莲山傣语方言引自罗常培、邢庆兰（公畹）1950《莲山摆彝语文初探》，后同）。

图 1　丁种本系列译语地点及现代傣语方言分布图

上图显示，清代傣汉对译的 13 种译语全部分布于傣语德宏方言、西双版纳方言区域里，可见这个区域是傣语的主流区域，设想乙种本、丙种本所依据的傣语基础方言也在这个范围之内。因此，本文选取清代的《芒市译语》《孟连译语》《车里译语》分别对应芒市傣语（今德宏方言德宏土语代表点）、孟连傣语（今德宏方言孟耿土语代表点）、景洪傣语（今西双版纳方言代表点）进行比较。

2.2 乙、丙、丁种本《百夷译语》词项比较分析

为了避免主观性，这里按照乙种本《百夷译语》词汇分类顺序，将乙、丙、丁种本《百夷译语》均收有的词项一一对比，把交叉共有的 99 条词项列出来，同时与现代傣语芒市、孟连、景洪方言材料相对应。根据这 99 条词项的对比表（附于文末），做如下分析解释。

首先，99 条词项中，明清时期乙、丙、丁种本《百夷译语》核心语素的音义呈对应规律的有 80 条，占 80%。例如下表所示。

表 2　乙、丙、丁种本《百夷译语》词项音义对应举例

汉语义（词项）	乙种本1407百夷译语	丙种本1573后百夷译语	丁种本1748后			备　注
			芒市译语	孟连译语	车里译语	
天	法	法	法	法	法	
日	扛挽	挽	晚	宛	大挽	这里词缀部分暂时忽略。
月	楞	棱	冷	冷	楞	
风	伦	伦	陇	龙	仑	音译汉字前后鼻音有混。
雨	愆	愆	粉	奋	愆	
水	喃	滴	滴	难	南	
果	抹	抹	骂	骂	漫	汉语"漫"鼻化音，后论。

| 汉语义（词项） | 乙种本 1407 | 丙种本 1573 后 | 丁种本 1748 后 | | | 备　注 |
	百夷译语	百夷译语	芒市译语	孟连译语	车里译语	
马	麻	马	麻	麻	麻	
猪	茂	茂	么	木	木	
鸟	奴	弩	卢	浓	喏	后文将讨论 n->l-问题。
石	令	欣	幸	幸	幸	后文将讨论 l-、h-声母的关系问题。
房	伦	狠	狠	恨	恨	

其次，存在不一致现象的有 19 条。其中，乙、丙种本之间基本一致，主要差异在于与丁种本《车里译语》的不同，具体情况统计如下表（表中空格表示无记录，后同）。

表 3　乙、丙、丁种本《百夷译语》词项差异举例

| 汉语义（词项） | 乙种本 1407 | 丙种本 1573 后 | 丁种本 1748 后 | | | 备　注 |
	百夷译语	百夷译语	芒市译语	孟连译语	车里译语	
云	莫	莫	暮	暮	发	
雷	法浪	法浪	法朗	法郎	音法	
石榴	抹章	抹章	骂章	骂章	漫各简	乙种本、丙种本《百夷译语》与丁种本《芒市译语》一致，部分与《孟连译语》一致，与《车里译语》全都不同。这部分有 15 条，占 19 条总数的 78%。
刀	剌	剌	扒/辣	把	扒	
鼻	浪	琅	朗	郎	荡	
身	悻	荇	(今音 xin^2)		敦	
心	遮	招	昭	遮	债	
骨	奴	六	路		度	
布	蛮圭	蛮归	瞒	完	肥	
裤(裈)		裩烘	裩	丢	丢	
茶	芽泥	芽以	芽益	辣	腊	
白	怕	迫	帛	怕	耗	

续表

<table>
<tr><th rowspan="2">汉语义
（词项）</th><th>乙种本
1407</th><th>丙种本
1573 后</th><th colspan="3">丁种本
1748 后</th><th rowspan="2">备　注</th></tr>
<tr><th>百夷
译语</th><th>百夷
译语</th><th>芒市
译语</th><th>孟连
译语</th><th>车里
译语</th></tr>
<tr><td>黑</td><td>烂</td><td>烂</td><td>澜</td><td></td><td>干</td><td rowspan="3"></td></tr>
<tr><td>百</td><td>八</td><td>八</td><td>耙</td><td></td><td>淮</td></tr>
<tr><td>千</td><td>令</td><td>幸</td><td>庆</td><td></td><td>版</td></tr>
<tr><td>椅</td><td>党蓊</td><td>荡翁</td><td>荡戞</td><td></td><td>共荡</td><td rowspan="2">乙、丙种本与丁种本不同。</td></tr>
<tr><td>山</td><td>赖</td><td>赖</td><td>瀊</td><td>邓</td><td>蜕</td></tr>
<tr><td>核桃</td><td>抹歹</td><td>抹兑</td><td>骂快</td><td>骂满</td><td>漫满</td><td>乙、丙、丁种本均不同。</td></tr>
<tr><td>头</td><td>户</td><td>贺</td><td>户</td><td>拿帕</td><td>贺</td><td>《孟连译语》不同。</td></tr>
</table>

再次，根据前面的统计分析，99 条词项中，乙、丙种本的一致性最强，且与清代丁种本中的《芒市译语》绝大部分对应一致。在有差别的 19 条词项里，主要是乙、丙种本与丁种本中《车里译语》的不同（占 78%的比例）。明代的芒市司、车里宣慰司在清代分属永昌府芒市司和普洱府车里司（谭其骧，1996：[七]76—77，[八]48—49），如今两地的傣语为两种方言的代表，由此推想，清代已经存在车里（景洪）傣语与芒市傣语的方言差异了。

综上，明代乙、丙种本《百夷译语》是基于同一种傣语方言，即芒市傣语。

这里需要说明的是，远藤光晓教授审阅了本文初稿后通信指出："西田龙雄已经揭示了乙、丙种本《百夷译语》根据德宏傣语，七八年前我去芒市请了当地民族出版社退休编辑对乙种本《百夷译语》和现代傣语进行比较，也就是因为如此。"本节的讨论结果确实证明了西田龙雄先生的观点。不过，由于论证材料和方式有所不同，所以依然保留以供读者参考。

3. 基于《百夷译语》的傣语近代历史音变探讨

3.1 芒市傣语方言 600 年来历史音变例析

鉴于前述，明代乙种本、丙种本《百夷译语》的基础方言是芒市方言，那么，将其与清代的《芒市译语》及现代的芒市傣语进行纵向比较，就可以观察到 600 年来芒市傣语的历史演变轨迹。这里，选取几种现象举例分析。

3.1.1 芒市傣语 n->l-的历史音变大致完成于清代前期

周耀文、罗美珍（2001：21）指出现代芒市傣语里已经没有鼻音声母 n-，原来的 n-已经并入了 l-。那么，芒市傣语的 n->l-发生于什么时候呢？来看看比较表 4。

表 4　芒市傣语 n->l-历史音变比较表

汉语义	明代 1407 [乙]百夷译语	明代 1573 后 [丙]百夷译语	清代 1748 后 [丁]芒市译语	现代		备注
				芒市傣语	孟连傣语	
水	喃 n-	湳 n-	湳 n-	lam^4	nam^4	明清 n->现代 l-
坐	曩 n-	曩 n-	曩 n-	lan^6	nan^6	
睡	暖 n-	暖 n-	暖 n-	lon^2	non^2	
鸟	奴 n-	弩 n-	卢 l-	lok^8	nok^8	明 n->清、现代 l-
鼠	奴 n-	怒 n-	路 l-	lu^1	nu^1	
面(脸)	拏 n-	拏 n-	辣 l-	la^3	na^3	
皮	曩 n-	曩 n-	浪 l-	lan^1	nan^1	
肉		你 n-	勒 l-	$lə^4$	$nə^4$	
今(年)		乃 n-	来 l-	lai^4	nai^4	
明(年)		拏 n-	腊 l-	la^3	na^3	
穿(衣)		笼 l-	笼 l-	lun^6	nun^6	明代已变 l-
子(儿子)	六	六 l-	卢 l-	luk^8	luk^{10}	从明代到现代都是 l-声母。
舌		林 l-	林 l-	lin^4	lin^4	
酒	劳	醪 l-	劳 l-	lau^3	lau^3	
黄	棱	棱 l-	楞 l-	$lən^1$	$lən^1$	

从上表可以清楚地看到，芒市傣语在明代鼻边音声母分明，存在 n-与 l-两个对立的音位，不过，"穿（衣）"一词已经显露出 n->l-的端倪；清代《芒市译语》显示，大部分鼻音已并入边音。因此，芒市傣语 n->l-的时间可以认为在 300 多年前已经大致完成。

另外，值得一提的是，清代丁种本《干崖译语》中也与芒市傣语 n->l-的情形相同。干崖即今盈江县，其傣语与芒市同属于德宏方言德宏土语。罗常培、邢庆兰（公畹）1944 年记录整理了云南莲山（今盈江县辖区内）的傣语，后来出版的《莲山摆彝语文初探》（1950[1944]：Ⅰ）"罗序"中指出："（莲山摆彝语）n-和 l-在文字上有分别，发音人读拼音表时可以分得出来，可是在词汇对话里就常常换读。大致说起来，读 l-的次数比读 n-的次数多；在鼻音尾-n –m –ŋ的牵头往往读 n-，在两字连读第一字也是鼻音尾时，这种可能性更大。"（见下表 5）

表 5　干崖（盈江）傣语 n->l–历史音变比较表

汉语义（词项）	丁种本 1748 后			现代傣语方言		
	芒市	干崖（盈江）	孟连	芒市	莲山（盈江）	孟连
水	湳 n-	湳 n-	难 n-	lam⁴	lam⁴	nɑm⁴
鼠	路 l-	路 l-	怒 n-	lu¹	lu¹	nu¹
鸟	卢 l-	芦 l-	浓 n-	lok⁸	luk⁸	nok⁸
面（脸）	辣 l-	腊 l-	纳 n-	la³	la³	na³
皮	浪 l-	浪 l-		laŋ¹	laŋ¹	nɑŋ¹

由此推测，早在清代，芒市、干崖（盈江）傣语等德宏土语群已发生了 n->l-的演变，而孟连傣语等孟耿土语群则不然，这种土语间的差异延续至今。

3.1.2 芒市傣语*²b-、ʔbl->m-与*²d-、ʔdl->n/l-的音变在明代已基本完成

李方桂（1977：68、91、108、129）构拟早期台语声母：*²b-、ʔbl-> m-（单数调），*²d-、*²dl->n-/l-（单数调）。根据明清及现代芒市傣语的资料，可以认为，芒市傣语在明代初年就差不多完成了这些音变。相关证据举例如下。

表6 芒市傣语*²b-、ʔbl>m-及*²d-、ʔdl->l-历史音变比较表

汉语义	乙种本 1407 百夷译语	丙种本 1573 后 百夷译语	丁种本 1748 后 芒市译语	现代		早期台语 声母拟音
				芒市傣语	景洪傣语	
羊	别 p-	秕 p-	减 m-	me³	bɛ³	*ʔbl-(梁、张 1996)
村	蛮 m-	蛮 m-		ma:n³	ba:n³	*ʔb-(李 1977)
鼻	浪 l-	琅 l-	朗 l-	laŋ⁶	daŋ¹	*ʔd-(李 1977)
骨	奴 n-	六 l-	路 l-	luk⁷	duk⁹	*ʔdl-(李 1977)
红	炼 l-	炼 l-	连 l-	leŋ⁶	deŋ¹	*ʔdl-(李 1977)
黑	烂 l-	烂 l-	澜 l-	lam⁶	dam¹	*ʔdl-(李 1977)

表6说明：

（1）芒市傣语的第6调往往与其他傣语的第1调对应，从原始声母的来源看，这部分第6调早期应是单数调。

（2）"骨"一词乙种本《百夷译语》以鼻音声母的"奴"对应l-声母，似乎是音近误写。再查编乙种本《百夷译语》，以"奴"字注音的有以下词项（表中音译汉字旁所注为近代官话通用音）：

表7中，以"奴"对应n-声母的"鸟、鼠"是无误的（参见本文3.2.1），对应"骨、看、六"应该是对l-的音近误写；不过，对应"六"的情况比较特殊，下文将讨论。

表 7　乙种本《百夷译语》以汉字"奴"音译的词项

汉语义	乙种本 1407 百夷译语	丙种本 1573 后 百夷译语	丁种本 1748 后 芒市译语	现代 芒市 傣语	现代 孟连 傣语	现代 景洪 傣语
鸟	奴 n-	弩 n-	卢 l-	lok^8	nok^8	nok^8
鼠	奴 n-	怒 n-	路 l-	lu^1	nu^1	nu^1
骨	奴 n-	六 l-	路 l-	luk^7	luk^9	duk^9
看	奴 n-	卢 l-		toi^2	ken^2	du^1
六	奴 n-	忽 x-	户 x-	hok^9	hok^{10}	hok^7

3.1.3　明代芒市傣语完成了 r->h- 的演变

泉井久之助（1946：209—210）通过列举台语不同语言间一些词声母 r- 与 h- 的对应现象，认为乙种本《百夷译语》中"家（房）、石、头"这几个词的古音声母是 *r-。西田龙雄（1960：8、24）再将《百夷译语》乙种本（A）与丙种本（B）做比较，认为这几个词的声母源自早期共同台语的 *r- 或 *hr-，如下表（注：文中乙种本《百夷译语》参照引用泉井久之助先生的傣文转写，丙种本无傣文标注，故无转写，后同）（表中音译汉字旁所注为近代官话通用音）。

表 8　日本学者关于《百夷译语》"家、石、头"的古声母构拟

汉语义（词项）	A（乙种本《百夷译语》）傣文转写	A（乙种本《百夷译语》）音译汉字	A（乙种本《百夷译语》）推定形式	B（丙种本《百夷译语》）音译汉字	B（丙种本《百夷译语》）推定形式	泰语（中部）T.C.	早期共同台语声母
家/房	rün	伦 l-	rɤn	狠 x-	hɤn	rɯan L1	*r-
石	riŋ	令 l-	riŋ	欣 x-	hin	hrin H1	*hr-
头	hå	户 x-	huu	贺 x-	ho	hrɯu H1	*r- /*hr-

日本学者早期的研究对我们很有启发。这里，我们再扩展

视野，增加比较词项，加入丁种本《芒市译语》及其他现代台语材料进行对比，也参考李方桂（1977）和梁敏、张均如（1996）关于早期台语、侗台语的构拟，以观察相关词语声母的历史演变情况（表中音译汉字旁所注为近代官话通用音）。

表 9　芒市傣语部分词声母 r– h–对应特殊现象例表

汉语义（词项）	明 1407	明 1573 后	清 1748 后	现代		早期读音构拟
	乙种本	丙种本	丁种本	芒市傣语	其他	
石	令 l-	欣 x-	幸 x-	hin[1]	thin[1'] 邕宁壮语	*thri (李 1977:121,262) *trin (梁、张 1996)
雪	剌 l-	哈 x-	协 x-	ha[1]	thap[9] 景洪傣语 nai[1] 布依语	*hn- (李 1977:114)
长（~短）	李 l-	喜 x-		ja:u[2]	hi[1] 金平傣语 ri[2] 中部泰语	*rei (李 1977:142,262) *riəi (梁、张 1996)
家/房	伦 l-	狠 x-	狠 x-	hən[2]	ruan[2]	*rïan (李 1977:143,282) *ruan (梁、张 1996)
耳	鲁 l-	户 x-	呼 x-	hu[1]	h 李 [2] 邕宁壮语	*xruï (李 1977:233,284) *sɢɦuɯ (梁、张 1996)
锡	力 l-	吸 x-	协 x-	hek[9]	tik[7] 临高语	
六	奴 n-	忽 x-	户 x-	hok[9]	hlok[7] 邕宁壮语	*xrok (李 1977:233,272) *xrok (梁、张 1996)
千	令 l-	幸 x-	庆 x-	heŋ[1]	thjen[1] 仫佬语	
头	户 x-	贺 x-	户 x-	ho[1]	hlau[5] 邕宁壮语	*thrue(李 1977:121,283) *kr-/*h- (梁、张 1996)

另外，现代标准泰语（中部方言）与泰语北方方言、东北方言之间存在着声母 r-与 h-/l-的对应关系（林美妙 2014：51）。笔者认为，这种共时差异反映了台语的相关历时演变序列 r->h-/l-。

综合以上表 9 等材料进行分析，注音汉字明初乙种本 l-与丙、丁种本 x-（来自古晓匣母）声母对应的词条，现代芒市傣语均是 h- 声母，其他亲属语言中却总有 th- r- hl- 声母的对应，而早期侗台语言的声母构拟多是复辅音 *thr- *hn- *xr-。所以，"家（房）、石、头"等台语内部 r-、h-声母相对应词的早期源头，笔者推测如表 10 所示。

表 10　明代芒市傣语部分 r– h–对应词的早期声母来源

例词	历史演变序列	早期声母构拟
石，头	*thr-> hr- /xr->r->h-	*thr-
家/房，长（~短）	*r->h-	*r-
六，耳	*hr-/xr->r->h-	*hr-[①]
雪	*hn->r-> h-	*hn-

根据明代两种《百夷译语》的记录，可以认为，从明初到明末，芒市傣语逐渐完成了上述各条历史演变序列末端 r->h-的音变。

3.1.4　清代芒市傣语已大致完成 kh->x-的音变

这里用下表来说明这种音变现象（表中音译汉字旁所注为近代官话通用音）。

表 11　芒市傣语 kh>x–历史音变词项举例

汉语义（词项）	明代 1407 百夷译语	明代 1573 后 百夷译语	清代 1748 后 芒市译语	现代傣语方言			
				芒市傣语	孟连傣语	景洪傣语	金平傣语
橘		庫 kh-		xo^1	xo^1	xo^1	kho^1
茄	抹怯 kh-	抹客 kh-		$ma:k^9xə^1$	$ma:k^9xə^1$	$ma:k^9xə^1$	$ma:k^9khə^1$
稻	考 kh-	考 kh-	号 x-	xau^3	$xɑu^3$	xau^3	$khau^3$
苦	困 kh-	困 kh-	混 x-	xom^1	xom^1	xum^1	$khum^1$
金	罕 x-	罕 x-	罕 x-	xam^2	$xɑm^2$	xam^2	xam^2

---

① 罗美珍教授与笔者通信指出："版纳傣语的阳声调（即双数调）h，在泰语都变为 r，而泰语的鼻音、擦音的阴声调（单数调），泰文属于高音组，都要冠以 h 字母。如：'重'傣语 nak7，泰语 hnak7；'胞衣'傣语 hok8，泰语 rok6。古音的 *hr-会不会是阴声类？"

根据表 2-28 分析几点：（1）明代芒市傣语基本保持 kh-声母，到清代变成了 x-；（2）迄今金平方言保持着早期的 kh-声母；（3）西双版纳景洪傣语 x 与 kh 自由变读（周、罗，2001：29），表明 kh->x-音变正在进行；（4）"金"一词乙种本《百夷译语》里的傣文转写是[kham]（西田龙雄 1960：241），但注音汉字"罕 x-"，而且今金平傣语也读擦音 x- 声母，可见此词是特例，可能是最早擦音化的。

傣语 kh->x-的音变，德宏方言领先完成，西双版纳方言正在发生，金平方言最保守。李方桂（1983）构拟这类词的原始台语声母是*kh-。

3.2 关于清代傣语的方言差异

根据丁种本"百夷译语"系列中的三种译语《芒市译语》《孟连译语》《车里译语》中间的差异，可以认为，至迟在清代乾隆十三年（1748—）始，傣语已经有了德宏（芒市）方言与西双版纳（车里）方言之间的差异，较明显的是声母方面。比如表 12 所列。

表 12　清代与现代傣语方言声母差异例词表

汉语义（词项）	清代丁种本 1748 后			现代傣语方言		
	芒市译语	孟连译语	车里译语	芒市	孟连	景洪
云	暮 m-	暮 m-	发 f-	$mɔk^9$	$mɔk^9$	fa^3
天	法 f-	法 f-	法 f-	fa^4	pha^4	fa^4
雨	粉 f-	奋 f-	崈 f-	fon^1	$phon^1$	fun^1
鼻	朗 l-	郎 l-	荡 t-	$laŋ^6$	$laŋ^6$	$daŋ^1$
骨	路 l-		度 t-	luk^7	luk^9	duk^9
皮	浪 l-		曩 n-	$laŋ^1$	$naŋ^1$	$naŋ^1$
鸟	卢 l-	浓 n-	喏 n-	lok^8	nok^8	nok^8
茶	芽益	辣 l-	腊 l-	$ja^3juɯ^4$	la^4	la^4
裤（裤）	裩 kh-	丢 t-	丢 t-	kon^6	teu^5	teu^5
门	不都		帕度	la^3tu^6	pha^4tu^6	$pa:k^9tu^1$
桃子		骂空	漫闶	$ma:k^9xɔŋ^5$	$ma:k^9mom^5$	$ma:k^9xɔŋ^5$
石榴	骂章	骂章	漫各简	$ma:k^9tsaŋ^6$	$ma:k^9tsaŋ^6$	$ma:k^9kɔŋ^5$ $keŋ^2$

上表显示，傣语方言间 m-:f-、l-:t-、l-:n-等声母的对应差异，以及"茶""裤"等的用词不同，早在清代已经存在。由此推测，如今傣语方言分布的基本格局在 300 年前已形成了。

值得注意的是，上表中现代孟连傣语以 ph-对应其他方言的 f-，可是在清代的《孟连译语》里，却不是以 ph-声母字对应，而是以 f-声母字对应。周耀文、罗美珍（2001：25）指出，现代孟连城关傣语里"声母 ph 可以自由变读为 f，f 还没有从 ph 中分化出来成为与 ph 对立的音位"。李方桂（1977：77—79）构拟早期台语声母"雨"*f-，"天"*v-，均是唇齿擦音。所以，推测现代孟连傣语的 f-> ph-是后起现象，其发生时间可能在清代之后。

音变的方向性一般是重唇 p（ph）-变轻唇 f-，现代孟连傣语的 f-> ph-则是特殊反例。

4. 明清《百夷译语》所反映的汉语方音历史面貌

4.1 明代《百夷译语》中音译汉字所反映的汉语方音

这里，将明代反映芒市傣语的两种《百夷译语》的音译汉字与芒市傣语相对照，来观察到当时用以对译的汉语方音的某些特点。举例如表 13 所示。

表 13　明代《百夷译语》所反映的汉语方音特点

汉语义（词项）	乙种本 1407		丙种本 1573 后	汉字音中古来源	现代芒市傣语	汉语方言特点
	傣文转写	音译汉字				
风	lom	偏	偏	l-,-n	lom^2	-m>-n
水	nam	喃	湳	n-,-m	lam^4	基本分鼻边声母（芒市傣语清代 n->l-）
苦	khom	困	困	-n	xom^1	
夢	fan	反	泛	-n,-m	fan^1	

汉语义（词项）	乙种本 1407		丙种本 1573 后	汉字音中古来源	现代芒市傣语	汉语方言特点
	傣文转写	音译汉字				
月	nön	楞	稜	-ŋ	$lən^6$	-ŋ>-n
城	wing	允	允	-n	$veŋ^2$	
红	niñ	煉	煉	-n	$lɛŋ^6$	
果	mak	抹	抹	-t	$maːk^9$	塞音尾-p-t-k 消失，但大多用入声字注音，可能还有-ʔ尾。
辣	pʻit[frit]	辟	辟	-k	$phet^9$	
鐵	lik	力	立	-k,-p	lek^9	
身	khing	悻	荐	ɣ-(匣)	$xiŋ^2$	浊音清化。基本分尖团。
針	khing	悻	欠	ɣ-(匣),kh-	xem^1	
鞋	kip	計	結	k-	$kɛp^9$	
七		摺	摺	tɕ-	$tset^9$	
鹹	cin	枕	謹	tɕ-,kj-	$tsem^2$	
江	nam khǔa	喃血	滴血	血 xiwet	xe^2lam^4	"血"对应今音 xe^2，撮口呼？

　　将上表中所观察到的汉语方音特点，相似于本悟《韵略易通》（1586）所记明代云南官话音系特点（参见沈建民、杨信川，1995，张玉来，1999：47—58，宁继福，2009：190—196）：全浊声母清化；分平翘，部分尖团音混，鼻边分明；-m>-n，前后鼻音 an/aŋ、in/iŋ 有混，无撮口呼；有阴、阳、上、去、入五个声调。

　　但是，乙种本、丙种本《百夷译语》分别是在北京的四夷馆、会同馆由译官所翻译编辑的，有可能是用南京官话而不是云南官话对译的。不过，云南官话是因明代大规模南直隶军屯移民入滇而形成的，其源头是明代南京官话（曾晓渝，2013a），所以，明代的云南官话与南京官话的基本特点是一致的。

　　通过明清《百夷译语》中的对音汉字，可以反观对译汉语自身的语音特点，因此，《百夷译语》也是汉语史研究十分珍贵的重要文献资料。

4.2 丁种本系列"百夷译语"所反映的清代乾隆年间云南汉语方言

根据《清实录》（一三）（卷 324）"乾隆十三年（1748）九月上"（中华书局 1986 年影印本，第 352 页）处记载，丁种本"百夷译语"是遵照乾隆皇帝谕旨在云南永昌府、普洱府所属的各地记录翻译再上报朝廷，因此，丁种本的十三种"百夷译语"（《耿马译语》《镇康译语》《猛卯译语》《潞江译语》《南甸译语》《樊夷译语》《车里译语》《湾甸译语》《芒市译语》《猛麻译语》《孟连译语》《干崖译语》《猛缅译语》），可以确定是在云南当地采集记录的，其汉字读音真实反映了云南汉语官话方言的特点。

这里，仅就丁种本中几种译语的材料初步分析如下（下表中注音汉字旁所注的是中古音来源）：

表 14　清代《百夷译语》所反映的汉语方音特点

汉语义（词项）	清代丁种本"百夷译语"			现代傣语方言			汉语方音特点
	芒市	孟连	车里景洪	芒市	孟连	景洪	
□	冷-ŋ	冷-ŋ	楞-ŋ	lən⁶	lən⁶	dən¹	（1）-ŋ>-n;
□	连-n	恋-n	连-n	lɛŋ⁶	lɛŋ⁶	dɛŋ¹	（2）-m>-n;
□	陇-ŋ	龙-ŋ	仑-n	lom²	lom²	lum²	（3）an、aŋ相混;
□	林-m	灵-ŋ	林-m	lin⁴	lin⁴	lin⁴	（4）区分鼻边声
□	戛烂（丙）	戛郎	唶戞	ka⁶lam⁶	ka⁶lam⁶	ka¹dam¹	母 l- n-（清代前
□	曩 naŋ		喃 nam	laŋ⁶	naŋ⁶	naŋ⁶	期芒市傣语
□	湳 nam	难 nan	南 nam	lam⁴	nam⁴	nam⁴	n->l-，见本文
□	冽-t		另-ŋ	lek⁹	lek¹⁰	lek⁷	3.1.1）;
□　□	法冽-t		法敛-m	lɛt⁹	lɛt⁹	dɛt⁹	（5）入声塞音尾
□	卢-0	浓-ŋ	嘈-0	lok⁸	nok⁸	nok⁸	消失;
□	骂-0	骂-0	漫-n	ma:k⁹	ma:k⁹	ma:k⁹	（6）部分鼻音尾
□	盖-i	斤-n	盖-i	kai⁵	kɑi⁵	kɑi⁵	弱化;

续表

汉语义（词项）	清代丁种本"百夷译语"			现代傣语方言			汉语方音特点
	芒市	孟连	车里景洪	芒市	孟连	景洪	
头	户 ɣ-（匣）	拿帕	贺 ɣ-（匣）	ho¹	ho¹	ho¹	
目（眼睛）	打 t-	达 d-	大 d-	ta⁶	ta⁶	ta¹	（7）浊音清化；（8）基本区分尖团音（清代傣语 kh->x-，见本文 3.1.4）。
□	蔑洁 k-	蔑结 k-	蔑絜 k-	ka⁶ke⁶	ka⁶kɛ⁶	ka¹kɛ¹	
□	欠（丙）kh-	庆 kh-	倖 ɣ-（匣）	xem¹	xem¹	xim¹	
□	井 ts-	整 tɕ-	井 ts-	tsem²	tsɛm²	tsim²	
□	借 ts-	结 k-	借 ts-	tset⁹	tset¹⁰	tset⁷	
□	昔 s-	息 s-	谢 z-（邪）	sip⁷	sip¹⁰	sip⁷	

表 14 分析呈现的清代乾隆年间的云南官话特点，基本上都延续至现代云南官话。在此基础上再说明如下几点。

（1）明代乙、丙两种《百夷译语》多用入声字注入声音节，虽然塞音尾 -p-t-k 已消失，但可能还有喉塞音 -ʔ 尾；而清代丁种本用不少阴声字注入声音节，说明喉塞尾 -ʔ 已消失了。

（2）由于傣语只有一个塞擦音声母 ts-，所以，无法根据对音汉字分析出清代云南官话是否分平翘（今大部分云南官话分平翘）。

（3）上表中显示芒市、车里（景洪）译语的音译汉字尖团音分明，但孟连译语的译音汉字却有以"结 k-"注傣语"ts-"声母的现象，表明尖团音有混。杨时逢（1969[1940]）《云南方言调查报告》（下）后附的第四图"尖团分混"显示，芒市汉语分尖团，孟连、景洪已尖团不分了。由此推测，300 年前孟连汉语已尖团有混，随后是相隔不太远的景洪汉语。今滇西片云南官话基本能代表清前期云南官话的面貌。

5. 余语

　　明清时期傣汉对译的《百夷译语》是研究 600 年来傣语方言、云南官话语音历史的宝贵资料，特别值得重视。本文的研究仅仅是局部的、初步的，尤其是丁种本中大多译语尚未涉及，今后还须做大量的文献考查、田野调查等工作，以把这方面的研究深入细致地开展下去。

参考文献

富田爱佳 Tomita, A. 2009 A Brief Study of Che-li-yi-yu: Lexicon of Tai Lue of 18th Century Glossed with Chinese Characters. Minegishi, M. et al. ed. *Proceedings of the Chulalongkorn- Journal Asiatiquepan Linguistics Symposium*, 87-101. Tokyo: Global COE Program: Corpus-based Linguistics and Language Education (CbLLE), Tokyo University of Foreign Studies.（《车里译语》における音写汉字子音の特征,《地球研言语记述论集》第 1 卷，第 133—151 页。）

更科慎一 SARASHINA Shinichi　2003　《〈百夷馆译语〉音译汉字声调初探》，南开大学侗台语及汉藏语言学术讨论交流会论文。

龚锦文　1991　《德宏古傣文音系初探》，昆明：云南民族出版社。

Li, Fang Kuei（李方桂）　1977　*A Handbook of Comparative Tai.* Hawaii: The University Press of Hawaii.

李方桂　1983　《原始台语的*kh-和*x-》,《民族语文》第 6 期。

林美妙　2014　《泰语方言词语言地图及解释》，南开大学硕士学位论文。

梁　敏、张均如　1996　《侗台语族概论》，北京：中国社会科学出版社。

罗常培、邢庆兰　1950　《莲山摆彝语文初探》，北京：北京大学出版社。

罗美珍　1983　《〈车里译语〉考》，中国社会科学院民族研究所油印本，载于 2013　《东南亚相关民族的历史渊源和语言文字关系研究》，第 116—128 页，北京：中国社会科学出版社。

Mahidol University & Central University for Nationalities 1996 *Languages and Cultures of the Kam-Tai Group: A word List, Sponsored by Mahidol University of Thailand*, Print by Sahadhammika Co, Ltd.

宁忌浮　2009　《汉语韵书史》（明代卷），上海：上海人民出版社。

覃晓航　2005　《从壮语ʔb 和ʔd 的多元变体看语触音变规律》，《中央民族大学学报》第 3 期。

泉井久之助（1945）《百夷の言语——云南地方一タイ族の古语》，《学海》第 2 卷第 3 期；载于 1949《百夷の言语》，《比较言语学研究》第 177—190 页，大阪：创元社。

泉井久之助　1946　《东洋文库本华夷译语，百夷馆杂字并に来文の解读 その释字、释语、释文と言语比较的研究》，京都大学博士论文；载于 1949《比较言语学研究》第 191—304 页，大阪：创元社。

泉井久之助　1949　《干崖译语》，《比较言语学研究》，第 155—175 页，大阪：创元社。

山本达郎　1935　华夷译语に见えたる百夷の文字，《史学杂志》第 46 卷，第 7 期。

山本达郎 1936《华夷译语に见えたる百夷及び八百の文字—タイ族のアルファベットに关する一研究》,《东方学报》第 6 期。

沈建民 杨信川 1995 《也谈本悟〈韵略易通〉之"重×韵"》,《中国语文》第 1 期。

谭其骧主编 1996 《中国历史地图集》(第七、八册),北京:中国地图出版社。

西田龙雄 1960 十六世纪におけるパイ・イ语—汉语、汉语—パイ・イ语单语集の研究,《东洋学报》第 43 卷第 3 期。

杨时逢 1969《云南方言调查报告》,台北:中国台湾地区"研究院"历史语言研究所。

远藤光晓 Endo, M. 2009 Phonology of Thai in the Ayutthaya Period as reflected in *The Sino-Siamese Vocabulary of the Bureau of Interpreter*. Minegishi, M. et al. ed. *Proceedings of the Chulalongkorn-Journal Asiatiquepan Linguistics Symposium*, 75—85. Tokyo: Global COE Program: Corpus-based Linguistics and Language Education (CbLLE), Tokyo University of Foreign Studies.

远藤光晓、竹越孝、更科慎一、冯蒸 2007 《华夷译语关系文献目录》,载于福盛贵弘、远藤光晓编《语学教育フォーラム 13 华夷译语论文集》,第 197—228 页,东京:大东文化大学语学教育研究所。远藤光晓、竹越孝、更科慎一、冯蒸 2013 《华夷译语关系文献目录(2013 年版)》,载于《"华夷译语"与西夏字符国际学术研讨会论文集》,第 201—229 页,北京:中国社会科学院民族学与人类学研究所。

远藤光晓 2013 丙种本《〈暹罗馆译语〉的混合性质》,载于

《"华夷译语"与西夏字符国际学术研讨会论文集》，第 103—113 页，北京：中国社会科学院民族学与人类学研究所。

曾晓渝　2013a　《明代南直隶辖区官话方言考察分析》，《古汉语研究》第 4 期。

曾晓渝　2013b　《丙种本〈百夷译语〉语音现象初探》，载于《"华夷译语"与西夏字符国际学术研讨会论文集》，第 114—126 页，北京：中国社会科学院民族学与人类学研究所。

张公瑾　2013　《〈华夷译语〉中的傣族文字》，载于《张公瑾文集》卷二，第 553—562 页，北京：中央民族大学出版社。

张玉来　1999　《韵略易通研究》，天津：天津古籍出版社。

中国社会科学院、澳大利亚人文科学院　1987　《中国语言地图集》，香港：朗文出版（远东）有限公司。

中国社科院语言研究所等编　2012　《中国语言地图集·第 2 版·汉语方言卷》，北京：商务印书馆。

中央民族学院少数民族语言研究所编　1985《壮侗语族语言词汇集》，北京：中央民族学院出版社。

周耀文　罗美珍　2001　《傣语方言研究》，北京：民族出版社。

乙种本《百译馆译语》（清初同文堂钞本，一卷），载于 1992 《北京图书馆古籍珍本丛刊（6）》，第 615—663 页，北京：书目文献出版社。东洋文库所藏明钞本《百夷馆杂字》。

丙种本《百夷译语》，日本静嘉堂文库藏本，伦敦大学图书馆所藏，阿波国文库藏本。

丁种本"华夷译语"系列，北京故宫博物院图书馆藏本。

附：乙、丙、丁种本《百夷译语》与现代傣语方言词项比较表

汉语义（词项）	乙种本百夷译语	丙种本百夷译语	丁种本			现代傣语方言		
			芒市译语	孟连译语	车里译语	芒市	孟连	景洪
天	法	法	法	法	法	fa⁴	pha⁴	fa⁴
云	莫	莫	暮	暮	发	mɔk⁹	mɔk⁹	fa³
日	扛挽	挽	晚	宛	大挽	van²	ta⁶van²	ta⁶van²
月	楞	棱	冷	冷	楞	lən⁶	lən⁶	dən¹
风	伦	伦	陇	龙	仑	lom²	lom²	lum²
雨	忿	忿	粉	奋	忿	fon¹	phon¹	fun¹
雷	法浪	法浪	法朗	法郎	音法	fa⁴laŋ⁶	pha⁴laŋ⁶	fa⁴hŋ⁴
山	赖	赖	澝	邓	蜕	lɔi⁶	lɔi⁶	dɔi⁶
水	喃	湳	湳	难	南	lam⁴	nɑm⁴	nam⁴
石	令	欣	幸	幸	幸	hin¹	hin¹	hin¹
果	抹	抹	骂	骂	漫	ma: k⁹	ma: k⁹	ma: k⁹
核桃	抹歹	抹兑	骂快	骂满	漫满			
石榴	抹章	抹章	骂章	骂章	漫各简	ma: k⁹tsaŋ⁶	ma: k⁹taŋ⁶	ma: k⁹kɔŋ⁶ kɐŋ⁶
松木	埋别	买别	骂别	埋别	埋别	pɛn³pə³	mai⁴pɛk⁹	kɔ¹pɛk⁹
鹅	汗	汉	汗	汉	汗	ha: n⁵	han⁵	ha: n⁵
鸭	必	必	别	别	别	pet⁹	pet¹⁰	pet⁷
麂	反	反	反	反	反	fa: n²	phan²	fa: n²
马	麻	马	麻	麻	麻	ma⁴	ma⁴	ma⁴
猪	茂	茂	么	木	木	mu¹	mu¹	mu¹
鹿	光	光	光	光	光	ka: ŋ⁶	ka: ŋ⁶	kwa: ŋ¹
鸡	盖	盖	盖	斤	盖	kai⁵	kɑi⁵	kai⁵
鸟	奴	弩	卢	浓	喏	lok⁸	nok⁸	nok⁸
孔雀	奴永	弩永	卢永	浓永	喏勇			
门	八都	八都	不都		帕度	la³tu⁶	pha⁴tu⁶	pa: k⁹tu¹
房	伦	狠	狠	恨	恨	hən²	hən²	hən²
笔	比	必	笔		被	pi³	pi³	pi³
桌	坟	喷	喷	喷	盆	phən¹	phən¹	tso³
椀（碗）	玩	腕	玩	万	万	va: n⁵	van⁵	va: n⁵

续表

汉语义（词项）	乙种本 百夷译语	丙种本 百夷译语	丁种本			现代傣语方言		
			芒市译语	孟连译语	车里译语	芒市	孟连	景洪
箸（箸）	秃	兔		兔	兔	thu^5	thu^5	thu^5
椅	党蓊	荡翁	荡薆		共荡	$taŋ^5ŋɛk^8$	$taŋ^5ŋak^{10}$	$taŋ^5ʔiŋ^1$
刀	刺	刺	扒/辣	把	扒	pha^4	pha^4	pha^4
犁	褪	褪	胎	苔	太			
公（祖父）	布	布	不卧	布	布	$loŋ^2$	pu^5	pu^5
婆（祖母）	丫	鸦	鸦卧	呀	呀	ja^6	ja^6	ja^6
父	孛	波	爸	波	波	po^6	$pɔ^6$	po^6
母	乜	乜	咩	咩	咩	me^6	$mɛ^6$	$mɛ^6$
兄	必债	比	比	必挓nie^2	必斋	pi^6	pi^6	pi^6
弟	浓债	瘓	浓	浓挓	浓斋	$lɔŋ^4$	$nɔŋ^4$	$nɔŋ^4$
姐	必宁	比影	比尹		必隐	se^2	$pi^6jiŋ^2$	$pi^6jiŋ^2$
妹	浓宁	瘓影	浓尹		浓隐	$lɔŋ^4jiŋ^2$	$nɔŋ^4jiŋ^2$	$nɔŋ^4jiŋ^2$
夫		破	铺	坡	破	pho^1	pho^1	pho^1
妻	米	米	米	米	乜	me^2	me^2	me^2
头	户	贺	户	拿帕	贺	ho^1	ho^1	ho^1
目（眼睛）	答	荅	打	达	大	ta^6	ta^6	ta^1
耳	鲁	户	呼	户	互	hu^1	hu^1	hu^1
鼻	浪	琅	虎朗	郎	荡	$laŋ^6$	$laŋ^6$	$daŋ^1$
口（嘴）	素	速	繡	说	素	sop^9	sop^9	sop^7
舌		林	林	灵	林	lin^4	lin^4	lin^4
齿	嗅	求	臭	求	休	xeu^3	xeu^3	$xɛu^3$
身	悖	荇			敦	$xiŋ^2$	$xiŋ^2$	$nə^2to^1$
手	墨	墨	墨	某	扪	$mɯ^2$	$mɯ^2$	$mɯ^2$
脚	定	颠	丁	丁	丁	tin^6	tin^6	tin^1
心	遮	招	昭	遮	债	$tsaɯ^6$	$tsɑ^6$	$tsai^1$
腹（肚子）	董	董	董		董	$tɔŋ^4$	$tɔŋ^4$	$tɔŋ^4$
皮	曩	曩	浪		曩	$laŋ^1$	$naŋ^1$	$naŋ^1$

汉语义（词项）	乙种本 百夷译语	丙种本 百夷译语	丁种本			现代傣语方言		
			芒市译语	孟连译语	车里译语	芒市	孟连	景洪
骨	奴	六	路		度	luk^7	luk^9	duk^9
衣	色赛	司	色	色	色	sə^3	sə^3	sə^3
鞋	计	结		竭	歉	kɛp^9	kɛp^9	xɛp^7
布	蛮圭	蛮归	瞒	完	肥	man^3	phen^5	fa：i^3
被	怕	把	扒	杷	扒			
裤（裤）		裩烘	裩	丢	丢	kon^6	teu^5	teu^5
茶	芽泥	芽以	芽益	辣	腊	ja^{3}jɯ^4	la^4	la^4
酒	劳	醪	劳	劳	劳	lau^3	lɑu^3	Lau^3
饭	糕	考能	号楞	靠	考	xau^3	xɑu^3	xau^3
盐	革	革	格		格	kə^6	kə^6	kə^1
咸	枕	谨	井	整	井	tsɛm^2	tsɛm^2	tsim^2
酸	算	巡	笋	送	悚	som^3	som^3	sum^3
淡	竹	竹		正	至	tsa：ŋ^6	tsaŋ^6	tsa：ŋ^1
甜	挽	腕	玩	院	万	va：n^1	van^1	va：n^1
苦	困	困	混	空	控	xom^1	xom^1	xum^1
金	罕	罕	罕	坎	罕	xam^2	xɑm^2	xam^2
银	恩	恩	哏	硬	恩	ŋen^2	ŋen^2	ŋɯn^2
铜	董	董	董		董	tɔŋ^2	tɔŋ^2	tɔŋ^2
铁	力	立	冽		另	lek^9	lek^{10}	lek^7
锡	力	吸	协		蝎	hek^9	hek^9	saʔ^{7}tuʔ^9
绿	嗅乃	嗅	臭	臭	臭	xeu^1	xeu^1	xeu^1
黄	棱	棱	楞	棂	楞	ləŋ^1	ləŋ^1	ləŋ^1
红	炼	炼	连	恋	连	lɛŋ^1	lɛŋ^1	deŋ^1
白	怕	迫	帛	怕	耗	phək^9	phək^9	phək^9
黑	烂	烂	澜		干	lam^6	lɑm^6	dam^1
一	楞	棱	冷	令	楞	ləŋ^6；ʔet^9	nəŋ^6；ʔet^{10}	nɯŋ^6；ʔet^7
二	送	送	送	纲	送	sɔŋ^1	sɔŋ^1	sɔŋ^1
三	散	散	散	散	散	sa：m^1	sam^1	sa：m^1
四	习	细	细	细	细	si^5	si^5	si^5
五	哈	哈	哈	戛	哈	ha^3	ha^3	ha^3

续表

汉语义（词项）	乙种本 百夷译语	丙种本 百夷译语	丁种本			现代傣语方言		
			芒市译语	孟连译语	车里译语	芒市	孟连	景洪
六	奴	忽	户	忽	贺	hok^9	hok^{10}	hok^7
七	折	折	借	结	借	tset^9	tset^{10}	tset^7
八	别	别	别	别	别	pɛt^9	pɛt^9	pɛt^9
九	高	高	稿	告	高	kau^3	kɑu^3	kau^3
十	习	习	昔	息	谢	sip^9	sip^{10}	sip
百	八	八	耙		淮	pa：k^9	pak^9	hɔi^1
千	令	幸	庆		版	heŋ^1	heŋ^1	pan^2
万	闷	闷	闷		闷	mun^5	mun^5	mɯn^5
东	干扛挽恶	干挽恶	八晚卧	宛阿	挽卧			
西	干扛挽都	干挽独	八晚度	宛夺	挽惰			
南	干腊猛	干剌猛	八拉法	混达	混代			
北	干户猛	干贺猛	八户猛	混奈	混奈			
中（中间）	干扛	瞻冈	胆冈		损	ka：ŋ^6	kaŋ^6	ka：ŋ^1

（曾晓渝　南开大学文学院　天津　300071）

文字、词汇部分

论汉字部首法演变历史的研究

陈燕

1. 为什么研究汉字部首法演变历史

按照一定原则和规则类聚汉字建立部首以达到为汉字排序的目的，这就是汉字部首法。汉字部首法为辞书和汉字字表中的汉字排序或检索服务。过万的汉字没有恰当的排序方法，就会杂乱无章。汉字有多种排序方法，唯有汉字部首法出现时间最早，且使用最普遍。

汉字部首法因汉字排序而产生，按照自己特定的道路向前发展，形成了独特的汉字部首法演变历史。我们注意到汉字领域的研究日益扩展和深入，而与汉字相关的汉字部首法演变历史等相关问题的研究成果很少，这与认识不足有关。我们从三方面讨论研究的必要性。

第一，汉字部首法历史研究具有较强的现实意义。

2009 年教育部、国家语委发布了《汉字部首表》《GB13000.1

字符集汉字部首归部规范》，这两个规范具有里程碑性质，标志着现阶段与汉字部首法相关的若干重要理论和实际问题已经基本解决。但是是否就此完结了呢？我们认为还没有。其后续工作是通过对汉字部首法的回顾和总结，向历史和社会做出必要的交代。这项工作不仅对以往的历史演变做出阐释，指出现代汉字部首法与传统一脉相承，而且通过汉字部首法历史研究发现和阐述演变规律，指导现实应用。总之对汉字部首法的演变历史进行全方位的研究，记载它走向规范化的过程，相当于为汉字部首法建立历史档案。

目前学界较少关注汉字部首法相关史料，缺乏对汉字部首法演变历史全面而系统的研究，致使一直以来对汉字部首法产生一些误解，难以满足现代社会应用的需要。

第二，通过这项研究使我们建立科学的汉字部首法观念，纠正历史上形成的某些相关术语的错误认识。

概念准确是科学研究的必要条件，特别是那些基本概念，基本概念模糊将使系统缺乏周密性。我国自古就有纠正社会语言应用错误的优良传统。例如由于汉代盛行任意说解文字的现象，因此许慎撰写《说文》以实现"解谬误，晓学者"的目的。北魏江式为纠正彼时社会"文字改变，篆形谬误，隶体失真"①的恶象而撰《古今文字》。唐代颜师古看到"百氏纰缪""六典迁讹"②而写《匡谬正俗》等。古代鸿儒的著述具有引领学术传统的作用，非常重要。

我们在研究汉字部首法相关问题时发现，历史上曾经产生过的一些模糊认识影响至今。例如在某些学者著述和报纸杂志

① 江式《古今文字表》，见李延寿 2012《北史·魏书》，第 1280 页，北京：中华书局。

② 颜扬庭《上匡谬正俗表》，《四库全书·经部·小学类》，《四库全书》原文电子版。

上，经常看到部首和偏旁混用的现象，①这是不科学的，应当加以纠正。但是这种混用于历史中产生，或许通过梳理古代文献，有效地辨析和说明，能提高认识。

　　偏旁和部首都是从古代传承下来的文字学术语，出现之始就各有其应用领域。唐宋时代出现偏旁的术语，较早使用"偏旁"术语的有唐代颜元孙《干禄字书》。颜氏《干禄字书·序》出现"偏旁同者，不复广出"的表述，这句话后面注释作"谓忩、殳、氏、回、臼、召之类是也"。②这些字在《说文》中只有"殳、氏、臼"是部首，而"忩、回、召"不是部首，后来也不作部首。这证明偏旁虽然可以充当部首，但是并非所有偏旁都能作部首；偏旁和部首自古就不能完全划等号。

　　古代所说的偏旁指构成合体字的组成部分，例如宋代姜夔《读书谱》"然柳氏大字，偏旁清劲可嘉，更为奇妙"。③偏旁也作"偏傍"，唐代皇甫湜《皇甫持正集四·答李生第二书》"书字未识偏傍，高谈稽契"④等。现代汉语将"偏旁"定义为："在汉字形体中常常出现的某些组成部分，如'位''住''俭''停'

---

　　① 例如：蒋善国说"它根据小篆字形，把汉字分成 540 部首偏旁……归纳为 540 部首偏旁"。"《说文》一书的整个系统，完全体现在这 540 部首偏旁。"（蒋善国　1987《汉字学》，第 6—7 页，上海教育出版社。）高世平说："汉字的意符，是汉字的真正的偏旁部首。""以《新华字典》为例，'示'作偏旁部首的有 39 个，'食'作偏旁部首的有 55 个。"（高世平《论汉字偏旁部首的规律》，《辞书研究》1983 年第 3 期，第 39-40 页）马桂榕说："在识字教学中，由于教学参考书缺乏，一些教师对汉字的某些偏旁部首不懂得它的读法。""人们常常把偏旁部首连起来说，这是习惯的说法。"（马桂榕《汉字偏旁部首的读法》，《广西教育》1999 年第 3 期，第 42 页）李莉说："多年来一直没有统一规范标准的汉字偏旁部首，目前终于有了国家级别的语言文字标准规范。""以往偏旁部首的不统一，给教育、辞典编纂、信息检索都带来一些困难。"（李莉《汉字偏旁部首有了国家标准》，《北京晚报》2009 年 02 月 26 日）等。

　　② ［唐］颜元孙　1993　《干禄字书》，第 2 页，北京：国际文化出版公司。

　　③ 罗竹风主编《汉语大词典（全三册缩印本）》，第 664 页，北京：汉语大词典出版社。

　　④《辞源（修订本）》，1979，第 237 页，北京：商务印书馆。

中的'彳'"。①因此，偏旁的古今内涵一致。

部首作为术语虽然自清代出现，但是所指对象从《说文》开始就已经存在。创立部首系统的《说文》称部首为"部"或"首"，后代或称作"540部"。大约从清代钱大昕开始，段玉裁、王筠、尹彭寿、冯桂芬、顾恩来、徐道政、黄寿凤、桂文灿②等前贤接踵使用"说文部首"一词。"部首"作为专门术语开始被广泛应用于各种著述。王筠解释"说文部首"含义说："部首本无深意，只是有从之者，便为部首耳。"③这个解释简单扼要。

部首的本质是部类之首，专为按部类排序汉字而设立。《说文》部首与后代部首④有本质的差别。《现代汉语词典》（第 6 版）对"部首"的解释比较准确："具有字形归类作用的偏旁，是字书中各部的首字，汉语辞书中常常根据汉字形体偏旁进行检索，形成部首检字法。"⑤因此，部首虽然一般由偏旁充当，但是并非所有的偏旁都作部首。

综上，部首与偏旁的界限自古就非常清楚，它们属于不同

①　中国社会科学院语言研究所词典编辑室编　2013　《现代汉语词典（第6版）》，第 991 页，北京：商务印书馆。

②［清］钱大昕《十驾斋养新录》、王筠《说文部首读》《说文释例》、尹彭寿《说文部首读补注》、冯桂芬《说文部首歌》、徐道政《说文部首歌括》、顾恩来《说文部首韵语》、黄寿凤《说文部首韵语》、桂文灿《说文部首句读》、尹彭寿《说文部首读补注》等。

③［清］王筠《说文释例·六书总说》，1983 年版，武汉：武汉市古籍书店，第 11 页。

④　王力先生认为有"两种不同性质的部首"，《说文》部首是文字学原则的部首，我们说的后代部首相当于他所说的检字法原则的部首。参见王力1981《中国语言学史》，第 34 页，太原：山西人民出版社。

⑤　王力　1981　《中国语言史》，第 116 页，太原：山西人民出版社。

领域的专用术语。我们调查了现代比较有影响的 28 种辞书①以及 5 种比较有影响的专著，②这些著述基本代表了现代社会关于部首偏旁的主要观点，对部首和偏旁的解释绝不相混，表明现代主流社会对偏旁部首的概念已经形成了较为稳固的约定俗成。

但是为什么会混用呢？通过追溯历史找到了答案。唐代开始曾将偏旁、字原（源）与《说文》540 部混用，这是字原研究探索时期的产物。古代的字原或偏旁多指《说文》540 部首，例如唐李腾撰《说文字源》一卷，其书的《说文》字源即《说文》部首。后蜀林罕《字原偏旁小说》、宋代释梦英《字原》、元代周伯琦撰《说文字原》、清代吴照《说文偏旁考》等皆承李腾等人之说。在《说文》诞生 500 年之后，偏旁、字原（源）曾经先后与 540 部等同出现，是造成它们混用的主要原因。古代学者在探求字原时发现字原、偏旁与《说文》540 部首关系密切，而没有细究彼此之间的差异，况且，部首多来自偏旁，于是出现了两者混用现象，一直影响至今。

我们如此不惜笔墨辨析偏旁与部首的区别，不单为了指出

---

① 28 种现代辞书，例如《现代汉语规范词典（第 2 版）》，2010 年版，北京：外语教学与研究出版社。《现代汉语词典（第 6 版）》，2013 年版，北京：商务印书馆。《中国大百科全书》，2009 年版，北京：中国大百科全书出版社。《语言文字百科全书》，1994 年版，北京：中国大百科全书出版社。《汉语大词典（全三册缩印本）》，1997 年版，上海：汉语大词典出版社。《中文大辞典》，1962 年版，台湾：台湾中华文化研究所。《大辞典（全三册）》，1985 年版，台湾：台湾三民书局。《两岸现代汉语常用词典》（北京语言大学与台湾合编），2003 年版，北京：北京语言大学出版社。《辞海（第 6 版）》，2010 年版，上海：上海辞书出版社，等。一些辞书没有"部首"词条，如《辞海》（1936/1981）、《辞源》（1915/1979）、《文史辞源》（台湾天成出版社）等。这里说的 28 种现代辞书不包括它们。

② 5 种专著：王力 1981 《中国语言学史》，太原：山西人民出版社。傅永和 1999《中文信息处理》，广州：广东教育出版社。苏培成 2014 《现代汉字学纲要（第 3 版）》，北京：商务印书馆。高家莺、范可育、费锦昌 1999 《现代汉字学》，北京：高等教育出版社。杨润陆 2000 《现代汉字学》，北京：长城出版社。

现代应用错误的古代根源，纠正错误，而且要在语言文字研究领域提倡术语的科学性。概念界限模糊，很不利于学习和应用。诸如此类还有将汉字部首与汉字构形混为一谈等。虽然出现这种状况一般与历史有关，但是不应当成为一直错误下去的理由。更重要的是，体现科学性的汉字部首系统不应当建立在术语错误或模糊的基础上。

第三，汉字部首法组织结构和悠久历史为世界独有，应当光大。

不同性质的文字，其字序[①]有不同特点。拼音文字的字母表规定了字母的排序，例如英文字母表 26 字母皆有顺序，也是英语词语的书面语序（即字序）。拼音文字字母数量少，易于排序。

汉字是意音文字，与拼音文字不同，字量庞大，建立汉字的字序[②]比拼音文字繁难而艰巨。汉字部首法属于汉字字序的形式之一，有着独特的组织结构及原则规则，其部首字形来自汉字偏旁或单字，汉字用部首排序，可谓相得益彰。汉字部首法演变历史悠久。这些在世界上都是独一无二的，但是对它缺少系统而全面的研究。

现代汉字部首法与古代一脉相承，我们无法割裂它。汉字部首法历史研究将展现出汉字部首法演变与传承的历史画卷。社会应用特别是现代汉字部首法规范对汉字部首法历史和应用理论有着较强的需求，对此研究并做出合理的阐释势在必行。

---

①"字序就是文字基本单位的排列顺序。"（苏培成　2014　《现代汉字学纲要》，第 183 页，北京：商务印书馆。）

②"汉字的字序主要有以下几种：音序（按汉语拼音字母排序），形序（按汉字的笔画、部首等排序），频序（按汉字的频率排序）。"见中华人民共和国教育部、国家语言文字工作委员会　2000　《GB13000.1 字符集汉字字序（笔画序）规范》，上海教育出版社。

本项研究具有较强的历史和现实的意义。

2. 本项研究缺位的主要原因及已往相关研究

探讨汉字部首系统演变历史研究造成缺位的原因，需要对以往汉字部首法研究状况和传统学术理念进行回顾和总结，下面分四个方面进行说明。

第一，受传统《说文》学的研究部首模式的影响。中国传统小学有关汉字研究主要围绕《说文》的形义音展开，特别是清代鼎盛时期。梁启超认为《说文》学"占了清学界最主要的位置"，而段玉裁《说文解字注》是"这门学问的老祖宗，我们不能不敬重他，但不可以为他意见所束缚。"① "不可以为他意见所束缚"正说明被《说文解字注》所束缚的状况已经发生。梁启超关于清代《说文》及段玉裁《说文解字注》的学术地位判断非常正确。王力先生十分肯定地说："在《说文》研究中，段氏应坐第一把交椅，那是毫无疑义的。"②段玉裁关于《说文》研究的成果无人可以比拟，无论怎么赞誉都不过分，其研究成果对后世影响极大。

我们认为梁启超告诫不可被段氏的意见所束缚是真理，打算以此为例进一步说明。在汉字字序方面，段玉裁的相关论述具有较强的代表性，但是大有可商榷之处。段氏说：

> 凡字书以义为经而声纬之，许叔重之《说文解字》是也……字书如张参《五经文字》爿部、彝部、羸部以声为经，是倒置也。韵书如陆法言虽以声为经，而同部者荡析

① 梁启超　2004　《中国近三百年学术史》，第237—239页，天津：天津古籍出版社。

② 王力　1981　《中国语言学史》，第119页，太原：山西人民出版社。

离居矣。①

段说尊奉字书"以义为经"的排序原则,《说文》五百四十部就是他心目中的最佳标准。但是他又说《说文》排序以"声纬之",大约是以声旁为部首排序汉字没有道理。《说文》虽然有80%以上的形声字,但是单纯用声旁作部首的只有"咼"字1例,及少量"亦声"的部首,够不上"声纬之"。《说文》是一部通过字形解释字义的字典,部首部类兼有释义的功能,段说《说文》"以义为经"是正确的。

《说文》有一些"亦声"部首,例如句部的"拘,从句从手,句亦声"、半部的"胖,从半肉声,半亦声"等。这类情况在《说文》中有30余例;还有一些未标明的亦声偏旁作部首,例如号部的"號,从号从虎"等。不论是否标明兼类,它们都不是纯粹的表音部首,而属于表义部首。因此《说文》的汉字排序与字音没有关系。再者,段氏批评张参《五经文字》使用声旁丩、蕄、赢作部首是本末倒置,还批评诸韵书以音韵排序汉字,使同部字的字义荡然无存,表现出段氏在汉字字序方面的无知。汉字排序到清代已经呈现出多样性,例如已经出现了音序法、笔画法等。段玉裁等清代学者重点围绕汉字形音义进行研究,没有顾及包括汉字部首法在内的汉字字序研究,在他们的时代及前代,汉字部首法演变历史研究就已经缺位,这势必对后代造成影响。

段说错误的根源主要有三点:一是仅从《说文》540部的音义角度考虑问题,认为这就是汉字部首法的全部;二是坚持《说文》以义为经的原则不变,其实汉字字序不拘一格;三是段氏没有关注到汉字部首法经过发展演变之后,已经走向以快速

───────

① 段玉裁《六书音均表》,载段玉裁 1988《说文解字注》,第 817 页,上海:上海古籍出版社。

检索为目标的事实。以上是造成段说偏见的主要原因。

我们相信以段玉裁的学养，如果全面研究了汉字部首法演变的历史，深究自宋代《类篇》以后就没有人再用《说文》五百四十部排序汉字（古文字专业书除外）的原因，可能会改变上述认识。我们之所以这样推测，是因为段氏研究上古音时提出"音韵随时代迁移"①的观点，王力先生赞扬他说"段氏之所以比别的小学家可贵，其原因之一就是他有历史发展观点"。②但是段氏没有注意到汉字部首法的发展变化。

古代某些学者持双重语言文字发展观点。与段氏同时期的清代著名学者钱大昕说"文字者终古不易，而音声有时而变"。③怎么会音韵变化，而汉字却终古不变呢？这就是双重语言文字发展观。钱氏之说似乎代表清代主流学者的思想。"文字者终古不易"的观点，与明代陈第"字有更革，音有转移"④之说相悖。汉字部首法隶属于汉字系统，依照钱氏之说汉字不变，那么汉字部首系统也不变，这大约是段氏恪守《说文》540 部的深层原因。

段玉裁研究《说文》部首局限于解释部首的形音义和部叙，基本没有越过南唐徐锴《说文解字系传》的范围。徐、段两位先贤以《说文》部首为研究对象，圈定了汉字部首法研究的基本范围，后世研究基本局限于此。翻开近现代有关汉字部首法方面的著述就一目了然。例如王藩编辑《说文部首辑注》（四川正字山房刻本 1915）、周崧年《说文部首》（周氏寄庐石印本

① 段玉裁《六书音均表》，载段玉裁　1988　《说文解字注》，第 816 页，上海：上海古籍出版社。

② 王力　1981　《中国语言学史》，第 115 页，太原：山西人民出版社。

③ 钱大昕《六书音均表·原序》，见段玉裁《六书音均表》，载段玉裁　1988　《说文解字注》，第 804 页，上海：上海古籍出版社。

④ 陈第　1988　《毛诗古音考·序》，第 7 页，北京：中华书局。

1916）、黄启良《说文部首集解》（黄氏手稿本 1925）、徐绍桢
《说文部首述义》（中原书局 1930）、康殷《说文部首》（附简释）
（荣宝斋 1980）、邓散木《说文解字部首校释》（上海书店 1984）、
王术加《偏旁部首简说》（湖南人民出版社 1985）、向夏《说文
解字部首讲疏》（中华书局 1986）、戈春源《汉字部首源流》（四
川大学出版社 1984）、潘自由《汉字部首浅析》（内蒙古科学技
术出版社 1987）、吕奇特《汉字常用部首今释》（湖北教育出版
社 1987）、郭鑫铨《汉字部首浅释》（云南教育出版社 1989）、
周万春《汉字部首例释》（知识出版社 1991）、章童年《许氏说
文解字部首》（南京古籍书店 1992）等。

　　也有新辟路径的特色研究，例如章太炎撰《说文部首均语》
（上海人民出版社 1999），将《说文》部首编成韵文重新排序。
包明权先生《说文部首通释》（台湾正中书局 1967），将部首相
关的信息进行较为全面著录，是本书的重要特点。此书除了为
《说文》部首释音、释义、释形、注解及说明属字和公共关系之
外，还列出《说文》和《康熙字典》的部叙，同时指出部首归
部的变化，比较有新意。例如《说文》部首"畐"，《康熙字典》
不立为部首，而《说文部首通释》注明《康熙字典》将"畐"
归到宀部等。叶正渤撰《汉字部首学》（中国文联出版社 2001），
主要内容从汉字教学出发，考察 214 个部首形音义，探究部
首、偏旁及字源等的关系。董莲池《说文部首形义新证》（作
家出版社 2007），注重研究材料并判断是非，以甲骨文金文等
出土新材料证明并阐发《说文》部首形义的意蕴，结论可信，
较有新意。

　　综上，清代迄今有关汉字部首或《说文》部首的著述虽然
层出不穷，但是基本没有脱离徐锴和段玉裁研究《说文》部首
的范围。现代一些学者的研究虽然颇具特色有新意，但是其核

心内容基本没有离开对《说文》部首形音义的阐释，或对由《说文》部首的形义衍生出来的传统概念进行辑录校释，具有比较浓厚的传承色彩，自然形成了汉字部首法演变历史研究的缺失。

继承传统本没有错，但是囿于传统和学派的束缚而不去发现和研究新问题，就会有碍于学术发展。

民国以后的传统文字学基本传承于清代。清代某些学者非常注重师承关系。例如吴派汉学家江藩（1761—1831）著《国朝汉学师承记》《国朝宋学渊源记》，皆是记载师承关系的专书。前书主要阐述群经源流及清代学者的经学师传，旨在表彰汉学；后书主要阐述清代学者研究宋学的学术思想及学术渊源关系。江书所尊奉的“各信师承，嗣守章句”的信条，对后代影响很大。后续者赵之谦（1829—1884）撰《汉学师承续记》讲究师法谨严，补充了江藩的书所没有收录的人物。经过他们不断地撰述，学界逐渐形成了各自信守师承的传统。章太炎（1869—1936）撰《国学概论》阐述清代“经学的派别”时，以师承关系为线索阐述各派特点。①他的另一部著述《检论》有“清儒”一节，专门叙述了清代学者的著述及师承关系。②他们的著述皆强调师承的传统。

注重师承的传统极为有利于学术的传承，但如果过于“嗣守章句”那么极易束缚后学的思想。传统是一种比较顽强而持久的旧意识，又“是一种巨大的惰性力量”。③因此师承的传统具有正反两面性，积极和消极的因素俱存。传统带来的汉字部首法历史研究缺失一直未能改变。

---

① 参见章太炎　2006　《国学概论》，第27—29页，上海：上海古籍出版社。

② 参见刘凌、孔繁荣编校　1998　《章太炎学术论著》，第116—124页，杭州：浙江人民出版社。

③ 参见朱维铮　2011　《音调未定的传统（增订本）》，第13页，杭州：浙江大学出版社。

第二，由于以上原因，形成了汉字部首法观念的局限。如前所说，因为传统关于部首方面的研究局限于《说文》部首形音义和部叙的范围，所以在已有的研究中既没有弄清楚《说文》部首系统建立的背景，及它与汉字的关系，又没有弄清楚作为初创的《说文》部首系统的整体面貌，也没有弄清楚它如何脱离《说文》演变成检字法部首的过程，还没弄清楚汉字部首法不断演进的历程，以及发展趋势。与其说传统没有弄清楚以上问题，不如说其关注点不在此。有人认为，与汉字形音义的研究相比较，汉字部首系统研究的内容少，而且到现代只用于辞书排检，范围较窄而没有研究的必要。或者只看到从古至今汉字部首数量增减的变化，而没有看到汉字部首系统内部的变化，凭此认为汉字部首法的历史很简单，不值得学者们关注和研究，致使整体研究的缺位，相关研究成果较少。到20世纪，虽然在汉字部首法应用研究方面有较大进步，但是在历史和理论方面依然没有进展，呈现出缺失的状态。

第三，中国自古的传统，除二十四史之外，没有给其他领域建立专门史的先例和习惯。中国古代基本没有专门史，也就不可能出现汉字史，更不会出现汉字部首演变史。因此，必然形成研究的缺位。

第四，汉字部首法古今演变具有隐匿性。20世纪以后出现了太多的反传统的现象，例如新文化运动、"五四"运动等。语言方面的专门史如雨后春笋般涌出。例如20世纪30年代胡朴安发表《中国文字学史》，是第一部文字学史方面的专著[①]（还不是中国文字史），张世禄撰写了《中国音韵学史》，七八十年代邵荣芬《汉语语音史讲话》、方孝岳《汉语语音史纲要》、王

---

①《二十世纪的汉语言文字学》，载刘坚主编 1998《二十世纪的中国语言学》，第110页，北京：北京大学出版社。

力《汉语语音史》等。

　　建立专门史基于被研究对象具有时空的差异，从时间节点上构成了连续性。明代陈第提出语言文字发展的著名论断，从理论上指出由于时间的古今变化和空间的南北差异，带来了汉字字形和字音的变化。我们以为，其变化一般并非一次性完成而是具有时空的连续性，这是建立专门史的基本条件。汉字部首系统各个阶段的变化，需要详加分析才能发现其特点。在古代辞书中，很少把汉字部首法的立部、归部原则和规则专章清晰地表达出来，与汉字部首法相关的重要内容被隐匿，经过对这些内容进行细致的分析之后，才能发现汉字部首法的重要变化。随着研究逐步深入，汉字部首系统的各种变化将昭然若揭。

　　我们大致归纳了汉字部首系统演变史研究缺位的原因。对已有历史和现存状况进行必要的反思，不以批评为主要目的，而是指出问题及其根源所在，勇敢地面对，希冀有所进步。

3. 客观地认识汉字部首法

　　具有近 2000 年历史的汉字部首法今天仍在广泛应用，相比较而言，比部首法稍晚产生的古代注音方法——反切，运气不佳，虽然古代学者从应用出发不断改良反切用字，但是在清代小说中仍然被描绘成"每每学士大夫论及反切，便瞠目无语，莫不视为绝学"（李汝珍《镜花缘》第十七回），使人望而却步。到 20 世纪后半叶，屡经改造的反切在应用领域消失了。与此相反，汉字部首法在不断改进之中依然承担重任。其原因何在？通过比较不难发现，现代的部首法与部首法之宗《说文》五百四十部已经产生本质差别，表现出汉字部首法的发展。汉字部首法始终在满足社会需要的不间断改进之中前行。

在与时俱进方面，反切和汉字部首法是一致的，否则它们早就被淘汰了。所不同的是天赋各异：反切用汉字表音属于先天不足；而在汉字偏旁基础上建立的汉字部首法符合汉字结构特点，正因为如此，才使汉字部首法能够沿用至今。需要指出的是，现代汉字部首法已经不能等同于《说文》540 部。自宋代《类篇》之后，《说文》540 部已经基本退出社会应用领域（一般只见于收录古文字的字典）。这些与汉字部首法相关的认识非常重要，是本项目研究的起点。

《说文》于公元 121 年以进献朝廷的形式表示最终完成。在漫长的应用过程中，《说文》所创立的部首系统处在不断的演变之中。《说文》部首系统由部类、部首、属字以及隐含的汉字部首立部原则和规则、汉字部首归部原则和规则等要素构成。虽然这些构成要素亘古不变，但是其内涵一直在变化之中。引起一系列连锁变化的推手则是隐含的立部、归部的原则和规则，它是汉字部首系统的核心，反映了部首法的本质，由此构成了汉字部首系统，又称作"汉字部首法"。

汉字部首法在不间断的变化与传承之中形成了传统，传统的各种观念长久地存在并影响后世。其与时俱进的精神，推动汉字部首法在不断变革中得以长久生存，使汉字部首法至今依然被社会广泛地应用。我们发现了这些重要的本质特征，称之为"汉字部首法的传统"。汉字部首法传统的基本精神就是与时俱进。

传统是什么？对其可以有多种解释，综合起来大致是历史形成的以旧有意识面貌出现的某种文化心理积淀，每一个具有深厚历史的民族都感受得到传统的强大力量。从本质上看，"传统本身是个过程"，^①具体地说是"一个处于生成、定型、破裂与转化的永恒运动中的过程"。^②因此，传统并非一成不变，经常处在形成、定型，以及转变过程之中，我们经常可以在阅读古代文献中体会到。这是我们提出"汉字部首法传统"的理论依据。

汉字部首法经历了形成、完善（或说定型）又不断演变的过程。从《说文》部首系统的创立到《玉篇》的完善，皆是根据汉字意义建立的汉字部首系统，学界一般称之为表义部首法。在这个时期，表义部首法得以完善，这就是传统的《说文》部首系统。

至此汉字部首法的演变并没有停止，而是继续向前发展，由表义部首法向应用性较强的检字部首法转变，这是对《说文》传统部首的一次较大改变。经过隋唐宋元，到明末《字汇》形成了兼据汉字字义和字形的检字部首法，至《康熙字典》得以完善。这个时期由于《说文》学研究如火如荼，因此在学者的研究著述中，传统《说文》部首法影响依然很大；而在应用领域则不然。

近代以来，中国受西学东渐影响而发生国语运动，由此带动了汉字检字法的改革，从而促使兼据字义和字形的汉字部首法发生演变并且快速转型，再一次进入了改变传统的进程，直至现在仍然处在这个进程之中。这个进程以建立汉字部首法的新模式为目标，与简化汉字同行。所谓"改变传统"，不是对原有模式完全改变，而是局部地将不合时宜的部分改变。它再次说明传统具有连续性、永远变化的道理。

---

① 参见朱维铮　2011　《音调未定的传统（增订本）》，第 19 页，杭州：浙江大学出版社。

② 参见朱维铮　2011　《音调未定的传统（增订本）》，第 249 页，杭州：浙江大学出版社。

汉字部首法由《说文》部首法（表义部首法）向检字部首法（兼表形义部首法）转变，再向现代部首法（表形部首法）转型，这是我们阐释汉字部首法历史的基本框架。

如果只从外在影响中寻找转变原因，是不全面的。我们不能忽略《说文》部首体系虽然本质上是表义的，但是也存在非显性的汉字检索的功能，可是在外观上很难将两者相区别。当我们细读《说文》之后，就会发现《说文》部首法是为汉字排序而建立，原本没有检索的观念。这与汉代的汉字总量较少有一定关系，彼时收字最多的字典《说文》仅有万字，许慎和那个时代都不需要考虑检索汉字的问题。历代文献证明，从为汉字排序转变为排序检索并行，经历了一个比较长的历史过程。

后代辞书的字量有所增加，例如宋代《类篇》有 31319 字，社会出现了比较强烈的汉字检索的需求。徐铉比较明确提出"要资检阅"①的主张，他对《说文》"寻求一字往往终卷"难以检索的状况提出批评，代表了唐代以来学界的普遍看法。大约唐宋时代，汉字部首法迈出了向排序和检索并重方向转变的步伐。从内部自发地改变传承的速度一般都比较慢。《说文》之后逾 1500 年，我们看到了《字汇》《康熙字典》的部首法，它们旨在建立一个"庶检阅既便而义有指归，不失古人制字之义"②的部首法。既要便于检索，又要竭力保持古代字义。据此，我们认为《字汇》《康熙字典》的性质是兼据形义的汉字部首法。当汉字部首法展示出检索的功能之后，就逐渐脱离了表义性。近代开始的汉字检字法改革一直延续到中华人民共和国成立以后，这次改革提出和实践了据形归部的汉字部首法原则和规则。至此完整而清晰地展现出汉字部首法由《说文》部首向现代转

---

① 参见徐锴《说文解字篆韵谱》徐铉序，《四库全书》原文电子版。
② 参见张玉书、陈廷敬 1980 《康熙字典》凡例，第 6 页，北京：中华书局。

变的漫长轨迹，现代汉字部首法由此诞生。

　　进入计算机信息处理时代的现代汉字部首法，必须实现规范标准化。2009 年教育部和国家语委联合发布了《汉字部首表》和《GB13000.1 字符集汉字部首归部规范》，适应了时代的要求。

　　以上是关于汉字部首法演变历史和应用理论方面的基本认识。

　　历史反映了文化。汉字部首法历史承载着宝贵且根深蒂固的中华民族优秀文化，我们应当给予全面认识和继承。汤一介先生提出编纂《儒藏》建议时说："有自己文化的国家，而且珍惜自己传统的国家，才是有希望的国家。"传承我们的文化遗产，继往开来，这是当代中国学者义不容辞的责任。

参考文献

王力　1981　《中国语言学史》，太原：山西人民出版社。

刘凌、孔繁荣编校　1998　《章太炎学术论著》，杭州：浙江人民出版社。

朱维铮　2011　《音调未定的传统》（增订本），杭州：浙江大学出版社。

[北魏] 江式《古今文字表》，载李延寿　2012　《北史·魏书》，北京：中华书局。

[唐] 颜元孙　1993　《干禄字书》，北京：国际文化出版公司。

[清] 王筠　1983　《说文释例·六书总说》，武汉：武汉市古籍书店。

[清] 段玉裁《六书音均表》，载段玉裁　1988　《说文解字注》，上海：上海古籍出版社。

[清] 陈第　1988　《毛诗古音考·序》，北京：中华书局。

章太炎　2006　《国学概论》，上海：上海古籍出版社。

梁启超　2004　《中国近三百年学术史》，天津：天津古籍出版社。

张玉书、陈廷敬　1980　《康熙字典》凡例，第6页，北京：中华书局。

罗竹风主编　1997　《汉语大词典（全三册缩印本）》，上海：汉语大词典出版社。

《辞源》修订组　1979　《辞源（修订本）》，北京：商务印书馆。

中国社会科学院语言研究所词典编辑室编　2013《现代汉语词典（第6版）》，北京：商务印书馆。

（陈燕　天津师范大学文学院　天津　300387）

论音韵学辞典的编撰原则与创新

——《中国语言学大辞典》和《语言文字词典》音韵学词目表分析

冯蒸

1. 引言：《中国语言学大辞典》和《语言文字词典》音韵学词目总表及其重要意义

汉语音韵学有着上千年的历史，但是长期以来，这个学科并没有一部严格现代意义上的音韵学辞书。首次以辞书形式出现在人们视野中的是 1978 年出版的《语言文字学名词解释》（又名《辞海·语言文字分册》）（复旦大学语言研究室编，1978.4，商务印书馆；上海辞书出版社）中的音韵学词条，该书共收有音韵学名词 87 条，术语部分仅有 8 页。这当然不能算是严格意义上的音韵学辞书。其实，类似的情况早在 1927 年出版的《文字学名词诠释》（叶长青编著，上海群众图书公司，1927，224页）一书中就已存在，该书虽然名为《文字学名词诠释》，但实际上却收有音韵学名词 132 条，比《辞海·语言文字分册》所收的音韵学条目还要多，但这当然也不能算是音韵学辞书。

在中国大陆，首次以专科辞典形式出版的音韵学辞书始于

1991 年，在这一年同时出版了两本重要的音韵学辞书，一本是
1991 年 3 月江西教育出版社出版的《中国语言学大辞典：音韵
学卷》，一本是 1991 年 9 月出版的曹述敬主编的《音韵学辞典》，
这两部辞典各有特色，前一本"音韵学卷"虽然只是《中国语
言学大辞典》中的一卷，不是一本独立的音韵学辞书，但实际
上该卷有 20 余万字，长达 150 页之多（含人名、著作、音韵学
史），完全可以作为一部独立的音韵学辞书来对待。曹述敬主编
的《音韵学辞典》本文不予论及，仅讨论笔者主编和独撰的两
部音韵学辞书。这两部辞典就是《中国语言学大辞典：音韵学
卷》（1991）和《语言文字词典：音韵学卷》（学苑出版社，1999）。
前者笔者是主编兼撰写人，后者则是笔者一人独撰。《中国语言
学大辞典》和《语言文字词典》在音韵学界有一定影响，与该
书的音韵学词目有特色密不可分，下面我们先把这两部辞书的
音韵学词目全部列出，作为下文讨论的基础。下表中的楷体字
部分是《语言文字词典》新增条目；下划线部分是《中国语言
学大辞典》（下文简称《大辞典》）收录而《语言文字词典》未
收录的词目。

《中国语言学大辞典》与《语言文字词典》音韵学词目总表
（一）总论：研究范围及学科（40 条）

（1）汉语音韵学（2）音韵学（3）声韵学（4）汉语音韵理
论（音理）（5）汉语语音史（6）音韵理论（7）音理（8）汉语
音韵学史（9）汉语音韵研究方法论（10）古音学（11）古韵学
（见【古音学】）（12）今音学（13）今韵学（见【今音学】）（14）
等韵学（15）早期等韵学（16）宋元等韵学（17）明清等韵学
（18）北音学（19）音韵（20）声韵（21）古音（22）古韵（见
古音）（23）今音（24）今韵（见【今音】）（25）时音（26）上

古音（27）近古音（28）中古音（29）近代音（30）古官话音（见【近代音】）（31）早期官话音（32）北音（33）南音（34）雅音（35）正音（36）中原雅音（37）戏曲音韵（38）京剧音韵（39）考古派（40）审音派

（二）音理篇（297条）

（41）音韵构造（42）头颈腹尾神（43）起舒纵收（44）音类（45）声母（46）声（47）单声母（48）复辅音声母（49）复声母（见【复辅音声母】）（50）零声母（51）声类（52）声纽（见【声类】）（53）音纽（54）纽（55）五音（56）七音（57）九音（58）九声（59）喉音（60）牙音（61）舌音（62）齿音（63）舌头音（64）舌上音（65）半舌音（66）半齿音（67）齿头音（68）细齿头音（69）正齿音（70）细正齿音（71）唇音（72）重唇音（73）轻唇音（74）喉音双飞（75）喉音二独立（76）独清（77）独浊（78）分清（79）分浊（80）清浊（81）全清（82）全浊（83）次清（84）次浊（85）又次清（86）又次浊（87）不清不浊（88）半清半浊（89）最清（90）最浊（91）纯清（92）纯浊（93）字母（94）三十六字母（95）守温字母（96）三十字母（见【守温字母】）（97）系（98）组（99）帮系（100）端系（101）知系（102）见系（103）帮组（104）非组（105）端组（106）泥组（107）精组（108）知组（109）庄组（110）章组（111）日组（112）见组（113）晓组（114）影组（115）喻三（116）于母（见【喻三】）（117）云母（见【喻三】）（118）喻四（119）以母（见【喻四】）（120）羊母（见【喻四】）（121）照一（122）照等第一（123）照二（124）照等第二（125）照二组（126）照三组（127）照三（128）尖圆音（129）尖团音（见【尖圆音】）（130）尖音（131）尖字（132）圆音（133）

团字（134）团音（见【圆音】）（135）喻化（136）宫商角徵羽（137）次商（138）次宫（139）半徵（140）半商（141）深喉音（142）浅喉音（143）半舌半齿（144）正舌（145）唇外（146）唇内（147）齿上（148）半喉半牙（149）轻齿（150）重齿（151）轻牙（152）重牙（153）重舌音（154）轻舌音（155）重齿音（156）轻齿音（157）同鸣者（158）不鸣者（159）字父（160）戛透拂轹揉（161）戛透轹捺（162）发声（163）外收声（164）内收声（165）收声（166）初发声（167）送气声（168）忍收声（169）位同（170）同位（171）音（172）韵母（173）单韵母（174）复韵母（175）鼻韵母（176）韵类（177）附声韵（178）不附声韵（179）呼（180）两呼（181）四呼（182）呼法（183）开口呼（184）合口呼（185）齐齿呼（186）撮口呼（187）开合口（188）洪细（189）洪音（190）细音（191）韵头（192）介音（见【韵头】）（193）韵腹（194）韵尾（195）阴声（196）阴声韵（见【阴声】）（197）阳声（198）阳声韵（见【阳声】）（199）舒声（200）舒声韵（201）促声（202）促声韵（203）儿化韵（204）曲韵六部（205）直喉（206）展辅（207）敛唇（208）抵腭（209）穿鼻（210）碍喉（见【穿鼻】）（211）闭口（212）闭口韵（213）阴轴（214）阴弇（215）阴侈（216）阳轴（217）阳弇（218）阳侈（219）弇侈（220）字母韵（221）复合介音（222）入声韵（223）入声字韵母（224）开口（225）合口（226）翕（227）辟（228）闉（229）开发收闭（230）自鸣者（231）子母（232）孙母（233）曾孙母（234）甚次中（235）喉音一部（236）喉音二部（237）喉音三部（238）鼻音部（239）舌齿音部（240）唇音部（241）闭口呼（242）混呼（243）齐齿卷舌呼（244）齐卷而闭呼（245）舌向上呼（246）咬齿呼（247）开口旋闭呼（248）齐齿旋闭呼（249）开合混呼（250）启口齐

齿呼（251）闭口卷舌混呼（252）卷舌闭口混呼（253）开口正韵（254）开口副韵（255）合口正韵（256）合口副韵（257）四声（258）平声（259）上声（260）去声（261）入声（262）仄声（263）平仄（264）平侧（见【平仄】）（265）阴调（266）阳调（267）五声（268）六声（269）八声（270）八音（271）十四声（272）阴平（273）阳平（274）浮平（275）沈平（276）上仄（277）去仄（278）浅入（279）深入（280）清浊上去入（281）平上去入全（282）沈浮上去浅深（283）开承转纵合（284）哐噎（285）音韵系统（286）音系（287）音韵地位（288）音韵位置（289）音节表（290）声韵调配合关系（291）声母与韵母的关系（292）声母与声调的关系（293）韵母与声调的关系（294）音韵对应（295）历时对应（296）共时对应（297）音韵演变（298）音变理论（299）自然音变（300）条件音变（301）音变规律论（302）不规则音变（303）i-音变（304）u-音变（305）推拉链理论（306）空格理论（307）变异理论（308）古音有连读音变说（309）古韵通转说（310）叶音说（311）转注说（312）音移说（313）王力古音通转说（314）黄侃古声韵"相挟以变"说（315）合韵说（316）同列（317）近转（318）近旁转（319）次旁转（320）正对转（321）次对转（322）正声（323）变声（324）交纽转（325）隔越转（326）出声（327）通转（328）旁转（329）对转（见【阴阳对转】）（330）阴阳对转（331）旁对转（332）阳入对转（333）阴入对转（334）合流（335）无变化（336）分化（337）渐移

（三）音史篇（162条）

（338）原始汉语音系（339）殷商甲骨文音系（340）上古音系（341）喻三归匣说（342）喻四归定说（343）古音娘日二

纽归泥说（344）古无轻唇音说（345）古无舌上音说（346）古"舌音类隔之说不可信"说（347）照系二等归精系说（照二（庄组）归精说）（348）照三归端说（照三（章组）归端说）（349）古双声说（350）古音邪纽归定说（351）古音无邪纽说（352）上古"晓匣"归"见溪群"说（353）古匣群同母说（354）匣群喻三古归一说（355）古有复辅音声母说（356）一字重音说（357）古无复辅音声母说（358）带 l 复声母有 A、B、C 三式说（359）上古带 l/r 型复声母分两类说（360）上古二等有 l 介音说（361）上古喻四（以母）为 l 说（362）上古送气声母为后起说（363）上古汉语有送气和清化鼻流音声母说（364）上古晓母分二类说（365）古无合口介音说（366）古音韵至谐说（367）古阴阳入三分说（368）古分六元音说（369）古分四元音说（370）古分二元音说（371）脂微分部说（372）古支脂之三分说（373）　东冬分部说（374）冬侵合一说（375）谈添盍帖分四部说（古"谈添盍帖"分四部说）（376）次入韵说（377）数韵共一入说　（378）古"异平同入"说（379）上古有圆唇舌根音韵尾说（380）上古入声韵尾为浊音说（381）古无去声说（382）古无入声说（383）古无四声说（384）古有四声今读不同说（385）古无上去二声说（386）古"平上去为一类，去入为一类"说（387）长去短去说（388）"四声一贯"说（389）长入（390）短入（391）声调起源于复声母说（392）声调起源于声母清浊说（393）声调起源于元音说（394）声调起源于韵尾说（395）上古音节结构观（396）古无开音节说（397）古有开音节说（398）上古阴声具辅音韵尾说（399）上古阴声为开音节说（400）上古无介音说（401）汉代音系（402）魏晋南北朝音系（403）中古音系（404）《切韵》音系（405）《广韵》声类（406）《广韵》韵类（407）《切韵》全浊声母不送气说（408）

一/三等韵的趋同音变（481）止摄诸韵的合流（482）纯四等韵
i 介音的产生（483）同摄三、四等韵的合流（484）江、宕二
摄阳声韵的合流（485）梗、曾二摄阳声韵的合流（486）支思
韵的形成（487）车遮韵的形成（488）近代四呼起源于宋元等
韵的四等二呼说（489）闭口韵之变为抵腭韵（闭口韵变为抵腭
韵）（490）儿化韵的出现（491）卷舌音声母后 i 介音的消失（492）
古低元音今多高化说（493）调类稳定调值易变说（494）去声
备于魏晋说（495）平分阴阳（496）浊上变去（497）阳上作去
（见【浊上变去】）（498）入派三声（499）次浊上声归清类

（四）资料篇（249 条）

（500）文字学资料（501）谐声系统（502）谐声系列（503）
主谐字（504）被谐字（505）谐声表（506）古"同声必同部"
说（507）无声字多音说（508）高本汉谐声说（高本汉的谐声
说）（509）李方桂谐声说（李方桂的谐声说）（510）普通谐声
（511）特殊谐声（512）例外谐声（513）诗律（514）词律（515）
曲律（516）诗韵（517）词韵（518）曲韵（519）平水韵（520）
八病（521）平头（522）上尾（523）蜂腰（524）鹤膝（525）
旁纽（526）大纽（527）正纽（528）小纽（529）调四声谱（530）
押韵（531）合辙（532）韵语（533）韵例（534）韵式（535）
韵脚（536）叶韵（537）取韵（538）合韵（539）叶句（540）
叶音（541）抱韵（542）纯抱韵（543）准抱韵（544）交韵（545）
纯交韵（546）复交韵（547）不完全交韵（548）叠句（549）
富韵（550）换韵（551）转韵（552）开口韵（553）邻韵（554）
密韵（555）偶句韵（556）隔行韵（557）隔句韵（558）疏韵
（559）通押（560）通韵（561）虚字脚（562）遥韵（563）单
一韵（564）排韵（565）打铁韵（566）随韵（567）递转韵（568）

交织韵（569）窄韵（570）险韵（571）古假借必同部说（572）古异部假借转注说（573）读若资料（574）声训资料（575）譬况（576）直音（577）急声（578）急读（579）慢声（580）缓读（581）急气（582）缓气（583）急言（见【急气】）（584）缓言（见【缓气】）（585）徐言（见【缓气】）（586）长言（587）短言（见【长言】）（588）内言（589）外言（见【内言】）（590）笼口（591）横口合唇（592）踧口开唇（593）舌头（594）舌腹（595）反切（596）反（见【反切】）（597）翻（见【反切】）（598）反语（见【反切】）（599）反言（见【反切】）（600）反音（见【反切】）（601）体语（602）双反语（603）被切字（604）切（605）反切上字（606）切上字（见【反切上字】）（607）反切下字（608）切下字（见【反切下字】）（609）例外反切（610）九弄（611）反纽（612）双声语（613）双声（614）叠韵（615）合声（616）合声法（617）借用（618）今用（619）协用（620）切音直韵直母（621）切音转母（622）切音转母转韵（623）切音转韵（624）《切韵》反切上下字清浊搭配说（625）介音和谐说（626）韵书（627）韵目（628）韵部（629）部（630）韵（631）大韵（632）小韵（633）字纽（见【小韵】）（634）小韵首字（635）音节代表字（636）空（637）独用（638）《广韵》同用独用表（639）韵系（640）上平声（641）上平（642）下平声（643）下平（644）重出小韵（645）重某韵（646）《切韵》系韵书（647）《切韵》残卷（648）北音韵书（649）《中原音韵》系统韵书（650）等韵图（651）异读字资料（652）等韵（653）韵图（654）韵谱（655）等子（656）图（657）等韵门法（658）门法（659）门（660）法（661）摄（662）等（663）内外混等（664）独韵（665）开合韵（666）凭韵（667）音和（668）类隔（669）端知类隔（670）类隔切（671）转（672）内外转（673）内外（674）

内转（675）外转（676）轻重（677）轻重交互（678）广通（679）通广局狭（通广偏狭）（680）局狭（偏狭）（681）通广（682）创立音和（683）内三外二（684）就形（685）开合（686）窠切（687）振救（688）精照互用（689）匣喻互用（690）凭切（691）正音凭切（692）寄韵凭切（693）喻下凭切（694）日寄凭切（695）日下凭韵（696）列围（697）助纽字（698）麻韵不定（699）前三后一（700）射字（射字法）（701）射标（702）击掌知音（703）等第（704）等列（705）四等（706）两等（707）韵摄（708）十六摄（709）十三摄（710）附摄（711）格子（712）行韵（713）取字（714）借声（715）寄声（716）等呼（717）开合合韵（718）开合分韵（719）归字（720）八法（721）出切（722）域外译音（723）日本汉字音（724）宋音（725）声明（726）吴音（727）汉音（728）唐音（729）新汉音（730）朝鲜译音（731）高丽译音（见【朝鲜译音】）（732）越南译音（733）安南译音（734）越南汉字音（735）汉越语（736）古汉越语（737）对音（738）梵汉对音（739）西夏语汉语对音（740）藏汉对音（741）蒙汉对音（742）满汉对音（743）回鹘语汉语对音（744）于田语汉语对音（745）契丹语汉语对音（746）十世纪河西方言（747）朝鲜语汉语对音（748）同源异式词

（五）方法论（30 条）

（749）音韵哲学方法论（750）音韵逻辑学方法论（751）系联法（752）反切系联法（见【系联法】）（753）正例（754）变例（755）同用（756）互用（757）递用（758）系联法正例（759）系联法变例（760）反切比较法（761）音位归并法（762）丝联绳引法（763）丝贯绳牵法（见【丝联绳引法】）（764）离析唐韵法（765）审音法（766）统计法（767）音系表解法（768）

历史比较法（769）拟测（770）外部拟测（见【历史比较法】）
（771）内部拟测法（772）类型拟测法（773）古调值拟测（774）
舌齿音比例式（775）对音法（776）今音对照法（777）古今音
对比法（778）时空投影法

（六）音韵学史篇（45 条）

（779）汉语音韵学研究（780）古音学的起源（781）现代
音韵学的诞生（782）传统音韵学派（783）现代音韵学派（784）
普林斯顿学派（785）形态构拟学派（786）四声起源说（787）
四声名称来源说（788）永明声律论（789）字母的名义（790）
守温字母来源（791）三十六字母创始者说（792）《切韵》名义
说（793）反切起源说（794）反切名义说（795）反切的价值（796）
叶韵说（797）《广韵》名义说（798）《广韵》同用独用例来源
说（799）陈第语音发展说（800）古音繁今音简说（801）古音
简今音繁说（802）包-白假设（803）词汇扩散论（804）普林
斯顿假说（805）永明七年善声沙门大会集（806）中古古音学
（807）明代古音学（808）清代古音学（809）清代今音学（810）
反切改良运动（811）关于《切韵》性质的讨论（812）关于《中
原音韵》音系的讨论（813）关于《中原雅音》的讨论（814）
第一次古音学大辩论（815）第二次古音学大辩论（816）关于
"古无轻唇音"的论争（817）等韵图的流派（818）等韵门法的
发展（819）等韵学理的研究（820）明清等韵学理的运用（821）
上古汉语音节性质研究（822）二等介音研究（823）当代音韵
学研究

（七）人物篇（115 条）

（824）孙炎（825）李登（826）吕静（827）周颙（828）

沈约（829）颜之推（830）陆法言（831）王仁昫（832）孙愐（833）李舟（834）神珙（835）守温（836）陈彭年（837）丁度（838）贾昌朝（839）吴棫（840）郑樵（841）毛晃（842）韩道昭（843）黄公绍（844）熊忠（845）周德清（846）刘鉴（847）兰廷秀（848）桑绍良（849）崔世珍（850）吕坤（851）陈第（852）徐孝（853）叶秉敬（854）樊腾凤（855）吕维祺（856）乔中和（857）梅膺祚（858）毕拱宸（859）顾炎武（860）毛奇龄（861）李光地（862）张玉书（863）潘耒（864）王兰生（865）江永（866）戴震（867）钱大昕（868）李元（869）李汝珍（870）江有诰（871）邹汉勋（872）陈澧（873）莫友芝（874）梁僧宝（875）劳乃宣（876）张行孚（877）汪荣宝（878）章炳麟（879）曾运乾（880）赵少咸（881）黄侃（882）沈兼士（883）钱玄同（884）高本汉（885）赵元任（886）赵荫棠（887）陆志韦（888）林语堂（889）方孝岳（890）黄淬伯（891）罗常培（892）白涤洲（893）王力（894）唐兰（895）魏建功（896）姜亮夫（897）李方桂（898）张世禄（899）王静如（900）葛毅卿（901）潘重规（902）服部四郎（903）丁声树（904）林尹（905）葛信益（906）严学宭（907）董同龢（908）河野六郎（909）殷焕先（910）黄典诚（911）周祖谟（912）张清常（913）藤堂名保（914）周法高（915）俞敏（916）张琨（917）李荣（918）鲍明炜（919）蒲立本（920）邵荣芬（921）王显（922）唐作藩（923）杨耐思（924）龙宇纯（925）郭锡良（926）薛凤生（927）何九盈（928）平山久雄（929）桥本万太郎（930）赵诚（931）梅祖麟（932）郑张尚芳（933）李新魁（934）陈新雄（935）丁邦新（936）宁继福（937）柯蔚南（938）施向东

（八）著作篇（185 条）

（939）《韵集》（940）《切韵》（941）《刊谬补缺切韵》（942）《王韵》（943）《唐韵》（944）《韵英》（945）《广切韵》（946）《韵略》（947）《广韵》（948）《大宋重修广韵》（949）《集韵》（950）《礼部韵略》（951）《增修互注礼部韵略》（952）《增韵》（953）《壬子新刊礼部韵略》（954）《新刊韵略》（955）《韵镜》（956）《七音略》（957）《四声等子》（958）《切韵指掌图》（959）《韵补》（960）《蒙古字韵》（961）《古音辨》（962）《五音集韵》（963）《平水韵略》（964）《韵会》（965）《古今韵会》（966）《古今韵会举要》（967）《中原音韵》（968）《韵略易通》（969）《切韵指南》（970）《韵府群玉》（971）《中州音韵》（972）《洪武正韵》（973）《琼林雅韵》（974）《词林韵释》（975）《转注古音略》（976）《青郊杂著》（977）《字学元元》（978）《西字奇迹》（979）《毛诗古音考》（980）《屈宋古音义》（981）《读诗拙言》（982）《元韵谱》（983）《韵法直图》（984）《泰律篇》（985）《西儒耳目资》（986）《韵法横图》（987）《切韵射标》（988）《韵略汇通》（989）《韵学集成》（990）《韵学大成》（991）《交泰韵》（992）《韵表》（993）《重订司马温公等韵图经》（994）《正韵笺》（995）《洪武正韵笺》（996）《音韵日月灯》（997）《等音》（998）《声位》（999）《太古元音》（1000）《切韵声原》（1001）《五声反切正韵》（1002）《经史正音切韵指南》（1003）《音学五书》（1004）《韵补正》（1005）《古韵通》（1006）《古今韵通》（1007）《易韵》（1008）《声韵源流考》（1009）《音韵阐微》（1010）《五方元音》（1011）《古韵标准》（1012）《音学辨微》（1013）《四声切韵表》（1014）《唐韵考》（1015）《拙庵韵悟》（1016）《类音》（1017）《诗词通韵》（1018）《佩文韵府》（1019）《佩文诗韵》（1020）《佩文诗韵释要》（1021）《声类表》（1022）《声韵考》（1023）

《古韵谱》（1024）《说文旧音》（1025）《等韵精要》（1026）《音切谱》（1027）《汉魏音》（1028）《戚林八音》（1029）《同文韵统》（1030）《诗声类》（1031）《等韵切音指南》（1032）《剔弊广增分韵五方元音》（1033）《说文声类》（1034）《六书音韵表》（《六书音均表》）（1035）《古韵通说》（1036）《古韵溯源》（1037）《音学十书》（1038）《诗古韵表二十二部集说》（1039）《词林正韵》（1040）《说文谐声谱》（1041）《韵学骊珠》（1042）《等韵辑略》（1043）《说文谐声孳生述》（1044）《切韵考》（1045）《李氏音鉴》（1046）《古今中外音韵通例》（1047）《空谷传声》（1048）《音韵逢源》（1049）《说文审音》（1050）《四声切韵类表》（1051）《音韵辑要》（1052）《字类标韵》（1053）《等韵一得》（1054）《切韵求蒙》（1055）《四声韵谱》（1056）《韵籁》（1057）《唐写本唐韵校勘记》（1058）《两周金石文韵读》（1059）《文字学音篇》（1060）《七音谱》（1061）《音韵学通论》（1062）《中国古音学》（1063）《慧琳一切经音义反切考》（1064）《中国声韵学》（1065）《声韵学表解》（1066）《十韵汇编》（1067）《古音系研究》（1068）《中原音韵研究》（1069）《韵史》（1070）《汉魏六朝韵谱》（1071）《中国音韵学史》（1072）《中原音韵音系》（1073）《广韵声系》（1074）《汉语音韵学导论》（1075）《古音说略》（1076）《切韵研究》（1077）《切韵音系》（1078）《音韵存稿》（1079）《汉语语音史》（1080）《汉语音韵》（1081）《诗经韵读》（1082）《楚辞韵读》（1083）《康熙字典音读订误》（1084）《中国音韵学研究》（1085）《汉魏晋南北朝韵部演变研究》（第一分册）（1086）《唐五代韵书集存》（1087）《广韵校本（附校勘记）》（1088）《古今字音对照手册》（1089）《上古音研究》（1090）《音韵学讲义》（1091）《汉语语音史概要》（1092）《瀛涯敦煌韵辑》（1093）《等韵源流》（1094）《汉语音韵学常识》（1095）《汉语诗律学》（1096）

《唐五代西北方音》(1097)《韵学源流》(1098)《反切释要》(1099)
《中国古代韵书》(1100)《汉语音韵讲义》(1101)《上古音手册》
(1102)《汉语音韵学基础》(1103)《广韵校录》(1104)《中原
音韵表稿》(1105)《经籍旧音序录·经籍旧音辨证》(1106)《汉
字古音手册》(1107)《音韵学教程》(1108)《古汉语音韵学述
要》(1109)《中原音韵音系研究》(1110)《中原音韵新论》(1111)
《古今声类通转表》(1112)《反切概说》(1113)《汉语等韵学》
(1114)《音韵学概要》(1115)《汉语音韵学论文集》(1116)《古
韵通晓》(1117)《汉语音韵史论文集》(1118)《汉语拼音字母
演进史》(1119)《汉语"儿"[ɚ]音史研究》(1120)《北京音系
解析》(1121)《八思巴字与古汉语》(1122)《十驾斋养新录》
(1123)《国故论衡》

　　这个总词目表共收列《中国语言学大辞典》和《语言文字
词典》全部音韵学词目 1123 条。其中后出的《语言文字词典》
比《大辞典》增加了 69 条，主要见于总论、音理篇、音史篇和
资料篇，在人物和著作方面虽然也有所增加，但是在总量上反
而减少了不少。音韵学史篇更是完全付之阙如，这是由于当时
的编撰体例使然。至于《大辞典》有而《语言文字词典》缺如
的词目均已用下划线表示，不再赘述。

　　本文以《中国语言学大辞典》为主，以《语言文字词典》
为辅，把这两部辞书的音韵学词目表全部列出，具体说来，是
基于下面三点考虑：

　　（1）这份词表本身极具学术价值，尤其表现在有诸多前所
未有的创新性词目上。该词表的具体词目及框架结构可作为今
后修订和编纂新的音韵学辞典的参考。对促进音韵学的发展很
有意义。

　　（2）下文所讨论的几个问题完全是以该词表为依据；

（3）音韵学辞典的编纂从某种意义上来说就是一种音韵学史的研究工作，因为它把一个时代有共识的音韵学知识和研究成果加以反映和总结。但是当前的音韵学史论著很少把音韵学辞典的成果包括进去，我们在此郑重提出，希望能引起汉语音韵学史研究者的注意。

2. 音韵学辞典的编撰原则

下面，我们就根据上文所列的音韵学词目表，来具体讨论音韵学辞典的编撰原则。

2.1 原则一：汉语音韵学学科框架体系是音韵学辞典编撰的灵魂

任何一门学科都有自己的学科体系，汉语音韵学也不例外。唯其如此，任何一本专科辞典也都应有自己的框架体系及其类属词目。也就是说，专科辞典的词条不是杂乱无章的堆积，而是一个内部有紧密联系的有机体，其体系性和系统性在分类词条中可以清晰地表现出来。我们认为，专科辞典编纂凡不列出分类词目总表（样本可参《中国大百科全书：语言文字卷》的音韵学词目框架表），都是不可取的。编纂汉语音韵学辞典这种专科辞书，其词条的设立和排列应遵循学科体系的系统性和完整性。汉语音韵学的学科体系是何种结构？目前音韵学界尚无一致意见，冯蒸（1988）曾经提出如下的汉语音韵学学科框架体系表，并在上列二本辞书中予以贯彻实践，或可供参考。该表如下：

表 1　汉语音韵学学科分类体系框架表

总论			（1）汉语音韵学的学科性质及其分支		
			（2）汉语音韵学的理论基础		
分论	音理篇（一）		（3）音韵构造理论		
			（4）音韵对应理论		
			（5）音韵演变理论		
			（6）古音拟测理论		
	音史篇（二）	历代共时音系	（7）原始汉语音系		
			（8）上古音系		
			（9）汉代音系		
			（10）魏晋南北朝音系		
			（11）中古音系	《切韵》音系	
				非《切韵》音系	
			（12）晚唐五代音系		
			（13）宋代音系		
			（14）元代音系	《中原音韵》音系	
				《蒙古字韵》音系	
			（15）明代音系		
			（16）清代音系		
		历时演变	（17）声母演变		
			（18）韵母演变		
			（19）声调演变		
	资料篇（三）	书面文献资料	（20）文字构造　数据	谐声字	
				重文	
			（21）古韵语资料		
			（22）异文通假字资料		
			（23）譬况·读若·声训·直音资料		
			（24）古拟声词资料		
			（25）反切资料		
			（26）异读字资料		
			（27）古连语资料		
			（28）韵书资料		
			（29）等韵图资料		
			（30）同源异式词资料		
			（31）明清两代外国传教士的记录		
			（32）汉字与非汉语文字的对音数据		
			（33）其他（如《中国大百科全书》音韵部分提出的玩弄语言等）		
		活语言数据	（34）现代方言与域外译音资料		
			（35）汉藏系语言的音韵比较		
	音韵学史篇（四）	传统音韵学	（36）前古韵学时期		
			（37）古音学时期		
		现代音韵学	（38）现代音韵学时期		
			（39）当代音韵学时期		
	方法论		（40）音韵哲学方法论		
			（41）音韵逻辑学方法论		
			（42）学科方法论	求音类法	
				求音值法	
				求音变法	

这个框架体系的特点是共分三个层次，第一层：分为总论、分论、方法论三部分，第二层：每个部分又可下分门类，最主要的是分论下分音理篇、音史篇、资料篇、音韵学史篇四篇，第三层是每篇之内再分细类，共分 42 个细类，细类下又有子类，这里不再赘述。上列两部辞典的音韵学词目总表就是根据这个体系排列的。根据这个汉语音韵学学科框架体系表，并对照上列两本音韵学辞典的分类词目表，我们可以清晰地看出各词条的类属关系。个别词目的设立和类属容或可商，但框架统领词条、词条反映框架，这种互动关系在这两部辞典中得到了充分的体现。我们认为，音韵学学科框架体系应是音韵学辞典编撰的灵魂，是最为重要的编纂原则之一。

2.2 原则二：理论学说类条目占有较大比重是音韵学辞典创新性表现的重要标志之一

大致说来，一部完整的音韵学辞典，其词条通常由五部分组成：（一）术语；（二）理论学说；（三）机构事件；（四）人物；（五）著作。这五类条目中，理论学说类条目的撰写难度最大，也最重要。因为这类条目要求撰写者须对该理论学说的来龙去脉和学术价值有清楚的理解并用最简洁的语言概括表述出来，撰写者须参考大量国内外相关文献后方可写出，确有相当难度。但也正因为此，读者也最为需要，才可以体现音韵学辞典的核心价值，对推进音韵学的深入研究有重要意义。一般来说，这一类条目在辞典中多以"××论"或"××说"的形式出现。《中国语言学大辞典》和《语言文字词典》音韵学词目的重要特色之一，就是创立了相当数量的理论学说类条目，据统计有 110 条之多，约占总词目的十分之一，令人读后有耳目一新之感。著名音韵学家、台湾中研院院士龚煌城教授在其著名论文《从汉藏语的比较看重纽问题》（1997）中对《中国语言学大辞典》的"重纽三等有 r 介音说"（125 页）条有积极评价，这是大师级音韵学家对该辞典音韵学卷的肯定，我认为有重要意义。这也说明了理论学说类词目在音韵学辞典中的重要地位。著名音韵学家邵荣芬先生说："新假设或新论点是新知获得和科学进步的起点，提出新假设或新论点的多少，是衡量一个学科有没有获得良好发展的重要尺度之一。当前音韵学者们在各自的研究领域不断探索挖掘，提出了很多新问题、新假设、新理论，这对于丰富音韵学的研究内容，活跃并推动音韵学的研究具有很重要的意义。"（中国社会科学院青年人文社会科学研究中心编 2007）今后的音韵学辞典编撰应该继续保持和发扬设有众多理论学说类词目的这个特色，并作为音韵学辞典编撰的一项原则来加以贯彻。

2.3 原则三：集中设置一定数量的音变类条目是音韵学辞典的特色之一

《中国语言学大辞典》音韵学卷的另一个创新之处，就是重视汉语历史音变现象的总结，集中设立了相当数量的音变类条目，这是本辞典与其他辞典的重要区别之一。这类音变条目约有 30 余条。我们知道，历史音变是汉语语音史的核心内容，包括上古早期至上古晚期的音变，上古至中古的音变，中古早期至中古晚期的音变，中古至近代、现代的音变等等。这些音变大致可分为声母音变、韵母音变和声调音变三类，但是这些音变具体有多少种类型？每种类型的名称是什么？如何把音变研究成果转化为词条？则迄无定说，我们根据自己对汉语语音史的研究和理解拟定了诸多前所未有的音变类词条，读后确有令人耳目一新之感。后来出版的《语言文字词典》中又有所调整和增加。这两部辞典设置的大量音变类词条这一特色引起了日本汉语音韵学家的重视，日本著名的汉语音韵学家佐藤昭教授专门致函笔者，对这部分内容加以肯定。所以今后音韵学辞典的编撰还应保持和发扬。音变类词条有的音韵学辞典却对此重视不够，例如，曹述敬主编的《音韵学辞典》是一部有重要参考价值的音韵学辞书，该辞典所收条目非常丰富，特色也极为突出，但是竟然没有"平分阴阳""浊上变去""入派三声"这类基本的音变条目，未免是白璧微瑕。

2.4 原则四：音韵学辞典的编撰要兼容并收，不主一家，体现共识与创新并举的原则

在《中国语言学大辞典》的编撰过程中，曾经有过这样一种意见，就是认为音韵学辞典应该完全以某一权威专家的意见为依据来设计词条并进行编撰，基本上排斥其他学者的研究成果，认为这样才具有所谓权威性。我们认为这种意见是不妥的。因为如果这样，它就不是全面反映整个音韵学界研究成果的音韵学辞典了，而成为某一家的音韵学辞典了，那应该是另一种类型的辞典，自有其重要价值，如著名的《王力语言学词典》就是此种类型。但音韵学辞典这种专科辞典不是这种类型。而且任何一位专家的意见都不可能完全正确，加之汉语音韵学早已是一门国际性学科，我们坚持主张音韵学辞典的编撰应该不分国内外，不主一家，兼容并收，择善而从。具体来说，不但立目要兼容并收，不主一家，而且释义也是如此。原则上条目的释义以某一共识意见或者代表性意见为主撰写，但某些条目可以两说甚至三说并存，视具体情况而定。总的来说，共识性意见或者代表性成果应是辞典撰写的主要依据。但诸家并存的情况也并不罕见。音韵学辞典编撰者要正视这种情况，尽可能全面反映国内外学者对汉语上古音的研究成果，至于哪些成果可以立为词条，须再具体斟酌情况而定，这就要看主编人和撰写人的水平和眼光了，一般来说，这类词条的撰写者都应该是

该领域的专家级学者，国外的工具书编撰都是如此。但是这类词条的确立和去取一定要极为慎重，因为辞典具有规范性、倾向性，往往具有导向作用。以"重纽韵舌齿音的归属"一条为例，目前音韵学界有三种代表性意见，尚未取得一致，就应该三说并存，给读者以进一步思考和研究的空间。再如"清浊"一条，表面上看来应该很简单，是指以声带的是否颤动为区分标准，通常指声母。但是，深入分析汉语音韵史料后就可以知道，中国古代的音韵学家对清浊的理解实有两派，一派是韵镜派清浊，一派是切韵派清浊，切韵派清浊的含义与前者迥然不同，指的是韵母，指的是元音。音韵学辞典编撰者就应该对此如实加以反映，既反映了当代学者的研究成果，又反映了中国古代音韵学的实情，提高了辞典的编撰水平，这就是兼容并收、不主一家的收获。这类尚未取得共识的成果我们称之为创新性成果，共识资料与创新资料各占50%。今后的音韵学辞典编撰，我们以为，上古音方面，应该主要根据高本汉、董同龢、王力、李方桂、蒲立本、郑张尚芳、斯塔罗斯金、包拟古、白一平、沙加尔等诸家之说立目；中古音方面，应该主要根据陈澧、高本汉、陆志韦、赵元任、李荣、邵荣芬、蒲立本、丁邦新等诸家的成果立目，近代音方面应主要参考陆志韦、罗常培、赵荫棠等学者及当代成绩卓著学者的成果立目，当然还要包括主编人和撰写人的相关成果，不过要极为慎重，这里就不详述了。

2.5　原则五：音韵学古籍的立目原则——必须收"音义书"和重视收"亡佚书"

音韵学著作是音韵学辞典的重要组成部分，目前已经出版的所有音韵学辞书和准辞书都对此极为重视，但各辞书的收录范围和收录标准并不完全一样。就音韵学古籍而言，除了大家已有共识的韵书、韵图、音论书等等典型的特别是有代表性的著作予以收录之外，还有一大批传统被划入训诂学的"音义书"，长期被排除在音韵学之外。这些"音义书"固然有其重要的训诂学价值，但其音韵学价值绝不低于训诂学，而且往往更有特色，亟应纳入音韵学辞书的收录范围而加以立目。在这方面，曹述敬主编的《音韵学辞典》率先做出了垂范。该辞典以大量收录"音义书"而闻名于音韵学界，这种做法应加以肯定和发扬。再有就是对已经亡佚的音韵学著作是否收录和立目的问题，这一点学界尚无一致意见。《音韵学辞典》亦以大量收录"亡佚书"而成为该书的一大特色，受到同行的广泛关注。笔者认为，音韵学"亡佚书"的收录是完全必要的，这也是汉语音韵学史研究的一项重要内容，但是具体收录和立目时要视所编辞书的规模大小而定。大型的音韵学辞书自应广为收录"亡佚书"，而中小型的音韵学辞书则应以现存音韵学古籍为主，"亡佚书"的收录不必求多求全，只把一些重要的"亡佚书"如中古时期的"五家韵书"、《韵铨》《韵英》等加以收录似乎就可以了。

3. 当前音韵学辞典编撰的现状与问题

据我们所知，当前国内外已经出版的音韵学辞典或准辞典有 40 余部，详见下列三表：

表 2　音韵学辞典和含有音韵学条目的语言学辞典和准辞典

编号	书名	编撰者	出版时间	出版社	条目统计
1	《文字学名词诠释》	叶长青	1927	上海：上海群众图书公司	132（术语）
2	《中国语学事典》	中国语学研究会	1958	东京：东京江南书院	
3	《中国语学新辞典》	中国语学会	1969	东京：日本光生馆	62（术语 31，著作 31）
4	《音声学大辞典》	日本音声学会	1976	东京：日本三修社	12（术语）

续表

编号	书名	编撰者	出版时间	出版社	条目统计
5	（1）《语言文字学名词解释》；（2）《辞海·语言文字分册》	主编：夏征农；分科主编：许宝华、吴文祺、胡裕树；主要编写和修订人：许宝华、陈光磊、高天如	1978.4	（1）北京：商务印书馆；（2）上海：上海辞书出版社	158（术语87，人物33，著作38）
6	《声韵学名词汇释》	蔡宗祈撰	1979.4	台湾：台湾私立东海大学中文研究所硕士论文（指导教师：方师铎）	
7	《语文知识千问》	编著：刘兴策、邢福义、晏炎吾、何金松、邓黔生、刘安海	1983.3	武汉：湖北人民出版社	音韵学知识64问
8	《简明语文知识辞典》	主编：王凤撰稿人：李思惟（古代汉语）	1983.6	武汉：湖北人民出版社	46（术语29，人物7，著作10）
9	《语文知识词典》	河北师范学院《语文知识词典》编写组	1984.8	石家庄：河北人民出版社	80（术语62，人物12，著作6）
10	《中国语言学名词汇编》	温知新、杨福绵合编	1985.1	台湾：学生书局	
11	《简明语言学词典》	王今铮、王钢、孙延璋、孙维张、刘伶、宋振华、徐庆辰编	1985.2	呼和浩特：内蒙古人民出版社	
12	《辞海·语言学分册》	主编：夏征农；分科主编：许宝华、吴文祺、胡裕树；主要编写和修订人：许宝华、陈光磊、高天如、戚雨村	1987.3	上海：上海辞书出版社	186（术语104，人物35，著作47）

编号	书名	编撰者	出版时间	出版社	条目统计
13	《中国大百科全书·语言文字》	中国大百科全书总编辑委员会《语言文字》编辑委员会，中国大百科全书出版社编辑部编 汉语音韵学主编：俞敏 汉语音韵学副主编：邵荣芬 汉语音韵学编写成员：杨耐思、谢纪锋	1988.2	北京：中国大百科全书出版	124（术语74，人物29，著作21）
14	《古代汉语知识辞典》	主编：向熹； 编者：向熹、经本植、康瑞琮、李润、何毓玲 音韵学部分编写人：向熹	1988.7	成都：四川人民出版社	283（术语204，人物25，著作54）
15	《古汉语知识辞典》	主编：罗邦柱 副主编：赵世举 音韵学执笔人：唐志东 著作执笔人：封富	1988.11	武汉：武汉大学出版社	380（术语233，人物96，著作51）
16	《中学语文教学手册》	北京教育学院编； 主编：刘全利 副主编：江希泽、葛留青 古代汉语统稿人：牛文青； 著作统稿人：王泽青 人物统稿人：王阳晗，庞月光	1990.6	北京：北京教育出版社	31（术语20，人物10，著作1）

编号	书名	编撰者	出版时间	出版社	条目统计
17	《传统语言学辞典》	主编：许嘉璐 副主编：谢纪锋 音韵学分支负责人：谢纪锋 音韵学分支撰稿人：黄易清、龙庄伟、聂鸿音、施向东、谢纪锋、尉迟治平	1990.1	石家庄：河北教育出版社	同《音韵学辞典》2382（术语607，语音学常用术语126，人物697，著作952）
18	《简明古汉语知识辞典》	主编：郭芹纳、胡安顺、刘静、刘乐宁 音韵部分编写人：刘静	1990.11	西安：陕西人民出版社	300（术语184，著作53，人物63）
19	《世界汉语教学百科辞典》	主编：王国安	1990.12	上海：汉语大词典出版社	
20	《中国语言学大辞典·音韵学卷》	总主编：陈海洋 音韵学卷主编：冯蒸 音韵学卷副主编：丁锋 音韵学卷编写成员：郭力、哈平安、黄富成、龙庄伟、麦耘、杨剑桥、朱晓农 语言学史卷主编：申小龙 人物卷主编：苏新春 著作卷主编：蒋冀骋、钱宗武	1991.3	南昌：江西教育出版社	1069（总论38，音理篇284，音史篇157，资料篇239，方法论26，音韵学史45，人物115，著作165）
21	《古代汉语教学辞典》	主编：周大璞 音韵学部分编	1991.6	长沙：岳麓书社	204（术语140，人物36，著作

编号	书名	编撰者	出版时间	出版社	条目统计
		写人：沈祥源 人物部分编写人：沈祥源、王玉堂 著作部分编写人：沈祥源、马固钢			28）
22	《音韵学辞典》	主编：曹述敬 副主编：谢纪锋 编者：尉迟治平、施向东、聂鸿音、龙庄伟、黄易青、谢纪锋	1991.9	长沙：湖南出版社	2382（术语607，语音学常用术语126，人物697，著作952）
23	《中国文化语言学辞典》	编著：宋永培、端木黎明	1993.1	成都：四川人民出版社	7（事项）
24	《实用中国语言学词典》	主编：葛本仪 审订：殷焕先 音韵学部分编写人：曹正义 人物部分编写人：曹正义 著作部分编写人：郇玉华、鲍时祥	1993.3	青岛：青岛出版社	272（术语105，人物78，著作89）
25	《语言学百科词典》	编委：戚雨村、董达武、许以理、陈光磊	1993.4	上海：上海辞书出版社	
26	《王力语言学词典》	撰稿人：冯春田、梁苑、杨淑敏	1995.3	济南：山东教育出版社	491（术语374，人物38，著作79）
27	《语文百科大典》	主编：郑振涛 古代汉语撰稿人：李国祥、方霁、吕东兰、吕滇文、任文学、吴世丰、梁建国	1996.6	北京：国际文化出版公司	313（术语231，人物48，著作34）

续表

编号	书名	编撰者	出版时间	出版社	条目统计
		著作撰稿人：宋均芬（音韵学词条拟定人：冯蒸）			
28	《汉语知识词典》	主编：董绍克、闫俊杰	1996.9	北京：警官教育出版社	
29	《古汉语知识详解辞典》	编著：马文熙、张归璧　音韵学部分撰写人：张柏青（术语）、高福生（著作）　人物部分撰写人：马固钢、吴道勤、谭松林	1996.10	北京：中华书局	603（术语376，人物61，著作166）
30	《语言文字词典》	主编：骈宇骞、王铁柱　编委：王铁柱、尹斌庸、冯蒸、李锦芳、张振兴、宋均芬、周流溪、骈宇骞、黄成稳、谢纪锋　音韵学部分撰稿人：冯蒸	1999.2	北京：学苑出版社	630（总论32，音理篇225，音史篇144，资料篇134，方法论28，人物8，著作59）
31	《多功能汉语拼音词典》	主编：吴欣欣、管锡华	2001.8	太原：书海出版社	
32	《语言文字学常用辞典》	主编：蔡富有、郭龙生	2001.10	北京：北京教育出版社	123（术语63，人物33，著作27）
33	《20世纪中国学术大典·语言学》	主编：林焘　音韵学部分撰稿人：唐作藩、耿振生、张渭毅、杨耐思、孙玉文	2002.9	福州：福建教育出版社	45（专题研究12，人物21，著作12）

续表

编号	书名	编撰者	出版时间	出版社	条目统计
34	《实用古汉语知识宝典》	著者：杨剑桥	2003.8 一版；（2008.5 二版）	上海：复旦大学出版社	623（术语 558，人物 37，著作 28）
35	《大辞海·语言学卷》	主编：王德春、许宝华 编写人：王德春、申小龙、许宝华、杨剑桥、陈光磊、欧阳觉亚、高天如、戚雨村、道布	2003.12	上海：上海辞书出版社	410（术语 281，人物 69，著作 60）
36	《语言学辞典》（增订版）	编著：陈新雄、竺家宁、姚荣松、罗肇锦、孔仲温、吴圣雄	2005.10	台湾：三民书局	306（术语 210，人物 35，著作 61）
37	《中国语言文字学大辞典》	主编：唐作藩 副主编：杨耐思、孙竹	2007.5	北京：中国大百科全书出版社	约 600（术语、著作）
38	《语言学名词（2011)》	语言学名词审定委员会编	2011.5	北京：商务印书馆	211（术语）

表 3　含有音韵学条目的非语言学辞典

编号	书名	编撰者	出版时间	出版社	条目统计
1	《国语学大辞典》	国语学会编	1980.9	日本：东京堂出版社	20
2	《中国戏曲曲艺辞典》	上海艺术研究所，中国戏剧家协会上海分会编	1981.9	上海：上海辞书出版社	31
3	《诗歌辞典》	陈绍伟	1987.12	广州：花城出版社	33
4	《敦煌学大辞典》	主编：季羡林	1998.12	上海：上海辞书出版社	55（术语 12，人物 8，著作 35）

表 4　含有音韵学人名、书名的著作

编号	书名	编撰者	出版时间	出版社
1	《中国现代语言学家》（上下）	《中国现代语言学家》编写组编	1989.7	石家庄：河北人民出版社
2	《中国语言学人名大辞典》	陈建初　吴泽顺/主编	1997.7	长沙：岳麓书社
3	《中国现代语言学家传略》（共4卷）	中国语言学会《中国现代语言学家传略》编写组	2004.5	石家庄：河北教育出版社
4	《北京图书馆普通古籍总目（第十卷）文字学门》	北京图书馆普通古籍组编	1995.4	北京：北京图书馆出版社
5	《中国古籍善本书目——经部、史部、子部、集部、丛部（精装全9册）》	中国古籍善本书目编委会	1998.3	上海：上海古籍出版社
6	《中国古籍总目：全套五部（经部 史部 子部 集部 丛书部）》全26册	中国古籍总目编辑部	2011.1	北京：中华书局；上海：上海古籍出版社
7	《四库全书总目提要》（全二册）	（清）永瑢等撰	1965.6	北京：中华书局
8	《续修四库全书总目提要（经部）》（全二册）	中国科学院图书馆整理	1993.7	北京：中华书局
9	《韵学古籍述要》	李新魁　麦耘著	1993.2	西安：陕西人民出版社
10	《汉语音韵学论著指要与总目》（上、下）	李无未主编	2007.1	北京：作家出版社

　　表 2 为音韵学辞典和含有音韵学条目的语言学辞典和准辞典，表 3 为含有音韵学条目的非语言学辞典，表 4 为含有音韵学人名、书名的著作。需要说明两点：一是表 3 为含有音韵学条目的非语言学辞典，这类非汉语语言学学科的专科辞典，所收音韵学条目虽然不多，但是很有特色，有不少不见于音韵学

辞典中，往往可以补正统的音韵学辞典之缺，不容忽视。如《中国戏曲曲艺辞典》所收的"阴出阳收"一条就是如此，该词条所涉及的内容已成为当前音韵学讨论的热点问题之一。二是在现存音韵学古籍的立目和释义方面，应力求完备，表4提供的几种古籍目录或可供参考。其中4、5、6三种是目前对现存音韵学古籍收录较为完备的目录。而《四库全书总目提要》《续修四库全书总目提要（经部）》和《韵学古籍述要》三种都对所收的音韵古籍都做了提要。当然，由于时代的局限，前两种提要书的有关提要尚嫌不足，但均可供参考。至于"音义书"，我们前面谈到的曹述敬主编的《音韵学辞典》已收录相当丰富，不过所收以传统经部史部及部分子部的音义古籍居多，且不无缺漏，集部书缺漏最多。如笔者曾经研究过的《尔雅音图》《尔雅音释》和谢灵运《山居赋》自注音切等都未见于该辞典。至于对已经亡佚的音韵学古籍的钩沉工作，也需大力搜集，但如果没有长期的资料积累，在短时间内恐难见效，《音韵学辞典》已经有了一个良好的开端。

上表所列各类辞典中的音韵学词目多寡不一，撰写水平不一，成就固不容忽视，但也暴露出不少问题。据我初步观察，以下列四个问题最为突出，有待进一步改进和提高：

（1）袭用。有意袭用他人的音韵学研究成果包括别人编撰的音韵学辞书词条而不注明出处，这是一种抄袭行为，必须坚决避免。

（2）臆说。指撰写者根本不懂该条目的内容而任意解释。如郑振涛主编的《语文百科大典》一书对"重纽"的解释就是这种情况。我们认为撰写者原则上应该是该领域的专家，对该问题应有比较深入的了解与研究，方具备撰写该词条的能力。因为辞书在读者的心目中是一种学术典范，必须保证词条释义的准确性与科学性。

（3）失范。词条的撰写应该有其规范，自不必言。但词条的写作规范应该是什么？各人的理解可能还不相同。这里强调两点：第一，以术语条为例，我认为所有音韵学名词术语都要注明出处，即把古人或者今人有关术语的原始出处及其含义一一标明，标明提出人和相关文献著作的名称。另外，必须要附以例句原文以表明言必有据。第二，每条下面都要求撰写者署名，并且列出该条目的主要参考文献。其实这也是专科性辞书编纂的国际惯例。

收录范围与词条排列问题。有的音韵学辞书或准辞书收录范围不明确，在词目上与其他学科有交叉（如与语音学、文字学、训诂学就有交叉），有的词条排列不科学。限于篇幅，这里就不展开论述了。

目前，音韵学的发展一日千里，令人刮目相看。而已经出版的所有音韵学辞书和准辞书都已过去了 10 年甚至 20 年的时间，相对于当前音韵学的发展现状来说，有的错误需要改正，有的内容已嫌陈旧需要调整更新，有的体例需要完善，更重要的是需要大量增加近几十年来音韵学的最新发展成果为词条，以促进音韵学的进一步发展。学术界有这样一种共识：对于教科书来说，一般认为应该是 5 年一修订，10 年一重编。我认为对于辞书来说，特别是专科性辞书来说，至少应该是 10 年一修订，20 年一重编，才能跟上时代的步伐。由此看来，新的音韵学辞典的编撰任务已经摆在我们的面前，总结一下既有的成果和经验，迎接新的挑战，是当前音韵学工作者的重要而义不容辞的任务。这就是本文撰写的目的。

参考文献

陈海洋主编　1991　《中国语言学大辞典》，南昌：江西教育出版社。

冯蒸　1988《论汉语音韵学的发展方向——为纪念李方桂先生而作》，《湖南师范大学社会科学学报》第 2 期。

龚煌城　1997　《从汉藏语的比较看重纽问题》载于《声韵论丛6》，台北：学生书局。

骈宇骞、王铁柱主编　1999　《语言文字词典》，北京：学苑出版社。

中国社会科学院青年人文社会科学研究中心编　2007《认认真真做事　踏踏实实做人：邵荣芬访谈录》《学问有道——学部委员访谈录（下）》，北京：方志出版社。

赵元任　1960　《说清浊》，《中研院历史语言研究所集刊（30本下）》，北京：中华书局。

（冯蒸　首都师范大学文学院　北京　100048）

"臾"字形义考

黄树先

词义是发展的，在众多的意思里，先得找到本义，才能把引申义梳理清楚。有些词的本义可以在语言内部找到，可是有些词的本义，在文献里没有直接的记载，就不太容易找到。对于后者，我们可以借助亲属语言，把它的本义确立下来。

探讨词语的本义及引申义，除了依据语言内部材料外，还要借助亲属语言，在汉藏语这个大的背景下，对汉语的词义进行讨论。同时，我们也主张进行跨语言的词义比较，词义的发展，必须符合人类自然语言的一般规律。本文通过跟亲属语言比较，认为"臾"字的本义是胃，又指肠，再发展出肥腴、府库，从府库监狱发展出瘐死。胃是人的府库，食欲是人的本能，汉语"臾"发展出欲望义，字写作"觎""欲"。所有这些词义的发展，都有人类自然语言的支持。

确立了"臾"的本义是腹、胃，我们就知道，"臾"字从"臼"，象两手抚腹貌，跟"要"的构形相同。

1. 释义

（1）"腴"的本义是腹、胃。《说文》："腴，腹下肥也。从肉，臾声。"据此，"腴"的意思是腹部的肥肉。根据我们的观察，这个意思并非"腴"字的本义。

"腴"，羊朱切，古音*lo。从亲属语言来看，早期可能指腹部、胃，可以比较西夏语 lo"胃"（李范文、韩小忙，2005：76）。

（2）腹与肠有密切关系。汉藏语系语言，西夏语保留了腹的本义，汉语的"腴"字，词义虽已演变，但依稀还可以看到它的原始意义当"胃"讲。在汉语早期文献里，"腴"也指猪犬的肠子，《礼记·少仪》："君子不食圂腴。"注："《周礼》圂作豢，谓犬豕之属，食米穀者。腴有似人秽。"疏："腴，猪犬肠也。"在语言里，胃、肠有密切关系，如英语 gut"内脏；肠子，肚子"（《比较词义探索》）。

（3）从腹发展出大腹便便。腹部是人跟动物身体部位最肥腴的地方，在语言里，腹部可以转指肥腴，如汉语"腹"字，《说文》："腹，厚也。从肉，复声。"段注："谓腹之取名，以其厚大。《释名》曰：腹，複也。富也。《释诂》、毛传皆云：腹，厚也。则是引伸之义，谓凡厚者皆可称腹。"段玉裁把"腹"字词义发展方向弄反了。

从腹发展出大腹便便，在语言里很常见，如英语 stomach"胃"，stomachy"大腹便便的"。郑张先生拿汉语的"腴"对应泰文的 roo"大腹便便"（郑张尚芳，2001：182）。从词义的发展轨迹来看，泰语 roo 的大腹便便义，亦有可能自腹来，换言之，泰语 roo 早期可能也当腹、胃讲。

我们推测泰语的 roo 早期可能当腹、胃讲，还有侗台语等其他语言的证据。南部侗语 ljo¹"肚脐"，loŋ²"肚子"，这两个形式，其来源可能是相同的，也就是说，肚脐跟胃原本是一个词，后分化为两个语音形式。水语、锦语、莫语 loŋ²"肚子"，跟侗语同源。汉语"臾"，《集韵》尹竦切，也有 -ŋ 尾，这个 -ŋ

尾表达什么意思，还不是很清楚。语言里肚脐跟肚子有密切关系，如捷克语 pupek "脐，肚脐眼；肚子"，塞尔维亚-克罗地亚语 pǔpak "脐，肚脐，肚子"。

　　毛南语 do² "肚脐"，跟侗语同源，但读音有变化，l->d-，流音塞化是很常见的音变。值得注意的是，表示肚脐的词，泰雅语有 lu 这个形式，请看邢公畹先生的比较："肚脐"，傣雅 lu²tu²，西双版纳 bɯ¹，德宏 li⁶，泰语 dɯ¹<*ʔbl/r-。这个词似与汉语"𦙶"同源，《说文·囟部》："𦙶，人脐也。从囟，囟取气通也。比声。"房脂切。是一个上古脂部字。"脐"与"腹"的关系密切，《释名·释形体》："自脐以下曰水腹。"汉朝已称"腹"为"肚"（见刘向《列女传》）。傣雅 sai³lu²tu² 的 tu² 当即"肚"字，原始声母应为*d-（邢公畹，1999：338）。

　　西双版纳 bɯ¹ "肚脐"，对应汉语的"𦙶" *bi，是肚脐义。汉语另有"膍"是牛胃，跟汉语"腹"字同源，不过少了一个 -k 尾，就像上面提到的侗语，肚脐跟胃用-ŋ 尾来区别。

　　文献有"蝥"，羊朱切，腹部膏腴下垂，《尔雅·释虫》："蜂丑，蝥。"注："垂其腴。"

　　（4）从大腹便便发展出肥腴义。《汉书·叙传》："味道之腴。"注："腴，肥也。"《战国策·秦策》三："支分方城膏腴之地。"鲍彪注："腴，腹肥也。"英语 abdomen "腹（部）"，abdominous "大肚子的，大腹便便，肥胖的"。

　　（5）腹与油脂的关系。腹部堆积脂肪，形成大腹便便，语言中腹跟脂肪或共享一个形式。肠子也常跟脂肪共享一个词。汉语"膟" *rud，早期当肠子讲，白保罗拿它与藏文 grod-pa "肚子，胃"（<原始汉藏语*grot）比较（白保罗，1976）。《集韵·术韵》："膟，一曰肠脂。""腪"指猪犬之肠，也指油脂，《论衡·艺增》："稻粱之味，甘而多腪。"（见《汉语大字典》2088 页）拉

丁语 omentum "脂肪，肠"。

藏语 tshil lu "脂肪油"（黄布凡，1992：149）。-tshil 对应汉语的"脂"。藏文 lu 对应汉语"腴"字。这就表明，藏文作油脂讲的 lu，亦有可能来自腹、胃，同语族的西夏语 lo 就是这个意思。

从"臾"得声的还有"诿"字，亦读羊朱切，作谄媚、用甜言蜜语奉承讲，《说文》："诿，谀也。从言，臾声。"也指谄媚的话，《汉书·韦贤传》："唯诿是听。"注："诿，谀言也。"文献也指人和悦柔顺貌。这个意思疑来自从"腴"发展出来的甜美义，比较德语 Süße "甜，甜味；甜蜜舒适的感觉；悦耳；媚态，谄媚"。德语 einsalben "涂油于；讨好，奉承"，einschmieren "涂油于；涂抹；拍马屁"，似乎跟油脂不无关系。汉语"诿"的引申路经，可以得其仿佛。

（6）从肥、后发展出多、充裕。《晋书·周顗传》："伯仁凝正，处腴能约。""腴"跟"约"相对，指丰腴。"裕"*lok 亦有可能从"腴"*lo 发展而来，《说文》："裕，衣物饶也。从衣，谷声。"段注："引申为凡宽足之称。"上文讨论过的"螷"，从"欲"得声，可以推测，"裕"的读音跟"腴"语音有关，多出了-k 尾。

朱骏声说，"欲"，假借为"裕"（《说文通训定声》）。"裕""欲"的富裕、欲望义，均可能来自当腹、胃讲的"腴"。

（7）胃与欲望。胃是人储藏食物的地方，人的饮食、胃口都跟胃有关系。语言中表示食欲、欲望的词语，或从胃发展而来，如英语 belly "胃；胃口，食欲"，stomach "胃；腹；胃口，食欲，欲望"，appetite "食欲，胃口；欲望，爱好"。

"腴"是胃，发展出肥腴，字作"螷"，可以推想，"腴"又可以发展出欲望、贪欲义，字写作"觎"，当觊觎、非分之想讲，

《说文》："覦，欲也。"《左传》襄公十五年："能官人，则民无覦心。""覦"羊朱切，跟"腴"同音。

"覦"*lo，跟"欲"*lok 可能是同族词。《说文》："欲，贪欲也。"王力先生说，"覦""欲"侯屋对转，是同源字（王力，1982：194）。《汉书·广陵厉王刘胥传》："胥见上年少无子，有觊欲心。""觊欲"即"觊覦"，是"覦""欲"二字可以相通。"欲"，文献通"猷"，《大雅·文王有声》："匪棘其欲。"王引之《述闻》："《礼器》引《诗》作匪革其猷。引之谨案：欲猷古字通。""猷"，以周切，古音*lu，亦无-k 尾。

比照上面所举英语胃跟胃口、欲望的关系，我们找到了汉语"欲"的来源，表示欲望的"觊欲"从"腴"字发展而来，即表示欲望的"覦""欲"来自当胃、腹讲的"腴"，其词义的发展跟英语完全相同。

从当"胃"讲的"腴"，发展出胃口、欲望。温饱思淫欲，从饮食发展出其他诸多欲望。汉语里的淫欲、私欲、贪欲等诸多欲望，均来自原始的食欲。西班牙语 concupiscencia "色欲，淫邪；（对物质享受的）贪欲"，食欲跟淫欲也是用同一个词表示的。

（8）腹部与洞穴。 胃腹义可发展出洞穴义，汉语"腹"*pǔk 对应原始藏缅语的"肚子"*pu·k~*buk（白保罗，1972：358），卢舍依语 pu·k 当"洞穴"讲，对应汉语的"復"字，"復"字有洞穴义，后作"复"：《说文》"复，地室也。从穴，復声。《诗》曰：陶复陶穴。"法语 cavité "穴，洞；腔：cavité abdominale 腹腔"。

腹义的"臾""腴"，发展出洞穴义，《礼记·儒行》："筚门圭窬。"释文引《三仓解诂》："窬，门旁小窬也，音臾。"王力先生说，"窬"跟"窦""隤""渎"是同源字（王力，1982）。

“窬”跟“臾”同音，古读*lo，“窦”l’ooks，可能均来自作腹、胃讲的“臾”。

（8）胃与府库。语言里，胃跟房间、府库可以共用一个形式，如德语 Magen“胃，肚子，腹部”，Magazin“仓库”。汉语“腹”“府”同源，对应藏文 phug“府库”和 pho“胃”。汉语和藏语这一对词词义刚好错位：汉语“腹”是胃，“府”是府库，藏文 phug 是府库，pho 是胃。

“腴”是胃，也当仓库讲，字写作“庾”，《说文》：“庾，水槽仓也。从广，臾声。一曰仓无屋者。”桂馥义证：“臾、庾古字通也。”

（10）瘐与瘐死。“腴”早期是胃，从胃这个意思发展出仓库、房间，包括牢房义。作府库讲的“府”，跟“腹”字同源，前已论证。“府”是仓库，也是关押犯人的监狱。《左传》成公七年：“晋人以钟仪归，囚之军府。”杜预注：“军藏府也。”杨伯峻先生谓：“即军用储藏库，亦用以囚禁战俘。”（《春秋左传注》）英语 étape 是法语借词，有公共仓库、（旧俄时供过路流放犯、难民等宿歇的）兵营监牢等义。

仓库一般总是简陋的，从简陋的房子发展出监狱义，如“牢”原本是关牛羊的栏圈，发展出监狱义，如土耳其语 dam“简陋的小屋，村舍；牲口棚；大牢”。

在牢房因受刑、饥寒、疾病等而死就叫“瘐死”。《汉书·宣帝纪》：“今系者或以掠辜若饥寒瘐死狱中。”注：“瘐，病，是也。此言囚或以掠笞及饥寒及疾病而死。瘐音庾，字或作瘉，其音亦同。”

“庾”是府库、监狱，“瘐”字从房屋发展出死亡义。比较汉语类似的“剧”字。古代百姓弃市，贵族则在屋里受刑、诛杀，早期就写作“屋”，《汉语·叙传》：“底剧鼎臣。”注引服虔说："《周礼》有屋诛，诛大臣于屋下，不漏也。"字后作"黳""剭"，《广韵·屋韵》："黳，墨刑名。"乌谷切。《集韵·觉韵》："剭，《博雅》：刑也。或作黳。"此字最早只作"屋"，后加刀或黑旁。

（11）**腹部与腹部疾病**。"瘐"，当瘐死讲，应该是来自府库、监狱的"庚"。颜师古注《汉书》，把瘐死的"瘐"释作病，并不确切。因为瘐死之"庚"来自府库、监狱，跟"屋"的诛杀义相同。

文献中，另有作疾病讲的"瘐"，却有可能直接来自当胃讲的"腴"。我们知道在语言里，疾病名或来自身体部位名，如汉语"府"指脏腑，亦可表示人脏腑的疾病，字或别作"疛""疛""胕"。《广雅·释诂》一："疛，病也。"疏证："疛、胕、府并通。"比较罗马尼亚语 rînza"胗；胃；胃病"。

上文讨论过，"欲"来自"腴"，文献或通"猷"。"猶"，《小雅·斯干》："无相猶也。"郑笺："猶当作瘉，瘉，病也。""瘉"，指疾病，《小雅·正月》："胡俾我瘉。"毛传："瘉，病也。"《说文》指病愈，后世通作"愈"。疾病和病愈，其义可能亦有关联，段玉裁说："浑言之谓瘳而尚病也，许则析言之谓虽病而瘳也。"

"猶""瘉""愈"虽当生病、病愈讲，但尚不能证明就是胃部疾病。只能推测，"腴"是胃，可能有胃部疾病意思，但我们在文献里能找到"瘐"的引申义，即忧郁、忧愁，《尔雅·释训》："瘐瘐，病也。"注："贤人失志怀忧病也。"邢疏："《小雅·正月》云：忧心愈愈。毛传云：愈愈，忧惧也。"王先谦说，鲁诗"愈"作"瘐"（《诗三家义集疏》）。

疾病可以发展出忧愁、忧伤、惧怕、厌恶等义，如汉语"病"，就有担忧、痛苦等义。其他自然语言也可从疾病发展出此类意思。如德语 Leiden"（较长时间的）疾病；痛苦，忧患"，英语

ailment"病痛；不安"。

"瘉"，或作"愈"，通作"愉"（《尔雅·释训》郝懿行义疏）。"愉"字有愉快义，是否来自疾病、病愈，还不能遽断。不过在语言里，疾病跟喜悦有时可以共用一个词，如英语 affection"亲爱，爱；赢得某人之爱；疾病，患病"，黄陂人把小孩出麻疹叫"出喜事"。

2. 定形

"腴"是胃，发展出肥腴、府库、瘐死、疾病等意思，前已大体考定。"腴"是后起字，早期作"臾"。在文献里，"臾"字也不当胃讲，我们看到的也只是它的肥沃、美好等引申义。

先看"臾"的肥沃义，《管子·乘马数》："郡县上臾之壤。""臾"或作"腴"，陈奂说，"臾"，古"腴"字，"上臾之壤"，犹膏腴之地也。日人猪饲彦博说同（郭沫若《管子集校》引，人民出版社 1984 年）。颜昌峣校释也说，"臾"是古"腴"字（岳麓书社 1996）。

《集韵·虞韵》："臾，善也。"从肥肉、肥发展出美好义，如"隽"，《说文》："隽，肥肉也。"方以智说，隽永者，味旨也。曰隽永，言其味长也（《通雅》卷三）。

"臾"字结构，《说文》说是捆住拖拉，"束缚捽抴为臾。从申，从乙"。段注："凡史称瘐死狱中皆当作此字。""臾"字见于金文，林义光《文源》卷六说，"臾"从人，"臼"象两手捽抴一人之形。戴家祥先生说，"臾"当云从人从臼，臼者叉手也。"臾"字从元从臼，象摇头叉手，在六书为象形，变而为"颂"（《金文大字典》）。林说谓从双手，是正确的，但说解仍拘泥《说文》，宜其不确。戴说谓从"元"，跟"颂"有关，亦无确证。

于省吾先生赞同林说，但觉得林说惜无佐证。于先生说，甲骨文亦有"奥"字。甲金"奥"字，象两手捉持人的头部而曳之。自来文字学家由于《说文》没有"瘦"字，而以"奥"为瘦死狱中之"瘦"，显然是错误的（《甲骨文字释林·释奥》）。

于省吾先生说"奥"字见于甲骨文，是可信的。这一发现使我们看到，"奥"出现的时间应该是很早的，再联系到我们上文所考察的情况，当胃讲的"奥"跟亲属语言一广泛的对应，这就说明，"奥"是很古老的词语。遗憾的是，于先生仍拘泥于《说文》的牵扯义，未达一间，殊为可惜。

我们知道"奥"的本义是胃、腹，再来看"奥"字的构形就比较容易。我们先看"要"字，《说文》："要，身中也。象人要自臼之行，从臼，交省声。"段注删"交省声"，并谓："上象人手，下象人足，中象人腰，而自臼持之，故从臼。""要"字的构形，象双手叉腰，表明双手所叉地方就是人的腰部。

"奥"字从臼，象双手捧腹，《说文》："臼，叉手也。""捧腹大笑""鼓腹而歌"皆可以作为"奥"字从"臼"的注脚。

3. 余论

本文通过跟汉语亲属语言的比较，认为"奥"字的本义是腹、胃，又指肠，后发展成肥腴、府库义，从府库、监狱义又发展出瘦死义。此外，胃是人体的府库，食欲是人体的本能，所以汉语的"奥"字又发展出欲望义，字写作"觊""欲"。所有这些意义的发展，都有人类自然语言的支持。另外，通过比较，本文认为"奥"字象双手抚腹形，跟"要"字构形相同。但仍有两个问题需要澄清。

（1）"奥"跟"蕢"的关系。"蕢"是草编织的筐子，《说文》：

"蕢，草器也。从艸，贵声。臾，古文蕢。象形。《论语》曰：
有荷臾而过孔氏之门。"

　　"蕢"求位切，古音*gruts。《说文》谓"贵"："从贝，臾
声。臾，古文蕢。"居胃切，古音*kluts。

　　"臾"跟"蕢"同形，不禁让我们想到汉语"胃"字，"胃"，
于贵切，古音* guds/gluts，《说文》："胃，榖府也。""胃"见于
金文。汉语"胃"跟藏文 grod-pa "肚子，胃"对应，来自原始
汉藏语*grot（白保罗 1976：470）。藏文 rgju "肠子"，疑跟 grod-pa
"肚子，胃"来源相同。

　　如果我们上面的文献梳理没有什么问题的话，那么，"胃"
这个字跟"胰"就是同一个来源。汉语仍用"胃"表示人的胃，
其他意思则用"痩""臾"来表达。这个问题很复杂，仍需要深
入探讨。

　　（2）藏文"肺"glo-ba，拉萨话 lo:^{55}，珞巴语 lo:，门巴语
lɔ:，是否来自原始汉藏语*lo "胃"，还不敢确定，值得再研究。

参考文献：

白保罗　1976　《再论汉藏语系》，载于 1984《汉藏语言概论》
（附录），北京：中国社会科学院民族研究所。

戴家祥　1995　《金文大字典》，上海：学林出版社。

郭沫若　1982—1984　《管子集校》，北京：人民出版社。

郭沫若　2002　《殷契粹编考释》，《郭沫若全集·考古编》（三），
北京：科学出版社。

胡小石　1995　《说文古文考》，《胡小石论文集三编》，上海：
上海古籍出版社。

黄布凡　1992　《藏缅语族语言词汇》，北京：中央民族学院出
版社。

黄树先　2010　《汉语核心词探索》，武汉：华中师范大学出版社。

黄树先　2012　《比较词义探索》，成都：巴蜀书社。

黄树先　2012　《汉语身体词探索》，武汉：华中科技大学出版社。

李范文、韩小忙　2005　《同义研究》，《西夏研究》第 1 辑，北京：中国社会科学出版社。

李孝定　1965　《甲骨文字集释》，台北：中国台湾地区"研究院"历史语言研究所。

林义光　2012　《文源》，上海：中西书局。

王　力　1982　《同源字典》，北京：商务印书馆。

邢公畹　1999　《汉台语比较手册》，北京：商务印书馆。

颜昌嶢　1996　《管子校释》，长沙：岳麓书社。

杨伯峻《春秋左传注（修订本）》，2009 年版，北京：中华书局。

杨树达　2006　《卜辞求义》，上海：上海古籍出版社。

于省吾　1979　《甲骨文字释林》，北京：中华书局。

郑张尚芳　2001　《汉语的同源异形词和异源共形词》，侯占虎《汉语词源研究（一）》，吉林教育出版社。

（黄树先　首都师范大学文学院　北京　100048）

汉字的字位分合和字际关系的历时变化[①]

孔祥卿

我们今天使用的汉字大部分是历史传承下来的，不但字形、结构有变化，字形和音义的对应关系也在不断变化，研究每一个字的历史，不但要厘清字形演变的线索，还要厘清音义关系的改变，即从字形和字位两个角度把握汉字的历史。

字位是根据汉字记录的语素而划分的文字单位，不同字形因为记录同一个语素而归为一个字位，是为异体字，异体字分历时异体字和共时异体字，狭义的异体字不包括历时异体字；同一个字形因为记录两个不同的语素而当作不同的字位，是为同形字，同形字分造字的同形、字形演变造成的同形和假借造成的同形，狭义的同形字不包括假借字。字际关系指的是不同字形间的源流关系、字位分合以及应用上的通用等关系。历史上汉字的字形不断变化，字位不断分合，字际关系也不断调整。本文通过以下字例分析汉字在历史上的字位分合和字际关系的调整。

---

① 本文得到天津市 2013 年度社科基金规划项目"汉字、音节、词汇交叉界面上的问题研究"（TJZW13-003）、南开大学亚州研究中心项目"汉字、音节、词汇的关系研究"（F9000862）的资助。

1. 羴 羶 膻 襢 但 袒 組 绽

《说文》收录了"羴""羶""膻""但""袒""組"六字，"羴"与"羶"为同一字头的异体，而"膻""但""袒""組"则分列为不同的字头。

《说文·羴部》："羴，羊臭也。从三羊。凡羴之属皆从羴。羶，羴或从亶。"式连切，读 shān。

《说文·肉部》"膻，肉膻也。从肉，亶声。《诗》曰：膻裼暴虎。"段注："今诗作襢，作袒。"《说文》的"膻"是身体裸露的意思，徒旱切，读 tǎn，此音义后多作"袒"字。又《说文·人部》："但，裼也。从人旦声。"《衣部》："裼，袒也。"字头作"但"，正文释义用"袒"，说明后来通用的"袒"字在《说文》作"但"字。《说文》"膻""但"同音，都是徒旱切，意义相同，实为同一个词，即今之"袒"。因此，《说文》的"膻""但"实为一个字位的异体关系。

《说文·衣部》："袒，衣缝解也。从衣。旦声。"丈苋切，读 zhàn。此音义通用字作"绽"。《礼记·内则》："衣裳绽裂。"注：绽，犹解也。又《说文·系部》："組，补缝也。从糸。旦声。"丈苋切，读 zhàn。此音义也写作"绽"，"绽"是"組"改换声旁的异体字。段玉裁《说文解字注》："古《艳歌行》曰：故衣谁当补，新衣谁当绽，赖得贤主人，览取爲我組。谓故衣谁则补之，新衣谁则缝之，赖有贤主妇见而为补缝之也。绽字古亦作組，浅人改之。"《说文》"袒""組"同音，"衣缝解"与"补缝"是有逻辑引申关系的两个义项，如同缝隙的"缝"（fèng）和缝补的"缝"（féng）之关系，"衣缝解"与"补缝"可以看成"zhàn"这个词的两个义项，则"袒""組"实为记录同一词位的异体字。

衣服绽裂的"zhàn"与袒露身体的"tǎn"，音义并非无关，衣服裂开则身体裸露出来，衣服绽裂是无意的，袒衣露肉是有意的，人为的。"tǎn"写作"膻"，从"肉"，着眼于裸露肉体；写作"但"，从"人"，着眼于人的行为；又写作"袒"，从"衣"，着眼于不穿衣服，"袒 tǎn"可以认为是"但"的换旁异体字。"袒"还有一个改换声旁的异体"襢"，《说文》引《诗》"膻裼暴虎"，段注"今诗作襢、作袒"，都从"衣"。因此，袒露意义的"tǎn"实际存在"膻""但""袒""襢"四个异体。相比于从"人"的"但"，从"衣"的"袒""襢"和从"肉"的"膻"表义更明确；相比于表义同样明确的"膻"和"襢"，"袒"写法更简单，因此在"但""膻""袒""襢"四个异体字的竞争中，"袒"更容易取得优势，成为袒露意义的通用字。

衣裳裂缝的"zhàn"本写作"袒"或"綻"，或从"衣"或从"糸"，因为从衣的"袒"通用为"袒露"的"tǎn"，为避免共时同形字，裂缝的"zhàn"则写作从"糸"的"绽"，"绽"为"綻"改换声旁形成的异体字，后成为绽裂的通用字。

羊身上的气味"shān"作"羴"或"羶"，凸显其属于羊的特点；又作"膻"，从"肉"，是因为通常这种气味在吃羊肉时感觉明显，"膻"（shān）与"羴""羶"构成异体关系，表示同一个词位。羊肉味的"膻"（shān）与《说文》肉体裸露的"膻"（tǎn）是同形字关系，分属不同的词位。共时同形字是应该尽力避免的，羊身上的气味"shān"可以写作"膻"，说明当时肉体裸露的"tǎn"已不大作"膻"了，而是写作"袒"。

以上字位的分合和字际关系的调整肇始于"但"义的引申和虚化，"但 tǎn"由不穿衣服引申出"徒、只"义，音转为dàn，这个意义比较抽象，由偏旁表义笼统的"但"字承担。

徒只义的"但"是常用词，为避免"但"字负担过重，但褐的"tǎn"写作从"衣"因而表义更明确的"袒"。"但"字字位功能的调整造成的缺位由"袒"字填补，而"袒"字字位功能的调整造成的缺位则由"绽"字填补。袒露的"tǎn"通用"袒"字又解放了"膻"字，从"肉"的"膻"不再用于裸露义"tǎn"，羊肉味的"羴""羶"才会出现从"肉"的异体"膻"。此外，该字形还用于中医穴位名称"膻（tán）中"。以上变化是相互关联的，是汉字系统中的字位调整。

以上字际关系的古今变化见下表：

音义	shān 羊肉的味	tǎn 裸露身体	zhàn 衣缝裂，补衣	dàn 徒、只	tán 膻中穴
《说文》本字	羴羶	膻但	袒組		
历史用字	羴羶膻	膻但袒襢	組绽	但	膻
今规范字	膻	袒	绽	但	膻

2. 鬻 粥 糜 鬵 鬻

大徐本《说文·鬵部》："鬻，鍵也。从鬵米声。"武悲切。段注本作"从鬵米"，之六切。武悲切音 mí，之六切音 zhōu，是两个不同的词，但是用同一个字形书写。《说文·米部》："糜，糁也。从米麻声。"段注："以米和羹谓之糁，专用米粒为之谓之糂。糜亦谓之鬻，亦谓之饘。《食部》曰：饘，糜也。《释名》曰：糜，煮米使糜烂也，粥淖于糜，粥粥然也。引伸爲糜烂字。""鬲"是煮饭的器具，两个"弓"像煮饭时冒出的蒸汽，因此《鬵部》的字大都与饭食有关，如"鬻"即今之"煮"字。"鬻"从"鬵"从"米"，读 mí 是形声字，"米"是声符；读 zhōu 是会意字，"米"是义符，表示锅里煮米成粥。因此《说文》"鬻"字记录了两个同义不同音的词，是同形字。读 mí 的"鬻"与"糜"是表示同一个词的异体字。读 zhōu 的"鬻"俗省作"粥"，则"鬻""粥"是繁简字的关系。

《说文·贝部》："賣，衒也，从贝㕚声。㕚，古文睦，读若育。"余六切，音 yù。"衒"为"衙"之或体，《说文·行部》："衙，行且卖也。"《说文·出部》："賣，出物货也，从出从买。"《贝部》："买，市也，从网贝。""买"本兼买卖二义，加"出"分化出"卖"字，"卖"上部的"士"是"出"的变形。"賣 mài"与"賣 yù"小篆本是两个不同的字形，隶变后都写作"賣"，成为同形字。为了避免共时同形字，"yù"假借"鬻"来书写，如：卖儿鬻女。文献中"yù"不再用"賣"字，但是在偏旁中，我们仍可见到它的影子，如"读椟渎牍犊续"等字的读音都与 mài 音无关，实际都是以"賣 yù"为声符的。

以上各字形之间的关系在不断变化，字际关系的调整源于隶书"賣"与"賣"字的混同。"鬻"与"粥"本是同一字位的繁简字；"鬻"又读 mí，属另一字位，与"糜"为异体关系；又读 yù，是"賣"的通假字。为了区分这三个字位，原是繁简关系的"鬻-粥"分工成为两个字位，"鬻"读 yù，承担原"賣"字的职能；"粥"读 zhōu，专门记录稀饭的"粥"；而米糊的"mí"则由异体字"糜"来承担。

以上字位的分合和调整见下表：

音义	zhōu 稀饭	mí 米糊	yù 卖
《说文》本字	鬻	鬻糜	賣
历史用字	粥	糜	鬻粥
今规范字	粥	糜	鬻

3. 虧 亏 於 于 烏

《说文·亏部》："虧，气损也。从亏雐声。"去为切，音kuī。"虧"为欠少义，今简化字省略偏旁作"亏"。

《说文·亏部》："亏，於也。象气之舒亏。从丂，从一。一者，其气平之也。"羽俱切，音yú。小篆 ，隶定为"亏"，隶变作"于"。因此"亏""于"是一个字位的异体。

《说文》"亏""虧"是两个完全不同的字，《说文》的"亏"隶变作"于"是字形演化的结果，今通用字"亏"是"虧"的简化字，因此，《说文》的"亏 yú"与今通用字"亏 kuī"是属于不同字位的历时同形字。历时同形字一般不会造成共时用字的混乱，而共时同形字因为可能造成书面交际的混乱是应该力求避免或减少的。

"於"，《说文》列为"烏"字古文，《烏部》："烏，孝烏也。象形。孔子曰：烏，盱呼也。取其助气，故以爲烏呼。凡烏之属皆从烏。 ，古文烏象形。 ，象古文烏省。"段注："此即今之於字也，象古文烏而省之。""於"字形来自"烏"的古文，则"於""烏"本一字之异体，烏鸦是其本义，用于感叹词"烏呼""於戏"是音借字。

"於"用作介词"yú"也是假借，介词"yú"本作"于"，《说文》用"於"释"亏（于）"，也说明"於"在东汉的主要用法是通"于"。段注："'于''於'爲古今字。《释诂》《毛传》郑注《经》皆云：'于，於也。'凡经多用'于'，凡传多用'於'。"殷商甲骨文已有"于"字，后为"於"替换。二字使用发展的轨迹是：《尚书》时期，"于"字使用频率占绝对优势，基本不用"於"字；《左传》时期，"於"字使用频率崛起，"于"字和

"於"字势均力敌；《史记》时期，"于"字开始衰落，"於"字逐渐占了优势；南北朝时期，"於"字几乎完全取代了"于"字。（张红 2012）①今"於"又简化为"于"是恢复古字，"於"则作为繁体字退出通用领域。

以上字位的分合和调整见下表：

音义	yú 介词	wū 乌鸦	kuī 亏少
《说文》本字	亏	烏於	虧
历史用字	于於	烏	虧
今规范字	于	乌	亏

4. 乂 刈 艾 嬖 叇

《说文·丿部》："乂，芟艸也。从丿从乀相交。刈，乂或从刀。"割草之"yì"本只作"乂"，后加"刀"旁以显义，则"刈"为"乂"之后起增旁字。

《说文·艸部》："艾，冰台也。从艸。乂声。"冰台即今艾蒿。

《说文·辟部》："嬖，治也。从辟。乂声。虞书曰。有能俾嬖。"段注："今则乂训治而嬖废矣。《诗》作艾，《小雅·小旻》传曰：艾，治也。"训治之"yì"经传写作"乂""艾"，《说文解字叙》"百官以乂，万品以察"作"乂"，也说明当时训治之"yì"的通用字是"乂"。段玉裁说："今嬖作乂，盖亦自孔安国以今字读之已然矣。计辟嬖字秦汉不行，小篆不用，《仓颉》等篇不取，而许独存之者，尊古文经也。"则从"辟"之"嬖"

① 张红　2012　《<尚书>和<史记>同义语料中"于"和"于"用法比较分析》，《陕西教育·高教》，第7—8期。

大概是战国时期东土出现的加旁分化字，但此字并没有流行沿用下来，《说文》引《虞书》"有能俾嫛"，今文《尚书尧典》作"有能俾乂"。

《说文·心部》："㣻，惩也。从心，乂声。"段注："古多用乂、艾爲之而㣻废矣。"

在汉字发展史上，假借曾是一种非常重要的记词手段，假借之后为了别词，很多字又增加区别意义的偏旁，这也是形声字产生的主要途径。"刈""嫛""㣻"都是为区别词义而造的加旁字。芟草之"yì"，本作"乂"，后因常假借为表示治理的"yì"，本义不显，遂加"刀"旁作"刈"，因此"刈"是"乂"的后起分化字。芟草之"yì"有了表义更明确的区别字"刈"，空出"乂"字可以专用于假借义。治理之"yì"和惩罚之"yì"虽然也都有加旁分化字"嫛"和"㣻"，但是使用不广，《说文》从本字本义出发，收录"嫛"和"㣻"字，但是实际上"嫛"和"㣻"没有在社会通用，这两个字位当时的通用字形仍然是假借字"乂"或"艾"。今通用字"刈""乂""艾"的分工为："刈"表示芟草之"yì"，"乂"表示治理之"yì"，而"艾"实际上代表两个字位，一是艾草的"艾ài"，一是惩罚的"艾yì"，如成语"自怨自艾"。

以上字位的分合和调整见下表：

音义	yì 割草	ài 艾草	yì 治理，安定	yì 惩罚
《说文》本字	乂刈	艾	嫛	㣻
历史用字	刈	艾	乂艾	乂艾
今规范字	刈	艾	乂	艾

5. 谊 义 仪

《说文·言部》："谊，人所宜也。从言宜，宜亦声也。"段注："《周礼·肆师》注：故书'仪'爲'义'。郑司农云：'义'读爲'仪'。古者书'仪'但爲'义'，今时所谓'义'爲'谊'。按此则'谊''义'古今字。周时作'谊'，汉时作'义'，皆今之仁义字也。其威仪字，则周时作'义'，汉时作'仪'。"

《说文·我部》："義，己之威义也。从我，从羊。"段注："'义'之本训谓礼容各得其宜，礼容得宜则善矣。故《文王》《我将》毛传皆曰：义，善也。引申之训也。"

《说文·人部》："仪，度也。从人，义声。"段注："度，法制也。毛传曰：仪，善也。又曰：仪，宜也。又曰：仪，匹也。其义相引伸。"

其实"谊""义""仪"三字音义同源。"义"，许慎训"己之威义也"，从"羊""我"会意。这是望文生训，实际"我"为声旁，无义。《中庸》："仁者，人也。义者，宜也。"说明"义"的基本意义就是"合宜"。段注"从羊者，与'善''美'同意"，是说"义"字从"羊"，与"美""善"二字从"羊"得义一样，因此"义"有善义。从"羊"的"义"与"美""善"一样，表义比较笼统，合宜是其基本义，思想合宜、言行合宜、礼容得宜，都是"义"的具体表现，原本是一个词位。《说文》："谊，人所宜也。"说明"谊""义"音义相同，"谊"字从"言""宜"，凸显"言行合宜"，比"义"字表义更明确；"仪"是"义"的加旁分化字，从"人"突出人事，因此，属于人事方面的礼仪、仪容等义专用"仪"字，分化了"义"的又一部分功能，而原本音义相同的"义""谊"也有了分工：仁义、正义这样的基本义字仍用"义"，友谊、情谊等引申义用"谊"。这体现了词义引申分化后字位的重新分化和调整。以上字位的分合和调整见下表：

音义	yì 正义，仁义	yí 仪容，仪表	yí 仪度，仪礼	yì 友谊，情谊
《说文》本字	谊	义	仪	
历史用字	义	仪	仪	谊
今规范字	义	仪	仪	谊

6. 某 梅 楳

《说文·木部》："某，酸果也。从木从甘，阙。楳，古文某从口。"段注："此是今梅子正字。"酸果即梅子，本作"某"，异体"楳"，今作"梅"。

《说文·木部》："梅，枏也。可食。从木。每声。楳，或从某。"段玉裁《说文解字注》："凡酸果之字作梅，皆假借也。凡某人之字作某，亦皆假借也。假借行而本义废。"又《说文·木部》："枏，梅也。从木，冄声。"枏，《康熙字典》："或作柟，俗作楠。"可见"梅（楳）méi"与"枏（柟楠）nán"为一物之异名。

"梅"本指楠木，或作"楳"，为换声旁异体字；梅子之"méi"本作"某"，或作"楳"。后"某"假借为"某人"之"某"，梅子之"某"则加"木"旁作"楳"，与楠木之"梅"的异体"楳"同形又同音，遂与"梅"混用为一字。则"梅"字一形分为两个字位：一表示楠木，一表示梅子。这是同形同音不同义的两个词。梅子之"méi"能抢夺楠木之"梅"字，最主要的原因是楠木的别名"梅"不常见，而梅子之"méi"是个常用词。

以上字位的分合和调整见下表：

音义	méi 梅子	méi 楠木	mǒu 代词
《说文》本字	某槑	梅楳	
历史用字	梅楳槑	梅楳	某
今规范字	梅		某

参考文献

［清］段玉裁　2013　《说文解字注》，北京：中华书局。

［汉］许慎　2009　《说文解字》，北京：中华书局。

张红　2012　《〈尚书〉和〈史记〉同义语料中"于"和"於"用法比较分析》，《陕西教育·高教》7—8 期。

（孔祥卿　南开大学文学院　天津　300071）

现代反训及字音规范札记

杨琳

现代反训

一个词具有对立的两个义位的现象古代学者称为"反训"。有些学者不承认反训现象的存在，认为反训是不可思议的。他们或者把反训解释为历时现象，或者解释成两个词的混同。事实上共时条件下的反训是任何语言都有的。如英语的 leave 既有离开的意思，又有留下的意思；twilight 既有黎明的意思，又有黄昏的意思。现代汉语也不例外。如"借"有借入和借出二义，因此"我借他一元钱"可以有两种理解，英语中则用 borrow 和 lend 两个不同的词来表示。"浮"与"沉"相对，但语言中不但有"上浮"的说法，还有"下浮"的说法。例如《人民日报》2003 年 12 月 4 日第 2 版："凡节后票价上浮的列车，1 月 21 日（农历除夕）至 23 日（正月初二）实行票价下浮，下浮幅度为 10%。""下浮"之浮是沉降的意思，跟"上浮"之浮正好相反。《现代汉语词典》（第 6 版，2012）"没治"条下列有两个义项，一个是"情况坏得无法挽救"，另一个是"（人或事）好得不得了"，这两个义项也是相反的。下面举几则大家不大熟悉的例子，我们在使用这些词语的时候需要斟酌一下，以免产生误解。

放水

"放水"有两个相反的含义。一是注水的意思。《中国房地产报》（2002-07-10）的一则报道说："减税对房市有如放水养鱼。"这里的"放水"指注水。但"放水"还有把已蓄之水放走的意思。福建之窗（www.66163.com，2004-02-16）上有这样一则报道："'我养殖的近百亩海蛏几次被人恶意放水，就要全部死光了，你们快来看看吧！'昨日上午，福清市海口镇东阁盐场海蛏养殖户余友明致电本报党报热线 3751111 求助，称几年来在此地养殖海蛏屡屡遭人恶意陷害，经济损失达数十万元人民币。记者立即赶到现场。余友明指着他承包的三块共近百亩的养殖场说，原来养殖场里的水位有半米多高，而养殖海蛏所需的水位最少也得 30—40 厘米高，被放水后大部分海滩地已露出水面，暴露在空气里的海蛏开始大量死亡。""放"有解除约束、放开的意思，这个动作并没有方向性，可以向内，也可以向外。有些情况下只能是单向的，如"放虎归山"就是让老虎离开关押地，"放生"就是让动物脱离约束它的人，运动的方向都是向外。有些情况下则是双向的，如"放人"既可以是让人进来，也可以是让人出去。"放水"的两种含义正跟"放人"一样。单向、双向取决于"放"的对象。如果"放"的对象在事理上是可出可入或是愿出愿入的，就是双向的。如果"放"的对象在事理上是不能出入或是不愿出入的，那就是单向的，单向一般是外向。

"放"在古汉语中已存在反训义，一为收起来，一为放出去。如《论语·微子》："隐居放言。"何晏集解引包咸注："放，置也，不复言事务。"这里的"放言"是沉默不语的意思，"放"指收敛。《后汉书·孔融传》："跌荡放言。"李贤注："放，纵也。"这里的"放言"是肆意说话的意思，"放"指放出。

狮子搏兔

《中国语文》1999 年第 4 期有两篇纪念丁声树先生的文章，都用到"狮子搏兔"这个成语，但喻义则是相反的。现将两则用例引录如下：

> 不少学人称扬丁声树先生根底深厚扎实，写起文章来犹如雄狮搏兔，游刃有余。（281 页）

> 于是乎遍考两宋人诗文集和与此有关的书，用各书异体字作"背"，苏轼、苏辙兄弟唱和诗都有"碚"字，依诗的格律，应读去声。另外还用了若干宋人材料作论证。真是狮子搏兔，用尽全力。（283 页）

前一个例子中的"雄狮搏兔"是说以大才做小事，干起来非常轻松，用不了多大精力；后一例子中的"狮子搏兔"却是比喻即便是小事，有大才者也用很大的精力去对付。前者言其小，后者言其大，喻义刚好相反。这种修辞现象钱钟书先生称之为"比喻之两柄"（见《管锥编·周易正义·归妹》），从语言学的角度来讲则是"反训"。该成语一般用于言其大，所以各词典中只有言其大的义项。言其小的用法各词典未见收列，看来是一种新的用法，能否为人们所接受，有待时间的检验。对一些新兴的语言现象我们不能动辄贴上"误用""生造""不合规范"的封签，因为最终的判决权还是掌握在广大群众手中，"我辈数人，定则定矣"是行不通的。

肯定与否定

《民族艺术》杂志 2000 年第 1 期第 141 页有这样几句话："服中草药能否成仙呢？答案是肯定的：不能！"这里的"肯定"改成"否定"基本意思不变，但有一些小小的区别。说成"答案是否定的"，"不能！"可以省去。说成"答案是肯定的"，"不能！"不宜省去，如果省去，文意既可以是能够成仙，也有可能是不能成仙，有歧义。这种歧义源于"肯定"一词语义指向的不同。如果"肯定"指向"答案"本身，即答案本身是肯定形式，那就是能成仙。如果"肯定"指向说话者的态度，则答案的肯定否定视上下文意而定。所以使用"肯定"一词时应注意语义的指向。

负众望

"负众望"有两个褒贬相反的含义。一是说辜负了大家的期望，常说"不负众望"和"有负众望"。例如：

> 这位年轻人不负众望，杀死了困扰印第安人的怪物。（《民间文化》1999年第1期第17页）

> 乡亲们既然信得过我，我辛幼安决不有负众望。（《花城》1981年增刊第4期）

"负众望"的另一意思是享有广泛的声望，常说"颇负众望""素负众望"。例如：

> 阮氏学识渊博，且湛深经学，与汪中、凌廷堪、焦循等承吴派之专、皖派之精，开创扬州学派，在当时学界颇负众望。（《学术集林》第4卷第181页）

> 一百几十位从全省素负众望、热心公益的公正士绅、地方领袖中敦聘出来的人民的代表,济济一堂。（张治中《张治中回忆录》，华文出版社2014年第140页）

与此类似的是"素负声望"：

> 徐特立同志是中国共产党的优秀党员，是一位素负声望的老革命家和杰出的教育家。（《徐特立文集前言》）

古代汉语中有"负誉"一词，既有享有声誉的意思，也有声誉不好的意思。如北周庾信《哀江南赋》："镇北之负誉矜前，风飚凛然。"这里是享有声誉的意思。唐道宣《续高僧传·义解十一·灵润》："（润）虽则负誉帝京，儿神气自得，或讥毁达其耳者，曾若不闻。"这里是声誉不好的意思。

这种"反训"是由"负"的"辜负"和"享有"两个不同义项造成的。一些人把"深负众望"的说法看成是"深孚众望"之误，这是不对的。这两种说法意思有别，各有用场，都能成立。"深负众望"是说很有群众威望，跟"颇负众望"意思相同。"深孚众望"则需要稍加辨析。《现代汉语词典》"孚"字下释为"很使群众信服"，认为"孚"是"使人信服"的意思，各成语词典也都是这么解释的。我们认为这种解释有问题。

首先，什么是"众望"呢？《现代汉语词典》解释说："众人的希望：不孚众望/众望所归。"按照这一解释，"深孚众望"就是很使众人的希望信服，这意思显然很别扭。各词典知道这样解释不好讲通，就把"众望"意译为"群众"或"众人"，然而"众望"哪有"群众"或"众人"的意思呢？其实"众望"除了"众人的期望"的意思外（"众望所归"即用其义），还有"群众（或众人）中的声望"的意思，"颇负众望"中的"众望"用的就是这一意义，这一点可从"素负声望"的说法得到佐证，各词典失收这一义项，人们只好拿"众人的期望"去硬套，造成对"深孚众望"的曲解。

再来看"孚"字。"孚"有符合的意思，《汉语大字典》和《汉语大词典》都有这一义项。《正字通·子部》："孚，合也。"康有为《〈礼运注〉叙》："孔子生据乱世，而志则常在太平世，必进化至大同，乃孚素志。""乃孚素志"是说才符合孔子平素的志向。"深孚众望"之孚应该是符合的意思。

因此，"深孚众望"的确切含义应该是：很符合在众人中享有的声望，是名副其实、名不虚传的意思。与此相反的说法是"不孚众望"，意为"盛名之下，其实难副"，也就是名过其实的意思。

由此可知，将"深负众望"看成"深孚众望"之误是不对的，各词典对"深孚众望"原义的解释也应加以修正。

字音规范四则

籑字音 zuǎn 质疑

清代学者阮元主编了一部很有用的工具书叫《经籍籑诂》，因为书刊中把《经籍籑诂》写成《经籍纂诂》的现象时有所见，所以我们在给学生上课时总要强调籑的意思是编纂，读 zhuàn，与"纂"义同而音异，不要写错和读错了。然而《现代汉语词典》（1997 年及 2005 年修订本）中籑有 zuǎn 的读音，释义为"同'纂'①"，2012 年第 6 版没有单列籑字头，籑字列为"纂"字头的异体。这就是说《现代汉语词典》认为在编纂的意义上"籑"和"纂"可以通用。《现代汉语词典》的这一看法能否成立呢？我们不妨追根溯源，来梳理一下。

籑是饌的省体。查《汉语大字典》和《汉语大词典》，饌及籑字下都没有 zuǎn 的读音。饌字《说文》收录，释为："具食也。从食算声。餕，饌或从巽。"本义是供设饮食，也引申指饮食，是餕的异体字。大徐本音士恋切，《广韵·線韵》也音士恋切，折合成今普通话读音就是 zhuàn。籑字典籍中也假借作撰。《汉书·司马迁传赞》："自古书契之作而有史官，其载籍博矣。至孔氏籑之，上继唐尧，下讫秦缪。"颜师古注："籑与撰同。"《字汇·竹部》："籑，与撰同。"音除恋切，折合成普通话读音也是 zhuàn。《经籍籑诂》的籑正取编撰义，所以应该读 zhuàn。看来《汉语大字典》和《汉语大词典》不列 zuǎn 的读音是合理的。不知《现汉》根据什么说籑同纂进而音 zuǎn，是不是看到《经籍籑诂》常有写作《经籍纂诂》的，便以为"籑"同"纂"？

如果是这样，那就是迁就现代人写别字了。

值得注意的是，《广韵》籑音"士恋"切的"士"在有些刻本或引文中讹作"七"，如张氏泽存堂本《宋本广韵》及《佩文韵府》卷七十六之四籑字下都误作七恋切，清纪容舒《孙氏唐韵考》卷四下就已指出："籑字《广韵》作七恋切，非。"七恋切今应读 cuàn，也不读 zuǎn。

"锲"该读什么音？

锲在现代汉语中是个不常用的字，一般只用在"锲而不舍"这个成语中。锲字的读音《现代汉语词典》《新华字典》等权威字词典都注作 qiè，这当然是有根据的。《广韵·屑韵》锲音苦结切，转换成普通话读音就是 qiè。锲的意思是契刻，它是契的后出分别文，从词的角度来看，它们不过是同一词的不同写法而已。从实际使用来看，锲和契在契刻的意义上是通用的。明张自烈《正字通·金部》："锲，通作契。"《后汉书·张衡传》："世易俗异，事执舛殊，不能通其变，而一度以揆之，斯契船而求剑，守株而伺兔也。""契船求剑"也作"锲船求剑"。《旧唐书·李百药传》："锲船求剑，未见其可。"《淮南子·齐俗》："故胡人弹骨，越人契臂，中国歃血也。""契臂"也作"锲臂"。南朝梁王金珠《欢闻变歌》之五："锲臂饮清血，牛羊持祭天。"在现代学者当中，这两字仍混用不别。如吴浩坤、潘悠《中国甲骨学史》（上海人民出版社 1985：2）："甲骨文以契刻为多见，但也有不少是用毛笔写的。"也写作"锲刻"。郭沫若《中国古代社会研究·导论二》（《郭沫若全集·历史编》第 1 卷，人民出版社 1982：18）："三十年前在河南安阳县有龟甲骨板上锲刻着的贞卜文字出现。"任乃荣《中华文字语音溯源》（新华出版社 2013：90）："甲骨文多用单刀锲刻，难以体现书写原貌，而金文则可以更多显示出墨原迹，体现出原书笔意。"可见无论是古代还是现代，使用者都把这两个字当作同一个词的不同写法，随意换用。但按照字词典上的注音，当我们读到"契船求剑"时读 qì，而读到"锲船求剑"时却要读 qiè；遇到"契刻"时读 qì，遇到"锲刻"时却要读 qiè，这不能不使人困惑。明明是同一个词，一会儿这样读，一会儿那样读，叫人莫名其妙。要是不照着现成的文章念，而是用嘴说的话，弄不清究竟该说 qikè 还是该说 qièkè。

给汉字注音不能株守古代反切，而要结合实际使用情况来考虑。从以上引证我们知道，锲就是契的分别文，读音不该有异。《广韵·霁韵》契有二读，一读苦计切，即今 qì 这个读音的来源；一读苦结切，今应读 qiè。今天契的读音我们选择苦计切为正音，而其分别文锲却选择苦结切为正音，结果将同一个词割裂成了两个词，给语文教学和普通话实践造成麻烦。因此我们建议将锲的读音审定为 qì，使锲、契二字的读音统一起来，减少无谓的异读。

其实《中华大字典》早就这么做了，它在锲下注有"结计切，音契"的读音。只是"结计"当为"苦计"之误，因为"结计"切出来是 jì，与"音契"不一致。

明确了锲与契的关系，我们又面临着这样一个问题：既然锲、契音义相同，现代汉语中是否还有必要使用锲这个字？也就是说"锲而不舍"能否写成"契而不舍"？好像没什么不可以的。锲与契的关系正如捨与舍、復与复的关系，我们可以用舍、复取代捨、復，为什么不能用契取代锲呢？

锲在古代还指一种镰刀类的农具。《方言》卷五："刈钩……自关而西或谓之钩，或谓之镰，或谓之锲。"《说文》："锲，镰也。从金契声。"这与契刻义的锲应该是两个词。此字《方言》郭璞注及《广雅·释器》曹宪注皆音"结"，《广韵·屑韵》也有古屑切一读，今应读 jié。《汉语大字典》及《汉语大词典》等字词典将镰刀义之锲也音 qiè，那是将该词混同于契刻义之锲的结果。

现代汉字规范化要做的工作很多，异读、异体的规范是其中最为迫切的问题，值得引起我们的重视。

"给予"之"给"该读 gěi 还是 jǐ？

某幼儿园对小孩进行感恩教育，要求每个班朗诵这样几句感恩词："感谢父母给予我生命，感谢家人给予我呵护，感谢老师给予我教育，感谢小朋友给予我快乐。"结果不同班级的老师给孩子们教的"给予"的读法是不同的，大多数读 gěiyǔ，个别的读 jǐyǔ。究竟该读哪个，老师们也弄不明白。有个老师在电脑上用全拼输入法输入"gěiyǔ"，结果输出了"给予"一词，于是认定读 gěiyǔ 是对的。

各输入法大都有自造词的功能，输入法能打出来的不见得就是规范的。"给予"之"给"按照《现代汉语词典》的注音应该读 jǐ，这是目前的规范读音，但这一规范读音未必合理。这一读音当然是有根据的。中古以前，"给"无论是"授予"义还是"供给"义，都读居立切（《广韵·缉韵》），转换成今普通话读音就是 jǐ。但从明代以来，口语中"授予"义的"给"又有了 gěi 的读法，这在明代文献中有反映。《醒世姻缘传》中表示"授予"义的词有"给""己"两种写法。如第七十一回："你一年只给我十两银子的利钱。"第七回："周姨，你己我个红的顽。"这应该是口语中"给"有了 gěi 的读法[1]，所以原先 jǐ 的读法用一个同音字"己"来记写。后来 jǐ 的读法被 gěi 吞并，于是口语中"授予"义的"给"只读 gěi，jǐ 则留给了"供应、富足"

---

① 关于 gěi 的读法的来源，学者们有多种解释，有说来自山东方言的"馈"，有说是古入声字的音变，目前尚无定论。

的意义，两个读音有了分化。

那么普通话中"给予"中的"给"应该读 gěi 还是读 jǐ？我们认为读 gěi 合理。

其一，gěi 和 jǐ 清代以来意义上已经有了分工，这是有积极意义的，我们应该承认这一现实。"给予"中的"给"是"授予"义，应该读 gěi。

其二，gěi 在现代汉语中是个强势读音，所以普通百姓中"给予"读 gěiyǔ 的人远比读 jǐyǔ 多，根据"从众"原则，应该以 gěi 为规范读音。

其三，与"给予"意思相同的"给以"之"给"读 gěi，两个词的读音应该统一起来，否则会使学习者徒生困惑。

"白 qí 豚"还是"白 jì 豚"？

白鳍豚是我国特有的珍稀淡水鲸类动物，濒临灭绝的危险，被列为国家一类保护动物。这些年由于各种传媒的宣传报道，白鳍豚数量虽然仍呈减少趋势，但知名度倒是不小。不少人把"白鳍豚"读作"白 jì 豚"。其实"白 jì 豚"并不是"白鳍豚"的异读，而是白鳍豚的异名，jì 字应写作鱀。1998 年以前，学术界认可的正规名称是"白鳍豚"，而非"白鱀豚"。1979 年修订本《辞海》收有"白鳍豚"，未收"白鱀豚"，甚至在"白鳍豚"条下没提它有"白鱀豚"的异名。旧版《现代汉语词典》也跟《辞海》一样，只收"白鳍豚"，不提"白鱀豚"。1996 年修订本《现代汉语词典》以"白鳍豚"为主条，而将"白鱀豚"作为异名收列，反映了"白鱀豚"一名在社会上流行的现实。1999 年修订出版的《辞海》收了"白鱀豚"的词条，"白鳍豚"的词条被删除。2005 年第 5 版及 2012 年第 6 版《现代汉语词典》以"白鱀豚"为主条，"白鳍豚"成了副条。可以看出，在"白鳍豚"和"白鱀豚"的竞争中，"白鱀豚"占了上风。"白鱀豚"之所以能占上风，全赖了广播电视的播音。

不过问题并没有就此结束。"白鱀豚"虽然在口语中占了上风，但在书面语中"白鱀豚"却是步履维艰。因为鱀是个生僻字，除了在"白鱀豚"一词中出现外，再也没有用场，人们大都不认识；更麻烦的是，国标码中没收鱀字，因此电脑中往往打不出来。我们曾在百度中进行了搜索统计（2016 年 4 月 26 日），输入关键词"白鱀豚"，找到的结果是 32,600 个；输入"白鳍豚"，找到的结果是 1,590,000 个，"白鳍豚"明显占优势。这一统计意味着"鳍"有可能产生 jì 的异读，文字学上所谓的"义同换读"大都是这样产生的。既以"白鱀豚"为规范名称，2013 年发布的《通用规范汉字表》中就不得不收入鱀字，并简化为鱀，然而目前的输入法中鱀字还是打不出来。

鳍是个常见字，而且白鳍豚就是因为它的鳍是白色的而得名的，有顾名思义的便利。我们不明白当初"白鳍豚"作为正规名称为辞书所推荐的时候，广播电视上报道时为何偏偏采用"白鱀豚"，以致造成了今天的混乱局面。广播电视在规范普通话方面起着举足轻重的作用，一言既出，万众是从，使用词语尤其是科技语时不可不慎。2009 年比利时毒鸡事件披露后，媒体上突然冒出"二恶英"一词（"恶英"二字也有加口字旁的），指一种有毒的含氯化合物，"恶"字有的播音员读 è，有的读 wù，令人不知所从。"二恶英"是英语 dioxin 的翻译，"二"是 di 的意译，"恶英"是 oxin 的音译，但这个词英音读[daiˈɔksin]，美音读[daɪˈɑksɪn]，都跟"恶英"的读音不相近。台湾意译为"二氧杂芑"，音译为"戴奥辛"，都比"二恶英"要好，为什么不采用台湾的翻译呢？两岸统一用一个译名不是更便于沟通吗？

（杨琳　南开大学文学院　天津　300071）

语法部分

豫北晋语的异源复合构词现象①

陈鹏飞

1. 解题

1.1 异源复合构词

竞争是导致语言要素变异的最常见途径。但是，方言接触导致的"融合"现象也比比皆是。本文关注方言词汇接触问题，尤其关注方言接触导致的词汇"融合"问题。

同一概念，在毗邻的方言区（A 方言和 B 方言）使用了不同的名称或词素（a 和 b），A 方言称之为 a，B 方言称之为 b。A 方言与 B 方言接触，其结果不是 a 战胜 b，b 消失，而是在接触区域形成一个"a+b"的新词。因为 a、b 原本有不同来源，

① 本文为国家社科基金项目"晋豫两省太行山沿麓方言历史比较研究"（08BYY013）的一部分内容。王临惠教授、温锁林教授、杨永龙研究员、董正存博士对本文提出过宝贵的修改意见，文章在写作和调查过程中也得到河南大学张雪平博士的大力帮助，在此一并致谢。

所以是"异源"的，又因为"a+b"构成一个同义复合词，所以我们把这种构词现象称为"异源复合构词"。可图示如下：

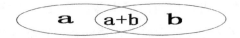

这种现象，游汝杰（2000：173）称之为"方言杂交"形成的"合璧词"①，胡松柏（2006：68）称之为"词语的融合"②。这里我们不准备采用这两个概念。这是因为，"合璧词"的称谓虽然形象，但是异源词汇接触构成的新的复合词未必都是双音节的，这从下文讨论的例子可以看出来；而"融合"是一个意义更为宽泛的概念，在词汇构词层面使用内涵更为明确的"复合"比"融合"更清晰明了，并且，在词汇接触层面使用"复合"也可以跟在语法接触层面形成的"语法成分的融合"概念加以区分。③

1.2　材料来源与豫北晋语概说

本文讨论豫北晋语内部以及豫北晋语和官话方言的词汇接触。文中涉及豫北及其周边县市的材料，其中黎城、平顺、壶关、长治、晋城、高平、陵川（晋语上党片，以上属山西省）、林州、安阳、淇县、辉县、获嘉④、延津、新乡、修武、焦作、武陟、济源、卫辉（晋语邯新片，以上属河南）、原阳、浚县、

---

① 游汝杰（2000）定义："（合璧词）指一个双音节合成词的词素分别来自不同的语言或方言。这里是指来自不同方言的语素组成一个同义复合的合成词……'合璧'是汉语词汇从单音节向双音节发展的原因之一。"

② 胡松柏（2006）："词语的融合指发生接触的方言的一方借贷另一方言的词（或语素）与自身方言的词（或语素）共同构成一个新的词语，所构成的词语称为方言融合词。"

③ 松柏先生在（2004）《赣东北方言语法接触的表现》一文中，谈及方言语法接触时使用了"语法成分的融合"这一概念（胡松柏 2004.12.《第二届国际汉语方言语法学术研讨会》提交论文）。我们认为，可以用"复合"和"融合"这两个概念区别词汇接触和语法接触这两种不同情形。

④ 获嘉材料同时参考贺巍（1989）。

封丘、开封、郑州（中原官话郑曹片）24 个方言点的材料为课题组调查所得。其他方言点的材料随文注明出处。

豫北晋语是明初山西向河南移民形成的移民方言。沈明（2006）把该区域方言都归属于晋语邯新片获济小片，与侯精一（1986）的研究稍有出入。[①]豫北晋语属于典型的晋语与官话过渡性方言。

从参与构词的语素性质来看，豫北晋语的异源复合构词既有实词素复合，又有虚语素复合（形态复合）。

2. 实语素复合

豫北晋语实语素异源复合又有两种情形：完全复合、部分复合。下面示例主要是中原官话与豫北晋语词语接触造成的词语复合现象。

2.1 完全复合

所谓完全复合，是指来自不同方言的表示相同概念的两个词形，在方言接触区域联合在一起成为一个整体。如：锤头+骨柮→锤头骨柮。

下图（图 1）是"拳头"这个概念在豫北晋语区及其毗邻方言点的使用情况。如果一个点有多种说法就用不同图例标示（下同）。

"'圪嘟'指拳头，在晋语区内具有很高的一致性，非晋语区很少有这种说法。"（侯精一 1999：9）这个词又记作"骨柮"或"圪都"。在中原官话区及其以东地区，如开封、封丘，"拳头"记作"锤头"或"捶头"。在"拳头"这个概念上，豫北晋

---

① 侯精一（1986）把林州方言归于晋语邯新片磁漳小片，沈明（2006）把林州方言也归属于获济小片。

语区是"骨柮"与"锤头"的竞争。如今，在焦作、辉县、新乡、获嘉方言和晋城方言里，"锤头"一词已经普遍使用了。这是官话词语战胜晋语特征词的状况。

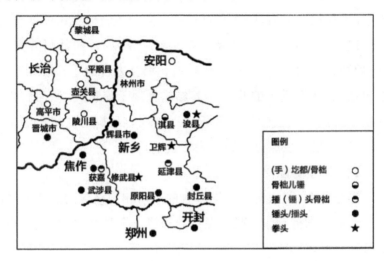

图1　"骨柮–骨柮儿锤–捶头骨柮–锤头"区划图

值得注意的是，淇县方言的"骨柮儿锤"和获嘉、延津方言的"捶头骨柮"这样的说法。很明显，这是官话的"锤头"与晋语的"骨柮"复合而成的。"锤头"和"骨柮"本属于不同方言的词汇，名称各异，但是表示相同的概念。它们之间的竞争并没有使一方取代另一方，而是把两个异源但是同义的词"复合"在了一起。

获嘉的"屁沟㞘儿"也应该是晋语特征词"㞘子"与官话词"屁股"的复合形式。"㞘子"指屁股，在晋语区极为普遍，这一名称与黄河两岸中原官话使用"屁股"一词形成鲜明对比。如今，官话词形大举北上，在豫北晋语中大多方言点已使用"屁股"这一形式，但是获嘉方言中，"㞘"作为异源复合词的构词语素保留了下来。

结构上，全部复合的异源复合词最容易被看成是并列式复合词的一类。但是我们认为，即便是这一类"意义相同的语素并列在一起构成的复合词"，也未必是并列式复合词。在豫北晋语中，"骨柮"单用时义为"拳头"，同时"骨柮"还可以与其他限定成分组合在一起表示"拳头状的事物"，如林州方言的"脚骨柮"义为"脚"，林州、辉县、淇县方言的"笤帚骨柮"指的是"已经磨秃了的笤帚"，其结构都属于偏正式，因而获嘉、延津方言的"锤头骨柮"分析为"骨柮"是构词的核心语素，"锤头"是限定性成分也许更为适当。

2.2 部分复合

部分复合，即来自于不同方言的表示相同概念的两个词形，各自选取一部分词素，联合在一起构成一个复合词。如：臭虫+壁虱→臭虱。

图 2 是"臭虫"这个概念在豫北晋语区及其毗邻方言点的使用情况。

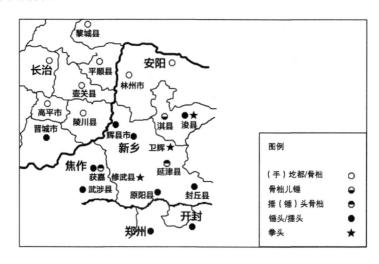

图 2　"壁虱-臭虱-臭虫"区划图

"壁虱"是臭虫的别名，这一名称的使用在晋语区具有很大的一致性，与晋语周边官话方言区别也很明显。（侯精一 1999：8）作为移民方言的豫北晋语，林州、安阳方言至今还使用"壁虱"的名称，但是豫北晋语大多数方言目前已经使用中原官话词形"臭虫"。获嘉、武陟地理上处于使用晋语"壁虱"和官话"臭虫"方言之中，两地方言的"臭虱"盖取用官话的"臭"加上晋语的"虱"复合而成。因为是各自选取一部分语素，所以我们称之为"部分复合"。

又如"拉肚子"这个概念（图 3）：

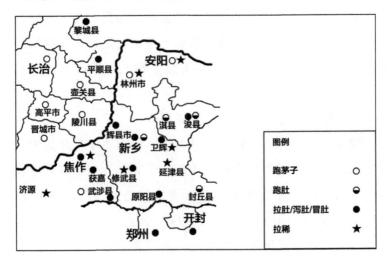

图 3　"跑茅子–跑肚–拉肚/冒肚/泻肚"区划图

"跑茅子"是"动作+处所"构成的复合词，"拉肚/泻肚"是"动作+对象"构成的复合词，"跑肚"在意义组合上不好解释，我们认为，处于晋语和官话接触区域的封丘、浚县方言（中原官话）和淇县、新乡方言（晋语）的"跑肚"无疑是两种异源词汇形式通过部分复合形成的一个新的复合词。

结构上，部分复合的异源复合词因为参与构词的两个词素已经经过抽取整合，所以新的复合词的结构可能跟原来相接触方言的词的结构一致。如"臭虫"和"壁虱"都是偏正式，在方言接触区域形成的"臭虱"仍然是偏正式复合词。"跑茅子""拉（泻、冒）肚"都是动宾结构，其新的复合词"跑肚"也是动宾结构。

3. 虚语素复合

异源实语素复合，发生于构词（词汇）层面，是接触区域的方言用固有的构词方法造了一个新词。除此之外，方言接触还会导致虚语素复合，这就不仅仅是构词问题，而是构形（形态）层面的异源复合了。下面讨论的是豫北晋语内部"Z变韵"和"子"尾的异源复合。

3.1 豫北晋语的"子"尾和Z变音

豫北晋语有些方言没有"子"尾，没有"子"尾的方言一般变韵比较多。"变韵的主要功用相当于其他方言加轻声的词尾'子'字。"（贺巍，1989：50）学者多称之为"Z变韵""Z变音"。（侯精一，1985；王福堂，1999；王洪君，1999）（以下行文中若非讨论语音需要，皆以右上角标Z表示变音）

下表是豫北几个方言点的名词形态状况：

	变音	子尾	变音+子尾
淇县、辉县、获嘉	＋	—	
林州城关	—	＋	
林州临淇	＋	＋	＋

淇县、辉县、获嘉方言缺乏"子"尾，但是变音丰富，林州城关话有"子"尾，没有变音。但是林州南部以临淇为中心的茶店、临淇、五龙三个乡镇（下称临淇话）既有"子"尾，也有Z变音。临淇与变音丰富的辉县、淇县接界。考虑到临淇

话变音构词的受限特点及其"子"尾构词的普遍性特点，我们可以确定地认为，"子"尾是临淇话固有的构词方式，变音是通过方言接触移植进来的。也就是说，临淇话的变音构词和附加"子"尾构词有不同的方言来源。

3.2　临淇话的异源虚语素复合构词

临淇话中尤其引起我们注意的是这样一类词：词干语素已经发生了 Z 变音，后边却又附加了一个"子"尾，从而形成了特殊的"变音+子"的复合形态。如（下面标音"–"前是单字音，"–"后是 Z 变音）：

A　树圪枝 tsʐ³¹-tsɤu³¹ 子　　　　小鸡 tɕi³¹-tɕiəu³¹ 子

B　小姨 i³¹²-iəu¹⁵ 子　　　　小妮 ni³¹-niəu³³ 子

　　马尾鹊 tsɤaʔ³-tsiau¹⁵ 子　　　木头橛 tɕɤaʔ³-tɕɤo³¹² 子

其中 A 类词语可以按单字音读，也可以按变音读，B 类词语则只有 Z 变音一种读音形式。

变音是一种形态构词手段，"子"尾也是一种形态构词手段。在变音丰富、"子"尾缺乏的方言中，一个词根语素通过变音构成一个名词，如获嘉方言的"帽 mau¹³-mɔ¹³"，mɔ¹³ 是变音构词，其意义已经相当于普通话的"帽子"，所以在 mɔ¹³ 这个音后边绝对不能再加上一个"子"尾了。但是林州方言临淇话的特殊性就在于上面的变音构词，如"小姨 i³¹²-iəu¹⁵ 子"，词干语素"姨"变音读成 iəu¹⁵ 后，其后还必须附加上"子"尾，否则不成词。这里我们把"Z 变音+子尾"的构词手段看作一种特殊的形态复合构词。这种名词形态从北到南在这一区域呈现"子尾—Z 变音+子尾—Z 变音"的区划过渡特征。如图 4 所示。

形态复合构成的词中，其来源不同的形态处于不同层次。虚语素复合是派生构词，不适用复合词的结构分析方式。但是虚语素复合有层次性。如果我们把 Z 变音也看成是一种形态手段，那么名词 Z 变音就可以分析为[词根语素+Z 变音]结构。这样，林州方言临淇话的"小鸡ᶻ子"就需要分析为[[小鸡+Z 变音]+子]结构，其中，附加"子"尾是上位规则，Z 变音是下位规则。下位规则受上位规则的支配和约束。

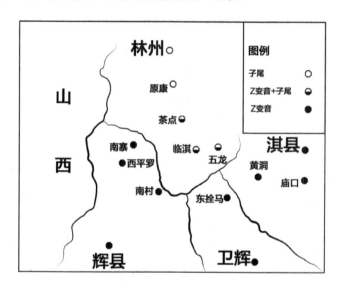

图 4　"子尾-Z 变音+子尾-Z 变音"区划图

4. 异源复合构词的判断标准

从理论层面界定、预测异源复合词是很容易的，但是在操作层面，要判断一个词是不是"异源"复合形成的，这并不简单。这与方言形成的历史条件和共时条件有关系。方言词汇系统有两个重要来源，一是历史继承，二是方言创新。就大多数方言词汇（尤其是基本词汇）而言，方言的共时差异是历史继承的分别形成的。汉语历史悠久，不同时期形成的表示同一概念的词汇形式可能被压缩（或历时叠置）于方言的共时层面上。

这就给我们判断一个词形是异源复合还是历时叠置造成了困难。如表示起始义的介词，在河南北部各地方言中有"自、从、打、自从、自打"等不同的形式，其中复合形式"自从、自打"是异方言复合，还是本方言自有词的"历时叠置"很难下结论，所以这里我们有必要设置几条判断"异源"的标准。

4.1　特征词标准

方言特征词是一定地域里一定批量的、区内大体一致、区外相对殊异的方言词。（李如龙，2001：105）这样的词之所以能够确定它是异源的，就在于它们跟周边相邻区域的方言词形殊异。如"骨杫"，这一词形基本上为晋语所独有，而"锤头"在中原官话方言里使用又非常普遍。这两个形式差异巨大的方言特征词复合到一起，说它们是异源复合大概没有什么问题。但是"自从、自打"、"总共、通共、满共"这一类词，我们还是很审慎地认为它们是方言自有词的历时叠置形成的。

方言特征词不仅仅限于实语素，一些特有的用于构词的虚语素或形态手段也可以看作方言的词汇特征，上面示例中"子尾"和 Z 变音在不同方言中呈互补状态，表现殊异，因而也可以成为判断是否"异源"的标准。

4.2　功能性标准

一个意义对应一个形式，这是语言经济性的要求，在同一方言中,用两种迥异的构词手段表达相同的功能是极其浪费的，也是不必要的。因而，如果在一个可以分析的复合词中，可以分析出两个功能相同的语素或者形态，那么就可以考虑其中一个语素或形态是不是外来的。林州方言的 Z 变音与子尾是不同的形态构词手段，但是具有相同的构词功能，考虑到 Z 变音是临近方言中主要的名词构词手段，而附加子尾是林州方言占据压倒性优势的构词手段，我们可以确认，"Z 变音+子尾"构词中的变音形式是外来的。

4.3 系统性标准

除了构词功能的异源叠置之外，从系统性角度也可以考察异源复合词的语素或形态是不是外来的。较之于语音系统，词汇系统相对开放，其接纳外来成分的概率也比较大，但是，如果不是深度接触，要使另一个方言发生根本性的形态变化也是极其不易的。因而，外来的语素或形态是相对零散的，不成系统的。

还拿林州方言的"Z变音+子尾"复合词为例。附加子尾的派生构词方式在林州方言中具有极强的系统性，而Z变音不成系统，是零散的，这表现在以下几个方面。

语音上，林州方言的子尾可以附加在所有的音节后面构成名词，但是Z变音却只出现在少量的韵母后面，这一点跟淇县、辉县方言以Z变音作为名词优势性构词手段的表现形成巨大反差。

词根性质方面，林州方言中，子尾可以附加在不同性质的名素、动素、形素后构成名词，但是Z变韵词却只出现在个别名素后面，且数量有限。

结合以上三条标准来考虑方言的异源复合现象，有助于把"自打、满共"之类似是而非的复合词挑出来，以防把它们也认为是"异源"复合词。当然，标准越严，符合标准的词数量上也就显得越少。本文采用相对严格的判断标准，因而以上示例数量相对较少。

5. 余论

跟语音接触一样，"接触—竞争—取而代之/分工"，这也是词汇接触最常见的模式。但这不是唯一的模式，除了"取而代之"一途，还有"异源复合"一径。汉语的构词法和汉语词汇韵律为异源复合提供了可能性。构词法层面，汉语有复合构词和派生构词，且派生构词可以出现一个以上的形态。所以"骨柮锤"和"锤头骨柮"这类异源复合词和"小鸡ᶻ子"这类异源形态复合词在构词法层面与汉语构词法并没有冲突；词汇韵律层面，汉语词汇韵律可以接纳单音节词、双音节词、三音节词甚至四音节词（短语），所以"骨柮锤""锤头骨柮""小鸡ᶻ子"这类词仍然满足词汇韵律要求。

最后要强调的一点，异源复合只是方言词汇接触过程中的一种特殊现象。异源复合不否定词形竞争。实际上，在我们调查的多数词汇中，共存—竞争—取代或分工，仍然是大多数词汇接触的主要变异途径。

参考文献

陈保亚　1999　《20 世纪中国语言学方法论》，济南：山东教育出版社。

冯胜利　2009　《汉语的韵律、词法与句法》，北京：北京大学出版社。

贺　巍　1989　《获嘉方言研究》，北京：商务印书馆。

侯精一　1985　《晋东南地区的子变韵母》，《中国语文》第 2 期。

侯精一　1986　《晋语的分区》，《方言》第 4 期。

侯精一　1999　《现代晋语的研究》，北京：商务印书馆。

胡松柏　2004　《赣东北方言语法接触的表现》，"第二届国际汉语方言法学术研讨会"论文（未刊）。

胡松柏　2006　《赣东北方言词汇接触的表现》，《中国方言学报》第 1 期。

李如龙　2001　《汉语方言学》，北京：高等教育出版社。

罗美珍　1999　《论语言接触》，载石锋、潘悟云编《中国语言学的新拓展》，香港：香港城市大学出版社。

裴泽仁　1988　《明代人口迁徙与豫北方言——河南方言的形成（一）》，《中州学刊》第 4 期。

沈　明　2003　《山西方言的小称》，《方言》第 4 期.

沈　明　2006　《晋语的分区（稿）》，《方言》第 4 期。

王福堂　1999　《汉语方言语音的演变和层次》，北京：语文出版社。

王洪君　1999　《汉语非线性音系学》，北京：北京大学出版社。

王临惠　2013　《晋豫一带方言的 Z 变音源于"头"后缀试证》，《中国语文》第 4 期。

王士元　2000　《词汇扩散理论：回顾与前瞻》，载石锋等译《语言的探索》，北京：北京语言文化大学出版社。

吴福祥　2004　《结构重组与构式拷贝》，《中国语文》第 2 期。

徐通锵　1996　《历史语言学》，北京：商务印书馆。

游汝杰　2000　《汉语方言学导论（修订本）》，上海：上海教育出版社。

Heine, Bernd and Tania Kuteva 2005 *Language Contact and Grammatical Change*. Cambridge: Cambridge University Press.

（陈鹏飞　天津师范大学文学院　天津　300387）

上古汉语指示词"实"的分布与功能①

谷峰

1. 引 言

先看下面的例句:

(1)陈妫归于京师,实惠后。(《左传·庄公十八年》)(刘淇《助字辨略》卷五:"实"与"寔"同……"实惠后"者,犹云"是为惠后"也)

(2)我思古人,实获我心。(《诗经·邶风·绿衣》)(陈奂传疏:"实"本亦作"寔")

(3)有頍者弁,实维伊何?(《诗经·小雅·頍弁》)(郑玄笺:"实"犹"是"也)

(4)人牺实难,己牺何害?"(《国语·周语下》)(王引之《经义述闻》:"实","是"也)

(5)"夫礼,天之经也,地之义也,民之行也。"天地之经,

① 研究得到天津市社科规划项目(TJHY11-010)资助。孙凯博士、朗杰扎西博士帮助转写并解说藏文例句,笔者就同族词、方言和民族语佐证、语篇分析等问题与曾晓渝教授、徐世梁、盛益民、乐耀学友讨论,得到许多有价值的信息。李旭平老师、李子鹤学友提供了重要的外文文献。谨此致谢。

而民<u>实</u>则之。(《左传·昭公二十五年》)(洪亮吉诂引惠栋曰：古文孝经"实"作"是"，"是"即古"寔"字)

（6）非他，伯父<u>实</u>来，予一人嘉之。(《仪礼·觐礼》)(郑玄注：今文"实"作"寔")

历代古籍注疏、清代学术札记认为"实""寔""是"相通。高名凯（1957：112）接受这种观点，认为例（1）—（3）的"实"是指示词作主语，但是他对例（4）—（6）的"实"没有交代；王力（1982：115）认为"是"（zjie）、"寔"（zjiek）、"实"（djiet）是同源词，Pulleyblank（1960，1995：89）说例（4）—（6）的"实"是指示词，功能是回指主语并强调主语是对比焦点，对译英语分裂结构 It is……who/that……；洪波（1991a）认为例（1）—（6）的"实"都是指示词。许多学者都承认"是"是指示词，对"实"却只字不提（杨树达，1930/1984：62；周法高，1959：156；康瑞琮，1981：104；郭锡良，1989；李佐丰，2003：247；张玉金，2007）。受这种观念影响，"实"经常被解释成语气副词"的确、实在"（韩峥嵘，1984：315；杨伯峻、何乐士，1992：350；李佐丰，2004：380；姚振武，2015：268）。

本文认为上述例句的"实"是表示对比强调的指示词，需要回答的问题是：一、"实"为什么不是语气副词"确实、实在"？二、如果"实"是与"是"同源的指示词，它们的用法有什么相同点和不同点？三、"实"为什么被很多学者误认为是副词？

2."实"为什么不是语气副词？

上古汉语副词"诚（请、情）""亶""信""允""真""审""固"表示确定语气，下面将比较"实"和这些副词的分布，解释"实"不能归入语气副词的原因。指示词"实"有独立作主语、前接主语 NP 两种用法，后一种用法经常被误认为是语气副词，下面主要讨论这种情况：

2.1 与主语的相对排序

现代汉语语气副词可以在主语前后位移（黄国营，1992；王健慈、王健昆，1999），例如"确实这孩子很淘气～这孩子确实很淘气""幸亏咱们有准备～咱们幸亏有准备"。这种现象在上古罕见，出现得也比较晚，只有西汉前后"必"有这样的位移，仅 1 例。例如：

（7）秦善韩、魏而攻赵者，必王之事秦不如韩、魏也。（《战国策·赵三》）〔比较：今秦善韩、魏而攻王，王之所以事秦必不如韩、魏也。（《史记·平原君虞卿列传》）〕

古今汉语语气副词的运作规则不同，古汉语的语气副词可以见于主语前，但并不是从主语后面前移而来，而是遵守以下至少一个条件：A．主语是代词（"是""此""或""莫"）或简短名词；B．主语是对比焦点；C．语气副词的作用像条件连词。例如：

（8）门下意张仪，曰："仪贫无行，必此盗相君之璧。"（《史记·张仪列传》）

（9）请惑闻之见之，则必以为有。莫闻莫见，则必以为无。（《墨子·明鬼下》）（孙诒让《墨子间诂》："请"当读为"诚"，"惑"通"或"）

（10）当世岂无骐骥兮，诚莫之能善御。（《楚辞·九辩》）

（11）圣王已没，天下无圣，则固莫足以擅天下矣。（《荀子·正论》）

（12）吾断足也，固吾罪当之，不可奈何。然方公之狱治臣

也，公倾侧法令，先后臣以言，欲臣之免也甚。(《韩非子·外储说左下》)

（13）诚臣计画有可采者，愿大王用之。(《史记·陈丞相世家》)

（14）诚其大略是也，虽有小过，不以为也。(《淮南子·氾论训》)

与上述词语不同，就算主语是对比焦点并且是代词，"实"仍然要分布于主语后，说明"实"与真正的语气副词分布规则不同，它的位置特别固定。例如：

（15）今大夫将问其故，抑寡君实不敢知，其谁实知之？(《左传·昭公十九年》)

（16）女既勤君而兴诸侯，牵帅老夫以至於此，既无武守，而又欲易余罪，曰："是实班师。不然，克矣。"(《左传·襄公十年》)

（17）景王问于苌弘曰："今兹诸侯何实吉？何实凶？"对曰："蔡凶。此蔡侯般弑其君之岁也，岁在豕韦，弗过此矣……岁及大梁，蔡复，楚凶，天之道也。"(《左传·昭公十一年》)

2.2 进入知觉动词的宾语小句

"信""诚"所在的陈述句作"知""以为""见"的宾语，"固"所在的陈述句作"以""惟"的宾语，"诚"所在的是非问句、选择问句作"不识""未知"的宾语。这些动词是命题态度谓词，表现说话人的认识、情感、意志（张家骅等，2003：514）例如：

（18）不识此语诚然乎哉？(《孟子·万章上》)

（19）吾未知善之诚善邪，诚不善邪？(《庄子·至乐》)

（20）蔑也今而后知吾子之信可事也。(《左传·襄公三十一年》)

（21）吾见雄鸡自断其尾，而人曰"惮其牺也"，吾以为<u>信</u><u>畜矣</u>。（《国语·周语下》）

（22）吾<u>以无为诚乐矣</u>，又俗之所大苦也。（《庄子·至乐》）

（23）臣请效其说，而王<u>且见其诚然也</u>。（《战国策·楚二》）

（24）今诚<u>以人之性固正理平治邪</u>？则有恶用圣王，恶用礼义哉？（《荀子·性恶》）

（25）上曰："吾<u>惟竖子固不足遣</u>，而公自行耳。"（《史记·留侯世家》）

"实"出现于宾语句仅 1 例，母句是表示意念的动词结构"以……为……"。例如：

（26）今夫子见我，<u>以晋国之克也</u>，<u>为己实谋之</u>，曰："微我，晋不战矣！……"（《国语·周语中》）（韦昭注：言战胜楚，吾之谋也。徐元诰集解：夫子，犹言此子也）

不同点在于："信""诚""固"表现说话者的主观态度，"知""见""以为""不识"的主语基本上是第一人称，这是说话者对信息的感受；指示词"实"不表现主观态度，"以……为……"的主语是第三人称"夫子"，这是从旁观者的角度讲述。

2.3　焦点域与焦点约束的方向

确定语气副词跟特定的词语、句式配合时有强调对比的作用（鲍林杰，Bolinger，1972：93；霍耶，Hoye，1997：161），它们约束的焦点有两种位置：A．一般时候，焦点落在副词右侧的 VP 中，或者焦点是整句话；① B．与"唯"呼应的时候，焦点也许会在副词左侧。例如：

（27）<u>诚不以富</u>，亦祇以异。（《论语·颜渊》）（何晏集解引

---

① 兰布雷希特（Lambrecht，1994：223）将句子焦点结构分为宽焦点和窄焦点，前者的焦点可能是谓语或整句话，后者的焦点是一个成分，如主语、宾语、旁格成分、谓词。

郑注：言此行诚不可以致富， 适足以为异耳）

（28）肇允彼桃虫，拼飞维鸟。(《诗经·周颂·小毖》)（郑
笺：肇，始。允，信也。始者信以彼管蔡之属虽有流言之罪，
如鹪鸟之小不登诛之，后反叛而作乱，猶鹪之翻飞为大鸟也）

（29）水信无分于东西，无分於上下乎？(《孟子·告子上》)

（30）范中行氏虽信为乱，安于则发之。(《左传·定公十四
年》)

（31）已诚是也，人诚非也，则是己君子，而人小人也。(《荀
子·荣辱》)

（32）且夫耳目知巧，固不足恃，惟修其数、行其理为可。
(《吕氏春秋·任数》)

（33）载用有嗣，实维尔公允师。(《诗经·周颂·酌》)（王
先谦集解：尔之举事既荷天宠，又得人和，信可为后世师法矣。）

语气副词表现对命题的主观判断（赵春利、石定栩，2011），
确定语气副词亦然，其作用域覆盖谓语或句子。指示词"实"
不能对全句施加影响，虽然它也突出焦点，但基本上只约束主
语，偶尔也约束兼语、宾语，被约束的焦点永远在"实"左侧。
例如：

（34）因子而死，吾无悔矣。我实不天，子无咎焉。(《左传·襄
公二十三年》)

（35）我实不德，齐师何罪？罪我之由。(《左传·庄公八年》)

（36）岂唯寡君与二三臣实受君赐，其周公、太公及百辟神
祗实永飨而赖之！(《国语·鲁语上》)

（37）今女非他也，而叔父使士季实来修旧德，以奖王室。
(《国语·周语中》)

（38）鬼神非人实亲，惟德是依。(《左传·僖公五年》)（"人"
是"亲"的前置宾语）

2.4　进入非现实情态句

吉冯（Givón，2001：303）区分现实情态（fact）和非现实情态（non-fact），它们在宾语名词的指称、时体、母句动词的叙实性、从句、句类等方面有对立（见表 1）。表现未然、能愿、假设、疑问、祈使等意思的是非现实句或虚拟句（石毓智，2001：132；张雪平，2008）。

表 1　现实/非现实情态对立

情态	宾语 NP	母句动词	时	体	从句	句类
现实	有指	知道、忘记、后悔	过去、现在	完成进行	让步句、原因句	陈述句特指问句
非现实	有指/无指	喜欢、相信、想、要、找	将来	惯常反复	假设句、目的句	祈使句是非问句

一般认为，确定语气副词表现说话者肯定句子内容的真实性（屈承熹，1998/2006：74；魏培泉，1999）。这个"真实"应该要怎么理解？张谊生（2000：45）、齐沪扬（2003）认为是客观事实，谢佳玲（2006）、季安锋（2009）甚至认为"真的、的确、实在"等副词是叙实性的，标注现实事件，暗示命题已经成立。① 但是，本文发现这种副词有相当的比例出现于非现实语境（见表 2）。例如：

---

① regret、realize、know、be sorry that、be proud that、be sad that 是预设触发语，这些动词（结构）的宾语小句要求叙述已发生的事实，它们是叙实动词（列文森，Levinson，1983：181），有些中国学者认为"的确、诚然、真的、确实"等副词有叙实功能，萧国政给张则顺《现代汉语确信副词研究》（中国社会科学出版社，2015）的序也说"真的、确实"属于现实情态，不同于"必然、一定"，这种观点是否正确尚需论证。

表 2　上古确定语气副词在非现实语境的分布（调查《今文尚书》（周书）《诗经》《周易》《仪礼》《左传》《国语》《论语》《孟子》《庄子》《荀子》《韩非子》《吕氏春秋》《战国策》《管子》《晏子春秋》《史记》《公羊传》《淮南子》《韩诗外传》《新序》《说苑》）

副词	信	诚	真	审	固	允	亶	总计
非现实句数量	17 句	127 句	4 句	2 句	95 句	2 句	1 句	248 句
非现实句比例	53%	51%	15%	100%	18%	12%	20%	28%

假设条件句

（39）信如君不君，臣不臣，父不父，子不子，虽有粟，吾得而食诸？（《论语·颜渊》）

（40）上诚好知而无道，则天下大乱矣。何以知其然邪？（《庄子·胠箧》）

（41）向吾望见子之面，今而后记子之心，审如此，汝将何之？（《说苑·敬慎》）

（42）卫之去齐不远，君不若使人问之，而固贤者也，用之未晚也。（《吕氏春秋·举难》）

能愿动词句

（43）即有缓急，周亚夫真可任将兵。（《史记·绛侯周勃世家》）

（44）信能行之，五谷蕃息，六畜殖，而甲兵强。（《管子·四时》）

（45）河山之险，信不足保也；是伯王之业，不从此也。（《战国策·魏一》）

（46）王曰："子诚能为寡人为之，寡人尽听子矣。"（《吕氏春秋·乐成》）

（47）然则若白公之乱，得庶无危乎！诚得如此，臣免死罪矣。（《韩非子·内储说上》）

（48）强大之国<u>诚可</u>知，则其王不难矣。(《吕氏春秋·壹行》)

（49）名<u>固</u>不可以相分，必由其理。(《吕氏春秋·功名》)

（50）且夫耳目知巧，<u>固</u>不足恃，惟修其数、行其理为可。(《吕氏春秋·任数》)

（51）以是观之，安得久长! 虽无汤武，时<u>固</u>当亡。(《史记·龟策列传》)

疑问句

（52）臣北方之鄙人也，闻大王将攻宋，<u>信</u>有之乎？"(《吕氏春秋·爱类》)

（53）<u>今诚以人之性固正理平治</u>邪？则有恶用圣王，恶用礼义哉？(《荀子·性恶》)

（54）<u>然则人固有尸居而龙见</u>，雷声而渊默，<u>发如天地者乎</u>？(《庄子·天运》)

（55）先君太公曰"当有圣人适周，周以兴"。<u>子真是</u>邪？(《史记·齐太公世家》)

（56）贯高喜曰："<u>吾王审出乎</u>？"(《史记·张耳陈徐列传》)

未然句

（57）若羯立，则季氏<u>信</u>有力于臧氏矣。(《左传·襄公三十二年》)

（58）蔡、卫不枝，<u>固</u>将先奔。(《左传·桓公五年》)

"实"出现于未然句、假设句、疑问句、祈使句（30例），只占其总次数的11%，这明显低于确定语气副词分布于非事实句的平均比例，甚至低于最低值。例如：

（59）子大叔曰："若何吊也？其非唯我贺，<u>将天下实贺</u>。"(《左传·昭公八年》)

（60）<u>苟芈姓实嗣</u>，其谁代之任丧？(《国语·鲁语下》)

（61）小国为蘩，大国省穑而用之，<u>其何实非命</u>？（《左传·昭公元年》）（杜预注：大国能省爱用之而不弃，则何敢不从命？）

（62）昔召康公命我先君大公曰："五侯、九伯，<u>女实征之，以夹辅周室</u>！"（《左传·僖公四年》）（杜预注：五等诸侯，九州之伯，皆得征讨其罪）

本文的解释是："信/诚/真/审/允 P"表示命题 P 在说话者的信念中为真，但不要求 P 在现实中必须为真，所以非现实语境也接纳确定语气副词。① 而"实"的作用与"是……（的）"相当，突出对比焦点并触发预设，《左传·闵公二年》："鹤实有禄位，余焉能战？"预设是"某人或某物有禄位"，"晚上是我请的客"预设是"有人请过客"，它们要求句子叙述事实。② 因此"实"对句子的现实性有要求，极少出现于非现实句。

3. 从"是"看"实（寔）"的语用功能

古籍旧注认为"实（寔）""是"意义相通，有些注疏家认为"实（寔）""是"异文，仅仅是书写形式不同，反映古籍版本的差异，如《左传·昭公七年》"实为夏郊"李富孙异文释"《说苑·辩物》《水经·淮水注》'实'并引作'是'"。实际上"实（寔）""是"有区别，下面比较"是""实（寔）"的用法，借以反观"实"的语用功能。

---

① 张家骅（2009）指出谓词"认为""知道"是表达认知模态的基本命题态度谓词，"认为""知道"都表示说话者的意识中有命题 P，而"知道"还含有"P 在现实世界存在"的意思，这种区分带来了一系列语义、语用的差别，这一认识可以用于分析语气副词和事实预设的关系。

② 英语的分裂句是预设触发语，如 It wasn't Henry that kissed Rosie 的预设是 Someone kissed Rosie（Levinson，列文森，1983：183），这种句子和古汉语的"实"、现代汉语的"是……（的）"功能相当。汤廷池（1981）、杉村博文（1999）觉得有些"是……的"有已然实现的意思。

3.1 文外照应、文内照应、回指、预指

"是"可以指涉语篇之外、情景语境之中的实体，有时候配合手势（pointing gesture），这是文外照应（exophoric）；"是"也可以指涉语篇中出现的词句，这是文内照应（endophoric）。"实"只用于文内照应。例如：

（63）初，虞叔有玉，虞公求旃……乃献之，又求其宝剑。叔曰："是无厌也。无厌，将及我。"（《左传·桓公十年》）（"是"指虞公，在虞叔的话语首次出现）

（64）初，魏武子有嬖妾，无子。武子疾，命颗曰："必嫁是。"（《左传·宣公十五年》）（"是"指魏武子的嬖妾）

（65）逢大夫与其二子乘，谓其二子无顾。顾曰："赵叟在后。"怒之，使下，指木曰："尸女于是。"……皆重获在木下。（《左传·宣公十二年》）

（66）齐庄公朝，指殖绰、郭最曰："是寡人之雄也。"（《左传·襄公二十一年》）

（67）涂山氏之女乃令其妾待禹于涂山之阳，女乃作歌，歌曰"候人兮猗"，实始作为南音。（《吕氏春秋·音初》）

（68）又与之遇，七遇皆北，唯裨、儵、鱼人实逐之。（《左传·文公十六年》）

在文内照应用法中，"是""实"都有回指的功能（anaphoric）。例如：

（69）三十二年春，宣王伐鲁，立孝公，诸侯从是而不睦。（《国语·周语上》）

（70）唯正月之朔，慝未作，日有食之，于是乎用币于社，伐鼓于朝。（《左传·庄公二十五年》）

（71）赵孟曰："'匪交匪敖'，福将焉往？若保是言也，欲辞福禄，得乎？"（《左传·襄公二十七年》）

（72）天禍许国，鬼神实不逞于许君，而假手于我寡人。（《左传·隐公十一年》）

（73）石碏使告于陈曰："卫国褊小，老夫耄矣，无能为也。此二人者，实弑寡君，敢即图之。"（《左传·隐公四年》）

洪波（1991b）、梁银峰（2015）认为"是"有预指（cataphoric）的功能，举例如下：

（74）子路宿于石门。晨门曰："奚自？"子路曰："自孔氏。"曰："是知其不可而为之者与？"（《论语·宪问》）［比较：夫子圣者与？何其多能也？（《论语·子罕》）］

（75）于邑于谢，南国是式。王命召伯，定申伯之宅。登是南邦，世执其功。（《诗经·大雅·崧高》）（毛传：谢，周之南国也　郑笺：故王使召公定其宅，令往居谢，成法度于南邦）

（76）予岂若是小丈夫然哉？谏於其君而不受，则怒，悻悻然见於其面。（《孟子·公孙丑下》）（焦循正义：是小丈夫，夫小丈夫也。是训为夫）

例（74）"是"作主语，"知其不可而为之者"是名词谓语，这句话和"臧文仲其窃位者与？""管仲非仁者与？"结构相同，"是"指"孔氏"，是文外照应；例（75）"是"后面的"南邦"在前文出现过（"谢""南国"），"是"回指前文；例（76）"是小丈夫"是类指，"是"相当于"夫"，作用近似于冠词（陈玉洁，2010：143），"是"在这里没有预指功能。从现有的资料看，说上古汉语"是"有预指功能，证据不充分。①

---

① 国外学者说的"预指"是这样的句子：Listen to this: John will move to Hawaii，this 的先行词要到后文去找，指后面一句话，这种用法的指示词经常语法化为标补词（complementizer）（Diessel，狄塞尔，1999：102，123）。古汉语学界过去认为定语位置的"其""夫""是""之"有预指功能，这种观点根据不足。

3.2 回指词"实（寔）""是"作主语时句子的文体属性和语篇功能

记叙和议论是两种常见的文体。各种文体都有其独特的语言风格，文体不同，语言要素及其编排方式也会有区别（陶红印，1999；冯胜利，2011）。同样作为回指词，"实"作主语的句子一般是记叙，"是"作主语的句子一般是议论。证据是：（1）语气词"也"是论断句的标志（李佐丰，2003a），"实"字句句末没有语气词，"是"字句句末往往有"也"；（2）名词、代词、形容词作谓语常出现于论断句，动词作谓语常出现于叙述句（李佐丰，2004：343），"是"的谓语可以是名词组、形容词组、动词组和主谓词组，"实"的谓语只是动词组；（3）有些"实"字句出现于叙事语体，"是"字句只出现于对话语体（见表4-3）。例如：

（77）对曰："言，身之文也。身将隐，焉用文之？——是求显也。"（《左传·僖公二十四年》）

（78）王曰："自今日以后，内政无出，外政无入。内有辱，是子也；外有辱，是我也。吾见子於此止矣。"（《国语·吴语》）

（79）荣季曰："死而利国，犹或为之，况琼玉乎？是粪土也。而可以济師，将何爱焉？"（《左传·僖公二十四年》）

（80）士鞅怒，曰："鲍国之位下，其国小，而使鞅从其牢礼，是卑敝邑也，将复诸寡君。"（《左传·昭公二十一年》）

（81）文子不可，曰："君命无貳，失信不立。礼无加货，事无二成。君后诸侯，是寡君不得事君也。燮将复之。"（《左传·成公八年》）

（82）石碏使告于陈曰："卫国褊小，老夫耄矣，无能为也。此二人者，实弑寡君，敢即图之。"（《左传·隐公四年》）

（83）惠公卒、怀公立。秦乃召重耳于楚而纳之，晋人杀怀

公于高梁，而授重耳，实为文公。(《国语·晋语三》)

表 3　作主语时"是"字句和"实"字句的语体差异
(只调查《左传》《国语》)

	搭配"也"	搭配"矣"	无语气词	叙事语体	对话语体
是	191 次	3 次	34 次	1 次	227 次
实	3 次	0 次	51 次	18 次	36 次

　　"是"作主语的句子主要是总结前文，其中一些句子对前面的话题做出最终评判(下文不再延续)，另一些句子引入新话题；"实"作主语的句子主要是延续旧话题，一部分句子是连串叙述的一环，一部分句子是补充说明(提供的信息不在叙述的主线)。例如：

　　(84) 苏秦喟叹曰："妻不以我为夫，嫂不以我为叔，父母不以我为子$_i$，是$_i$皆秦之罪也。"(《战国策·秦一》)

　　(85) 谷与鱼鳖不可胜食，材木不可胜用$_i$，是$_i$使民养生丧死无憾$_j$也。养生丧死无憾$_j$，王道之始也。(《孟子·梁惠王上》)

　　(86) 昔昭王娶于房，曰房后$_i$，实$_i$有爽德，Φ_i协于丹朱，丹朱凭身以仪之$_i$，Φ_i生穆王焉。(《国语·周语上》)

　　(87) 昔者鲧$_i$违帝命，殛之$_i$于羽山，Φ_i化为黄熊$_i$，Φ_i以入于羽渊，实$_i$为夏郊，三代举之$_i$。(《国语·晋语八》)(韦昭注：夏郊，禹有天下而郊祀也)

　　(88) 丙辰，弃疾即位，名曰熊居。葬子干于訾$_i$，实$_i$。杀囚，衣之王服，而流诸汉，乃取而葬之，以靖国人。(《左传·昭公十三年》)

　　例(84)"是"字句出现在话语结尾，是归纳原因；例(85)"是"字句推断结果"养生丧死无憾"，这同时又是下文的新话题；例（86）"实"字句承接上文，开始讨论"房后"这个话题；例（87）承接上文，讨论与鲧有关的话题；例（88）讲述弃疾（楚平王）夺位并采取一系列手段安抚人心的故事，"实瘤敖"不在故事主线，只是添加陪衬信息。

回指词都有保持话题连贯的功能（黑弗里斯尔，Schwarz-Friesel，2007），"是"字句可以延续话题，"实"字句也可以引入新话题，但例子很少，不是主流（见表 4）。例如：

表 4　作主语时"是"字句和"实"字句的语篇功能
（只调查《左传》《国语》）

	总结上文、最终评判	总结上文、引入新话题	延续旧话题、叙述	补充说明
"是"字句	186 次	27 次	10 次	5 次
"实"字句	6 次	1 次	33 次	14 次

（89）民之精爽不攜貳者i，而又能齋肅衷正，其智能上下比义，其圣能光远宣朗，其明能光照之……在男曰覡，在女曰巫。是i使制神之处位次主，Φi而为之牲器时服，Φi而后使先圣之后之有光烈，Φi而能知山川之号、高祖之主、宗庙之事、昭穆之世、齋敬之勤、礼节之宜、威仪之则、容貌之崇、忠信之质……（《国语·楚语下》）

（90）狐氏出自唐叔。狐姬i，伯行之子也，实i生重耳j。Φj成而隽才，离违而得所，久约而无衅。（《国语·晋语四》）

3.3 句际衔接

"是"作定语（"是故"）、介词/动词宾语（"是以""于是（乎）""如是""若是"）、主语时都可以有衔接功能，体现几个句子在时间或逻辑上的联系。例如：

（91）惟仁者为能以大事小，是故汤事葛，文王事昆夷。（《孟

子·梁惠王下》)

（92）大伯、虞仲，大王之昭也；大伯不从，<u>是以</u>不嗣。(《左传·僖公五年》)

（93）诸侯敌王所忾，而献其功，王<u>于是乎</u>赐之彤弓一、彤矢百、旅弓矢千，以觉报宴。(《左传·文公四年》)

（94）轻田野之赋，平关市之征，省商贾之数，罕兴力役，无夺农时，<u>如是则</u>国富矣。(《荀子·富国》)

（95）君臣皆狱，父子将狱，<u>是</u>无上下也。(《国语·周语中》)

"实"单独作主语时只有认定功能，没有衔接功能。"实"位于主谓之间时（"S 实 VP"），大多出现于复句的前一分句，"实"没有衔接作用，"实"有时候出现于后一分句，复句中有其他关联词语，"实"没有衔接功能。例如：

（96）晋人杀怀公于高梁，而授<u>重耳</u>，<u>实</u>为文公。(《国语·晋语三》)

（97）然公子<u>重耳实</u>不肯，吾又奚言哉？(《国语·晋语三》)

（98）重耳若获集德而归载，使主晋民，成封国，<u>其</u>何<u>实</u>不从？(《国语·晋语四》)

（99）单若有阙，<u>必兹</u>君之子孙<u>实</u>续之，不出于他矣。(《国语·周语下》)

下面的"实"类似于连词"则"，承接对比话题，这种情况很少（仅 2 例）。例如：

（100）故和声入于耳而藏於心，心亿则乐。窕则不咸，摦则不容，心<u>是以</u>感，感<u>实</u>生疾。(《左传·昭公二十一年》)

（101）夫和<u>实</u>生物，<u>同则</u>不继。(《国语·郑语》)

3.4 语气的轻重

对比强调不是"实"的专属功能，"是"也可以帮助强调对比焦点，它们的差异是：

一、"实"几乎都强调主语，"是"几乎都强调宾语。根据调查，《诗经》《仪礼》《左传》中："实"在一句中114例强调主语，3例强调兼语，2例强调宾语；"是"91例强调宾语，4例强调主语，强调主语的例子多见于《诗经》。例如：

（102）灵王之丧，我先君简公在楚，我先大夫印段实往。（《左传·昭公三十年》）

（103）其委诸伯父，使伯父实重图之，俾我一人无征怨于百姓，而伯父有荣施，先王庸之。（《左传·昭公三十三年》）

（104）陈侯曰："宋、卫实难，郑何能为？"（《左传·隐公六年》）（杜预注：可畏难也）

（105）求！无乃尔是过与？（《论语季氏》）（刘宝楠正义："是"犹"寔"也）

（106）能为人则者，不为人下矣。吾不能是难，楚不为患。（《左传·昭公元年》）

（107）哀哉不能言！匪舌是出，维躬是瘁。（《诗经·小雅·雨无正》）

需要特别解释例（104）和例（105），按照杜预的注解，"宋、卫实难"是"宋、卫可畏"，这是当事主语句，表示估价，王引之《经义述闻·左传卷上·宋卫实难》说："实，是也；难，患也。'宋卫实难'者，言唯宋卫是患也"，杨树达（1954）表示同意，他也认为"宋、卫实难"是动宾结构，"实"强调前置宾语，王引之、杨树达的看法正确，"实"确实可以强调宾语，可以对照例（106），这句话有主语"吾"，"不能"绝不会是主语；例（105）刘宝楠说"是"相当于"寔"，这种说法恐怕没什么道理，"尔"是"过"的宾语，"是"本来就可以强调宾语，"寔"只作主语或强调主语，它们的功能不同。

二、"实"的语气比"是"重，"实"在主语后独立承担强调功能，"是"经常要配合其他语言手段来强调焦点。具体表现是：

A．"是"强调宾语，宾语要前移。"实"强调宾语，宾语可以不移位，疑问词"何"在上古前置于介词或动词是句法规则（魏培泉，2003），不是语用促动下的前移。例如：

（108）原田每每，舍其旧而新是谋。（《左传·僖公二十八年》）（杜预注：可以谋立新功，不足念旧惠）

（109）鬼神非人实亲，惟德是依。（《左传·僖公五年》）

（110）晋人不欲夷吾，实欲重耳。（《史记·秦本纪》）

（111）虽四方之诸侯，则何实以事吴？（《国语·吴语》）

B．"是"多数时候要配合其他语言手段，比如与"唯""繄"呼应（"唯/繄 O 是 V"），或是两句话的焦点对比项一个加"是"，另一个加"实""之""是"；而"实"则更加独立，很少与"唯"呼应，前后两句互为对比时，一般只有一句话加"实"就足以提示读者两句话中存在对比信息。例如：

（112）骐骝是中，騧骊是骖。（《诗经·秦风·小戎》）

（113）戎狄是膺，荆舒是惩，则莫我敢承。（《诗经·鲁颂·閟宫》）

（114）无非无仪，唯酒食是议。（《诗经·小雅·斯干》）

（115）世胙大师，以表东海。王室之不坏，繄伯舅是赖。（《左传·襄公十四年》）

（116）子实不睿圣，于倚相何害？（《国语·楚语上》）

（117）天未绝晋，必将有主。主晋祀者，非君而谁？天实置之，而二三子以为己力，不亦诬乎？（《左传·僖公二十四年》）

C．"实"见于反问句、命令句等口气较重的句子，"是"不独自出现于反问句，只有"唯 O 是 V"这种加强式见于反问句；"是"不出现于祈使句，只出现于形式上是陈述句、实际上表示请求建议的句子。这是间接言语行为，口气委婉礼貌（萨多克，Sadock，2004）。例如：

（118）今大夫将问其故，抑寡君实不敢知，<u>其谁实知之</u>？（《左传·昭公十九年》）

（119）荣成子曰："子股肱鲁国，社稷之事，<u>子实制之</u>。唯子所利，何必卜？"（《国语·鲁语下》）

（120）义则进，否则退，<u>敢不唯子是从</u>？（《左传·哀公六年》）

（121）石碏谏曰："臣闻爱子，教之以义方，弗纳于邪……<u>君人者，将祸是务去</u>，而速之，无乃不可乎？"（《左传·隐公三年》）

表5　"是""实"强调功能的比较（调查《诗经》《仪礼》《左传》《国语》《论语》）

指示词	强调宾语时宾语移位	两句都有"实""是""之"	与"唯""繄"呼应	反问句、命令句
是（94 次）	89 次（100%）	17 对（33%）	45 次（51%）	0 次
实（185 次）	1 次（25%）	15 对（16%）	5 次（<1%）	8 次

4. 结 语

许多学者把指示词"实"理解为语气副词，误解出现的原因是：

一、"实"位于主谓之间，这不是指示词的典型语境，是副词、状语的典型语境。

二、"实"在上古不多见，集中出现于《诗经》《左传》《国语》，战国、西汉时候已不见于口语（见表 6）。西汉的"实"或者照抄先秦典籍，或者有典雅的色彩。例如：

表6 "实（寔）"在上古语料的分布

诗经	周易	仪礼	左传	国语	韩非子	吕览	管子	战国策
46	2	1	146	82	1	8	5	2
礼记	大戴	公羊传	谷梁传	春秋繁露	史记	说苑	新序	新书
3	1	3	2	3	18	1	4	1

（122）今三川实震，是阳失其所而填阴也。（《史记·周本纪》）（照抄《国语》）

（123）（晋文公）乃归，斋宿而请于庙曰："孤实不佞，不能尊道，吾罪一；执政不贤，左右不良，吾罪二……"（《新书·春秋》）（模仿《左传》"罪己书"的口气）

三、"实"表示强调，语气比较重，出现于叙述语体时还比较容易辨认，如果它出现于对话语体，句子不是叙述故事而是论断评议，就容易被当作表示主观态度的语气副词，从朱熹开始就把一些作主语的指示词"实"解释为语气副词，见例（124），还有的句子"实"无疑是强调主语，但曾有些版本的古书改"实"为"真"，见例（125）：

（124）我思古人，实获我心。（《诗经·邶风·绿衣》）（毛传：古之君子，实得我之心也 朱熹集传：故思古人之善处此者，真能先得我心之所求也）

（125）宋有澄子者，亡缁衣，求之涂，见妇人衣缁衣，援而弗舍，欲取其衣，曰："今者我亡缁衣。"妇人曰："公虽亡缁衣，此实吾所自为也。"（《吕氏春秋·淫辞》）（陈奇猷校释：旧校云"实"一作"真"）

四、现代的人对表示强调的指示词"实"没有语感。各种语言的反身代词都会有强调用法，甚至会发展为焦点小词、语气副词，如 "自己" "各人"、-self（Eckardt，埃卡特，2006；李明，2010），但其他代词或指示词的强调用法却不多见。吴方言的人称词、指示词有一般式和强调式，如 "我～是我" "尔～是尔" "渠～是渠" "伊～是渠" "介～实介"（陈忠敏，1996；潘悟云、陶寰，1999；盛益民，2012；Li，2015）。书面藏语指示词 de 有提示主语的作用，ni 有强调话题的作用（格桑居冕，1987：297；阿错，2007）（例句是孙凯转写）：

（126）spyi.zhing　　sger=gyis　　btab.-pa　　<u>de</u>,

公田　　　　　私人=**作格**　　耕-**名物化**　　指示词

vthab.mo-vi　　sgo.mo　　vbyed.-pa　　yin,

纠纷-**属格**　　门　　　　打开-**名物化**　　是

公田私耕，这是打开纠纷的门路（《猴鸟故事》）

（127）mi=sdug　　　sdug.mdog　　byed.-pa　　<u>de</u>,

否定=痛苦　　痛苦的样子　　做-**名物化**　　指示词

mo.gsar　　bag.ma-r　　vgro.-ba-vi　　rtags

姑娘　　新娘-**向格**　　去-**名物化**-**属格**　　标志

不痛苦装作痛苦，是姑娘出嫁的标志。（《囊萨文崩》）

（128）dmangs.gtso　　zer.-ba　　<u>de</u>

民主　　　　叫作-**名物化**　　指示词

mtshams.mtshams　　dmigs.yul　　yin.-pa

有时　　　　　　　目的　　　是-**名物化**

zhig=tu　　　　mngon　　rung　　don=du

一.不定=**同体格**　表现　　**但是.连词**　实际上

thabs.shis　　tsam　　zhig　　red

手段　　　仅　　**一.不定**　　是

民主这个东西，有时看起来似乎是目的，实际上只是一种手段。（《毛泽东选集》第一卷）

（129）khyed=kyis　　gsung-pa　　　　de　　　　shin.tu
　　　　您=作格　　　说（敬）-名物化　指示词　　非常

bden.-pa-s　　　　　gus.mo　　yang　　dgav.spro
对-名物化-原因格　　在下　　　也　　　高兴

thob,　da　　　bzhes　　　rag.pi.tsi　gang
获得　再.连词　敬语标记　铜杯子　　一

zhus　　　chog……ces　　　　　zer
斟（敬）　可以　　云云.引述标记　　说

（赵嬷嬷）说道："奶奶说的太尽情了，我也乐了，
再吃一杯好酒……"（《红楼梦》）

（130）gong=du　　spel.-ba　　　ni　　　　nga.tsho-vi
　　　　上=向格　　发展-名物化　话题　　　我们-属格

tang=gis　　srid　　skyong　　dang　　rgyal.khang
党=作格　　政治　　执持　　　和　　　国家

dar.rgyas　　gtong.-ba-vi　　las.vgan　　gal.chen
兴盛　　　　放-名物化-属格　任务　　　重要的

ang.dang.po　　　yin
第一　　　　　　是

发展是我们党执政兴国的第一要务。（《党章》）

（131）nga.tsho　　　ni　　　vbyor.med.gral.rim　　dang
　　　　我们　　　话题　　无产阶级　　　　　　　和

mi.dmangs.mang.tshogs=kyi　　　langs.phogs=su
人民大众=属格　　　　　　　　立场=处所格

langs　　　　　yod
站.过去时　　有.完成持续体

我们是站在无产阶级的和人民大众的立场。（《毛泽
东选集》第一卷）

（132）skal.bzang.me.tog　**ni**　　bde.skyid=kyi　me.tog

格桑花　　　　　　**话题**　幸福=**属格**　花

dang　bkra.shis.　pa-vime.tog　cig　　red

和　　吉祥-**属格**　花　　　　　**一.不定**　是

格桑花是幸福的花、吉祥的花。(《格桑梅朵》)

朗杰扎西（私人交流）认为上面的句子如果把该用 de 的地方换成 ni，句子就有强调的意思；如果把该用 ni 的地方换成 de，句子就失去强调意思，语感会不太自然。de 和 ni 的分工明确，de 并不像"实"那样兼有提示主语和对比强调作用。和藏语类似，纳西语指示词 tʂhɯ33'这'或 thɯ33'那'偶尔有复指主语的作用，施事格标记 nɯ33 有对比强调的作用（和即仁、姜竹仪，1986：74；Lidz，305）。① 例如：

（133）thɯ33　　tʂhɯ33　　ʑi33gv33dy31　ɕi33　　　ua31

他　　　复指　　　丽江　　　　人　　　是

他是丽江人。（引自和即仁、姜竹仪，1986：75）

（134）ɛ33　kʰɯ31　ɣæ13　　tʰɯ33　　nɯ33　　lə33-kʰu33

圆根　　　种子　她　　　强调　　偷

zɔ33　lɔ31-ʐɯ33　　qwæ31

了　　指头　　　　中间

圆根的种子是被她偷了，藏在手指头中间。（引自 Lidz，利兹，2010：306）

上述现象在中国境内的语言和方言中本来就少见，上古汉语"实"的用法更加特殊，所以母语为现代汉语的学者对此无直观感受。另一方面，有学者受藏缅语言资料启发，认为"NP 实 VP"的"实"是主格标记（洪波，2006），这种比附并不妥

---

① tʂhɯ33 复指主语的功能和 nɯ33 的对比功能也许有方言的差异，李子鹤（私人交流）说有些方言点的 tʂhɯ33、nɯ33 就没有复指主语或对比的功能。

当，形态丰富的语言中格标记作为粘着语素要贴附于宿主，两者的结合很紧密，而上古汉语的"实"与主语 NP 之间可插入语气副词，这说明"实"与主语 NP 的融合度低，"实"仍是指示词。例如：

（135）今吾执政无乃实有所避，而滑夫二川之神，使至于争明，以妨王官，王而饰之，无乃不可乎！（《国语·周语下》）

参考文献

陈玉洁　2010　《汉语指示词的类型学研究》，北京：中国社会科学出版社。

陈忠敏　1996　《论北部吴语一种代词前缀"是"》，《语言研究》第 2 期。

冯胜利　2011　《语体语法及其文学功能》，《当代修辞学》第 4 期。

高名凯　1957　《汉语语法论》，北京：科学出版社。

格桑居冕　1987　《实用藏文文法》，成都：四川民族出版社。

郭锡良　1989　《试论上古汉语指示代词的体系》，《语言文字学术论文集》，北京：知识出版社。

韩峥嵘　1984　《古汉语虚词手册》，长春：吉林人民出版社。

和即仁、姜竹仪　1986　《纳西语简志》，北京：民族出版社。

洪　波　1991a　《兼指代词原始句法功能研究》，《古汉语研究》第 1 期。

洪　波　1991b　《上古汉语指代词书面体系的再研究》，南开大学中文系语言学教研室编《语言研究论丛》第六辑，天津：天津教育出版社。

洪　波　2006　《上古汉语的焦点表达》，见《21 世纪的中国语言学》，北京：商务印书馆。

季安锋　2009　《汉语预设触发语研究》，南开大学博士学位论文。

康瑞琮　1981　《古代汉语语法》，沈阳：辽宁人民出版社。

梁银峰　2015　《试论上古汉语中由"之"引导的预指性主从句》，《语言科学》第 3 期。

李　明　2010　《说"各人"》，跨文化时代的中语中文学研讨会，首尔：韩国外国语大学。

李佐丰　2003a　《〈马氏文通〉与助词"也"》，见姚小平编《〈马氏文通〉与中国语言学史》，北京：外语教学与研究出版社。

李佐丰　2003b　《先秦汉语实词》，北京：北京广播学院出版社。

李佐丰　2004　《古代汉语语法学》，北京：商务印书馆。

潘悟云、陶寰　1999　《吴语的指代词》，李如龙、张双庆主编《代词》，广州：暨南大学出版社。

齐沪扬　2003　《语气副词语用功能的分析》，《语言教学与研究》第 1 期。

屈承熹　2006　《汉语篇章语法》（潘文国等译），北京：北京语言大学出版社。

[日] 杉村博文　1999　《"的"字结构、承指与分类》，见江蓝生、侯精一编《汉语现状与历史的研究》，北京：中国社会科学出版社。

盛益民　2012　《绍兴柯桥话指示词的句法、语义功能》，《方言》第 4 期。

石毓智　2001　《语法的形式和理据》，南昌：江西教育出版社。

汤廷池　1981　《国语分裂句、分裂变句、准分裂句的结构与限制研究》，见汤廷池著《语言学与语文教学》，台北：学生书局。

陶红印　1999　《试论语体分类的语法学意义》，《当代语言学》第 3 期。

王健慈、王健昆　2000　《主语前后的副词移位》，载于陆俭明、沈阳、袁毓林编　2000　《面临新世纪挑战的现代汉语语法研究》，济南：山东教育出版社。

王　力　1982　《同源字典》，北京：商务印书馆。

魏培泉　1999　《论先秦汉语运符的位置》，In Peyraube A., Sun Chaofen (eds). In Honor of Mei Tsu-lin: Studies on Chinese Historical Syntax and Morphology. Paris: Ecole des Hautes Etudes en Sciences Sociales.

魏培泉　2003　《上古汉语到中古汉语语法的重要发展》，载于何大安编《古今通塞：汉语的历史与发展》　第三届国际汉学会议论文集，台北：中国台湾地区"研究院"。

谢佳玲　2006　《汉语情态词的语义界定》，《中国语文研究》第1期。

杨伯峻、何乐士　1992　《古汉语语法及其发展》，北京：语文出版社。

杨树达　1954　《词诠》，北京：中华书局。

杨树达　1984　《高等国文法》，北京：商务印书馆。

姚振武　2015　《上古汉语语法史》，上海：上海古籍出版社。

意西微萨·阿错　2007　《藏语的话题标记—（ni sgra)》，第11回中日理論言語学研究会"主題マーカーと SOV 型言語"，大阪：同志社大学。

张家骅、彭玉海、孙淑芳、李红儒　2003《俄罗斯当代语义学》，北京：商务印书馆。

张家骅　2009　《"知道"与"认为"句法差异的语义、语用解释》，《当代语言学》第3期。

张雪平　2008　《"非现实"研究现状及问题思考》，《解放军外国语学院学报》第5期。

张谊生　2000　《现代汉语副词研究》，上海：学林出版社。

张玉金　2004《春秋时代远指代词研究》,《古籍整理研究学刊》第 5 期。

周法高　1959　《中国古代语法·称代编》，台北：中国台湾地区 "研究院" 历史语言研究所。

Bolinger, D. 1972 *Degree Words*. The Hague: Mouton de Gruyter.

Diessel, H. 1999 *Demonstratives: Form, Function, and Grammaticalization*. Amsterdam: John Benjamins.

Eckardt, R. 2006 *Meaning Change in Grammaticalization*. Oxford: Oxford University Press.

Givón, T. 2001 *Syntax: An Introduction*. Amsterdam: John Benjamins.

Hoye, L. 1997 *Adverbs and Modality in English*. New York: Longman.

Lambrecht, K. 1994 *Information Structure and Sentence Form*. Cambridge: Cambridge University Press.

Levinson, S. 1983 *Pragmatics*. Cambridge: Cambridge University Press.

Li, X.-P. 2015 Complex pronouns in Wu Chinese: Focalization and topicalization. In Hilary M. Chappel（ed.）*Diversity in Sinitic Languages*. Oxford: Oxford University Press.

Lidz, L. A. 2010 *A Descriptive Grammar of Yongning Na (Mosuo)*. Ph.D. dissertation: The University of Texas at Austin.

Pulleyblank, Edwin G. 1960 Studies in Early Chinese Grammar, Part Ⅰ. *Asia Major* 8: 36—67.

Pulleyblank, Edwin G. 1995 *Outline of Classical Chinese Grammar*. Vancouver: UBC Press.

Sadock, J. M. 2004 Speech Act. In Horn, L., Ward, G. (Eds.) *The Handbook of Pragmatics*. Oxford: Blackwell.

Schwarz-Friesel, M. 2007 Indirect anaphora in text: A cognitive account. In M. Schwarz-Friesel et al. (eds.) *Anaphors in Text: Cognitive, Formal and Applied Approaches to Anaphoric Reference*. Amsterdam: John Benjamins, 3－20.

（谷峰　南开大学文学院　天津　300071）

汉语有属性词吗[①]

郭昭军　徐济铭

引　言

　　词类是词的语法功能的概括体现，给词标注词类是现代语文词典的普遍趋势，可以大大增强词典的实用性。《现代汉语词典》（以下简称《现汉》）作为影响最大的当代汉语词典，从第5版开始到第6版全面标注词类。不过由于汉语词类划分得复杂性和词在语法上的多功能性，《现汉》的词类标注也不是完美无瑕的。这其中既有具体词的定位问题，也有词类系统的问题，后者最典型的莫过于"属性词"这个类。

1. "属性词"的由来及存在的问题

　　关于"属性词"的来历，徐枢、谭景春（2006）（以下简称徐文）说：

　　　　属性词即吕叔湘先生提出来的非谓形容词，后来朱德

————————
　　① 本文得到"中央高校基本科研业务费专项资金"资助（编号 NKZXB1466）

熙先生称之为"区别词"。我们把这类词叫作属性词，一是因为吕先生提出过"可以管它们叫作属性词"，二是因为这个名称是从语义上定名的，一般读者比较容易理解，也符合实词定名的传统。我们把属性词归入形容词的附类是为了照顾传统心理和一般语文教学的需要。

吕叔湘、饶长溶（1981）（以下称吕文）提出：

> 怎样处理"小型、慢性、现行、亲生、上好、首要"这些词的归类问题？一个办法是，另立一个词类。……它们表示的是事物的性质，可以管它们叫属性词。另一个办法是，不另立一个词类。如果要把它们暂时安顿在一个现成的词类里，那么把它们放在形容词里边比较合适，一般也都是这样处理的。但是，为了跟一般形容词有所区别，可以称为非谓形容词。

由此可见，《现汉》的"属性词"实际上是杂糅了吕文的两种归类方法的产物，而这两种处理方法在逻辑上是相互排斥的。在这之后，语法学界鲜有"属性词"出现在词类系统之中，直到《现代汉语词典（第5版）》的问世，"属性词"这一提法才又重新出现。

关于属性词的定义，徐文说：

> 属性词的主要功能是作定语（西式服装、国产的影片），有少数属性词既可以作定语又可以作状语（定期刊物、定期检查，临时住所、临时借用一下），除此之外不能作其他句子成分。……属性词只表示人、事物的属性或特征，具有区别或分类的作用。

而语法学界所说的区别词（非谓形容词）则是指"只能在名词或助词'的'前边出现的粘着词"（朱德熙1982：52），也即"只能作定语"，可见《现汉》属性词和区别词并不完全相同，前者的外延要大于后者。更重要的是,《现汉》属性词也并非都能归入区别词,比如"<u>高度评价、低温处理、直线下降</u>"等。根据我们的统计,在 615 个属性词中只有 317 个只能作定语可以归入区别词,只占 52%。实际上,《现汉》在具体标注时也并未严格遵守上述标准,因为它所标的属性词既有只作定语的(常务、不法),也有主要作定语的(高层、安保)和可以作定语的(本来、无偿)(见下文),三者的外延不同但共同点是都能作定语。这说明《现汉》对"属性词"的定义和实际操作之间是有出入的:虽然其定义是"主要作定语",但实际标准却是"能够作定语",而能作定语则是现代汉语很多实词的共同功能。据郭锐(2002)统计,68%的名词、29%的形容词和 31%的动词可以直接作定语。如果把这一功能单列出来作为一个词类,就会造成名动形三类实词出现大量兼类现象,违背了分类的简单性原则,显然是不科学的划类做法。因此,能作定语这一功能在划分词类、判断词类时并不能说明问题,更不能作为判断的标准。

词典的词类标注虽然不等于语法研究中的词类划分,但二者同样要遵守简明性、系统性和一致性等逻辑原则。在划分词类时"如果兼有两种词性的词的数量较大或能找出条件,则采取优先同型策略,否则采取同质策略"(郭锐 2002:161)。然而《现汉》既违背了优先同型策略,把"外围、机动、辅助"等作定语时看作属性词,处理为兼类,又没有严格采取同质策略把能直接作定语的名形都处理为兼类,而是把一部分词作定语时看作是属性词,另一部分词则仍看作是名动形本身的语法特征,这样做显然不符合内部一致原则,造成了词典词类系统内部的混乱。

其次,《现汉》把属性词作为形容词的附类也是有问题的。

之所以这样处理，可能是因为它们能作定语修饰名词，而汉语中能修饰名词的并不一定是形容词，名词修饰名词也十分常见。如果以此作为形容词的标准，就会造成形容词与名词、动词大量兼类，这在分类上也违反了简单性原则。如果不以此为标准，又会导致形容词内部缺乏一致的功能，因而难以归为一类。

此外，《现汉》属性词也并非如徐文所说的都表示人、事物的属性或特征，在作状语时表示的是动作行为的方式，如：<u>高度</u>评价我方行为、<u>额外</u>增派警力、<u>有偿</u>提供援助等。

综上所述，《现汉》属性词作为一个词类存在三个问题：一是作定语这一功能不足以构成一个词类；二是属性词不等于区别词；三是属性词不能看作形容词的附类。

2.《现汉》属性词的不同归类

既然《现汉》不应设立属性词这一类，那么这些标为属性词的词应归入何类呢？虽然《现汉》把属性词作为形容词的附类，然而这些属性词大多数却不能归入形容词，因此需要具体考察。

词典标注词类除了要尽量借鉴词类划分的研究成果、遵守词类划分的原则和标准外，还应符合每个词在当代汉语中的实际用法。同时，在运用划类标准来衡量词的具体用法时，既要区分是否具有某种功能，也要区分主要功能和次要功能，考虑每种功能的频率和比例，这样得出的词类判断才更符合事实，也更有实用价值。因此与传统内省法不同的是，我们在判断每个属性词的归类时主要采取统计分析方法。具体做法是，在真实语料库中对每个属性词随机抽取 200 个左右的句子，分别统计各种功能的分布及其比例，在综合考虑词类划分的标准和词

典标注词类的简明性、系统性等因素后，得出每个词的词类
归属。

　　根据统计，《现汉》属性词按定语功能（这正是设置属性词
的根据）可以分为只作定语、主要作定语和主要不作定语三大
类，每类又有各种不同的具体情况。限于篇幅，统计数据从略。

2.1　只作定语（A）

　　这类词只出现在名词或"的"前作定语，可归入语法学界
所说的区别词（非谓形容词），在全部 615 个属性词中约有 317
个。如：不法、陈年、大龄、高危、偶发、伪劣等。

　　这些词《现汉》有的标为兼类词，如：地下（名、属）、看
家（动、属）。情形有二：一是它们既有本义也有引申义，本义
是词组而非词，而词典都作为义项加以收录，如：大路、地下、
关门、看家、生死等；二是有些词条多个义项之间实际并无明
显联系，应作为同音词分为两个独立词条，如：群发事件（属）、
群发短信（动），软体动词（属）、电脑软体（名）等。

2.2　主要作定语（B）

　　按次要功能又有如下几种情况：

2.2.1　可作主宾语

　　按意义有两类：一类只有一个理性义，如"安保、高层、
疑难"。可作定语（安保人员）、主宾语（提供安保）和定中结
构中心语（会议安保）。这些词尽管主要作定语，但因为也能作
主宾语，所以应处理为名词。另一类不止一个理性义，且各义
之间有联系，但功能、用法不同。如"白色（白色衣服、白色
政权）"，前者可作主宾语、定语，受名词修饰和构成"的"字
结构，后者只作定语，因此前者应为名词，后者应为区别词，
类似的有"卫星、黄金、处女"等。

2.2.2　可作状语

这类词可不加"的"直接作定语和状语，应为区别词和副词兼类。如：*额外*收入、*额外*雇人；*横向*项目、*横向*联系；*切身*利益、*切身*体会；*临时*会议、*临时*决定。

2.2.3　可作主宾语和状语

按词义可分为两类：一类为单义词，如"动态"，可作定语（*动态*平衡）、主宾语（关注市场*动态*）、状语（*动态*定位）；另一类为多义词，如：长途（*长途*电话、打*长途*）、基本（*基本*条件、*基本*完成），词义不同功能用法也不同。单义类中有的词表示数量，后面不能带量词，应为数量词，如"大量、大宗、单个儿、少量、整个儿"等。其他应为名词。

2.2.4　可作主宾语和谓语

这类词有两种：一类不受程度副词修饰，一类可以。前者又有两种：一种本身已表示程度高，因而不受程度副词修饰，应为状态词，如：超一流、全优；另一种不包含程度义，可以带"了、着、过"，可受副词修饰，应为动词，如：被*编余*下岗、只能*单行*、正式*调干*、明确*法定*过、逐渐*空心*、花不*应季*。

可受程度副词修饰的也有两种：一种只表示性质，不表示事物，应为形容词，如：万能、高级、原始；一种既可以表示性质，也可以表示事物，如：鬼（有*鬼*、很*鬼*）、传统（优良*传统*、很*传统*）、正宗（武林*正宗*、*正宗*武术），应为名形兼类词或同音词。

2.2.5　可作谓语和状语

按意义和用法可分三类：一类能受程度副词修饰、作主宾语和谓语，又有两种：一种只表示性质，不表示事物，为形容词，如：感性、间接、主观；一种既可以表示性质，也可以表示事物，应为名形兼类，如：常规、清一色、专业。

二类不受程度副词修饰、不能作主宾语。也有三种情况：一是"多头"（多方面、一种交易方式），为名形兼类或同音；二是"独资、平行"，主要作定语和谓语，为动词；三是形容词和副词兼类，如：非法（交易**非法**、**非法**转让）、同等（地位**同等**、**同等**处理）等。

三类能受程度副词修饰、但不作主宾语。按功能可分三种：形容词（高效、多元、机动、紧身）、形区兼类（对口、内在、实心、贴身、外在、闲散）和形副兼类（绝对、应时）。

2.2.6　可作述语带宾语

可分为两小类：一类可直接修饰名词，也能受名词直接修饰，可作准谓宾动词"进行"等的宾语，为名动词，如"辅助"；一类不受名词直接修饰，也不作准谓宾动词的宾语，但可作主宾语、作定语修饰名词，为动词，如：虚拟、敌对、现任、主打。

2.3　主要不作定语（C）

这类词的主要功能不是作定语，显然不能处理为区别词和属性词。

2.3.1　主要作状语

可分为两小类：一类主要作状语，还可作定语，可处理为副词与区别词兼类或同音，如：本来、共同、人为、自动、正式、专门等；一类主要作状语，还能作谓语，为形容词（如直接）或动形兼类（如独立、肯定）。

2.3.2　主要作主宾语

根据意义和功能可分为三小类：一类只有一个理性义，除作主宾语外还可作定语，应为名词，如：表层、片断、义务、助理。二类主要作主宾语，也可作状语，如：**高度**评价、**深度**挖掘、**直线**上升等。有两种处理办法，各有利弊：一是因两种用法的意义没有明显不同，所以仍处理为名词，但哪些名词能这样用目前看不出条件；二是处理为名副兼类，但割裂了两种用法的意义联系，而且这种名词似乎越来越多。第三类有本义和引申义，且用法不同：本义主要作主宾语，引申义只作定语，可处理为名词或名词与区别词兼类，如：<u>朝阳产业</u>、<u>阳光男孩</u>、<u>黄花闺女</u>、<u>老爷车</u>、<u>野鸡大学</u>。

2.3.3　主要作谓语

根据能否带宾语可分为两小类：一类能带宾语，应为动词，如：对应、附带、兼任、历任。一类不能带宾语，有三种：一是"有限"，可受程度副词修饰，应为形容词；二是"内向、外向"，可受程度副词修饰，可直接修饰名词，应为形容词与区别词兼类；三是"否定、联合"，可直接修饰名词，也能受名词直接修饰，可作准谓宾动词宾语，应为名动词。

从以上讨论可以看出，词与词组等语言单位是否正确区分和词性与义项的关系处理是否合理，对于属性词的词类判断有重要影响。由于把词组义当作词来收录，就会人为造成多义和兼类现象，如：红色、地下、关门等。而义项分合不当和简单把词性与义项对应也会造成不必要的兼类，如：高度、高层、高端、高产（见下文）。

3. 结语："属性词"产生的原因及发展趋势

《现汉》之所以有"属性词"这一类，有一定的主客观原因。首先，"属性词"具有不典型性，其功能和用法大多并不单一，且处在动态变化当中，客观来说不好归类。徐文也承认，"属性词在构词上有名词性的（远房、老牌）、动词性的（国营、亲生）和形容词性的（首要、半大），因此容易用作名词、动词或一般形容词。我们认为这样用的属性词有可能向名词、动词或一般形容词转变"，因此，"根据它们基本上还是作定语的实际情况，仍把它们标成属性词"。而根据上文的考察，实际情况并非如此简单。除了只作定语的 A 类外，其他属性词除了作定语还可以作其他成分，C 类的主要功能甚至还不是作定语。所有属性词如果说还有什么共性的话（这是成为一类的前提条件），那就是都可以作定语（不管是主要功能还是次要功能），而作定语在现代汉语中是几乎所有实词类的共同功能，因而不足以独立出一个属性词类来。

其次，《现汉》有把词类与句法成分一一对应的倾向，把定语功能独立出来形成一个属性词类，因而把一部分作定语的名动形处理成兼类词，但同时其词类说明中又提到名词、形容词也是能够作定语的。因此在具体标注时，有些作定语的名动形被标为属性词，有些却没有，这就导致了词典的词类标注出现标准不一、内部混乱的问题。如：附近（名、属，<u>附近</u>地区）、周围（名，<u>周围</u>地区），有限（形、属，<u>有限</u>责任）、危急（形，<u>危急</u>情况）等。有时甚至把义项与用法、词类与义项简单对应起来，因而出现很多词类、义项和用法一一对应的情况。如：

高产：①[形]属性词。产量高的：～作物。②[名]高的产量：创～|战高温，夺～。

实际上，"高产"的这两种用法应合并为一个义项、一种词类，因为名词作定语在汉语中很常见。

《现汉》有时为了照顾词类而有意修改词义，比如"安保"，第 5 版释义"安全保卫"是符合事实的，而第 6 版改为"安全保卫的"，加"的"大概是为了跟属性词作定语相对应，然而却与"安保"是"安全保卫"的简称这一事实相违背。

此外，词典在标注词类时不能只凭语感，还要对词的实际用法进行全面考察，对属性词的词性判断不能只看到其作定语的功能而忽视其他用法。只有对词的真实用法进行具体全面的考察分析，才能对词的词类有一个准确的把握。

很多"属性词"都是近年来新产生的词或新出现的用法，这些词多是词类系统中的非典型成员且用法多变。"属性词"中有的区别词开始受程度副词修饰，可以作谓语，正在向形容词发展，如：<u>最轻型</u>、<u>很长足</u>、<u>最高危</u>等。有些属性词可以转指具有该性质的事物，发展出名词用法，如：<u>长篇</u>、<u>特快</u>、<u>助理</u>等。还有一些属性词除了作定语，还增加了作状语的功能，成为区别词和副词的兼类，如：<u>合法</u>、<u>额外</u>、<u>良性</u>等。对此李宇明（1996）等有详细的讨论。

"属性词"的出现也说明了汉语词类的一些发展趋势。除了衍生出新词用于修饰其后的中心语，越来越多的名词、动词可以用在定语或状语的位置上，有一些在意义上发生引申或虚化，由表具体的实体或动作抽象为表某种性状。对于饰词来说，用来修饰谓词性成分还是体词性成分之间并没有不可逾越的鸿沟，很多饰词已经兼有这两种功能或正处于过渡阶段。

参考文献

曹保平　2010　《从〈现代汉语词典〉词类标注看属性词》，《汉字文化》第 2 期。

曹保平　2010　《关于属性词》，《四川理工学院学报》第 3 期。

曹保平　2010　《汉语属性词的共性与个性》，《长江师范学院学报》第 2 期。

范　晓　2005　《关于汉语词类的研究——纪念汉语词类问题大讨论 50 周年》，《汉语学习》第 6 期。

郭　锐　2002　《现代汉语词类研究》，北京：商务印书馆。

郭　锐　2010　《汉语词类划分的论证》，《中国语文》第6期。

胡明扬　1996　《词类问题考察》，北京：北京语言文化大学出版社。

胡明扬　2000　《汉语词类兼类研究》，《语言文字应用》第1期。

胡明扬　2004　《词类问题考察续集》，北京：北京语言文化大学出版社。

蒋国辉　1990　《非谓形容词质疑》，《学术交流》第4期。

李宇明　1996　《非谓形容词的词类地位》，《中国语文》第1期。

刘慧清　2005　《名词作状语及其相关特征分析》，《语言教学与研究》第5期。

陆俭明　1994　《关于词的兼类问题》，《中国语文》第1期。

吕叔湘、饶长溶　1981　《试论非谓形容词》，《中国语文》第2期。

吕叔湘　1995　《关于汉语词类的一些原则性问题》，《吕叔湘文集（第2卷）》，北京：商务印书馆。

马庆株　1991《影响词类划分的因素和汉语词类定义的原则》，《语法研究和探索（五）》，北京：语文出版社。

孟　凯　2008　《成组属性词的对应性及其影响因素》，《中国语文》第1期。

孟　凯　2008　《成组复合属性词的构词方式及成因》，《语言文字应用》第3期。

缪小放　1988　《说属性词兼说与其他词类的区别》，《北京师院学报》第1期。

齐沪扬、张素玲　2008　《区别词功能游移的原因》，《汉语学习》第4期。

齐沪扬　1990　《谈区别词的归类问题》,《南京学报（社会科学版）》第 2 期。

孙德金　1995　《现代汉语名词做状语的考察》,《语言教学与研究》第 4 期。

邢福义　2003　《词类辨难》, 北京：商务印书馆。

徐枢、谭景春　2006　《关于〈现代汉语词典（第 5 版）〉词类标注的说明》,《中国语文》第 1 期。

应利、叶秋生　2007　《〈现代汉语词典〉（第 5 版）几个属性词标注存疑》,《乐山师范学院学报》第 4 期。

袁毓林　2005　《基于隶属度的汉语词类的模糊划分》,《中国社会科学》第 1 期。

袁毓林　2009　《汉语词类划分手册》, 北京：北京语言文化大学出版社。

周刚、叶秋生　2007　《属性词语法性质的再认识》,《汉语学习》第 6 期。

朱德熙　1982　《语法讲义》, 北京：商务印书馆。

朱德熙　1991　《词义和词类》,《语法研究和探索（五）》, 北京：语文出版社。

（郭昭军　南开大学文学院　天津　300071）

（徐济铭　江苏省通信管理局　南京　210003）

台湾闽南语中的连动结构①

潘家荣

1. 序言

本文考察了台湾闽南语中狭义定义的连动结构，即 V1 表示状态或方式，V2 代表主要谓语。之前关于台湾闽南语的连动结构的研究比较少，本文试图弥补该空白。关键语料列举如下：

（1）a. a¹ing⁵　khu⁵/ku¹　ti⁷　　　　loo⁷pinn¹　ciah⁸hun¹

　　　　Aing　蹲坐　　　LOC　路边　　　抽烟

　　　"Aing，正蹲坐在马路边，抽烟。"

　　 b. a¹ing⁵　ching⁷　tioh⁸　gua⁷tho³　kong³　pang⁷kiu⁵

　　　　Aing　穿　　ASP　夹克　　打　　　棒球

　　　"Aing，穿着夹克，打棒球。"

　　　连动结构中动词的顺序是不可颠倒的。

（2）a.* a1ing5　ciah8hun1　khu5/ku1　ti7　　loo7pinn1

　　　　Aing　抽烟　　　蹲在　　LOC　路边

　　　"Aing，正蹲坐在马路边，抽烟。"

---

① 本文是在原英文稿的基础上修改而成，感谢南开大学姚桂林博士协助翻译成中文稿。文中错误由笔者负责。

　　b.* a1ing5　　kong3　　pang7kiu5　ching7　　tioh8
　　Aling　　　　打　　　　棒球　　　穿　　　ASP
　　gua7tho3
　　夹克

　　"Aing，穿着夹克，打棒球。"

　　本文讨论了例（1）中的连动结构，包括作为修饰成分 VP1 的分析，（1b）结构[IP...[VP V1NP]　V2...]中附属语 IP 附加于 VP。作为修饰成分 V1 分析的根据来源于连动结构和动词前的方式副词对应。

　　修饰成分 VP1 的分析相比之前的分析能够解释更多的语言事实。笔者展示了连动结构和动词前方式副词的对应性。狭义定义的台湾闽南语中的连动结构不适用于众多连动分析、复杂谓语分析等等。除此之外，作为修饰成分 V1 分析对台湾闽南语的系列参项类型及与普通话的关系有直接的意义。

2. 研究范围的界定

　　此部分会讨论连动结构的一般定义（2.1）、普通话中连动结构类型（2.2）和台湾闽南语中连动结构类型（2.3）。

2.1 概述

　　柯林斯（Collins）在 1993、1997 和 2004 的论述中，定义了连动结构（SVCs）如下：

　　连动结构是一系列动词和带有主语和时间值不会被任何明显的同位语从句和附属从句标记分离的补语（如果有的话）。

　　许多语言学家有类似的定义，如贝克（Beker，1989）、拉森（Larson，1991）、林惠玲（Lin，2004）、塞巴（Sebba，1987）、维恩斯特拉（Veenstra，2000）和颜秀珊（Yan，2004）。阿格

贝多尔（Agbedor，1994：116）列举了（3）—（7）。

（3）Yoruba（约鲁巴语）：

Aje	sunkun	lo	ile
Aje	流泪	走	回家

"Aje 留着泪回家。"

（4）Haitian（海地语）：

Emil	pran	liiv	la	bay	Mari
Emil	拿	书	DET	给	Mari

"Emil 把书给 Mary。"

（5）Sranan（斯拉南语）：

Kofi	naki	Amba	kiri
Kofi	打	Amba	杀

"Kofi 打死了 Amba。"

（6）Akan（阿坎语）：

Kofi	toob	ayire	dii
Kofi	买	山药	吃

"Kofi 买了山药吃了。"

（7）Ewe（埃维语）：

Kofi	da	nu	du
Kofi	做饭	东西	吃

"Kofi 做饭并吃了。"

2.2 普通话中的连动结构

如林慧姬（Lin，1998：2）所述，普通话中连动结构由两个动词短语或体态短语组成。根据其内部结构和语义，普通话中连动结构分为五种主要类型。

第一，协同结构：两个动词短语表示状态或动作同时发生。

（8）"张三跳舞和唱歌。"

第二，行为和目的结构：VP1 和 VP2 之间是动作和目的的关系。

（9）"张三泡茶喝。"

第三，控制结构：主要谓语包括一个控制动词，补语从句的主语是 PRO，该 PRO 充当主语或宾语。

（10）a.主语控制

　　　　"张三设法学烹饪。"

　　　b.宾语控制

　　　　"张三逼我学烹饪。"

第四，主谓和次谓结构：VP2 是次要谓语，修饰宾语。

（11）"张三认识一个人，住在台北。"

第五，态度和行为结构：VP2 表主要谓语，VP1 是修饰 VP2 的方式。

（12）"张三，带着帽子，打棒球。"

2.3 台湾闽南语连动结构的类型

上述文中我们列举了普通话中连动结构的类型，台湾闽南语中连动结构的类型总结如下：

（13）协同结构：

a^1ing　　chiunn^3　　kua^1　　　thiau^{3}bu^2

Aing　　唱　　　歌　　　跳舞

"Aing 唱歌并跳舞。"

（14）行为和目的结构：

a^1ing^5　　phau^3　　te^5　　　lim^1

Aing　　泡　　　茶　　　喝

"Aing 泡茶喝。"

（15）控制结构：

a．主语控制：

a¹ing⁵　　siat⁴huat⁴　　oh⁸　　　cu²ciah⁸

Aing　　尝试　　　　学习　　　烹饪

"Aing 尝试学习烹饪。"

b. 宾语控制：

a¹ing⁵　　pik⁴　　gua²　　　oh⁸　　　cu²ciah⁸

Aing　　逼　　我　　　　学习　　　烹饪

"Aing 逼我学习烹饪。"

（16）主谓和次谓结构：

a¹ing⁵　　sik⁸sai⁷　　cit⁸　　e⁵　　lang⁵　　tua³　　ti³

Aing　　认识　　一　　个　　人　　住　　在

tai⁵pak⁴

台北

"Aing 认识一个人，住在台北。"

（17）态度和行为结构：

a¹ing⁵　　kua³　　tioh⁸　　chiu²tho³　　leh⁴　　sng²

Aing　　戴　　ASP　　手套　　ASP　　打

pang⁷kiu⁵

棒球

"Aing 带着手套，打棒球。"

综上所述，我们可以看出普通话和台湾闽南语中存在 5 种相同的连动结构，以往对第五种类型—态度和行为结构研究较少，下面我们重点论述该结构。

3. 此研究中连动结构的地位

在此类型连动结构中的动词有两条限制。

第一，静态动词不可在 VP1 中出现，见例（18）和（19）。

（18）*a1ing⁵　ka³i³　tioh⁸　chiu²tho³　leh⁴　sng²

　　　Aing　喜欢　ASP　手套　ASP　打

　　　pang⁷kiu⁵

　　　棒球

　　　"Aing，喜欢手套，打棒球。"

（19）*a¹ing⁵　tho²ia³　chiu²tho³　leh⁴　sng²

　　　Aing　讨厌　手套　ASP　打

　　　pang⁷kiu⁵

　　　棒球

　　　"Aing，讨厌手套，打棒球。"

第二，有界动词不出现在 VP1 中，见例（20）和（21）。

（20）*a¹ing⁵　thai⁵　tioh⁸　ke¹a²/kue¹a²　cu²

　　　Aing　杀　ASP　鸡　做

　　　am³tng³

　　　饭

　　　"Aing，杀鸡，做晚饭。"

（21）*a¹ing⁵　ka³i³　tioh⁸　chiu²tho³　leh⁴　sng²

　　　Aing　喜欢　ASP　手套　ASP　打

　　　pang⁷kiu⁵

　　　棒球

　　　"Aing，喜欢手套，打棒球。"

需要说明的是，上述限制只出现于 VP1，VP2 中不存在该条件限制。

4. 分析

此部分，我们论述有关 VP1 作状语的分析，即关于中心语

（4.1）和共享论元（4.2）的讨论。

4.1 中心语

我们认为台湾闽南语中的此种连动结构与方式状语类似。

首先，V1 类似动词前的方式副词，不能位于句首位置。

（22）a¹ing⁵　khia⁷　tiam³/tam³　lau⁵thui¹　tan²　lang⁵

Aing　　站　　LOC　　　楼梯　　等　　某人

"Aing，站在楼梯上，等人。"

其次，如同动词前的方式状语，两个表示状态或方式的 VP 可以同现于谓语，除此之外，两个 VP 之间的顺序可以颠倒。

（23）a. a¹ing⁵　ching⁷　tioh⁸　gua⁷tho³　kua³　tioh⁸

Aing　　穿　　ASP　　夹克　　戴　　ASP

chiu²tho³　leh⁴　sng²　pang⁷kiu⁵

手套　　　ASP　打　　棒球

"Aing，穿着夹克戴着帽子，打棒球。"

b. a¹ing⁵　kua³　tioh⁸　chiu²tho³　ching⁷　tioh⁸

Aing　戴　　ASP　手套　　　穿　　ASP

gua⁷tho³　leh⁴　sng²　pang⁷kiu⁵

夹克　　　ASP　打　　棒球

"Aing，穿着夹克戴着手套，打棒球。"

再次，如同动词前方式副词和嵌套谓语之间，否定词、施事的副词、时间附加语、情态动词也不能出现于 V1 和嵌套谓语之间。见下面例证：

（24）a.* a¹ing⁵　tauh⁸tauh⁸a⁰　thiau¹kang¹/tiau¹kang¹ sia²

Aing　　慢慢地　　　慎重地　写

cit⁴　tiunn¹　phue¹

这　　CLA　　信

"Aing 慢慢地慎重地写这封信。"

　　b. a^{1}ing^5　thiau^{1}kang^1/tiau^{1}kang^1　　　tauh^{8}tauh^{8}a^0

　　Aing　慎重地　　　　　　　　　慢慢地

　　sia^2　cit^4　　tiunn^1　　phue^1

　　写　　这　　CLA　　信

　　"Aing 慢慢地慎重地写这封信。"

（25）a.*a^{1}ing^5　ce^7　ti^7　i^{2}a^2　thiau^{1}kang^1/tiau^{1}kang^1

　　Aing　坐　LOC　椅子　慎重地

　　sia^2　cit^4　tiunn^1　phue^1

　　写　　这　　CLA　　信

　　"Aing，坐在椅子上，慎重地写这封信。"

　　b. a^{1}ing^5　thiau^{1}kang^1/tiau^{1}kang^1　ce^7　ti^7　i^{2}a^2

　　Aing　慎重地　　　　　　　　　坐　LOC　椅子

　　sia^2　cit^4　tiunn^1　phue^1

　　写　　这　　CLA　　信

　　"Aing，坐在椅子上，慎重地写这封信。"

（26）a. *a^{1}ing^5　　tauh^{8}tauh^{8}a^0　ca^{1}me^5　sia^2　cit^4

　　Aing　　慢慢地　　　昨晚　　写　　这

　　tiunn^1　phue^1

　　CLA　　信

　　"Aing 慢慢地写这封信昨晚。"

　　b. a^{1}ing^5　ca^{1}me^5　tauh^{8}tauh^{8}a^0　sia^2　cit^4

　　Aing　昨晚　　慢慢地　　　写　　这

　　tiunn^1　phue^1

　　CLA　　信

　　"Aing 慢慢地写这封信昨晚。"

（27）a. *a^{1}ing^5　ce^7　ti^7　i^{2}a^2　ca^{1}me^5　sia^2　cit^4

　　Aing　坐　LOC　椅子　昨晚　写　　这

tiunn¹　　phue¹

CLA　　信

"Aing，坐在椅子上，写这封信昨晚。"

b. a¹ing⁵　　ca¹me⁵　　ce⁷　　ti⁷　　i²a²　　sia²　　cit⁴

Aing　　昨晚　　坐　　LOC　　椅子　　写　　这

tiunn¹　　phue¹

CLA　　信

"Aing，坐在椅子上，写这封信昨晚。"

　　上述例证清晰地表明台湾闽南语中此种连动结构与方式动词相类似。众所周知，方式副词修饰嵌套谓语；因此，此种连动结构中的 VP1 充当修饰语，充当嵌套谓语（如 VP2）的修饰成分。

4.2　共享论元

　　考察连动结构，在一定程度上会涉及论元共享现象。因前面论述此种连动结构中 VP1 是修饰语，充当嵌套谓语（如 VP2）的修饰成分，VP1 和 VP2 共享的唯一论元是嵌套主语。任何例外情况都会导致不合语法的现象，见下面例证。

（28）a. *a¹ing⁵　[a¹cai⁵　kua³　tioh⁸　chiu²tho³]　leh⁴

Aing　　Acai　戴　ASP　手套　　ASP

sng²　　pang⁷kiu⁵

打　　棒球

"Aing, Acai 戴着手套，打棒球。"

b. * a¹ing⁵　　kua³　　tioh⁸　　chiu²tho³　[a¹cai⁵　leh⁴

Aing　　戴　　ASP　　手套　　Acai　ASP

sng²　pang⁷kiu⁵]

打　　棒球

"Aing 戴着手套，Acai 打棒球。"

5. 普通话与台湾闽南语之间的区别

据 Lin（1997）所述，普通话中 VP1 是 AspP，体标记"着"必须出现，见例（29）。体标记"着"的丢失会导致句子不合乎语法，见例（30）。

（29）a. Zhangsan　dai　　zhe　　maozi　　da　　bangqiu

　　　　张三　　　戴　　ASP　　帽子　　打　　棒球

　　　　"张三，戴着帽子，打棒球。"

　　　b. Zhangsan　pi　　zhe　　waitao　　da　　bangqiu

　　　　张三　　　披　　ASP　　外套　　打　　棒球

　　　　"张三，披着外套，打棒球。"

（30）a.*Zhangsan　dai　　maozi　　da　　bangqiu

　　　　张三　　　戴　　帽子　　打　　棒球

　　　　"张三，戴帽子，打棒球。"

　　　b.*Zhangsan　pi　　waitao　　da　　bangqiu

　　　　张三　　　披　　外套　　打　　棒球

　　　　"张三，披外套，打棒球。"

需要提及的是，普通话中出现的此类限制在台湾闽南语中是可选择的，例（31a）和例（31b）显示体标记'tioh^8'的省略并不导致不合语法现象。

（31）a. a^{1}ing^5　kua^3　tioh^8　chiu^{2}tho^3　leh^4　　sng^2

　　　　Aing　戴　　ASP　　手套　　ASP　　打

　　　　pang^{7}kiu^5

　　　　棒球

　　　　"Aing，戴着帽子，打棒球。"

b. a^{1}ing^5　　kua^3　　chiu^{2}tho^3　　leh^4　　sng^2

　　Aing　　戴　　手套　　ASP　　打

pang^{7}kiu^5

棒球

"Aing，戴帽子，打棒球。"

　　因为体标记 'tioh^8' 并不是一定要出现，显然台湾闽南语中位于最前的谓语短语不一定有体标记短语。

6. 结语

　　本文考察了台湾闽南语中狭义定义的连动结构，即 V1 表示状态或方式，V2 表示主要谓语。文中讨论了此种类型连动结构中涉及的作为修饰成分的 VP1 分析。如上所述，VP1 作为修饰语的分析相比以往的研究能够解释更多的语言事实，VP1 作为修饰语的证据可见于连动结构语动词前方式副词的对应性。

参考文献

林慧姬　1998　《汉语连谓结构》，清华大学硕士论文。

颜秀珊　2004　《台湾闽南语连谓结构》，新竹师范学院硕士论文。

Agbedor, Paul 1994 Nordic Journal of African Studies 3(1): 115—135.

Baker, Mark C. 1989 Object sharing and projection in serial verb constructions. *Linguistic Inquiry* 20:513—553.

Collins, Chris 1993 Topics in Ewe syntax. Doctoral dissertation, MIT, Cambridge, Mass.

Collins, Chris 1997 Argument sharing in serial verb constructions.

Linguistic Inquiry 28:461—497.

Collins, Chris 2002 Multiple Verb Movement in≠Hoan. *Linguistic Inquiry* 33:1-29.

Larson, Richard 1991 Some issues in verb serialization. In *Serial Verbs*, ed. By Claire Lefebvre, 185—210. Philadelphia: John Benjamins.

Lin, Huei-ling 2004 Serial verb constructions vs. Secondary predication. *Concentric: Studies in Linguistics*. 30.2:93—122.

Sebba, Mark 1987 *The Syntax of Serial Verbs: An Investigation into Serialisation in Sranan and Other Languages*. Amsterdam: John Benjamins Publishing Company.

Veenstra, Tonjes. 2000 Verb serialization and object position. *Linguistics* 38:867—888.

（潘家荣　南开大学文学院　天津　300071）

70 年——佯僙语从充满活力到严重濒危

石林

1. 佯僙话概述

历史上，佯僙族在贵州有广泛分布。史载，1300 年前的唐代，在黔北的思州（现思南）就有佯僙人。明清时，佯僙人在贵州分布更广，黔东南的锦屏、黎平、施秉、黄平，黔东北的万山、石阡，黔中的余庆、龙里、清镇、福泉等地都有分布。但到 20 世纪四五十年代前后，佯僙的分布就只见于平塘、惠水和独山三县了。这表明佯僙族的居住区历史上在逐渐地萎缩，这是因为他们居住范围广而呈碎片化，又被侗族、布依族、土家族、汉族等人口较多的民族所包围，逐渐被这些民族所同化，在上述地区消失。

佯僙族的自称有二，平塘河东的卡蒲、者密称 $jin^2 rau^1$,意为"咱们人"（侗语:$jin^2 tau^1$，咱们人），jin^2 是"人"之意，rau^1 是"咱们"之意；河东的六洞、甲青和惠水称为 $ai^1 then^1$，意为"六洞人"，ai^1 是表人的量词，$then^1$ 是指"六洞"之意。佯僙人称佯僙话为 $rung^1 rau^1$（侗语:$sun^1 tau^1$）或 $rung^1 then^1$，$rung^1$ 的意为"话"。布依族称佯僙人为 kam^1，与侗族（kem^1）、仫佬族（kjam^1）、锦家（jem^1）的自称相近。佯僙语属侗台语族侗水语支，侗台语族的系属有的认为属汉藏语系，有的认为属南岛语系，我们倾向于佯僙语属南岛语系，因其核心词与南岛语更接近。

佯僙族 95%的人姓石，4%的人姓刘，其他姓的只有 1%。据 2009 年底统计，佯僙族有 35965 人。平塘县有 31298 人：卡蒲乡 13321 人，者密镇 15003 人，大塘镇 1520 人，其他乡镇 1454 人；惠水县 2789 人，其中高镇镇 2460 人，和平镇 329 人；独山县 1878 人，其中羊凤乡 1435 人，其他乡镇 443 人。

佯僙族有很强的民族意识。1949 年中华人民共和国成立以后，由于国家实行各民族一律平等的政策，所以，佯僙族一直要求各级政府承认其为佯僙族，但均未被认可。1990 年佯僙族只能选择毛南族为其族属，但佯僙族在正式行文中仍坚持其为"毛南族（佯僙人）"或"贵州毛南族"，以示与（广西）毛南族的区别。

佯僙话分为三个土语：（1）河东土语——含平塘河以东的卡蒲、河中、者密和独山县羊凤乡；（2）河西土语——含平塘河以西的甲青、六洞、吉古、摆茹、马场、甘寨等；（3）姚哨土语——含惠水县的赤土、姚哨、惠明等。三个土语的词汇差异为 38%，还是比较大的，按照一般的认识，通话是比较困难的（国外学界认为，方言土语间词汇的相同率若低于 70%时，二者间的通话是困难的）。

学界对佯僙语的调研始于李方桂，他 1941 年对惠水的佯僙话进行了 14 天调查，归纳了惠水佯僙语的语音系统，搜集了佯僙语的数千词汇和 180 多个语段，后因罹患疟疾而中断了调查。此后赵道文、吴启禄对卡蒲、甲青、姚哨的佯僙语进行了调查，并对佯僙语的土语进行了划分。后来石林、邢凯又对甲青、卡蒲的佯僙语进行了 10 余天的调查，发现甲青除了 a 分长短外，另外几个元音也分长短，同时还发现卡蒲、姚哨的-t 尾甲青已变为-l 尾，这是其他地方的侗台语未有的现象。再后来薄文泽也对平塘的佯僙语进行了调查。

　　佯僙语是佯僙族历史文化的载体和积淀，佯僙语的消失就是佯僙文化的消失，对其进行抢救记录就是对佯僙语言文化的继承和保护。佯僙话也是佯僙族的认同符号、身份证、基因和感情纽带，抢救记录佯僙语就是使佯僙族的感情得以传承，使其感情的脉络延续不断。佯僙语更是佯僙族对人类社会和客观世界的认知体系，抢救记录佯僙语就是让其认知体系得以发扬光大并丰富人类的认知系统。

2. 佯僙话——处于严重濒危的语言

2.1 世界上有 2500 种语言濒临灭绝

　　人类语言在近代的消亡速度十分迅疾，据联合国教科文组织（UNESCO）的统计，在全世界现存的 6000 多种语言中，大约有 2500 种语言濒临灭绝；其中 538 种语言面临极度灭绝危险，502 种语言面临严重灭绝危险，632 种有确切灭绝危险，607 种存在灭绝可能。联合国教科文组织表示，目前每两周就有一种语言消失，超过很多动物的灭绝速度。统计显示：占全球人口 3% 的人说着全球 96% 的语种。而且有一半的语言只有不到 1 万人会说，有 1/4 的语言不到 1000 人会说。同时，只有不到 1/5 的语言在学校和互联网上使用，世界上 4/5 的网页是英语网页。对于没有文字的土著语言，消亡的危险更为突出。随着语言的消失，这种语言反映的生活方式和系统知识也可能随之消失。复杂的宗教仪式、口耳相传的历史也会随之消亡。世代积累的有关植物、动物和环境的知识也将停止传递。人类独具的描述周围事物的天赋及丰富的创造力也将变得越来越薄弱。

为了激起世人对世界语言濒危的关注，联合国教科文组织在 1999 年把每年的 2 月 21 日定为世界母语日。2009 年，该组织又向全世界公布了《全球濒危语言分布图》，在人类历史上第一次用"语言地图"的形式，向人们直观展示了全球部分族群语言的濒危现状。《全球濒危语言分布图》显示：印度共有 196 种语言濒临灭绝，是濒危语言数量最多的国家；排在第二位和第三位的国家分别是美国和印度尼西亚，濒危语言数量分别为 192 种和 147 种。

澳大利亚是全球母语遗失最为严重的国家。受殖民运动的影响，澳大利亚土著语言有 95%已消失。在白人到来之前，澳大利亚大概有 250 种语言，加上方言，共有 700 多种，而如今却只剩下不到 50 种。那些历经千百年磨难传承下来的土著民族故事、歌谣、谜语等，也因语言消失而已消亡殆尽。

中国虽然不在语言濒危的热点地带，但至少也有数十种语言处于濒危状态。联合国教科文组织将西南地区、东北地区、陕晋黄河中游地区列为中国濒危语言最集中的地区。在中国 120 余种语言中，有一半以上语言使用率很低，至少二三十种语言处于濒危状态，比如云南的怒语、普米语、基诺语，东北的赫哲语、鄂温克语、满语，新疆的塔塔尔语，甘肃的裕固语，中国中部的土家语、仡佬语，福建的畲语等都处于极度的濒危之中。满族虽有 1000 万人，但能说满语的人如今只剩下 100 多人，随着会说满语的老人的故去，满语也行将退出历史舞台，大批尘封于图书馆中的满语历史文献，能译读的专家将愈来愈少。

2.2 国内外对濒危语言的不同认识

2009 年 2 月 19 日，联合国教科文组织绘制并公布了《全球濒危语言分布图》，并将濒危语言细分为 5 个等级：

（1）Unsafe 不安全的；

（2）Definitely endangered 濒临危险的；

（3）Severely endangered 严重危险的；

（4）Critically endangered 危急的；

（5）Extinct（since the 1950s）已灭绝的（从 20 世纪 50 年代以来）。

联合国教科文组织虽然把濒危语言分为 5 个级别，但我们没有看到其划分的根据是什么。

戴庆厦先生"以量化的多项综合指标体系为依据来判定一种语言是否是濒危语言""总体来说,要依照语言的外部和内部两方面的情况来建构衡量濒危语言的指标体系。这个指标体系的内容有主有次，其核心指标是主要的，是决定语言是否是濒危语言的主要依据：（1）丧失母语人口的多少（80%以上）；（2）母语使用者的年龄（40 岁以上）；（3）母语使用能力（听、说、读、写的能力）。"

戴先生上述观点是其近年来对民族濒危语言深入研究的独到见解，但对大多学者而言，判定濒危语言的标准多了些，操作性较差。

李锦芳先生认为，一般来说村社中儿童已完全不使用的或是只有部分儿童使用，但他们同时又是双语使用者的这部分语言可以界定为"濒危语言"。李锦芳先生对濒危语的定义单一准确，指出了语言濒危的关键，也易于操作。

在德国科隆国际濒危语言会议上，与会学者一致将语言分为 7 级，d 级濒临危险（definitely endangered）语言使用者的年龄都在 40 岁以上,儿童已经不学习和使用自己的本族语这一最低标准以下的均为濒危语言（2000 年）。国外学者关注、研究濒危语言时间早、面广，世界各地的濒危语都触及到，对濒危语的定义和分类更为准确一些。

　　总之，科隆国际濒危语言会议关于濒危语言的界定反映了濒危语言的濒危要害及本质，且易于操作，我们赞同其对濒危语的界定和分类。一种语言青少年都不说了，这种语言就已经断代了，若还不及时进行抢救，该语行将在 40 年内走向消亡。佯僙话姚哨土语和河西土语这些即将消亡的个案就是例证。

2.3　70 年——佯僙语从充满活力到走向严重濒危

2.3.1　惠水佯僙语现已消亡

1941 年李方桂从美国回中国工作，他带研究生邢公畹、张琨到惠水姚哨向刘玉清及他的儿子调查佯僙语。他说那时惠水的佯僙人大都说布衣语，会说佯僙语的已不多。他因看到《黔书》（1690）说贵州东北的凤岗、东南的黎平，中部的都匀、龙里都有佯僙人，又看到《贵阳府志》（1850）说只有定番（惠水）才有佯僙人了，因此他决定去调查佯僙语。后来他在出版调查报告时说："由于该语言很显然正逐步走向消亡，而关于它的材料又十分稀少，公布我收集的这些材料应该是有益的。"正如李方桂先生所言，70 年过去了，惠水的佯僙语现在也消亡了。当今惠水姚哨的佯僙人开农家乐，想以几句简单的佯僙话来欢迎远方宾客时，也只能远赴平塘卡蒲去请人来教了。

2.3.2　平塘河西属 f 级——危急（critically endangered）

平塘河西的者密、六洞的佯僙语现已基本消亡，只有少部分老人还能说简单的佯僙语。甲青也只有六七十岁以上的老人才会说了，其濒危度已达 f 级：危急（critically endangered）。1986 年我们去甲青调查时，40 岁以上的人还会说佯僙语，现在离我们当年调查时已过去 28 年了，那时 40 岁的人现在也已成七旬的老人了。据我们了解，现在甲青只有一部分 70 岁以上的老人才会说佯僙话，70 岁以下的人大都不会说了，用不了二十年，河西的佯僙语也行将消亡。

2.3.3　平塘河东属 e 级——严重危险的（severely endangered）

平塘河东现在三四十岁的人还能听懂且会说一些佯僙语，说得较好的要在 40 岁以上，这是卡蒲乡佯僙话保留得最好的课寨、抵翁才如此。而卡蒲的其他地方，有的佯僙语已消亡，有的只有老年人才会说，而大部分地方只有 50 岁以上的人才会说。2013 年末，我们在卡蒲课寨进行田野调查时，显然其濒危度已达 e 级：严重危险的（severely endangered）。

以上我们关于佯僙语濒危的认识，也与当地政府自己的调查基本相同：2005 年 6 月，卡蒲毛南族乡组织工作组对毛南语的使用情况进行了调查：全乡 50 岁以上的人，大多数还讲毛南语；30—49 岁的人有 60% 的人会讲部分毛南语；而 30 岁以下的人，只有少部分会讲一点，有的能听懂一点，但不会讲。根据最近了解，卡蒲毛南族乡有 13 000 人，其中毛南族占 98%。日常生产生活中能顺利用毛南语对话交流的不到 50%，会讲一点能听懂一些的约占 30%，剩下 20% 左右的人已经不会讲，也听不懂了。者密镇、甲青有毛南族人口 12 000 多人，现在甲青片区仅有部分中老年人还讲毛南语，六硐片区只有很少的高龄老人会讲。平塘县内其他地区以及惠水县、独山县等地的毛南族人中，除个别老人能讲一些简单的词语外，毛难语基本失传。因此，对贵州毛难语的抢救、传承已是当务之急。

2013 年我们在卡蒲做田野调查时，在乡政府所在村还能听到部分老年人讲佯僙话。我们后来到乡政府介绍的佯僙话保留得最好的上课寨去调查，30 岁以上的人还会讲佯僙话，20 岁以下的已经不会讲了，在家里和村里年轻人已不再讲佯僙话了。村长告诉我们，他们现在想通过学校对低年级学生的佯僙话教学来教小孩佯僙话，以挽救佯僙话的濒危态势。讲佯僙话最好的上课寨尚且如此，其他地方就可想而知了，佯僙话的严重濒危已然成为不争的事实。

3. 佯僙话严重濒危原因分析

造成语言濒危的因素是错综复杂的，既有亲自语言外部的原因，也包括语言内部的因素。下面我们将对佯僙话严重濒危的外部和内部原因试进行解读。

3.1 佯僙语严重濒危的外部原因

3.1.1 语言政策对佯僙话严重濒危的影响

在过去的 200 年内，在殖民主义语言政策的打压下，欧洲殖民者在澳大利亚消灭了 150 多种土著语言，在北美横扫了 300 多种土著语言。过去的统治者对少数民族及民族语排挤、歧视、肃清，很多民族语因此消亡。20 世纪四五十年代为了加强对贵州少数民族的统治，出现"特殊教育委员会""实施边地教育办法大纲要""特种教育实施方案""抚绥苗彝民族实施纲要"等意在同化、消灭少数民族语言文化的政策。当时贵州省政府主席杨森公开放言，不让一个民族有不同的服装、文字、语言，几年之内，在贵州听不到悬殊的语言，看不到奇异服装，找不出各族间的界限。与此同时，杨森还派大批督查人员到全省各地民族地区去强制推行。在此高压政策的威逼下，很多少数民族都隐藏了身份。贵州少数民族语言文化的生存环境十分恶劣，多种民族语说者的人数因之逐渐萎缩。对于居住分散且人口稀少的佯僙语而言更是如此，在明清时尚广泛分布于贵州全省各地的佯僙人，到 20 世纪四五十年代就只有居住于平塘、惠水和独山的二三万人了，惠水的佯僙人当时也只有一部分中老年人会讲佯僙话了。可见，打压少数民族语言的语言政策对少数民族语言生存的危害多么严重。

3.2.2　大散居、小聚居割据的地理分布是佯僙语严重濒危的重要原因

佯僙人的居住特点是小聚居、大散居。明清时佯僙人在贵州的居住区域十分广泛而分散，并且都处于其他较大的民族的包围圈内。在黔东南黎平、锦屏的中黄、新化一带的佯僙人处于侗族的居住区之内，明代以后，由于屯垦军民大批迁入，居住于中黄、新化、隆里、中林、欧阳、亮司等平坝地区的侗族、佯僙人，全被屯垦军队驱赶逃离祖居的家园，散居于四周的山上。佯僙人在逃离家园后，逐渐与侗族融合，随之，佯僙人就在此地消踪匿迹。

明清时期居住于黔东南北部黄平、施秉一带的佯僙人，也是处于苗族的包围圈内，在与苗族语言文化的长期接触中，逐渐被苗族所同化而融入于苗族中。黔东北万山、石阡地区也是侗族居住区，佯僙人由于语言文化与侗族相近，在长期与侗族的接触中，慢慢地被侗族所同化，最后在该地消失。黔中的余庆、龙里、清镇、福泉等地在明清时也有佯僙人居住，这一地区大都为苗族、布依族所居住，佯僙人为少数族群，处于苗族、布依族的包围圈内。由于受到两个强势族群语言文化的长期影响，佯僙人的语言文化逐渐走向衰亡，而被他族同化，最终在该地消失。

大散居、小聚居是佯僙人的地理分布特点，黔东南南部、黔东南北部、黔东北、黔中、黔南，佯僙族的这种地理分布既分散又不邻接，形成一种割据的地理分布。这种地理分布使佯僙人各自独居一隅，互不往来，互不联络。加之佯僙族又处于其他强势民族的包围之中，其语言文化生态环境极为紧迫，最

为可怕的是历代政府在政策方面,对少数民族语言文化的歧视、虐待、打压,使少数民族的语言文化失去了生存空间。在诸种原因之下,久而久之,分居于各地的佯僙族势必被当地强势民族所同化而消失。侗族的地理分布也很广泛,在湘黔桂鄂都有分布,除了湖北外,贵州、湖南、广西的侗族居住区都连成一片,再加上侗族有二三百万人口,所以侗族的语言文化得以较好的保留。同样,远居一隅的湖北恩施一带侗族的侗语也已消失殆尽。可见居住地理分布的分散割据,对民族语言文化的濒危影响是极其严重的。

3.2 佯僙族对母语的语言态度是佯僙语严重濒危的重要原因

过去由于政府对民族语的扼杀政策,加上佯僙人分散割据的地理分布,这些外部原因造成佯僙族的语言文化生态环境极为艰难,黔东南的锦屏、黎平、施秉、黄平,黔东北的万山、石阡,黔中的余庆、龙里、清镇、福泉等地的佯僙族,在民国时期已未见记载,说明这些地方的佯僙族已融入其他民族,其语言也已消亡。惠水的佯僙族现仍存在,其语言在 20 世纪 40 年代也仍存在,但现在已消亡了。一个民族语言的濒危与外部原因有很大关系,但是外因要通过内因的作用才能实现。语言濒危的内因就是民族对自己母语的态度,如果一个民族的大部分人对自己的母语有很高的认识,对母语有感情,大家都说民族语,那么,这个民族语就不存在濒危的问题。如果一个民族的大部分人认为,民族语无用,讲民族语增加学生学习负担,影响升学就业,大家都不说民族语,那么这个民族语的濒危是迟早的事了。

佯僙语的濒危已是不争的事实,面对如此严峻的状况,佯僙族的领导、知识分子感到担忧着急,他们向上要资金、要政策,在平塘卡蒲全乡的小学低年级执行汉语佯僙语双语教学,以挽回佯僙族青少年不会讲佯僙语的现状。而令我们担心的是,佯僙族的普通老百姓对佯僙语的濒危并不关心，认为佯僙语没有用，小孩学佯僙语比学外语还难。我们认为应该提高佯僙族干部群众对民族语言文化意义的认识，提倡在家庭说母语、教母语，家庭说母语与学校教母语相结合。提倡会说母语的中老年人互相间说母语，主动用母语与不会的人交谈，形成一个说佯僙语的氛围。只有这样，才能挽救佯僙语严重濒危的颓势。

参考文献

薄文泽　1997　《佯僙语》，上海：上海远东出版社。

戴庆厦、邓佑玲　2001）《濒危语言中定性定位问题的初步思考》，《中央民族大学学报》第 2 期。

李方桂　2011　《侗台语论文集》，北京：清华大学出版社。

李方桂　1966　《佯僙话纪略（一）：导论与音韵》，《中央研究院历史语言研究所集刊》第 36 本下册。

李方桂　1967　《佯僙话纪略（二）：语料》，《中央研究院历史语言研究所集刊》第 37 本上册。

李方桂　1968　《佯僙话纪略（三）：词汇》，《中央研究院历史语言研究所集刊》第 40 本上册。

李锦芳　2005　《中国濒危语言研究及保护策略》，《中央民族大学学报》第 3 期。

龙海燕、罗兴贵、吴定川　2011　《贵州民族语文六十年》，成都：电子科技大学出版社。

黔南州民族识别工作组，平塘县民族识别工作组　1983　《佯僙人族别调查资料汇编（内部资料）》。

石林、邢凯　1986　《甲青卡蒲佯僙话调查记录资料（内部资料）》。

赵道文、吴启禄　1984　《佯僙语简介》，《语言研究》第 2 期。

邹洪涛、杨正举　2012　《贵州毛南族》，贵阳：贵州民族出版社。

（石林　贵州师范学院　贵阳　550018）

说"从来"

孙易　安梁

1. 引言

"从来"是现代汉语中重要的副词，吕叔湘在《现代汉语八百词》中这样解释："副词，表示从过去到现在都是如此，多用于否定句。"①学术界关于"从来"的研究在近几年成为热点，诸位研究者以不同的思路解释了"从来"虚化的历程。本文将梳理"从来"的形成和虚化过程，并讨论"从来"在近代汉语和现代汉语中的语义和语用倾向。

2. 跨层结构的固化："从 N 来"到"所从来"

2.1 "从……来"跨层结构的形成

"从"原本是一个动词。《说文解字》言："从，随行也。"逐渐衍生出"跟随某人"之意。根据石毓智"时间一维性"的观念，同一时间发生的动作之中，只有一个主要动词，其余为

---

① 吕叔湘 1999《现代汉语八百词（增订本）》，第 32 页，北京：商务印书馆。

次要动词。①"从"在表意上是一个次要动词，因而虚化为介词，陈勇也称之为"动介兼类词"。②

在先秦时代，就出现了"从……来"的跨层结构。这一结构"从 N 来"也就是一个介词性的偏正短语，名词 N 指示的是动作的起点。而且，此时"来"仍是一个实义动词。③

（1）而良人未之知也，施施从外来，骄其妻妾。（《孟子》）

2.2 "所从来"结构

"从……来"结构中"从"是介词，中间的 N 是介词宾语，而"来"是一个实词。根据古汉语语法，介词宾语可以前置，以示强调，例如"何从来""奚从来"的结构，在语料中时有出现。"所"是一个特殊的结构助词，它有将动词性词组名词化的特征，就出现了"所从来"这样一个名词性结构。

（2）不备不恢，此官之所以疑，而邪之所从来也。（《吕氏春秋》）

根据认知语言学，人类语言的发展，最先出现的是空间概念，随着表意的丰富，空间概念会通过隐喻投射到时间概念，"所从来"这一结构也是如此。西汉的语料中，"所从来"表示时间义的情况开始出现，并占了相当的比例。

（3）以故城中益空无人，又困贫，所从来久远矣。（《史记·滑

---

① 参见石毓智 1995《时间的一维性对介词衍生的影响》，《中国语文》第 1 期。

② 关于上古汉语中动词"从"的虚化，参见马贝加、徐晓萍 2002《时处介词"从"的产生及其发展》，《温州师范学院学报》第 5 期；陈勇 2005《上古汉语"从"的虚化和发展》，《淮北煤炭师范学院学报》第 2 期。

③ 关于"从来"一词的形成，匡鹏飞、念颖、陈昌来都考察了由"从 N 来"到"所从来"到"从来"的历时演化，参见匡鹏飞 2010《时间副词"从来"的词汇化及相关问题》，《古汉语研究》第 3 期；念颖 2010《"从来"的词汇化及其演变机制》，《云南师范大学学报》，第 6 期；陈昌来、张长永 2011《"从来"的词汇化历程及其指称化机制》，《上海师范大学学报》第 3 期。而李繁贵则当"从"为动词，考察了"所从"到"所从来"结构的演化，参见李繁贵 2012《"从来"语法化的语料库驱动研究》，《现代语文》第 9 期。

稽列传》)

　　上例"所从来"偏离了指示空间的本义，而转向指示时间。据笔者统计，《史记》中共有"所从来"结构 18 例，其中表示空间义的有 11 例，表示时间义的有 7 例。这一比例说明"所从来"的时间义已经不是特例，而较为常见。

　　"所从来"表时间义普遍的同时，作为实义动词的"来"也渐趋虚化。"来"本义是一个趋向动词，容易虚化。用在时间词后，在"时间词+来"的结构里变为时间词后缀，出现了语用的专指化。[1]

　　在这一时期，"所从来"的语法功能也稳定下来，这与其名词性质有关。[2]指示处所的名词性结构"所从来"在获得空间义的同时，也稳定地发挥名词的语法功能，在句子中充当主语和宾语。由此，从先秦到西汉，"从""来"两个动词经过动词虚化、隐喻、名词化的词汇化历程，固化为名词性的"所从来"结构，兼指空间和时间。

3. 时间名词"从来"

3.1　"所"字的脱落

　　大约西汉时代，"所从来"结构形成并大量使用。随着语言发展，"所"的语法功能弱化，变为一个可选成分，"所从来"的结构就不那么稳定了。西汉时的一些语料就出现了"所从来"

---

　　[1] 参见董秀芳 2002《词汇化：汉语双音词的衍生和发展》，成都：四川民族出版社，第 303 页。

　　[2] 正如朱德熙分析，先秦汉语缺少与"的"字功能相当的单字，名词化标记"所"分担了古汉语中的"的"字的职能，置于谓词之前，成为表示转指的名词性结构。朱德熙 1983《自指和转指——汉语名词化标记"的、者、所、之"的语法功能和语义功能》，《方言》第 1 期。

结构中"所"字的脱落现象：

（4）故曰：别于阳者，知病从来。(《黄帝内经》)

上例"从来"是"所从来"之意，成为独立的名词，表示"事物的来源"。和上古汉语的跨层结构发展轨迹相同，最初作为名词的"从来"主要表达的仍是空间义。这一特征延至东汉。

（5）故天下有圣心大和之人，使语其意，令知过之所由从来，各令自改。(《太平经》)

其实，"所从来"结构中"所"字的脱落及其获得时间义都与东汉和六朝的佛经翻译有关。就"所"字脱落而言，一方面佛经翻译中，译者为凑四字格，将"所从来"中的"所"字省略，使得语句更为通俗流畅，如例（6）。另一方面，佛经翻译促进中古汉语双音化的进程，使以前的语法结构渐趋简单，大量双音词出现，使得脱落"所"字的结构固化为"从来"，如例（7）。①同样，随着表意渐趋丰富和随意，名词"从来"也由空间义隐喻时间义，表示"从过去开始到现在的一段时间"，时间义也从此成为其日后演进的方向。

（6）从来久远，各更生死，今用是故，受其宿殃，养马七日。(《佛说摩达国王经》)

（7）譬如然火，火即时灭之，本无所从来去亦无所至。般若波罗蜜本无从来去亦无所至如是。(《道行般若经》)

例（7）是解释"所"字脱落的典型例证。前半句使用了"所从来"结构，后半句则使用了"从来"，为的是语句音节的简洁。当然也可以看出，这与语言口语化和使用的随意性有关，这些也符合六朝时代汉语发展的总体特征。

时间名词"从来"在句中充任的语法成分大致有两种，第

---

① 关于佛经翻译对中古汉语词汇双音化的影响，参见朱庆之 1990《佛典与中古汉语词汇研究》，北京：文津出版社。

一种是由其名词性质决定的，充当句子的主语和宾语，第二种是充当句子的修饰语位置。然而，这两种情况"从来"位置都较为模糊，尤其是修饰语位置的"从来"，与状语位置界线模糊，这就为"从来"由一个时间名词向一个时间副词的转变提供了语法基础。

3.2 "所从来"结构的继续存在

"所从来"结构在"从来"成为独立名词后并未消失，而是长期存在于汉语表达之中。这与"所从来"的性质有关，"所从来"成为一个固定的结构后，随着汉代语言的发展，"所"字失去了必要的语法功能，从一个必有成分变为了可选成分。"所从来"作为一个名词性结构，可以充当句子的主语和宾语，这在六朝的语料中仍十分常见，也屡屡出现在后代语料中。这一方面是"所"字结构在古汉语中根深蒂固的表征，另一方面也可归结为人们的语用习惯。

4．时间副词

4.1 从时间名词到时间副词

时间名词"从来"何时虚化为时间副词，从语料考察来看，在六朝时期就已经成型，但真正成熟应该在隋唐以后

（8）吾是鬼中王，为人多力膂。从来食汝辈，不可得称数。（《经律异相》）

可以看到，此例中的"从来"都出现在状语的位置，无疑可以视为副词，又都指示"从过去的某个时间点到现在的时间段"。但"从来"何时获得"从过去到现在"的意义，陈昌来认为是由于六朝之后时间词"从来"语用中的"语境赋值"，"从来"指示从过去的某时间开始的一段时间的概念，在其作为时

间名词时期就存在，而不是演化为时间副词后的产物：

（9）昔苏峻事，公于白石祠中许赛车下牛，从来未解。(《世说新语》)

此例"从来"暗含的就是"从白石祠许愿至今"的时间段。值得注意的是，此例可以反映出，六朝时"从来"就多处于状语的位置，这样的位置应该是时间副词产生的重要条件。

张谊生在《论与汉语副词相关的虚化机制》一文中指出，结构形式的虚化是实词虚化的基础，实词由表核心功能转向表辅助功能，导致了副词的产生。他同时指出，结构形式上的虚化包括结构、句位和相关成分三个方面。从结构来说，，"从来"中间暗含时间，在构词中省略，这使得"从来"的名词性质弱化。从句位上来说，进入状位是其虚化过程的重要环节。上文分析了时间名词"从来"充当主语和宾语的语料，而在六朝时期，"从来"开始不仅出现在主语和宾语的位置，而出现在状语的位置上，这就推动了其从名词向副词的转化。在这个过程中，佛教译经依然起了较大作用。

（10）有一最大鲜洁伞盖，是我从来依荫之处。(《佛本行集经》)

例（10）很好地解释了"从来"出现在模糊的状语位置如何成为副词产生的语法基础。这一句有两种断句方式。其一，"从来/依荫之处"，"从来"在这样的断句中是时间名词，充当定语。其二，"从来依荫/之处"，"从来"在这样的断句中修饰的就是动词"依荫"，显然就在状语位置了。这一时期"从来"的位置模糊化，在句中充当的语法成分也模糊化，这推动了其由名词向副词的虚化。就相关成分而言，"从来"越来越频繁与副词搭配，是其虚化的一个诱因，尤其是与否定副词的搭配，将是下文讨论的重点。

4.2 时间副词的义项与否定搭配

"从来"成为时间副词后，其义项与时间名词相比，大致仍是两个义项。第一个义项是"以前、曾经"，第二个义项指示从过去到现在的时间段，语义可归纳为"一向、一直"。

从下面将要列出的表格可以推断，"一向、一直"这一义项在实际语境中的使用占绝大多数，尤其是明清之后，"以前、曾经"的用法已经很少见了。而且，在语料整理中发现，"以前、曾经"这一义项基本上只用于肯定句中。这也并非偶然，与其指示的时间有关，它指示的时间是整体中的一部分，否定这一段时间不等于否定整体，因而很少用于否定句。

笔者统计 CCL 语料库中历代语料，关于时间副词"从来"语用情况有过很简单的统计，见表 1。

表 1　不同时代时间副词"从来"语用情况统计①

时代项目	统计语料数量	名词/时间副词	副 词					
			"一直、一向"/"以前、曾经"		肯定句/否定句		句首/句中	
唐	40	7/33	29	4	21	12	13	20
北宋	40	13/27	25	2	23	4	6	21
南宋	40	3/37	35	2	22	15	13	24
明	100	2/98	97	1	58	40	44	54
清	100	4/96	96	0	50	46	32	64
民国	100	3/97	97	0	39	58	28	69

---

① 此统计的语料来自北京大学 CCL 语料库，历代语料统计数量取决于该时代"从来"在语料中出现的数量。明清之后的语料统计，为了避免部分著作主观用词习惯的干扰，每部著作随机统计的语料不超过 5 则。

表 2　不同时代语料中"从来"语用情况统计①

语料	时代	统计数量	名词/副词	肯定句/否定句	句首/句中	否定搭配		
						不	没	未
《敦煌变文集新书》	唐	20	6/14	7/7	4/10	7	0	0
《忠义水浒传》	明	25	0/25	17/9	4/22	8	1	0
《金瓶梅词话》	明	21	0/21	11/10	6/15	8	2	0
《醒世姻缘传》	清	41	1/40	18/20	13/27	12	7	1
《红楼梦校注》	清	38	0/38	6/31	5/33	15	14	2

从上述的统计中可以约略看到"从来"的一些语用的倾向，值得注意的是"从来"在否定句中的应用。"从来"在否定句中使用，六朝时代就已经出现，但唐代才达到成熟。表 2 在统计的两部清代语料中，"从来"用于否定句的例子都占据多数。在与否定词的搭配方面，情况也很相似。参见表 3，"从来+未"的共现出现在六朝时代，也就是上文所说的出现在模糊的状语位置。"从来+不"出现在唐代，并在后代语料中频繁出现。"从来+没"出现较晚，但在明清以后的语料中大量使用，也是现代汉语中语用的主流。依据表 2，在清代以前的语料中，"从来+不"的搭配出现较多，其后"从来+没"的搭配逐渐增多。通过对 CCL 语料库的检索，可以得出"从来"与部分否定词最早搭配的情况，如表 3 所示。

4.3　肯定句中的语用倾向

清代以前的语料中，肯定句一直是时间副词"从来"语用的主流。在整理明代的语料时，笔者发现"从来"在肯定句中出现一种习惯的表达，即"从来"在肯定句中提示一种共识性结论、惯常行为或是普遍现象，多用于句首。这一语用倾向并

---

① 此统计语料来自于中国台湾地区"研究院"汉籍电子文献数据库

不是明代才有，早在南宋就有其雏形。

表 3　不同时期文献中"从来"与部分否定词最早搭配的情况①

搭配	时代	语料来源	例句
从来+未	晋	《世说新语》	昔苏峻事公于白石祠中许赛车下牛，从来未解。
从来+不	唐	《王梵志诗》	自在白云闲，从来非买山。
从来+非	唐	《寒山诗》	可惜千金身，从来不惧罪。
从来+没	南宋	《五灯会元》	这汉从来没缝罅，五十六年成话霸。
从来+莫	明	《封神演义》	从来莫道人间事，自古分离总在天。
从来+勿	清	《九尾龟》	倪是从来勿晓得凶别人格，耐自家勿好哑。

（11）从来姿韵爱风流，几笑时人向外求。（《五灯会元》）

此例的"从来"置于句首，"从来"后面的短句提示一种人们普遍认同的观点。在肯定句中，这样的语用倾向是符合逻辑的。②"从来"提供的新信息正是这样的命题，根据明代的语料，大致归结为共识性结论、惯常行为和普遍现象三种：

（12）从来说先下手为强，况且原该是我的。（《二刻拍案惊奇》）——共识性结论

（13）看官，你道从来只有说书的续上前因，那有做梦的接着前事。（《二刻拍案惊奇》）——惯常行为

（14）从来志状之属，尽出其家子孙所创草藁，立言者随而润色之，不免过情之誉。（《万历野获编》）——普遍现象

---

① 此统计语料来自于北京大学 CCL 语料库，囿于语料库的单一性，各搭配最早出现的考察难免疏漏，但比对陈梦娜所做"古汉语从来句中与否定副词共现情况"表格，并无太大出入。参见陈梦娜 2012《"从来"与"从来"句的历时考察》，浙江师范大学硕士学位论文。

② 沈家煊提出，每个陈述句都要提供一些新信息，但两者提供的信息是不同的。肯定句提供的信息是：在听者不知道一个命题的情况下告诉他这个命题。沈家煊 1999 年《不对称和标记论》，南昌：江西教育出版社，第 44 页。

　　这一语用倾向有三个特征。一是一般用于肯定句句首，从表 1 可以看到，明代语料中"从来"用于句首比例很大，这与这种语用倾向有关。二是以"从来说"开头，这种句式在明清小说中尤为常见。三是去掉"从来"只对句子的语气有影响，对语法结构并无影响。由于"从来"多位于句首，后面句子的结构一般都很完整。当然，这也是"从来"作为副词的性质。

　　其中，第三个特征是"从来"虚化的重要表现，即语气功能多于词汇功能，这也是"从来"演化的方向。究其原因，与"从来"表意的主观化有关，这在肯定句中尤为明显，"从来"在古代汉语中的虚化过程也可以视为其主观化过程。①

5. 现代汉语中的转向

5.1 现代汉语中的语义特征

　　但在现代汉语实际语用中，"从来"已经超越了单纯的时间副词的范畴，而越来越以其语用中的主观色彩得到关注。

　　现代汉语的语料中，"从来"语用的一个现象值得注意，那就是"从来"不能直接修饰单独的动词或者形容词。"从来"用于肯定句中时，则需要与"都""也""就"这样的范围副词搭

---

　　① 上述的语用倾向中，"从来"提示的信息虽然是"共识性结论、惯常行为和普遍现象"，但是提示信息的出发点却是说话人的主观。也就是说，说话人从自身认知出发，将这样的信息传递给听者。而在否定句中，则是说话人在不同的信息中选择性地否定一种，实际上就是肯定另一种，达到提供信息的目的，这也符合沈家煊对否定句信息的定义。爱德华·法因根（Edward Finegan）提出的"说话人的视角、情感和认知"的研究角度，也可以解释"从来"的主观化倾向。特拉格特（E. C. Traugott）认为，主观化是一种语义—语用的演变，即"意义变得越来越依赖于说话人对命题内容的主观信念和态度"，语言的主观化依赖于非语法成分的变化。关于爱德华·法因根（Edward Finegan）和特拉格特（E. C. Traugott）的见解，参见沈家煊 2001《语言的"主观性"和"主观化"》，《外语教学与研究》第 4 期。

配，或是与表示弱否定意义的范围副词"只"搭配。①九成的"从来"用于否定句，根据沈家煊对于肯定和否定的定义，否定提供的信息是：在听者可能相信或者熟悉一个命题的情况下否认或反驳这个命题。否定句的预设是听者相信没有否定词的相应肯定命题为真，用否定副词推翻这一命题，从而提供另一种信息。"从来"在其中起到了强调的作用，因而更重要地发挥其语气作用。而在肯定句中，"从来"的搭配需要进行两方面分析，一是"都""也"等范围副词，二是表示弱否定意义的"只"。

（15）他说过的话从来都有一多半是信口雌黄，谁要跟他认真谁就傻了。（《王朔文集》）

上例中，承担对全部时间段肯定的不是"从来"，而是"都"。从肯定句提供新信息的角度来说，提供信息的是"都"，而"从来"既修饰后面的短语，也修饰"都"，它的作用是反驳语境中旧的命题，是对主观判断加以强调，有着强烈的申辩意味。

（16）从来只有农民进城购物，想不到而今城里人却奔乡下买羊毛衫了。（《人民日报》）

"只"是一个有着弱否定意义的副词，它表示对一种情况的强调，自然就忽略其他情况，客观上达到了否定的效果。"只"做出了句中情况的区分，"从来"起到了加强语气的效果，在加强对指示的情况强调的同时，也加强了其他情况的否定意味。由上观之，在肯定句和否定句中，现代汉语副词"从来"都是渐趋外围化，不再表示句子的核心意义，而是加强语气，尤其是否定的意味。

---

① 统计《王朔文集》，"从来"总计出现 96 例。其中，用于肯定句 13 例，用于否定句 83 例；用于句首 2 例，用于句中 94 例；在肯定句中，与"都"搭配 12 例，与"就"搭配 1 例；在否定句中，与"不"搭配 32 例，与"没"搭配 62 例。

5.2 现代汉语中"从来"的归类

现代汉语中"从来"的归类需要重新考虑，笔者认为，现代汉语的"从来"更应该归入评注性副词。[①]

张谊生指出，评注性副词的基本功能是充当高层谓语进行主观评注。根据他对"评注性副词"做出的一些区别性判断，可以估量"从来"与其契合度。

第一，关于句法分布的述谓性和灵活性。所谓述谓性，就是指"评注性副词"可以视为句子的高层谓语，句子由此获得两层意思。试举一例：

（17）我舅舅不管写了什么，都是偷偷在家里写，而且他从来不敢给报纸写信找历史学家的麻烦。（王小波《未来世界》）

这句话就有两层意思，第一层是否定的陈述，"舅舅不敢给报纸写信找历史学家的麻烦"。第二层则是对第一层陈述的肯定，这也就是所谓的"从来"日趋外围化的表征。就语意信息而言，其提供的新信息是"舅舅不敢给报纸写信找历史学家的麻烦"，而谈论的话题仍是"舅舅的写作"，根据张谊生的理论，应归入半幅评注词。

第二，组合特征中的前置性，就是说其与其他副词共现时，往往置于最前列。前文论及"从来"的主观化倾向时就提到，"从来"在句中的位置外围化，在与搭配的否定副词和范围副词共现时，都置于其前，因而也符合这一特征。

---

① 关于此处和后文的"评注性副词"的特征和论证，参考张谊生 2000《现代汉语副词研究》，上海：学林出版社。张谊生在《现代汉语副词分类系统表》中从多个角度，逐层地对现代汉语的副词做出划分。根据"词汇义为主"和"功能义为主"，他将以词汇义为主的词划分出去，称为"描摹性副词"，这类副词的虚化刚刚起步，因而还保留着大量的词汇功能而非语法功能。而后，根据在句中表意的"主观性"和"客观性"，又将"评注性副词"与其余副词区分开来。张谊生将"从来"归入客观性的表时间概念的副词，这与明清以来"从来"的主观化方向是不符的。而标识主观性的评注性副词，与"从来"的虚化趋势更契合。

第三，评注性副词是汉语表达情态的重要途径，"从来"表达的正是"强调"的情态。

第四，评注性副词在语用上有突出重点、指明预设和限制指称的功能，"从来"也基本符合。"从来"作为高层谓语对陈述的强调，就突出了句子的表意。在肯定句中由范围副词承担肯定的职能，"从来"则有指示其蕴含的否定意义的功能，在前文已有解释。至于限制指称，根据张谊生的观点"从来"作为半幅评注词，不能与无定指称搭配，因而也是符合的。

第五，绝大多数评注性副词必须用于陈述句，半幅评注词可用于陈述性感叹句。而"从来"绝大多数情况用于陈述句，极少数用于疑问句和感叹句，不能用于祈使句，这在学术界已有公论。

由上论述，可以得出，现代汉语中的"从来"符合评注性副词的大部分特征，可以考虑将其重新划归此类。至此，"从来"的虚化过程渐渐明晰。借助数据库的语料和前人的研究，可以大致勾勒出"从来"虚化的轨迹：跨层结构"从……来"→名词性结构"所从来"→名词"从来"→时间名词"从来"→时间副词"从来"→评注性副词"从来"。

参考文献

曹　爽　2009　《时间副词"从来"与"向来"的比较研究》，《焦作师范高等专科学院学报》第 1 期。

陈昌来、张长永　2011　"从来"的词汇化历程及其指称化机制，《上海师范大学学报》第 3 期。

陈梦娜　2012　《"从来"与"从来"句的历时考察》，浙江师范大学硕士学位论文 2012 年。

陈　勇　2005　《上古汉语"从"的虚化和发展》，《淮北煤炭师范学院学报》第 2 期。

董秀芳　2002　《词汇化：汉语双音词的衍生和发展》，成都：四川民族出版社。

葛文杰、张静　2004　《"从来"句的语义语用分析》，《江西教育学院学报》第 4 期。

匡鹏飞　2010　《时间副词"从来"的词汇化及相关问题》，《古汉语研究》第 3 期。

雷　曦　2009　《副词"一直"与"从来"辨析》，《文学教育》第 10 期。

李繁贵　2012　《"从来"语法化的语料库驱动研究》，《现代语文》第 9 期。

吕叔湘　1999　《现代汉语八百词》（增订本），北京：商务印书馆。

马贝加、徐晓萍　2002　《时处介词"从"的产生及其发展》，《温州师范学院学报》2002 年第 5 期。

念　颖　2010　《"从来"的词汇化及其演变机制》，《云南师范大学学报》第 6 期。

沈家煊　1999　《不对称和标记论》，南昌：江西教育出版社。

沈家煊　2001　《语言的"主观性"和"主观化"》，《外语教学与研究》第 4 期。

石毓智　2001　《肯定和否定的对称与不对称》，北京：北京语言文化大学出版社。

石毓智　1995　《时间的一维性对介词衍生的影响》，《中国语文》第 1 期。

史金生　2003　《语气副词的范围、类别和共现顺序》，《中国语文》第 1 期。

唐善生　2011　《副词"从来"的语义及其句法特征》，《汉语学习》第 4 期。

唐为群　2007　《"从来"和"从来"句》,《语言研究》第 3 期。

王　华　2007　《"一直"与"从来"比较谈》,《阅读与写作》第 12 期。

向明友、黄立鹤　2008　《汉语语法化研究——从实词虚化到语法化理论》,《汉语学习》第 5 期。

薛巧慧　2008　《"从来"与"始终"辨析》,《语文学刊》第 9 期。

袁毓林　2002　《论否定句中的焦点、预设和辖域歧义》,《中国语文》第 2 期。

张姜知　2008　《"来"的虚化研究》,《康定民族师范高等专科学校学报》第 4 期。

张　璐　2010　《"一直"与"从来"的辨析初探》,《大众文艺》第 3 期。

张谊生　2000　《论与现代汉语副词相关的虚化机制——兼论现代汉语副词的性质分类与范围》,《中国语文》第 1 期。

张谊生　2000　《现代汉语副词研究》,上海:学林出版社。

张谊生　2000　《现代汉语虚词》,上海:华东师范大学出版社。

周俊勋　2006　《魏晋南北朝志怪小说词汇研究》,成都:巴蜀书社。

朱德熙　1983　《自指和转指—汉语名词化标记"的、者、所、之"的语法功能和语义功能》,《方言》第 1 期。

朱庆之　1990　《佛典与中古汉语词汇研究》,北京:文津出版社。

（孙易、安梁　南开大学文学院　天津　300071）

体词性成分指称性的强弱

王红旗

1. 引言

指示代词、人称代词、专有名词与普通名词都是体词，但在下面几种语法现象中，指示代词、人称代词、专有名词与普通名词有明显的差别。（1）构词：指示代词、人称代词、专有名词的能力很差，而普通名词的能力很强；（2）古代汉语中活用为动词：指示代词、人称代词不可以，专有名词少见，而普通名词常见；（3）现代汉语中作谓语：指示代词、人称代词、专有名词需要更多的语境条件、句法条件，普通名词需要的条件少，甚至有些普通名词可以自由地作谓语[①]。我认为，指示代词、人称代词、专有名词与普通名词在上述语法现象中的差别，是由体词性成分指称性（referentiality）的强弱差别造成的，可以借助体词性成分指称性的强弱差别对此做出很好的解释。

本文第一节阐述我对指称性的理解，第二节分析、描写体

[①] 表示节令、天气、日期、籍贯的名词可直接作谓语，某些定中结构可以直接作谓语，见朱德熙1982《语法讲义》，第102页，北京：商务印书馆。马真1997《简明实用汉语语法教程》，第52页，北京大学出版社。

词性成分指称性的强弱差别，也附带辨析指称性与限定性（definiteness），第三节用体词性成分指称性的强弱差别解释体词的构词能力、古代汉语的名词活用为动词、现代汉语的体词作谓语几种语法现象。

2. 对指称性的理解

2.1 功能学派对指称性的理解

"指称性"是语法及语义、语用研究基本概念之一，比如吉冯（Givón，1984）是一部通论性的功能语法著作，其第 11 章就是"限定性与指称性"（definiteness and referentiality）。再如，汤普森和霍珀（Hopper & Thompson，1984）是功能语法的重要论文，用跨语言的材料深入地讨论指称性的语义、语法表现。

吉冯（Givón，1984：423）分析了指称性的逻辑语义基础，还指出指称性与发话人的交际意图密切相关。此外，吉冯（Givón）还以希伯来语、本巴语（Bemba）为例指出指称性与话语话题的重要性有关，具体说就是：词语新引入的实体能成为下文的话题，该词语就与有指成分采用同样的形式；词语新引入的实体不能成为下文的话题，该词语就与无指成分采用同样的形式。

陈平（2009）则在吉冯（Givón，1984）以及其他功能语法文献的基础上进一步提出了语义的指称性（semantic referentiality）、语用的指称性（pragmatic referentiality）和话语主题的指称性（discourse thematic referentiality）。陈平语义的指称性指的是体词指称实体的能力；关于语用的指称性，他分析了指称与发话人之间的联系，提出了语用指称性的三个条件；关于话语话题的指称性，陈平提出有指成分新引入的实体能在下文复现，成为下文延续的话题，该词语就是话语话题上有指的，否则是话语话题上无指的。

2.2 关于话语话题的指称性

话语话题的指称性，讨论的是光杆普通名词和"无定标记+名词"（如英语的"a +NP" 词组、汉语的"一量名"词组）指称话语实体的情况。同样是指称语境中的实体，光杆普通名词所指称实体的话题重要性很低，而"无定标记+名词"词组所指称实体的话题重要性可以很高，也可以很低，如图 1 所示：

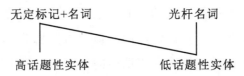

图 1 无定名词、光杆名词在话题性上的差别

把指称高话题重要性实体的有指成分看作话语话题上有指的，把指称低话题重要性实体的有指成分看作话语话题上无指的，是功能学派对"指称性"概念的推广。我认为这一推广没有太大的必要，理由有两个。第一，语义的指称性和语用的指称性是对所有的体词性成分而言的，而话语话题的指称性只涉及光杆普通名词和"无定标记+名词"词组，同一个术语用于范围大小不同的对象，不利于研究。第二，尽管语用的指称性和话语话题的重要性都是话语层面的现象，但这两种现象有下面两点不同：（1）语用的指称性是话语中的词语指称什么实体，而话语话题的重要性则是话语中词语所指称的实体在篇章中是否重要，在后续的话语中是否多次复现；（2）话语语用的指称性关涉的是词与物的关系，话语话题的重要性关涉的是词语所指称的实体与整个篇章的关系。

根据以上理由，我们认为指称性只有语义的和语用的两种，话语话题的重要性不应属于指称性的内容，下文将分析语义的指称性和语用的指称性之间的关系。

2.3 语义的指称性与语用的指称性之间的关系

从语言与言语的理论来看，语义的指称性与语用的指称性有种种区别，也有内在联系。我们在言语交际中感知到的话语是言语作品，在这些无限的言语作品中反复出现的词和语法规则是语言，语言并非独立于言语作品而存在，而是我们在观念上从言语作品中抽象出来的系统，或者说语言是假设存在的一个静态的、概括的（或抽象的）系统。这个假设的语言系统中的词是概括的词，是词位，而具体言语作品中的词是个体词，是词位变体，是概括词在言语中的体现形式。语言存在于言语之中是科学的假设，据此就可以从纷繁、杂乱、无限多的言语作品中概括出一个简单、有条理的系统，有了这样的语言系统，就可以解释言语作品是如何生成的。

根据上述原理，语义的指称性就是语言中词的指称性，语用的指称性就是言语中特定词语的指称性。语义学中"语义三角"的指称就是语言中词的指称，"语义三角"中的词是脱离特定语境的概括词，概括词与其所指物之间的指称关系是一种可能的或潜在的关系，概括词只有在特定的语境中被用来造句时，与其所指物之间可能的指称关系才变成现实的。词的指称功能，是对世界进行分割、编码，是实词固有的、与生俱来的。根据莫里斯符号与其所指物之间是语义关系的观点，词的指称功能是语义功能，词的指称性就是语义的指称性，是概括词固有的语义性质，而语用的指称性则体现发话人的交际意图，是特定话语中个体词的语用性质，是语义的指称性在特定话语中的实现。

语用的指称性在话语中实现的具体指称性质，包括用来指称还是述谓，用来指称的词语是有指的还是无指的（王红旗，2007）。体词在话语中实现什么具体的指称性质，首先取决于体词本身的指称性，此外也与句子的情态、词语所处的句法位置以及各种语境因素有关。本文就想用体词的指称性解释与体词的指称和述谓有关的几种语法现象，下文所说的指称性，都是词的指称性或语义的指称性。本文提出，体词性成分的指称性有强弱的差别，可以借助指称性的强弱很好地解释一些语法现象。

3. 体词性成分指称性的强弱差别

3.1 体词性成分的指称性有强弱差别

"语义三角"的指称是对所有的实体而言的，在特定的话语中，有些实词用来指称，有些实词用来述谓（predictive）。①指称和述谓是实词性成分在句子中两种对立的功能，汉语的体词性成分在句子中主要用来指称，其次用来述谓，而谓词性成分主要用来述谓，其次用来指称。体词性成分内部，有些只用来指称，有些主要用来指称，也用来述谓。上文已述，指称性是词固有的语义性质，所有的实词性成分都有指称性，但在句子中有些实词性成分没有用来指称而用来述谓。据此，我们有理由认为，实词性成分固有的指称性有强弱的差别，体词性成分的指称性强于谓词性成分，只用来指称的体词性成分的指称性强于既可用来指称也可用来述谓的体词性成分。本文只分析体词性成分的指称性的强弱。

汉语的体词性成分除作主语、宾语外，还可作定语、谓语

---

① 汉语学界一般沿用朱德熙的"陈述"，为了与"陈述句"中的"陈述"相区别，这里采用"述谓"。

等。体词性成分作主语、宾语是用来指称，[①]而作谓语、定语时，有些是用来指称，有些是用来述谓，下文只分析体词性成分作谓语、定语的情况。

3.1.1　体词性成分作谓语

学界把名词作谓语的句子叫作名词谓语句，包括主谓之间有无语音停顿的两种。"是"字句被看作主动宾句式，"是"后的体词性成分被看作宾语，但我们认为"是"字句所表达的词汇意义和语法意义与名词谓语句完全相同，其中"是"的作用只是把作主语、谓语的体词性成分组织起来（王红旗，2002），因此，本文也把"是"字句看作名词谓语句。

从语法形式上看，在书面语中，指示代词、人称代词和专有名词如果作谓语则必须前加"是"，在口语中，指示代词、人称代词和专有名词如果单独作谓语，则要借助直指（deictic）。普通名词无论在书面语还是在口语中作谓语，则加不加"是"都可以，如果是表示籍贯、天气、日期的名词或含修饰性定语的定中结构作谓语，主谓之间可以没有语音停顿，而其他名词作谓语则要有语音停顿（王红旗，2002）。从语法意义上看，指示代词、人称代词、专有名词作谓语是用来指称，所构成的"A（是）B"格式的句子表示等同，即 A、B 是同一个实体；普通名词以及带修饰性定语的定中结构作谓语是用来述谓，所构成的"A（是）B"格式的句子表示归属，即 A 属于 B 这个类，属于某个类就有该类的性质，所以这种句子就有说明 A 具有 B 的性质的意义。韩礼德（Halliday，1985：119）提出，英语系词 be 后的名词性成分有识别性的（identifying）和归属性的（attributive）两种，汉语也如此，"是"后识别性的体词性成分

---

① 指人名词作"当""担任""充当"等几个动词的宾语时表示身份，其语义功能是述谓。

是指称性的，归属性的体词性成分是述谓性的。

可以用"是"字句的变换来鉴别这两种体词性成分的性质，如果句子"A 是 B"可变为"B 是 A"，B 就是指称性的，否则是述谓性的。①指示代词、人称代词、专有名词作"是"的宾语时都可以做上述变换，而普通名词名词组作"是"的宾语时都不能做上述变换，例如：

（1）我买的是这/那→这/那是我买的

（2）刚来的是他→他是刚来的

（3）我爸爸是李刚→李刚是我爸爸

（4）他是诗人→*诗人是他②

3.1.2　体词性成分作定语

作定语时，不同类型的体词性成分也借助不同的语法形式，具有不同的语义功能。普通名词可以直接作定语，专有名词、人称代词作定语须带"的"，不过，人称代词在口语中作定语可省略"的"。指示代词"这/那"在指称交际情景、话语中所述事件情景中的实体时可以直接作定语，其他条件下作定语须与量词组合成指量词。专有名词、人称代词作定语是用来指称特定语境中的实体，指示代词作定语也是用来指称，同时还有指别作用，它们的语义功能都是限定中心语名词的范围，即充当限定性定语。而普通名词充当定语时（如"木头桌子"中的"木头"）并没有指称特定语境中的实体，而是用来说明中心语名词的性质。说明事物的性质就是述谓，传统语法把形容词作定语看作降级的述谓（degraded predicte），③名词作定语也应看作降

---

①　"是"的宾语是含有限定性定语的定中结构（如"我父亲""他弟弟""你朋友"），该定中结构是否是指称性的，这要看该定中结构中的中心语是否有指称的唯一性，如"父亲"有指称的唯一性，而"弟弟、朋友"是否有指称的唯一性则决定于语境。

②　此例中的"诗人"如果是回指的就能说，否则不能说。

③　见叶斯柏森 1924《语法哲学》，何勇等译，1988 年版，北京：语文出版社，第 145 页。

级的述谓。可见，普通名词充当的定语是修饰性的。

3.2 指称性强弱不同的两类体词性成分

上文分析表明，指示代词、人称代词、专有名词在句子中做什么成分都是用来指称，普通名词只有作主语和宾语时才能用来指称，作谓语、定语时则用来述谓。

汉语的体词性成分除了指示代词、人称代词和专有名词和普通名词外，还有由这些词构成的词组，这些词组也有指称性的强弱。陈平（1987）把汉语体词性成分分为七组，这七组体词性成分很有创造性，不仅大体上概括出了汉语体词性成分在指称性质上有差别的各个类别，还反映了汉语的体词性成分从有指到无指、从定指到不定指的渐进差别。这七组体词性成分可做如下的补充调整：（1）指量名词组的指称性质是由指示代词决定的，而且指示代词在指称交际情景、话语中所述事件情景中的实体时是有指的，应该把没有引申用法的指示代词单独作为一组；（2）"一"+（量词）+名词、量词+名词可合并为（一/量）[①]名词组。这样补充调整后的汉语体词性成分有下面七组：

指示代词　人称代词　指量名词组　专有名词　普通名词
数量名词组　（一/量）名词组

表 1　七组体词性成分在指称和述谓功能上的差别

	指示代词	人称代词	指量名词组	专有名词	普通名词	数量名词组	一/量名词组
指称/述谓	+	+	+	（+）	±	±	±

"+"表示有斜线前的功能，"±"表示既有斜线前的功能也有斜

---

① "一+量+名"词组中数词"一"和量词都可省略，但不可同时省略。

线后的功能，括号表示并非全部。由此表可见，由指称性强的指示代词、人称代词、专有名词作定语的定中词组的指称性也强，由普通名词与数量词构成的定中词组的指称性也弱。

可以根据是否可以有述谓功能，进一步把这七组体词性成分分为以下 A、B 两类：

<u>指示代词　人称代词　指量名词组　专有名词</u>

A

<u>普通名词　数量名词组　（一/量）名词组</u>

B

A 类除极少数专有名词外，都只有指称功能，B 类有指称功能，也可以有述谓功能。据此我们认为，A 类体词性成分的指称性强于 B 类。

3.3 专有名词在体词性成分中的地位

A、B 两类体词性成分在指称性上的差别不是离散的，而是连续的，专有名词是这个连续体的中间环节，但更偏向 A 类。下文将论证，有些专有名词的指称性也很弱。

有些专有名词的所指对象知名度很高，这些专有名词有明确的联想意义，[①]比如"诸葛亮"有"智慧"的联想意义，"曹操"有"奸诈"的联想意义，"包公"有"铁面无私"的联想意义，"雷锋"有"助人为乐"的联想意义，"阿 Q"有"自我安慰"的联想意义，"孔乙己"有"迂腐"的联想意义。这样的专有名词在"是"后既可以是识别性的，也即指称性的，也可以是归属性的，也即述谓性的，"是"字句有歧义。例如，"这个人是诸葛亮"既可以表示"这个人是叫作诸葛亮的人"，也可以表示"这个人足智多谋、能掐会算"。词的联想意义固定下来就

---

① 见[英]杰弗里·N·利奇 1981《语义学》，李瑞华等译，1987 年版，第 17 页，上海：上海外语教育出版社。

可以成为理性意义，比如《现代汉语》（第五版）对"诸葛亮"释义的最后一句话是"一般用来称足智多谋的人"，其实，可以把这个意义作为"诸葛亮"的引申义，把"诸葛亮"作为多义词，词典上也可把这个意义立为一个义项。

专有名词在其联想意义上指称一类客体，而非一个特定客体，如"这个人是诸葛亮"中的"诸葛亮"在"足智多谋"的意义上指具有足智多谋特点的一类人，"千万个雷锋在成长"中的"雷锋"指富有助人为乐精神的一类人。可以说，专有名词在其联想意义上变成了普通名词。由于人们对词的联想意义的理解有差异，词的联想意义也是不明确的、无限的，[①]因此，哪些专有名词有明确的联想意义很不好确定。例如，在汉语中，人们会同意"诸葛亮""曹操""包公""雷锋"有明确的联想意义，但对"阿Q""孔乙己""葛朗台"有没有联想意义就会有分歧，因为不是所有的人都知道这几个专有名词的所指对象。再如，"东郭先生""吕后""秦桧""黄世仁""王进喜""撒旦"有无联想意义也不好确定。总之，有确定联想意义的专有名词与无确定联想意义的专有名词之间的界限是很不明确的，所以，绝大多数专有名词总是用来指称，指称强，极少数范围不明确的专有名词可用来述谓，指称弱。因此，从指称性上看，专有名词是体词性成分指称性连续体的中间环节。

3.4 对体词性成分指称性强弱的解释

体词性成分指称性的强弱差别是可以解释的，由于指示代词、人称代词、专有名词决定所构成的词组的指称性强弱，由普通名词决定所构成的数量名词组和（一/量）名词组的指称性强弱，所以，我们只要把指示代词、人称代词、专有名词与普

---

① 见[英]杰弗里·N·利奇1981《语义学》，李瑞华等译，1987年版，第17—18页，上海：上海外语教育出版社。

通名词为何有指称性的强弱解释清楚就可以了。

我们认为，指示代词、人称代词、专有名词与普通名词指称性的强弱差别决定于它们本身的语义特点，即是否在词上具有潜在的指称唯一性（unique reference）。"指称唯一性"的含义是：体词性成分所指称的实体是特定语境中唯一的。作为抽象的、概括词的体词，其指称功能是潜在的，因而其指称的唯一性也就是潜在的，只有体词被用来造句时其指称的唯一性才可能成为现实的。

指示代词、人称代词、专有名词在词上规定了其所指对象为某个/些确定的实体，在词上就具有潜在的指称唯一性，比如指示代词"这"指称离发话人近的实体，"那"指称离发话人远的实体，人称代词"我"指发话人自己，"你"指受话人，"他/她"指发话人和受话人以外的其他人，专有名词则指称文化背景知识中的特定实体。由于指示代词、人称代词、专有名词在词上就规定了它们的所指对象，所以用来造句时不管在什么句法位置、在什么句子情态下也都能指称语境中特定的实体，实现其指称的唯一性。

普通名词在词上规定了其所指对象为某个特定的类，而不是类的某个/些成员，在词上不具有潜在的指称唯一性。类是具有某些共同特点的实体的集合，指称某个特定的类的普通名词也就把该类的特点概括进词义，例如"警察"指具有武装性质的国家治安行政人员这类实体，其词义就包括该类实体的"具有武装性质""国家的""治安的""行政人员"这几个特点。由于普通名词概括了某类实体的特点，就可以作谓语的时候把其特点赋予另一个词语所指的实体，具有述谓功能。普通名词在句子中也可以指称语境中特定的实体，即专指化（specific），实现其指称的唯一性，例如，"警察来了""来警察了"中的"警察"虽然在可识别性或限定性上不同，但都指称特定语境中的实体，具有指称的唯一性。但普通名词在句子中才有指称的唯一性，需借助以下两个条件：作主语或宾语、句子的情态是叙实的。

总之，在词的层面上具有潜在的指称唯一性的指示代词、人称代词、专有名词，其指称性就强，而在词的层面上没有潜在的指称唯一性，到句子的层面上才可能有指称唯一性的普通名词，其指称性就弱，是体词本身的语义特性决定了它们指称性的强弱。

3.5 体词性成分的指称性与限定性

限定性（definiteness）指的是话语中体词性成分的所指物是否能被受话人识别，能被受话人识别的是有定的，否则是无定的。莱昂斯（C. Lyons，1999：2，107）提出限定性有狭义的和广义的，狭义的限定性只用定冠词和不定冠词表示，广义的限定性还可以用指示代词、人称代词、专有名词及其构成的词组和无定代词，如英语的 some、any、no 构成的 somebody、anybody、nobody 等表示。所有语言都有广义的限定性，只是部分语言才有狭义的限定性。

限定性，体现语言符号与使用者之间的关系，是建立在指称性上的语用性质。判断体词性成分的限定性，即有定的还是无定的，要看受话人能否识别该体词性成分的所指物。A 类的指示代词、人称代词及其构成的指量名词组所指称的客体都存在于交际情景和上下文之中，因而都能被受话人所识别。专有名词的所指物存在于文化背景知识之中，如果某个专有名词的所指物存在于受话人大脑中背景知识之中，该所指物就能被受话人识别，否则就不能被识别。在言语交际中，发话人如果估计某个专有名词的所指物首次引入话语时不能被受话人识别，就可以在该专有名词前加"（一）个"。所以专有名词的限定性不如指示代词、人称代词、指量名词组强。B 类的光杆普通名词既可以是有定的也可以是无定的，"（一/量）名"词组是无定的，"数量名"词组经常是无定的，只有用于回指时是有定的（陈平，1987）。

概括地说，A 类只能是有定的，B 类可以是无定的。可见，指称性与限定性大体上是一致的，指称性强的体词性成分其限定性也强，指称性弱的体词性成分其限定性也弱，专有名词的限定性仍然处于指示代词、人称代词、指量名词组与普通名词之间。根据以上对限定性的描述，A、B 两类体词性成分可以按照限定性的强弱排列如下：

指示代词　人称代词　　指量名词组　　专有名词　　普通名词
数量名词组　（一/量）名词组

4. 几种与指称性强弱有关的语法现象

下文用体词性成分指称性的强弱分析几种语法现象。

4.1 构词能力

4.1.1 体词构词能力的语义基础

词由语素或语素组构成，不是由词构成的，词内没有词，词降级为语素或语素组才有构词能力。但是，如果说代词降级为语素或语素组构词、专有名词降级为语素组构词、名词降级为语素或语素组构词等，则非常啰嗦、拗口，所以以下文仍说代词、名词的构词能力、普通名词、专有名词构成的词等，这样的说法仍是语素/语素组构词的意思。

众所周知，指示代词、人称代词、专有名词的构词能力很弱，普通名词的构词能力很强。我们认为，体词构词能力的强弱是由其指称性的强弱造成的，可根据体词的指称性对其构词能力的差异做出解释。

在实词中，代词是封闭的类，不太需要产生新词。名词、动词、形容词等是开放的类，可以不断地产生新的成员，因而，体词构词主要是构成名词、动词、形容词以及其他实词。

指示代词、人称代词的所指物是交际情景中或者话语中特定的个体，而普通名词的所指物是一类实体，动词的所指物是一类动作、活动、变化，形容词的所指物是一类性质、状态，显然，所指物是个体的指示代词、人称代词不适合构成所指物是类的普通名词、动词、形容词，即指称性最强的词不适合构成指称性最弱的词，所以这两类代词的构词能力最弱。而普通名词由于其所指物是实体的类，适合构成所指物是类的普通名词、动词、形容词，构词能力最强。专有名词的所指物也是特定的个体，其指称特点与普通名词、动词、形容词的指称特点相抵牾，其构词能力也很弱，但专有名词的所指物存在于文化背景中，是知识的一部分，借助已知的知识给事物命名是常见的命名方式，因此，专有名词的构词能力虽远不如普通名词，但强于代词。

4.1.2　对体词构词能力的描写

所谓构词能力强表现在两个方面：一是自由地构成各种语法关系的复合词，二是自由地构成各种词性的词。下面就从这两个方面描写指示代词、人称代词、普通名词、专有名词的构词能力。

指示代词"这""这么""那""那么"不能构词，人称代词只有"我"能构成"自我""忘我"，"我"还能构成三个心理学术语"本我""自我""超我"。

普通名词除了构成少量形容词，如"窝<u>心</u>""烦<u>人</u>""挠<u>头</u>"

"动情""矛盾"等外，主要用来构成动词、名词。普通名词所构成的动词有主谓式、状中式、述宾式的，主谓式的动词如"地震""海啸""质变"等，状中式的如"枪杀""蚕食""水葬""圈养"等，述宾式的如"问责""护院""起意""登陆"等，这三种动词里的名词绝大部分是普通名词，极少是专有名词，如"天葬""日蚀""月蚀"。普通名词能构成的名词有偏正式的、并列式的、述宾式的、主谓式的，偏正式的名词最多，如"偏房""后门""大肠""冷库""黑板"（以上正是名词）"鱼雷""火箭""花篮""地主""棉花"（以上偏和正都是名词）等。并列式的如"窗户""国家""山河""夫妻"等，述宾式的如"扶手""靠背""董事""司机""登陆"等，主谓式的如"脑积液""蝉蜕""幕启"等。可以看出，普通名词可以自由地构成各种词性的词，各种语法关系的词。

　　专有名词可构成少量的动词，除上文"天葬""日蚀""月蚀"外，"哈韩""哈日"也是由专有名词构成的动词。但"讨袁"可看作"讨伐袁世凯"的简称，"保钓"可看作"保卫钓鱼岛"的简称，"反美"可看作"反对美国"的简称，"亲日"可看作"亲近日本"的简称。专有名词不能构成形容词，没有发现由专有名词构成的形容词。专有名词还可构成少量区别词，如"港式""广式""美式""苏式"①"欧式""中式"等。

　　地名专有名词构词能力很强，不过构成的仍是地名专有名词，例如：

渭南、淮北、江阴、济源、济阳、汶上、江门、海口、岭南（偏正式中的偏）；北京、宁夏、盛京、内蒙、东纸坊（村）、北李庄、小姜庄（偏正式中的正）；临沂、临夏、临汾、临朐、

----

① 这几个例子是韩志刚博士、博士生许光灿告诉我的。

<u>望京</u>、<u>望都</u>、<u>镇江</u>、<u>齐河</u>（述宾式）；<u>辽宁</u>、<u>济宁</u>、<u>淮安</u>、<u>滦平</u>、
<u>武昌</u>（主谓式）；<u>沂水</u>、<u>珠江</u>、<u>漳河</u>、<u>秦岭</u>、<u>燕山</u>、<u>冀州</u>、<u>沧县</u>
（复指式中的前一成分）。

可见，地名专有名词可自由地构成各种语法关系的地名专
有名词。我们理解，地名专有名词不是在其指称性上参与构词，
而是在其限定性上参与构词的。限定性指的是受话人能否识别
体词的所指物，专有名词的所指物是大脑中的文化背景知识，
用已知的地名所构成的新地名易于被识别。比如"<u>淮</u>北、<u>海</u>口、
<u>岭</u>南"中"<u>淮</u>、<u>海</u>、<u>岭</u>"的所指物是已知的，把已知的实体作
为参照物就确定了"<u>淮</u>北、<u>海</u>口、<u>岭</u>南"的位置，便于识别。
其他几种语法关系的专有名词，其中的地名也起同样的作用。

专有名词还可在转指用法上构成新词，[①]例如：

（1）专有名词　A. <u>欧姆</u>定律、<u>哥德巴赫</u>猜想、<u>毛泽东</u>思想、
<u>郝建秀</u>操作法、<u>印度</u>洋；B. <u>杨利伟</u>星、<u>雷锋</u>班、<u>张自忠</u>路、<u>南
京</u>路、<u>黄山</u>路、<u>长江</u>路、<u>成都</u>道；

（2）普通名词　A. <u>秦</u>砖、<u>汉</u>瓦、<u>唐</u>装、<u>宋</u>版、<u>苏</u>绣、<u>云</u>烟、
<u>党</u>参、<u>川</u>贝、<u>宣</u>纸、<u>湖</u>笔、<u>鲁</u>菜、<u>藏</u>羚羊、<u>藏</u>红花、<u>和田</u>玉、
<u>五常</u>米、<u>莱阳</u>梨、<u>中国</u>红、<u>李宁</u>跳、<u>颜</u>体、<u>柳</u>体、<u>兰州</u>拉面、
<u>德州</u>扒鸡、<u>黄河</u>鲤鱼、<u>狗不理</u>包子、<u>麻婆</u>豆腐；B. <u>吴玉章</u>学术
讲座、<u>茅盾</u>文学奖

（1）和（2）中下划线的专有名词并非指称背景知识中的某
个特定实体，而是称中心成分所指的特点，比如"德州扒鸡"
中的"德州"指烧鸡的什么特点，"李宁跳"指鞍马跳法的什么
特点。这两组例子中 A 组专有名词与所指称的事物特点有关，
比如"欧姆定律"中的"欧姆"是该定律的发明者，"和田玉"

---

① 下面例子中的"毛泽东思想""吴玉章学术讲座"可能看作词组更好，这里姑
且看作词。

中的"和田"是该种玉石的产地，所以，这两组例子中的 A 组专有名词是用来转指。这两组例子中 B 组专有名词与所指称的事物特点关系很远或无关，这里姑且看作广义的转指吧。

专有名词在转指用法上不再指称文化背景中特定的个体，不是真正的专有名词。专有名词的所指物存在于文化知识中，易于识别，因而用来转指其所指物的特点，因此，专有名词用来转指也是与其限定性有关。

综上所述，除地名专有名词可有条件地构成新词外，专有名词的构词能力很弱。

4.2 古代汉语名词活用为动词

4.2.1　对古代汉语名词活用范围的限定

这里所说的古代汉语的名词活用为动词现象是临时现象，那些经常用作动词且其新生意义也固定下来的，特别是有的还产生了新的读音的，不应看作活用（蔡镜浩，1985）。此外，那些省略介词、动词的现象，也不应看作活用，如"箕畚运于渤海之尾"中可以看作"箕畚"前面省略了介词"以"。词类活用是为了经济、修辞而临时改变实词固有语法功能的现象，本文所说的名词活用为动词指的是下面几类：

A. 名词用如动词　范增数<u>目</u>项王‖左右欲<u>刃</u>相如‖<u>蹄</u>之‖<u>桑</u>于公田‖<u>隧</u>而想见

B. 名词使动用法　怜而<u>王</u>我‖<u>虚</u>殷国‖<u>臣</u>仲尼‖欲<u>爵</u>之‖却宾客以<u>业</u>诸侯

C. 名词意动用法　<u>君</u>君，<u>臣</u>臣‖孟尝君<u>客</u>我‖京师人乃<u>宝</u>我之所薪‖<u>友</u>风而<u>子</u>雨

以上三类名词活用现象中，A 类是转指现象，B、C 两类都是致使现象（B 是行为上的致使，C 是心理上的致使）。

文献里列举的名词活用，其中绝大多数的名词是普通名词，

极少是专有名词，代词更少见，下面几例是研究词类活用的文献里仅见的：①

（3）国宝曰："将<u>曹爽</u>我乎？"（左传·定公十年）

（4）居楚而<u>楚</u>，居越而<u>越</u>，居夏而<u>夏</u>。（荀子·效儒）

（5）且也相与<u>吾</u>之耳矣……（庄子·大宗师）

（3）中的"曹爽"、（4）中的"楚""越""夏"都是用来转指，属于活用。（5）的"吾"转指用"吾"称呼，这里的"吾"是被引用的语言，②不是真正的代词，这样用法的代词还有"尔""汝""谁""何"。③

4.2.2　指称性与古代汉语的名词活用

张伯江（1994）用生命度、典型、无指几个概念解释名词活用为动词的现象，具体说就是解释名词内部具有什么语义特点的词更易于活用为动词。名词活用为动词，是临时转化为动词用来述谓，本文想用指称性的强弱解释体词性成分临时转化为动词用来述谓的能力。我们认为，普通名词指称性弱，易于活用为动词；指示代词、人称代词称性强，专有名词次之，所以指示代词、人称代词不能活用，专有名词极少活用。

普通名词的所指物是具有某些特点的一类实体，每类实体的特点都作为知识储存在大脑中。此外，人的大脑中还储存了与每类实体有关的状态、动作等，如马的蹄子可以踢人，刀可以杀人，树是种上的，爵位、官位可以授予，建筑物处在某处

---

① （1）取自张伯江（1994）（2）取自王红旗　1996《论<马氏文通>"字类假借"理论产生的原因》，载于《语文新论：<语文研究>十五周年纪念文集》，第73—88页，太原：山西教育出版社。（3）取自张家文（1999）"尔欲吴王我乎"（左传·定公十年）中的"吴王"是以专有名词"吴"为限定性定语、普通名词"王"为中心语的定中词组。

② 参见王红旗　2005《名称名词的句法表现》（载《对外汉语研究》第 1 期，商务印书馆）。

③ 参见李明　2004《从言语到言语行为》，《中国语文》第 5 期。

等等。选取了一个普通名词，不仅可以激活该名词所指物的一些特点，也可以激活与该名词所指物相关的状态、动作，例如，与"目"相关的活动是用眼睛感知事物，于是就可以用该名词转指与其所指物相关的一些动作、活动，如"范增数目项王"中的"目"就是用目转指目的活动。

指示代词、人称代词的所指物是言语交际情景中的特定实体，在具体话语里，代词被用来指示、代替言语交际情景中的特定实体，所以代词不表示其所指物的特点，不适合用来转指。专有名词指称背景知识中一个独特的实体，关于专有名词有无意义语言哲学上一直有争论。我们认为，专有名词没有理性意义，但可以有联想意义。这又与言语交际双方对它的特点的熟悉程度有关，如果言语交际双方对一个特定的实体很熟悉，那么，指称该实体的专有名词就可以有联想意义，比如雷锋助人为乐的特点为人所熟悉，诸葛亮具有智慧的特点为人所熟悉，曹操奸诈的特点为人所熟悉，所以，就可以用"雷锋"转指其所指物助人为乐的特点，用"曹操"转指其所指物奸诈的特点。相反，如果一个专有名词的所指物不被言语交际双方熟悉，就不能用它来转指其所指物的特点。古汉语文献中的专有名词极少用于活用，是因为这些专有名词的所指物不被语言社会熟悉，甚至没有在语言社会的背景知识中。

塔尔米（Talmy，1976）把致使情景（Causative situation）分析为具有因果关系的使因事件（causing event）和被使事件（caused event），这个观点启发我们，古代汉语的使动用法和意动用法都可看作致使情景。

使动用法，如"虚殷国"（荀子·效儒）中的"虚（通'墟'）"，可看作行为致使；意动用法，如"孟尝君客我"（战国策·齐策）中的"客"可看作心理致使。不管哪种致使，都是使客体发生状态变化，名词的使动用法是在行为上使客体发生状态变化，名词的意动用法是在心理上使客体发生状态变化。古代汉语中这两种致使意义由使因者（causer）、被使者（causee）、致使结果（caused result）三个要素构成，例如，"虚殷国"的使因者是周公，被使者是殷国，虚（即墟）是结果，"虚殷国"的意思是周公把殷国变成废墟。再如，"孟尝君客我"中的"孟尝君"是使因者，"我"是被使者，"客"是致使结果，"孟尝君客我"的意思是孟尝君（心理上）把我变成客人。

致使意义的结果是一种状态，即某个实体受致使作用后变成的另一类实体，代词、专有名词指称一个实体，不适合表示这样的结果，而普通名词指称具有某些特点的一类实体，所以，指称性弱的普通名词最适合表示致使的结果。

4.3 体词性成分作谓语

在书面语上，体词性成分作谓语，有加"是"与不加"是"的两类，例如：

（6）a 鲁迅<u>浙江人</u>‖这个孩子<u>黄头发</u>‖昨天<u>星期五</u>‖今天<u>阴天</u>

b 范曾，<u>画家</u>‖葛优，<u>电影大腕</u>‖余华，<u>一个诗人</u>‖阿 Q，<u>绍兴的一个无业游民</u>

（7）他是<u>葛优</u>‖葛优是<u>他</u>‖葛优是<u>那个光头的人</u>

王红旗（2002）指出，汉语的体词性成分作谓语受象似性原则支配，概括地说就是，如果作主语和作谓语的两个体词性成分之间的概念距离接近，主语与谓语之间就不需要语音停顿或加"是"，否则就要有语音停顿或加"是"，这里的语音停顿和"是"只起组织作用，没有意义，也正因为如此，我们把（7）中的例子也看作体词性谓语句。

从指称性上看，体词性谓语句中有一条规律：谓语体词性成分的指称性不能强于作主语的体词性成分，具体说就是，谓语体词性成分的指称性可以与作主语体词性成分相同，如（7）中各例，也可以弱于主语体词性成分，如（6）中各例，但不能强于主语体词性成分。换一种说法，在体词性谓语句中，指称性强的 A 类体词性成分可作主语和谓语，而指称性弱的 B 类体词性成分只能作谓语，否则，句子不能说，例如：

*<u>浙江人</u>是鲁迅　　　　*<u>画家</u>是范曾　　　*<u>一个诗人</u>是余华

*<u>黄头发</u>是这个孩子　　*<u>星期五</u>是今天

　　这条规律有条件，如果指称性弱的光杆普通名词和数量名词组是回指成分，或与上文的某个体词性成分有框架关系，句子仍然成立。例如，下面（8）（9）（10）中乙的话是承接甲的话而说，句子成立：

　　（8）甲：这儿刚才来了<u>一个浙江人</u>。乙：<u>浙江人</u>是鲁迅。

　　（9）甲：前排坐着一位画家。　　　乙：<u>画家</u>是范曾。

　　（10）甲：昨天有<u>三个学生</u>打架。　乙：<u>三个打架的学生</u>是我们班的同学。

　　（11）<u>武艳梅</u>，女，2008 年工作，<u>父亲</u>是市政府秘书长，<u>母亲</u>是交通局的会计。

　　在口语中，光杆名词作谓语时可以没有语音停顿，其语境是回答问题或对举，例如：

　　（12）甲：范曾是干什么的？　　　乙：范曾<u>画家</u>。

　　（13）范曾<u>画家</u>，陈省身<u>数学家</u>，两人是好友。

　　此外，在口语中，指称性强的 A 类体词性成分可以不加"是"而借助直指作谓语，例如，可以指着某个人说"他，葛优"，也可以说"葛优，他"。

5. 结语

指称性是实词固有的语义性质，本文提出体词性成分的指称性有强弱的差别，并据此解释了几种语法现象。

张伯江（1994）曾列出从名词到及物动词的连续体模型，认为这个模型的左端空间性强，右端时间性强；陆丙甫（1998）提出"指称性与修饰性的比例"，认为名词有修饰性，形容词有指称性。张、陆认为汉语体词与谓词在语法上的对立是连续的，这样的概括符合汉语事实。根据"语义三角"，所有的实词都有指称性，只是不同类实词的指称性有强弱的差别，汉语的指示代词、人称代词、专有名词、普通名词、动词/形容词处在指称性强弱的连续体上。指示代词、人称代词、专有名词在指称性强的一端，作谓语的能力很差，很依赖情景语境或句法条件；动词/形容词在指称性弱的一端，作主语、宾语的能力很差，需要特定的谓词性成分作谓语；普通名词主要用作主语、宾语，其中有些也可作谓语，在指称性连续体的中间，但更靠近指示代词、人称代词、专有名词。如下所示：

指示代词、人称代词、专有名词、普通名词、动词/形容词

强←——————————————————→弱

指称性

语义是语法的基础，用指称性的连续体可以解释实词的很多语法现象。

参考文献

蔡镜浩　1985　《关于名词活用作动词》，《语言教学与研究》第4期。

陈　平　1987　《释汉语中与名词性成分相关的四组概念》，《中国语文》第 2 期。

杰弗里·N·利奇　1981　《语义学》，李瑞华等译，1987 年版，上海：上海外语教育出版社。

李　明　2004　《从言语到言语行为》，《中国语文》第 5 期。

马　真　1997　《简明实用汉语语法教程》，北京：北京大学出版社。

谭景春　1998　《名形词类转变的语义基础及相关问题》，《中国语文》第 5 期。

王红旗　1996　《论〈马氏文通〉"字类假借"理论产生的原因》，《语文新论：〈语文研究〉十五周年纪念文集》，太原：山西教育出版社。

王红旗　2005　《名称名词的句法表现》，《对外汉语研究》，第 1 期。

王红旗　2011　《"指称"的含义》，《汉语学习》第 6 期。

杨昭蔚、达光　1990　《古汉语中名词活用情况的考察》，《安徽师范大学学报（哲学社会科学版）》第 3 期。

叶斯柏森　1924　《语法哲学》，何勇等译，1988 年版，北京：语文出版社。

张伯江　1994　《词类活用的功能解释》，《中国语文》第 5 期。

张家文　1999　《古汉语名词活用说的再认识》，《古汉语研究》第 3 期。

朱德熙　1982　《语法讲义》，北京：商务印书馆。

（王红旗　南开大学文学院　天津　300071）

缅甸语的结构助词

岳麻腊

缅甸语的结构助词数量较多且复杂，有书面语体和口语体两种对应关系，它在句法中担负重要的功能。本文拟对缅甸语结构助词的功能、类别、性质、来源等问题做初步探讨。

1

缅甸语结构助词的功能，主要是指明其前面的实词在句中充当句子成分，帮助其前后的句子成分组成各种结构关系。它只表示语法意义，没有实在的词汇意义；一般都附于实词、词组或句子后面，不能单独使用；有着稳定的、独立的语音形式，而不是附着在实词后面的形态成分。

缅甸语的结构助词从语法功能上分，大致可分为以下六类：

1.1 主语助词。用在主语后面，表示前面的成分是主语。常见的主语有下列几个：

书面语体	口语体
dði^{22}	xa^{22}（ga$ʔ^{55}$）
m̥a^{22}	xa^{22}（m̥a^{22}）
ga$ʔ^{55}$	ga$ʔ^{55}$

dði²²：

用于一般陈述句中，尤其是说明主语是什么或不是什么时，主语助词常用dði²²。例如：

①nwa⁵⁵　　dði²²　　mjɛʔ⁴⁴　　sa⁵⁵　　ne²²　　dði²²
　牛　　主语助　　草　　吃　　在　　句尾助

牛在吃草。

②di²²　a³¹khã⁵⁵　dði²²　joũ⁵⁵khã⁵⁵　phjiʔ⁴⁴　dði²²
　这　房间　　主语助　办公室　　是　　句尾助

这房间是办公室。

m̥a³³：

（1）叙述某人有什么时用。例如：

tθuʔ⁵⁵　m̥a²²　a²¹maʔ⁵⁵　tǎ²¹　jauʔ⁴⁴　çiʔ⁵⁵　dði²²
　他　主语助　姐　　一　　个　　有　　句尾助

（口语体句尾助词dði²²改成dɛ²²）

他有一个姐姐。

（2）叙述一件过去或将来发生的事情充当句子的主语，对主语表示同情和怜悯时用m̥a²²。例如：

①i²²　kɛʔ⁵⁵dðoʔ⁵⁵　louʔ⁴⁴　dði²²　　m̥a²²　kaũ⁵⁵
　这　样　　　做　　句尾助　主语助　好

iʔ⁵⁵

句尾助（口语体主语助词用xa²²）

这样做好。

②nɛʔ⁴⁴phjã²²　tθu²²　tθwa⁵⁵　mji²²　　m̥a²²
　明天　　　他　　去　　句尾助　主语助

tθe²²tɕha²²　dði²²
　肯定　　句尾助

肯定他明天会去的。

③maũ²²baʔ⁵⁵　　m̥a²²　　　　sa²²me⁵⁵bwɛ⁵⁵　　tɕaʔ⁵⁵

　貌巴　　　　　主语助　　　　考试　　　　　　落

tθwa⁵⁵　　　　ça²²　　　　dði²²

　掉　　　　　　助动　　　　句尾助

貌巴考试没通过。

xa²²：

常用于口语体，尤其是说明主语是什么或不是什么时用主语助词xa²²。例如：

①di²²　　mjɛʔ⁵⁵pĩ²²　mju⁵⁵　　xa²²　　　　she⁵⁵　　tă²¹

　这　　草　　　　种　　　主语助　　药　　　一

mjo⁵⁵　phjiʔ⁵⁵　　　ba²²　　de²²

　种　　是　　　　　助　　句尾助

这种草根是一种药。

②pi²²kĩ⁵⁵　　mjoʔ⁵⁵　　xa²²　　　　tă⁵⁵jouʔ⁴⁴pji²²　　jɛʔ⁵

　北京　　市　　　　主语助　　中国　　　　　的

mjoʔ⁵⁵dɔ²²　　phjiʔ⁴⁴　　　ba²²　　de²²

　首都　　　　是　　　　　助　　句尾助

北京是中国的首都。

gaʔ⁵⁵：

（1）一般在叙述主语发出某种动作或者句子中有直接宾语时用。例如：

①tθu²²doʔ⁵⁵　　gaʔ⁵⁵　　　jouʔ⁴⁴çĩ²²　　tɕiʔ⁵⁵　　ne²²

　他们　　　　主语助　　　电影　　　看　　　着

tɕaʔ⁵⁵　　de²²

　复数助　　句尾助

他们在看电影。

②tθu²²　　gaʔ⁵⁵　　　shă²¹jaʔ⁵⁵　　go²²　　　　　tθwa⁵⁵

他　　主语助　　老师　　　　宾语助　　去

me⁵⁵　　dɛ²²

问　　句尾助

他去问老师。

（2）并列句中分别叙述不同的主语或列举几个主语发出不同的动作时用。例如：

①tθu²²　　　　gaʔ⁵⁵　　　tɕiʔ⁵⁵　　dɲĩ²²　　pe²²mɛʔ⁵⁵

他　　　　　主语助　　看　　　想　　　虽然...但是

tɕǎ²²nɔ²²　gaʔ⁵⁵　　　mǎ²¹　　tɕiʔ⁵⁵　　dɲĩ²²　　bu²²

我　　　　　主语助　　不　　　看　　　想　　　句尾助

他想看，我却不想看。

②tθu²²　gaʔ⁵⁵　　　tɕauʔ⁵⁵tθa⁵⁵　tɕǎ²²nɔ²²　gaʔ⁵⁵

他　　主语助　　学生　　　　我　　　　主语助

shǎ²²ja²²

老师

他是学生，我是老师。

a²²ne²²n̥ĩ⁵³（a²²ne²²nɛʔ⁵⁵）：

在许多个中抽出一个来作主语时用。例如：

gaũ⁵⁵zaũ²²　a²²ne²²n̥ĩ⁵³　i²²　　dðoʔ⁵⁵　mǎ²²　sho²²

领导　　　　　主语助　　这　样　　　不　　　说

aʔ⁴⁴

应该

（作为）领导不应该这样说。

1.2 宾语助词。用在宾语的后面，表示前面的成分是宾语。常用的宾语助词有：

书面语体	口语体
go^{22}	go^{22}
a^{55}	a^{55}、go^{22}

go^{22}：

表示动作涉及的对象或承受者，一般在直接宾语后用。例如：

①tθu^{22}　gaη^{55}　ŋaη^{55}　go^{22}　me^{55}　dði^{22}
　他　　主语助　我　　宾语助　问　　句尾助（口语体句尾助词用de^{33}）

　他问我。

②tɕǎ^{22}nɔ^{22}　gaη^{55}　tθuη^{55}　go^{22}　jaiη^{44}　dɛ^{22}
　我　　　　主语助　他　　宾语助　打　　句尾助
　我打他。

a^{55}：

是间接宾语助词，动作行为涉及的人作为宾语时常用助词a^{55}。例如：

① maũ^{22}e^{55} dði^{22}　maũ^{22}tɕɔ^{22}wĩ^{55}　a^{55}　sa^{22}ouη^{44}
　貌埃　　　主语助　貌角温　　　　宾语助 书 本
tǎ^{21}　ouη^{44}　pe^{55}　dði^{22}
　一　　本　　给　　句尾助
貌埃给貌角温一本书。

②tɕǎ^{22}nɔ^{22}doη^{55}　gaη^{55}　meĩ^{55}kǎ^{55}le^{55}　tǎ^{21}
　我　们　　主语助　姑娘　　一
auη^{44}　ko^{22}　mǎ^{21}ja^{55}louη^{44}　　boη^{55}
　个　　宾语助　妻子　做　　　　为了
a^{22}sã^{55}　a^{55}　poη^{55}　pe^{55}　laiη^{44}　dɛ^{22}
阿三　宾语助　送　　给　　助动　句尾助

我们把一个姑娘送来给阿三作媳妇。

1.3　定语助词。用在定语的后面，表示前面的成分是定语。定语与被修饰语之间的关系有两种：①领属关系；②修饰关系。

常用的表示领属关系的定语助词有：

书面语体	口语体
$i\mathord{?}^{55}$	$j\varepsilon\mathord{?}^{55}$
$\underset{\circ}{m}a\mathord{?}^{55}$	$ga\mathord{?}^{55}$
$\underset{\circ}{\eta}\tilde{i}^{53}$	$n\varepsilon\mathord{?}^{55}$
$\varsigma i\mathord{?}^{55}$	$\varsigma i\mathord{?}^{55}$

$i\mathord{?}^{55}$（口语体$j\varepsilon\mathord{?}^{55}$）：

用在有生命的或人物名词、代词、词组的后面，表示领属关系。$\underset{\circ}{m}a\mathord{?}^{55}$（口语体$ga\mathord{?}^{55}$）用在表示出所、时间、方位等意义的名词、代词后面，表示领属关系；$\underset{\circ}{\eta}\tilde{i}^{53}$（口语体$n\varepsilon\mathord{?}^{55}$）用在名词后，表示领属，其意义相当于汉语的"……的……"；$\varsigma i\mathord{?}^{55}$用在表示处所意义的名词后，表领属关系。例如：

①$t\varsigma\underset{\circ}{a}^{22}n\mathord{o}^{22}$　　$i\mathord{?}^{55}$　　　$\underset{\circ}{\eta}\check{a}^{21}ma\mathord{?}^{55}$

　　我　　　　定语助　　妹妹（口语体定语助词用$j\varepsilon\mathord{?}^{55}$）

　　我的妹妹

②$t\theta i\mathord{?}^{44}p\tilde{i}^{22}$　　$p\mathord{o}^{22}$　　　$ma\mathord{?}^{55}$　　$\eta A\varepsilon\mathord{?}^{44}$

　　树　　　　　上　　　的　　　鸟（口语体定语助词用$ga\mathord{?}^{55}$）

　　树上的鸟

③$t\theta\check{a}^{21}na\mathord{?}^{44}$　　$\underset{\circ}{\eta}\tilde{i}^{53}$　　　　lu^{22}

　　枪　　　　　定语助　　　人（口语体定语助词用$n\varepsilon\mathord{?}^{55}$）

　　带枪的人

④kã²² baũ²² pɔ²² çiʔ⁵⁵ tθiʔ⁴⁴ pĩ²²

　湖　　岸　　上　　定语助　　树　　木

mja⁵⁵

复数助

湖岸上的树木

常用的表示修饰关系的定语助词有：

书面语体	口语体
dðɔ⁵⁵	deʔ⁵⁵
dðiʔ⁵⁵	deʔ⁵⁵
ja²²	ja²²
jã²²	boʔ⁵⁵

dðɔ⁵⁵（deʔ⁵⁵）和 dðiʔ⁵⁵（deʔ⁵⁵）：

　用在动词、形容词的后面，表示修饰关系；ja²²用在动词、形容词的后面，表示动词或形容词所指的事物或地方，并用来表示修饰关系；jã²²（boʔ⁵⁵）用在动词后，表示修饰成分是说明某种事物，是为某种作用或目的的。例如：

①mjĩ⁵³ma⁵⁵ dðɔ⁵⁵ taũ²²

　高耸　　　定语助　　山岭（口语体定语助词用 deʔ⁵⁵）

高耸的山岭

②pho⁵⁵pho⁵⁵ pjɔ⁵⁵ dðiʔ⁵⁵ poũ²²bjĩ²²

　爷爷　　　讲　　定语助　　故事

爷爷讲的故事

③tθĩ²² lo²² ja²² ba²²dða²²jaʔ⁴⁴

　学　　想　　定语助　专业

想学的专业

④thaĩ ^{22}　　jã ^{22}　　　　ne ^{22}ja ^{22}

坐　　　　定语助　　　地方（口语体定语助词用boʔ ^{55}）

坐的地方

1.4　状语助词。用在状语的后面，表示前面的成分是状语。状语助词可以说明动作的性状、时间、地点、原因、目的、凭借的工具或方式、从由、关联、方式或身分、依据等等。现分别介绍如下：

1.4.1　表性状的状语助词主要有：

书面语体	口语体
swa ^{22}	形容词重叠
n̥ĩ ^{53}（phjĩ ^{53}）	neʔ ^{55}

swa ^{22}：

用于形容词后，一方面可以作状语的形态标志，另一方面可以表示状语的修饰性，使其起修饰中心语的作用。口语体采用重叠形容词的方式。例如：

书面语体：①miʔ ^{55}　　baʔ ^{55}　　ză ^{21}ga ^{55}　　　go ^{22}

　　　　　　母　　　　父　　　话　　　　　宾语助

kaũ ^{55}　　swa ^{22}　　na ^{55}thaũ ^{22}　　jaʔ ^{55}　　　mi ^{22}

好　　　状语助　　听　　　　要　　　　句尾助

口语体：②miʔ ^{55}　　baʔ ^{55}　　ză ^{21}ga ^{55}　　　go ^{22}

　　　　　　母　　　　父　　　话　　　　　宾语助

kaũ ^{55}　　gaũ ^{55}　　na ^{55}thaũ ^{22}　　jaʔ ^{55}　　　mɛ ^{2}

好　　　好　　　听　　　　要　　　　句尾助

要好好地听母父的话。

n̥ĩ ^{53}（nɛʔ ^{55}）：

用在词组的后面。例如：

①pjɔ⁵⁵　tɕaʔ⁵⁵　ji²²　tɕaʔ⁵⁵　n̩ĩ⁵³（nɛʔ⁵⁵）wũ⁵⁵tθa²²
　说　　复数助　笑　复数助　　状语助　　高兴

mǎ²¹　shoũ⁵⁵　phjiʔ⁴⁴　tɕaʔ⁵⁵　iʔ⁵⁵（dɛ²²）
不　　完　　成　　　复数助　句尾助

说说笑笑高兴得很。

②la²²　mɛ²²　la²²　mɛ²²　nɛʔ⁵⁵　khuʔ⁵⁵
来　句尾助　来　句尾助　状语助　现在

thɛʔ⁴⁴thiʔ⁵⁵　mǎ²²　la²²　tθe⁵⁵　bu⁵⁵
直到　　　不　　来　　还　　句尾助

总是说要来要来，可是到今天仍没有来。

1.4.2　表示时间、地点的状语助词主要有：

书面语体	口语体
时间、地点twĩ²²	m̩a²²
时间、地点n̩aiʔ⁵⁵	m̩a²²
地点mɛ²²	m̩a²²
时间、地点wɛ²²	m̩a²²
时间gaʔ⁵⁵	gaʔ⁵⁵
时间doũ⁵⁵gaʔ⁵⁵	doũ⁵⁵gaʔ⁵⁵
时间gǎ²¹dɛ⁵⁵gaʔ⁵⁵	gǎ²¹dɛ⁵⁵gaʔ⁵⁵
时间mǎ²²…mi²²	mǎ²²…khĩ²²（gĩ²²）
…l̩jĩ³³…tɕhĩ⁵⁵	动+动tɕhĩ⁵⁵

twi²²、naiʔ⁵⁵、wɛ²²（它们的口语体都是m̩a²²）：

用在名词后，用来表示时间和地点，而且可以互相替换。

例如：

①tθu²²　iʔ⁵⁵　mjɛʔ⁴⁴m̩ã²²　go²²　zǎ²¹bwɛ⁵⁵
他　　定语助　眼镜　　　宾语助　桌子

pɔ²² 　twĩ²²（naiʔ⁵⁵、wɛ²²） 　tha⁵⁵ 　　iʔ⁵⁵（dði²²）
上 　　状语助 　　　　　　放 　　句尾助

他的眼镜放在桌子上。

②neʔ⁵⁵gĩ⁵⁵ 　twĩ²²（naiʔ⁵⁵、wɛ²²） 　　　a²¹louʔ⁴⁴
白天 　　　状语助 　　　　　　　　　工作

louʔ⁴⁴ 　jweʔ⁵⁵（pji⁵⁵） 　ɲaʔ⁵⁵ 　twĩ²²（naiʔ⁵⁵、wɛ²²）
干 　　连 　　　　　晚 　　状语助

mu²²（dɔʔ⁵⁵） 　a²¹na⁵⁵ju²² 　　dði²²（dɛ²²）
却 　　　　　休息 　　　　句尾助

白天工作晚上休息。

mɛ²²：

用在名词、代词后，表示处所。例如：

①ŋaʔ⁵⁵ 　mɛ²² 　ŋwe²² 　mǎ²¹ 　çiʔ⁵⁵ 　bu⁵⁵
我 　　状语助 　钱 　　没 　　有 　　句尾助

我没有钱。

②xɔ⁵⁵ 　di²² 　　mɛ²² 　tɕiʔ⁵⁵
唉 　这 　　状语助 　看

唉！看这里。

gaʔ⁵⁵：

用在时间名词后，表示过去的时间。例如：

①tǎ²¹thaũ⁵³ko⁵⁵ja²² 　ko⁵⁵shɛ⁵³ŋa⁵⁵ 　khuʔ⁵⁵ŋ̩iʔ⁴⁴ 　kaʔ⁵⁵
一 千 　九 百 　九 十 五 　年 　　　　状语助

tɛʔ⁴⁴kǎ²²dðo²² 　m̩aʔ⁵⁵ 　　aũ²² 　　dði²²
大学 　　　　从 　　毕业 　　句尾助

1985 年从大学毕业。

②ɲaʔ⁵⁵ 　gaʔ⁵⁵ 　ba²² 　m̩aʔ⁵⁵ 　mǎ²¹ louʔ⁴⁴ 　bu⁵⁵
晚 　状语助 　什么 　都 　不 　做 　　句尾助

晚上什么都不做。

doŭ ^{55}ga$\mathcal{P}^{55}$：

用在时间名词和动词后，表示过去的时间。例如：

①xo^{22}ɕe^{55}ɕe^{55}　doŭ ^{55}ga$\mathcal{P}^{55}$　tɔ^{55}　tǎ ^{21}　tɔ^{55}

　　从前　　　　状语助　　森林　一　　森林

　　m̥ a^{22}　tɕhĩ ^{22}tθe$\mathcal{P}^{55}$　shĩ ^{22}　　nɛ$\mathcal{P}^{55}$　　pha^{55}

　　在　　狮子　　　象　　和　　　青蛙

　　ŋɛ^{22}　do$\mathcal{P}^{55}$　ne^{22}thaĩ ^{22}　tɕa$\mathcal{P}^{55}$　dɛ^{22}

　　小　　们　　居住　　　复数助　句尾助

从前在一个森林里住着狮子、象和小青蛙。

②tɕǎ ^{22}nɔ^{22}　khũ ^{22}mĩ ^{55}　go^{22}　　la^{22}　doŭ ^{55}ga$\mathcal{P}^{55}$

　　我　　　　昆明　　　宾语助　来　状语助

　　di^{22}　eĩ ^{22}　m̥ a^{22}　be^{55}　ne^{22}　dɛ^{22}

　　这　房子　在　　就　住　句尾助

我来昆明的时候就住在这个房子里。

gǎ ^{21}dɛ^{55}ga$\mathcal{P}^{55}$：

用在时间名词和动词后，表示动作在过去某一个时间便发生或动作自某一个时间发生并一直延续到现在。例如：

①ŋmǎ ^{21}nɛ$\mathcal{P}^{44}$　sɔ^{55}　zɔ^{55}　gǎ ^{21}dɛ^{55}ga$\mathcal{P}^{55}$　tha$\mathcal{P}^{55}$la^{22}　dɛ^{22}

　　清晨　　　早　早　状语助　　　起　来　句尾助

一清早就起床了。

②tθu^{22}　jã ^{22}goŭ ^{22}　go^{22}　pjã ^{22}　tθwa^{55}

　　他　仰光　　　向　回　去

　　gǎ ^{21}dɛ^{55}ga$\mathcal{P}^{55}$　be^{55}　a^{21}shɛ$\mathcal{P}^{44}$　pja$\mathcal{P}^{44}$　tθwa^{55}　dɛ^{22}

　　状语助　　　就　联系　　断　　掉　句尾助

自从他回仰光后，便一直中断了联系。

mǎ ^{21}...mi^{22}（口语体：mǎ ^{22}…khĩ ^{22}/gĩ ^{22}）：

中间插入动词，表示在该动作发出之前，已经发生某个动作。例如：

shǎ²²ja²²　mǎ²²　la²²　gǐ²²　tɕaũ⁵⁵dðu²²tɕaũ⁵⁵dða⁵⁵
老师　　　　没　　来　状语助　学生

mja⁵⁵　gaʔ⁵⁵　　sa²²tθĩ²²gã⁵⁵　m̥a²²　thaĩ²²　ne²²
们　　主语助　教室　　　　在　　坐　　着

tɕaʔ⁵⁵　　bji²²
复数助　　了

老师来之前学生们已经坐在教室里了。

...l̥jĩ²²····tɕhĩ⁵⁵（口语体：动+动tɕhĩ⁵⁵）：

实际上是一个惯用形式，即相同的动词插入其中，表示某一动作一旦发生，随即便发生后面的动作（口语体用动词重叠+tɕhĩ⁵⁵的方式表示）。例如：

①tθǎ²¹dĩ⁵⁵　jaʔ⁵⁵　l̥jĩ²²　　jaʔ⁵⁵　tɕhĩ⁵⁵　khǎ²¹mja⁵⁵
消息　　　得　　状语助　得　　状语助　你

thã²²　phoũ⁵⁵　sheʔ⁴⁴　ba²²　dðí²²
处　　电话　　打　　助　　句尾助

一得到消息就给你打电话。

②tɕaũ⁵⁵　l̥uʔ⁴⁴　luʔ⁴⁴　tɕhĩ⁵⁵　khǎ²¹mja⁵⁵　shi²²
学校　　放　　放　　状语助　你　　　　处

la²²　me²²
来　　句尾助

一放学我就到你那儿来。

1.4.3　表示原因的状语助词有：

书面语体	口语体
tɕaũ⁵³	tɕaũ⁵³

ŋ̩ĩ⁵³（phjĩ⁵³）	nɛʔ⁵⁵
a²¹twɛʔ⁴⁴tɕaũ⁵³	a²¹twɛʔ⁴⁴tɕaũ⁵³

tɕaũ⁵³、a²¹twɛʔ⁴⁴tɕaũ⁵³、ŋ̩ĩ⁵³（nɛʔ⁵⁵）、phjĩ⁵³（nɛʔ⁵⁵）：
用在名词或名词性词组和代词后，表示原因。ŋ̩ĩ⁵³和phjĩ⁵³
可以相互替换。例如：

①tθuʔ⁵⁵tɕaũ⁵³（a²¹twɛʔ⁴⁴tɕaũ⁵³）　　tɕǎ²²nɔ²²

　　他　　状语助　　我

　　a²¹shɛ⁵⁵　khã²²　jaʔ⁵⁵　　dɛ²²

　　骂　　挨　得　句尾助

　　因为他我挨了骂。

②tɕo⁵⁵za⁵⁵　m̩u²⁵⁵　tɕaũ⁵³　to⁵⁵tɛʔ⁴⁴la²²dɛ²²

　　努力　名物化助状语助　进步　　来　句尾助

　　因为努力，有了进步。

③tθuʔ²²ga²⁵⁵a²¹louʔ⁴⁴　kiʔ⁴⁴saʔ²²　　ŋ̩ĩ⁵³（phjĩ⁵³）

　　他　　主语助　工作　　事情　　状语助

　　nɛ²²　shĩ⁵⁵　tθwa⁵⁵　bji²²

　　地方　下　去　了

　　他因公下乡了。

④u⁵⁵mjaʔ⁵⁵　　dðĩ²²　　kĩ²²sha²²　jɔ⁵⁵ga⁵⁵　ŋ̩ĩ⁵³（phjĩ⁵³）

　　吴妙　　　　主语助　癌　　症　　状语助

　　kwɛ²²lũ²²　tθwa⁵⁵　iʔ⁵⁵

　　去世　　掉　　句尾助

口语体：u⁵⁵mjaʔ⁵⁵　gaʔ⁵⁵　　kĩ²²sha²²　jɔ⁵⁵ga⁵⁵

　　　　吴妙　　　主语助　癌　　症

　　nɛʔ⁵⁵　kwɛ²²lũ²²　tθwa⁵⁵　dɛ²

　　状语助　去世　　掉　　句尾助

　　吴妙因患癌症而去世。

1.4.4　表示目的状语助词有：

书面语体	口语体
a^{21}twɛʔ^{44}	a^{21}twɛʔ^{44}
a^{21}boʔ^{55}	a^{21}boʔ^{55}
jã^{22}	phoʔ^{55}
ŋʌa^{22}	a^{21}twɛʔ^{44}
dmĩ^{55}ŋʌa^{33}	a^{21}twɛʔ^{44}
a^{21}loʔ^{55}ŋʌa^{22}	a^{21}twɛʔ^{44}

a^{21}twɛʔ^{44}：

用在名词、代词后，表示某个动作是为了某种目的而发出。例如：

a^{21}miʔ^{55}naĩ^{22}ŋã^{22}　　dɔ^{22}　　　a^{21}twɛʔ^{44}sa^{22}　　tɕo^{55}za^{55}

祖国　　　　　　　状语助　学习　　　　努力

mi^{22}（mɛ^{22}）

句尾助

为祖国努力学习。

a^{21}phoʔ^{55}：

用在名词、代词后，表示某个动作是为了某个人而发出，或是某件事对于某人某事物来说怎么样。例如：

①maũ^{22}　maũ^{22}　dði^{22}　　tθuʔ^{55}　me^{22}me^{22}　a^{21}boʔ^{55}

貌　　貌　　主语助　他的　妈　妈　状语助

she^{55}　wɛ^{22}　la^{22}　　dði^{22}

药　买　来　　句尾助

貌貌给他妈妈买药来。

②di^{22}　kiʔ^{44}saʔ^{55}　gaʔ^{55}　　tɕǎ^{21}nɔʔ^{55}　a^{21}phoʔ^{55}

这　事　　主语助　我　　　状语助

tθeiʔ⁴⁴　　a²¹je⁵⁵dȵi⁵⁵　　dɛ²²

很　　　　重要　　　　　　句尾助

这件事对我来说很重要。

jã²²：

（口语体用phoʔ⁵⁵）用在动词、形容词后，表示一种目的。

例如：

khũ⁵³l̩uʔ⁴⁴　jã²²（phoʔ⁵⁵）　taũ⁵⁵bã²²　　ba²²

原谅　　　　状语助　　　　　　请求　　　　助

dði²²（dɛ²²）

句尾助

请求原谅。

ŋʌa²²：

（口语体用a²¹twɛʔ⁴⁴）用在名词后，表示目的。例如：

di²²　　je²²　　kã²²　　dði²²　　a²¹mja⁵⁵pji²²tθuʔ⁵⁵

这　　　水　　　池　　主语助　　群众

a²¹tɕo⁵⁵　　ŋʌa²²　　tu⁵⁵phɔ²²　　dðɔ⁵⁵

利益　　　状语助　　挖　　　　的

je²²　　kã²²　　phjiʔ⁴⁴　　dði²²

水　　　池　　　是　　　　句尾助

这水池是为群众挖的水池。

dȵĩ⁵⁵ŋʌa²²用在动词、形容词后，表示动作的目的。例如：

tθu²²　dði²²　i²²　a²¹tɕaũ⁵⁵　go²²　　miʔ⁵⁵　baʔ⁵⁵

他　主语助　这　事情　　宾语助　母　　父

a⁵⁵　　tθiʔ⁵⁵　se²²　dȵĩ⁵⁵ŋʌa²²　sa²²　je⁵⁵　dði²²

宾语助　知道　让　状语助　　　信　写　　句尾助

他写信给父母以便知道这件事。

a²¹loʔ⁵⁵ŋʌa²²（口语体用a²¹twɛʔ⁴⁴）：

用在名词、代词后，表示目的。例如：

a²¹jeiʔ⁴⁴　a²¹loʔ⁵⁵ŋʌa²²　lã⁵⁵　 n̥ǎ²¹　pheʔ⁴⁴　twĩ²²

阴影　状语助　　　　路　两　边　状语助

tθiʔ⁴⁴　pĩ²²　mja⁵⁵　saiʔ⁴⁴　jweʔ⁵⁵　tha⁵⁵　dði²²

树　木　复数助　种　连　着　句尾助

为了遮荫路两边种了树。

1.4.5　表示动作凭借的工具或用什么发出动作，常用的状语助词有：

书面语体	口语体
n̥ĩ⁵³（phjĩ⁵³）	neʔ⁵⁵
ko²²si²²	ko²²si²²
ko²²si²²n̥ĩ⁵³（phjĩ⁵³）	ko²²si²²neʔ⁵⁵

n̥ĩ⁵³（phjĩ⁵³）：

（口语体用neʔ⁵⁵）用在作为工具的名词后面，表示动作行为是用该名词作工具进行的。例如：

①mjoʔ⁵⁵　the⁵⁵　baʔ⁵⁵sǎ⁵⁵ka⁵⁵　neʔ⁵⁵　tθwa⁵⁵　de²²

城　里　公共车　状语助　去　句尾助

乘公共车到城里去。

②thǎ²¹mĩ⁵⁵　go²²　tu²²　neʔ⁵⁵　sa⁵⁵　de²²

饭　宾语助　筷子　状语助　吃　句尾助

用筷子吃饭。

ko²²si²²、ko²²si²²n̥ĩ⁵³（phjĩ⁵³）（口语体用neʔ⁵⁵）：

用在名词后，表示各自发出动作。例如：

①da⁵⁵　ko²²si²²　taũ²²　tɛʔ⁴⁴　tɕaʔ⁵⁵　de²²

刀　状语助　山　上　复数助　句尾助

一人身上背一把刀上山去了。

②bɔ⁵⁵loũ⁵⁵　ko²²si²²neʔ⁵⁵　kã²²　ne²²　tɕaʔ⁵⁵　de²²

球　　　状语助　　　踢　　着　　复数助　句尾助

各自拿一个球在踢。

1.4.6　表示从由的助词。常用的状语助词有：

书面语体	口语体
m̥ aʔ⁵⁵	gaʔ⁵⁵
dðoʔ⁵⁵	go²²
a²¹thiʔ⁵⁵	a²¹thiʔ⁵⁵
taĩ²²	taĩ³³

m̥ aʔ⁵⁵（gaʔ⁵⁵）：

用在名词或名词性的词组后，表示动作的出发点。例如：

①za²²diʔ⁵⁵　m̥ aʔ⁵⁵（gaʔ⁵⁵）　pjã²²　la²²　dði²²（dɛ²²）

家乡　　　状语助　　　　回　　来　　句尾助

从老家回来。

②a²¹louʔ⁴⁴　mja⁵⁵　ne²²　dɛʔ⁵⁵　dma⁵⁵　gaʔ⁵⁵

工作　　　忙　　着　　定语助　当中　状语助

la²²　jauʔ⁴⁴　ku²²n̥i²²　dɛ²²

来　　到　　帮助　　句尾助

在百忙中来帮助我们。

dðoʔ⁵⁵（口语体用go²²）：

用在名词后，表示动作的趋向。例如：

tθu²²　doʔ⁵⁵　dði²²（gaʔ⁵⁵）　ze⁵⁵　　　dðoʔ⁵⁵（go²²）

他　　们　　主语助　　　　集市　　状语助

tθwa⁵⁵　tɕaʔ⁵⁵　dði²²（dɛ²²）

去　　复数助　句尾助

他们到集市去。

a²¹thiʔ⁵⁵、taĩ²²：

用在名词或词组后，表示动作延伸到某个时间、地点或达到某种程度（结果）。例如：

①ɲaʔ⁵⁵　shɛ²²　na²²ji²²　a²¹thiʔ⁵⁵　saũ⁵³　jaʔ⁵⁵

　晚　　十　　点钟　　状语助　　等　　要

dðiɛ²²（dɛ²²）

句尾助

要等到晚上十点钟。

②aũ²²mjĩ²²　dðiʔ⁵⁵（dɛʔ⁵⁵）　a²¹thiʔ⁵⁵　tço⁵⁵za⁵⁵

　成功　　　定语助　　　　状语助　　努力

jaʔ⁵⁵　　mi²²（mɛ²²）

　要　　句尾助

要努力到成功为止。

③tθu²²　dði²²（gaʔ⁵⁵）　jǎ²¹（a²¹）khuʔ⁵⁵　taĩ²²

　他　　主语助　　　　现在　　　　　状语助

pjã²²　mǎ²²　la²²　tθe⁵⁵　tçhe²²

　回　　不　　来　　还　　语气助

他到现在还没有回来。

1.4.7　表示关联的状语助词有：

书面语体	口语体
thɛʔ⁴⁴	theʔ⁴⁴
lauʔ⁴⁴	lauʔ⁵⁵

thɛʔ⁴⁴、lauʔ⁴⁴：

用在名词、代词后面，表示两事物的性质，状态的对比。例如：

①tθuʔ⁵⁵　thɛʔ⁴⁴　a²¹jaʔ⁴⁴　çɛ²²　dɛ²²

　他　　状语助　　个子　　高　　句尾助

比他个子高。

②pjɔ⁵⁵　　da²²　　thɛʔ⁴⁴　　louʔ⁴⁴　　ta²²　　gaʔ⁵⁵
　说　　　的　　　状语助　　　做　　　的　　　主语助

po²²　　khɛʔ⁴⁴　　tɛ²²
更加　　难　　　句尾助

做要比说更难。

③maũ²²tɕɔ²²mo⁵⁵　　gaʔ⁵⁵　　maũ²²e⁵⁵　　lauʔ⁴⁴　　sa²²
　貌觉木　　　　　主语助　　貌埃　　　状语助　学习

tɔ²²　　dɛ²²
好　　句尾助

貌觉木跟貌埃一样学习好。

④tɕǎ²²nɔ²²　　wɛ²²　　da²²　　gaʔ⁵⁵　　tθu²²　　wɛ²²
　我　　　　买　　　的　　　主语助　他　　　买

da²²　　lauʔ⁴⁴　　ze⁵⁵　　mǎ²¹　　dɱi⁵⁵　　bu⁵⁵
的　　　状语助　　价钱　不　　　贵　　　句尾助

我买的没有他买的贵。

1.4.8　表示方式或身分时，常用的状语助词有：

书面语体	口语体
si²²	si²²
tɕaʔ⁵⁵	tɕaʔ⁵⁵
kɛʔ⁵⁵dðoʔ⁵⁵	lo²²
tθǎ²²phwɛ²²	tθǎ²²phwɛ²²
n̥ɛ²²	lo²²
tǎ²¹m̥ja ʔ⁵⁵	tǎ²¹m̥ja ʔ⁵⁵
a²¹la⁵⁵	a²¹la⁵⁵
a²²ne²²n̥ĩ⁵³（phjĩ⁵³）	a²¹ne²²nɛʔ⁵⁵
a²¹phjiʔ⁴⁴	a²¹phjiʔ⁴⁴

si²²：

用在数量词后，表示动作的方式。例如：

①tă²¹　　jauʔ⁴⁴　si²²　　tă²¹　jauʔ⁴⁴　si²²　　pjɔ⁵⁵　ba²²
　一　　　个　　状语助　一　　个　　状语助　讲　　请

请一个一个地讲。

②a²¹pho⁵⁵o²²　gaʔ⁵⁵　thĩ⁵⁵　zi⁵⁵　go²²　phje²²
　老头　　　　主语助　柴　　捆　　宾语助　解开

se²²　pji⁵⁵　tă²¹　jauʔ⁴⁴　si²²　　tɕho⁵⁵　se²²
让　　连　　一　　个　　状语助　　使折　　让

pjã²²　dɛ²²
又　　　句尾助

老头就让他们把柴捆解开每人折一根。

tɕaʔ⁵⁵：

用在数量词后，表示分配到每一单位的量。例如：

①ŋwe²²　dma ʔ⁴⁴　tă²²　thaũ²²go²²　n̥ă²²　　ja²²
　钱　　元　　　一　　千　　　宾语助二　百

tɕaʔ⁵⁵　khwe⁵⁵　ju²²　tɕaʔ⁵⁵　dɛ²²
状语助　分　　　取　复数助　句尾助

将一千元钱一人分两百。

②tă²¹　jauʔ⁴⁴　ko²²　kũ²²pju²²ta²²　sɛʔ⁴⁴　tă²¹
　一　　个　　宾语助　计算　　机　　一

loũ²²　tɕaʔ⁵⁵　we²²　pe⁵⁵　laiʔ⁴⁴　tɛ²²
台　　　状语助　买　　给　　助动　　句尾助

每人买给一台电脑。

kɛʔ⁵⁵dðoʔ⁵⁵（lo²²）、tθă²²phwɛ²²、n̥ɛ²²：

用在名词、代词后，表示像什么一样地，kɛʔ⁵⁵dðoʔ⁵⁵（lo²²）、
tθă²²phwɛ²²、n̥ɛ²²可以相互替换。例如：

①tθu²² lɛ⁵⁵ tθuʔ⁵⁵　a²¹meʔ²² kɛʔ⁵⁵dðoʔ⁵⁵（loʔ²²）
　他　　也　他的　　母亲　　状语助

tɕĩ²²na²² sei⁴⁴　çiʔ⁵⁵　　dði²²（dɛ²²）
同情　　心　　有　　　　句尾助

他也跟他的母亲一样富有同情心。

②tθu²² doʔ⁵⁵　tθoũ⁵⁵ jauʔ⁴⁴　dði²²（gaʔ⁵⁵）　n̠i²²
　他　　们　　三　　个　　　主语助　　　弟

a²¹ko²²　kɛʔ⁵⁵doʔ⁵⁵（loʔ²²）（tθă²²phwɛ²²、n̠ɛ²²）
兄　　　状语助

jĩ⁵⁵n̠i⁵⁵ tɕaʔ⁵⁵　　dði²²（dɛ²²）
亲密　　复数助　　句尾助

他们三人像兄弟一样亲密。

tă³¹m̠jaʔ⁵⁵：

用在名词或名词性词组后，表示像某一事物一样。例如：

①le²²jĩ²²pjã²² tă²¹m̠jaʔ⁵⁵　mjã²² l̠aʔ⁵⁵　dði²²（dɛ²²）
飞机　　　　状语助　　　快　极　　句尾助

像飞机一样快。

②a²¹tθɛʔ⁴⁴　tă²¹m̠jaʔ⁵⁵　mjaʔ⁴⁴no⁵⁵　dði²²（dɛ²²）
生命　　　状语助　　　珍视　　　句尾助

视如生命。

a²¹la⁵⁵：

用在名词或句子后，表示形状、环境地理相似。例如：

①sɛʔ⁴⁴ku²²　a²¹la⁵⁵　　pa⁵⁵　l̠aʔ⁵⁵　　dði²²
纸　　　　状语助　　薄　极　　　句尾助

像纸一样薄。

②tθu²²　doʔ⁵⁵　jwa²²　dðiʔ⁵⁵　pã⁵⁵dm̠ã²²
他　　　们　　村子　主语助　公园

a²¹la⁵⁵　　　l̥a?⁵⁵pa?⁵⁵　　d̪ði²²

状语助　　秀丽　　　　句尾助

他们的村子就像公园一样秀丽。

a²²ne²²n̥ĩ⁵³（a²²ne²²nɛ?⁵⁵）、a²²ne²²phjĩ⁵³（a²²ne²²nɛ?⁵⁵）：
用在名词、代词后，表示以某种身份发出动作，a²²ne²²n̥ĩ⁵³
和a²²ne²²phjĩ⁵³可以相互替换，口语体都用a²²ne²²nɛ?⁵⁵。例如：

①t̪θu²²　　　d̪ði²²　　　le?⁵⁵la²²　　t̪θu²²　　a²²ne²²n̥ĩ⁵³（phjĩ⁵³）

他　　　主语助　观察　　员　　状语助

i²²　　si⁵⁵we⁵⁵bwɛ⁵⁵　　d̪ðo?⁵⁵　　tɛ?⁴⁴jau?⁴⁴　　tɕhĩ⁵⁵

这　　会议　　　　　状语助　　参加　　　　名物化助

phji?⁴⁴　　d̪ði²²

是　　　句尾助

他是以观察员身份来参加本次会议的。

②shǎ²²ja²²wũ²²　　tǎ²¹　　u⁵⁵　　　a²¹ne²²phjĩ⁵³（n̥ĩ⁵³）

医生　　　　　一　　　个　　　状语助

i²²　　d̪ðo?⁵⁵　　lou?⁴⁴　　ja?⁵⁵　　ba²²　　　d̪ði²²

这　状语助　　做　　　要　　助　　　句尾助

作为一名医生必须这么做。

a²¹phji?⁴⁴用在名词后，表示一事物当作另一事物用。例如：

①di²²　　zǎ²²gǎ²²loũ⁵⁵　　go²²　　　　kǎ⁵⁵ji?⁵⁵ja²²

这　　词　　　　　宾语助　　动词

a²¹phji?⁴⁴　　t̪θoũ⁵⁵　　naĩ²²　　　dɛ²²

状语助　　　用　　　能　　　句尾助

这个词可以当动词用。

②t̪θu?⁵⁵　　go²²　　　jwa²²　　d̪ðǎ²¹dm̩i⁵⁵　a²¹phji?⁴⁴　jwe⁵⁵

他　　　宾语助　村　　长　　　　状语助　　选

tɕa?⁵⁵　　dɛ²²

复数助　　句尾助

大家选他当村长。

1.4.9　表依据的状语助词有：

书面语体	口语体
a²¹jaʔ⁵⁵	a²¹jaʔ⁵⁵
a²¹laiʔ⁵⁵	a²¹laiʔ⁴⁴
a²¹taĩ⁵⁵	a²¹taĩ⁵⁵
a²¹ljauʔ⁴⁴	a²¹laiʔ⁴⁴

a²¹jaʔ⁵⁵：

用在名词或名词性词组后，表示动作是根据什么而发生。
例如：

①tθuʔ⁵⁵　　go²²　　uʔ⁵⁵bǎ²²de²²　a²¹jaʔ⁵⁵　　phã⁵⁵si⁵⁵

他　　　宾语助　法律　　　状语助　　逮捕

laiʔ⁴⁴　　tɛ²²

助动　　句尾助

依法逮捕了他。

②tǎ⁵⁵jouʔ⁴⁴　　a²¹so⁵⁵jaʔ⁵⁵　　iʔ⁵⁵　　　　pheiʔ⁴⁴tɕa⁵⁵

中国　　　　政府　　　　定语助　　邀请

dmʑeʔ⁴⁴　　a²¹jaʔ⁵⁵　mjã²²mja²²　tɕhiʔ⁴⁴tɕi³³　je³³

名物化助　状语助　　缅甸　　　友好　　　名物化助

go³³zǎ³³le³³　a³¹phwɛʔ⁴⁴　dðoi³³　　jǎ³¹　　neʔ⁵⁵

代表　　团　　　主语助　　今　　　天

pi³³kĩ⁵⁵　mjoʔ⁵⁵　dðoʔ⁵⁵　tɕwaʔ⁵⁵jauʔ⁴⁴　la²²　dði²²

北京　市　　状语助　　到达　　　　来　　句尾助

应中国政府的邀请缅甸友好代表团今天来北京了。

a²¹laiʔ⁴⁴：

用在名词、形容词后，表示动作按照各种具体条件分别实施。例如：

①ei²²thaũ²²　　a²¹lai?⁴⁴　　khwɛ⁵⁵we²²　　dɛ²²

　户　　　　状语助　　分配　　　　句尾助

　按户分配。

②de²²tθa?⁵⁵　　a²¹lai?⁴⁴　　sai?⁴⁴pjo⁵⁵　tɕa?⁵⁵　　dɛ²²

　地区　　　　状语助　　种植　　　　复数助　　句尾助

　按不同的地区来种植。

a²¹taĩ⁵⁵：

用在名词或名词性词组、代词后，表示照某种模式发出动作或依照某一种依据发出动作。例如：

①si²²mã²²geĩ⁵⁵　a²¹taĩ⁵⁵　shaũ²²jwɛ?⁴⁴　ja⁵⁵mɛ²²

　计划　　　　状语助　办　　　　　必须句尾助

　要按计划办事。

②tθu?⁵⁵　　ŋ̊ũ²²dma⁵⁵dmɛ?⁴⁴　　a²¹taĩ⁵⁵　lou?⁴⁴　ba²²

　他的　　指示　　名物化助　状语助　做　　　请

　按他的指示做吧。

a²¹ljau?⁴⁴：

用在名词后，表示随着条件不同，自然发生某种动作或变化。例如：

pã⁵⁵　　mja⁵⁵　　dði²²　　ja²²dði²²　　a²¹ljau?⁴⁴

花　　复数助　　主语助　季节　　　状语助

phu⁵⁵pwĩ⁵³　tɕa?⁵⁵　　dði²²

开放　　　复数助　　句尾助

各种花朵按季节开放。

1.5 补语助词：表示动作的程度、结果和趋向。缅甸语中补语助词数量较少，常用的只有：

书面语体	口语体
aũ²²	aũ²²
luʔ⁵⁵mǎ²¹taʔ⁴⁴	luʔ⁵⁵mǎ²¹taʔ⁵⁵
luʔ⁵⁵khǎ²¹mã⁵⁵	luʔ⁵⁵khǎ²¹mã⁵⁵
luʔ⁵⁵ni⁵⁵pa⁵⁵	luʔ⁵⁵ni⁵⁵pa⁵⁵

aũ²²:

用在动词、形容词后，表示动作或性状达到某一程度或结果。例如：

①waʔ⁵⁵　　aũ⁵⁵　　sa⁵⁵　　　ba²²

　饱　　　补语助　吃　　　请

　请你吃个饱。（程度）

②mwe²²　go²²　　tθe²²　aũ²²　　jaiʔ⁴⁴　ba²²

　蛇　　宾语助　死　补语助　打　　请

　请把蛇打死。（结果）

luʔ⁵⁵mǎ²¹taʔ⁴⁴、luʔ⁵⁵khǎ²¹mã⁵⁵、luʔ⁵⁵ni⁵⁵ba⁵⁵:

用在动词、形容词后，表示动作或性状的程度达到某个程度。luʔ⁵⁵mǎ²¹taʔ⁴⁴、luʔ⁵⁵khǎ²¹mã⁵⁵、luʔ⁵⁵ni⁵⁵ba⁵⁵可以互相替换。例如：

①tθe²²　luʔ⁵⁵mǎ²¹taʔ⁴⁴　na²²　tɕĩ²²　kaiʔ⁴⁴　khɛ⁵⁵

　死　补语助　　　疼　痛　疼　痛

dði²²（dɛ²²）

句尾助

疼得要死。

②na⁵⁵kwɛ⁵⁵luʔ⁵⁵khǎ³¹mã⁵⁵（luʔ⁵⁵mǎ²¹taʔ⁴⁴、luʔ⁵⁵ni⁵⁵ba⁵⁵）

　耳朵破裂状语助

ɔ⁵⁵ba²²　tθã²²　　pe⁵⁵　　laiʔ⁴⁴　　dði²²

掌　　　声　　　给　　　助动　　　句尾助

掌声震耳欲聋。

1.6 引语助词。缅甸语中专门表示引用别人的话、文章等或表示一种命名和称呼的句子称为引语句。引语句都需要有引语助词来表示引用或命名部分。常用的引语助词有：

书面语体	口语体
$xu?^{55}$	$lo?^{55}$
$xu^{22}jwe?^{55}$	$lo?^{55}/j\varepsilon^{22}lo?^{55}/sho^{22}pji^{55}$

$xu?^{55}$：

（口语体用$lo?^{55}$）用在名词或句子后，表示引用某一内容或思想活动等。例如：

①$t\theta u?^{55}$　$na^{22}mi^{22}$　$mau^{22}la?^{55}$　$lu?^{55}$　kho^{22}　$d\varepsilon^{22}$

　他的　　名字　　　貌拉　　　引语助　叫　　句尾助

　他的名字叫貌拉。

②ba^{22}　$lou?^{44}$　$m\check{a}^{21}l\varepsilon^{55}$　$lo?^{55}$　$t\theta u^{22}$　$ga?^{55}$

　什么　做　　句尾助　　引语助　他　　主语助

　me^{55}　$d\varepsilon^{22}$

　问　　句尾助

　他问干什么。

$xu^{22}jwe?^{55}$：

（口语体用$lo?^{55}$、$j\varepsilon^{22}lo?^{55}$、$sho^{22}pji^{55}$）用在名词或句子后，①表示直接引用别人的话；②表示名称；③表示一种情况、想法。例如：

（1）表示直接引用别人的话。

①$na?^{55}ne^{22}$　　$shwe^{55}nwe^{55}$　　$t\varphi a?^{55}$　　mi^{22}（me^{22}）

　下午　　　　讨论　　　　　复数助　句尾助

　$xu^{22}jwe?^{55}$（$lo?^{55}$）$t\theta u^{22}$　$ga?^{55}$　pjo^{55}　$d\check{d}i^{22}$（$d\varepsilon^{22}$）

引语助　　　　　　　他　　主语助　说　　句尾助

他说大家下午将进行讨论。

②mǎ^{21}nɛʔ^{44}phjã^{22}　la^{22}　　　mɛ^{22}　　　loʔ^{55}　　　　tθu^{22}

明天　　　　　　　　来　　句尾助　引语助　　　他

gaʔ^{55}　　pjɔ^{55}　　dɛ^{22}

主语助　　说　　　句尾助

他说明天来。

（2）表示名称。

①zǎ^{21}ba^{55}　　mǎ^{21}　　çiʔ^{55}　　l̩jĩ^{22}　　shã^{22}　　xu^{22}jweʔ^{55}

稻谷　　　　　没　　　有　　　如果　　大米　　引语助

mǎ^{21}　　çiʔ^{55}　　naĩ^{22}

没　　　有　　　可能

没有稻谷的话不可能有大米。

②sa^{22}tçiʔ^{55}taiʔ^{44}　　m̩a^{22}　　　　shǎ^{22}sha^{44}　sa^{22}phaʔ^{44}

图书馆　　　　　　状语助　　教师　　　　阅览

khã^{55}　　tçaũ^{55}dða^{55}　sa^{22}phaʔ^{44}　khã^{55}　　sa^{22}ouʔ^{44}

室　　　学生　　　　阅览　　　室　　　书

ŋʌa^{55}　khã^{55}　je^{22}loʔ^{55}　khwɛ^{55}　tha^{55}　dɛ^{22}

借　　室　　引语助　　分　　　着　　句尾助

图书馆分教师阅览室、学生阅览室、借书室。

（3）表示一种情况、想法。

①tθu^{22}　gaʔ^{55}　　　bɛ^{22}　　doʔ^{55}　　m̩aʔ^{55}　nauʔ^{44}tçaʔ^{55}

他　　主语助　任何　　时候　　都　　　迟到

dɛ^{22}　　loʔ^{55}　　　mǎ^{21}　　çiʔ^{55}　　ba^{22}

句尾助　引语助　　没　　　有　　　助

他从来都不迟到。

②miʔ^{55}miʔ^{55}　ko^{22}　　go^{22}　　xouʔ^{44}l̩aʔ^{55}　bji^{22}

自己		身体	宾语助	了不起		了
xu²²jweʔ⁵⁵		thĩ²²	miʔ⁵⁵	ba²²		dði²²
引语助		认为	助动	助		句尾助

他自以为了不起。

2

由于结构助词能指明句子成分的属性,因而在它的帮助下,可以使句子成分在句中具有一定的可移动性。也就是说,同样一种结构关系,可有两种不同的语序。主要有以下几方面:

2.1 在缅甸语中,主语一般都位于宾语前。但加了结构助词的宾语,可提到主语的前面。试比较下列例句:

① tɕǎ²²nɔ²²　ɡaʔ⁵⁵　　tθuʔ⁵⁵　　ɡo²²　　　me⁵⁵　dɛ²²
　　我　　　主语助　　他　　宾语助　　问　　句尾助
　　我问他。

② tθuʔ⁵⁵　ɡo²²　　　tɕǎ²²nɔ²²　ɡaʔ⁵⁵　　me⁵⁵　dɛ²²
　　他　宾语助　　我　　　主语助　　问　　句尾助
　　我问他。

2.2 形容词修饰名词时,不加结构助词时,只能位于名词的后面,加了结构组词可移到名词的前面。例如:

① pã⁵⁵wa²²
　　黄花

　　wa²²　　dðɔ⁵⁵（dɛʔ⁵⁵）　　pã⁵⁵
　　黄　　　的　　　　　　花

② o⁵⁵dɱi⁵⁵
　　大锅

　　dɱi⁵⁵　　dɛʔ⁵⁵　　　　o⁵⁵

　大　　　　　的　　　　　锅

2.3 表示性状、时间、地点、原因、目的、凭借的工具或方式、从由、身份、依据、关联（对比）的状语，限制动词时，一般位于主语后动词谓语前，加了结构助词后，可把状语提到主语前面。例如：

①tɕaũ⁵⁵dðu²²　tɕaũ⁵⁵dða⁵⁵　mja⁵⁵　　gaʔ⁵⁵
　女生　　　　　男生　　　　　们　　　主语助
　sa²²tθĩ²²gã⁵⁵　m̥a²²　thaĩ²²　ne²²　tɕaʔ⁵⁵　dɛ²²
　教　室　　　状语助　坐　着　复数助　句尾助
学生们在教室里。
　sa²²tθĩ²²gã⁵⁵　m̥a²²　tɕaũ⁵⁵dðu²²　tɕaũ⁵⁵dða⁵⁵
　教　室　　　状语助　女生　　　　　男生
　mja⁵⁵　gaʔ⁵⁵　　thaĩ²²　ne²²　tɕaʔ⁵⁵　dɛ²²
　们　　主语助　坐　着　复数助　句尾助
学生们在教室里。

②maũ²²baʔ⁵⁵　　gaʔ⁵⁵　　maũ²²wĩ⁵⁵maũ²²　thɛʔ⁴⁴
　貌巴　　　　主语助　貌温貌　　　　状语助
　poʔ⁵⁵　dɛ²²
　矮　　句尾助
貌巴比貌温貌矮。
　maũ²²wĩ⁵⁵maũ²²　thɛʔ⁴⁴　　maũ²²baʔ⁵⁵　gaʔ⁵⁵
　貌温貌　　　　状语助　貌巴　　　主语助
　poʔ⁵⁵　　dɛ²²
　矮　　句尾助
貌巴比貌温貌矮。

③le²²tθǎ⁵⁵ma²²　mja⁵⁵　gaʔ⁵⁵　　ja²²dði²²　a²¹laiʔ⁴⁴
　农民　　　　们　　主语助　季节　　状语助

tθi⁵⁵n̥ã²²　　　sai?⁴⁴pjo⁵⁵　　tça?⁵⁵　　　　dɛ²²

庄稼　　　　　种植　　　　　复数助　　　句尾助

农民们按季节的变化种植庄稼。

a²²dði²²　a²¹lai?⁴⁴　lɛ²²tθã⁵⁵ma²²　mja⁵⁵　　ga?⁵⁵

季节　　状语助　　农民　　　　　们　　　主语助

tθi⁵⁵n̥ã²²　　sai?⁴⁴pjo⁵⁵　　tça?⁵⁵　　　dɛ²²

庄稼　　　　种植　　　　　复数助　　　句尾助

农民们按季节的变化种植庄稼。

2.4 结构助词出现在句中有一定的条件,不是所有的句子成分后面都要用结构助词。具体分述如下:

2.4.1　主语助词和宾语助词用与不用,主要有以下几个条件。

(1) 主语和宾语都是能发出施动行为的动物,而二者又容易发生混淆时,则需加主语、宾语助词,或只加宾语助词,或只加表施动的助词,若两者不容易发生混淆,则可不加。例如:

①tçã²²nɔ²²　do?⁵⁵　(ga?⁵⁵)　　tθu²²　do?⁵⁵　go²²

我　　　　们　　(主语助)　他　　们　　宾语助

tθwa⁵⁵　ku²²n̥i²²　　dɛ²²

去　　　帮助　　　句尾助

我们去帮助他们。

②tçaũ²²　(ga?⁵⁵)　tçwɛ?⁴⁴　(ko²²)　　sa⁵⁵　dɛ²²

猫　　　(主语助)　老鼠　　(宾语助)　吃　　句尾助

猫吃老鼠。

(2) 主语或宾语是词组或句子形式时,一般需加主语助词和宾语助。例如:

①tθã⁵³çĩ⁵⁵　　dm̥ĩ⁵⁵　　　　xa²²　　tçã⁵⁵ma²²　dm̥ĩ⁵⁵

卫生　　　　名物化助　　　主语助　健康　　　名物化助

jɛʔ⁵⁵　　　　aʔ²¹tɕhe²²gã⁵⁵　　phjiʔ⁴⁴　　　　tɛ²²

定语助　　基础　　　　　　　是　　　　　句尾助

卫生是健康的基础。

②tɕǎ²²nɔ²²　　ɕĩ⁵⁵pjaʔ⁵⁵　　da²²　　　　　　go²²　　　　kaũ⁵⁵

我　　　　　讲解　　　　名物化助　宾语助　好

gaũ⁵⁵　　　　na⁵⁵thaũ²²　　tɕaʔ⁵⁵　　　　ba²²

好　　　　　听　　　　　复数助　　　请

大家好好听我讲解。

（3）并列句中分别叙述不同的主语或列举几个主语发出不同的动作时，一般需要加主语助词，宾语助词可加可不加。例如：

①tθu²²　　gaʔ⁵⁵　　mjoʔ⁵⁵　　thɛ⁵⁵　　tθwa⁵⁵　　dɱĩ²²

他　　　主语助　城　　　里　　　去　　　想

pe²²mɛʔ⁵⁵　　　tɕǎ²²nɔ²²　　gaʔ⁵⁵　　　mǎ²¹　　tθwa⁵⁵

虽然…但是　　　我　　　　　主语助　　不　　　去

dɱĩ²²　　　　bu⁵⁵

想　　　　　句尾助

他想去城里，我却不想去。

②tθu²²　　gaʔ⁵⁵　　　　　aʔ²¹louʔ⁴⁴tθǎ⁵⁵ma⁵⁵　tɕǎ²²nɔ⁵⁵

他　　　主语助　　　　工人　　　　　　　我

gaʔ⁵⁵　　　tɕaũ⁵⁵šǎ²²ja⁵⁵　　　　ba²²

主语助　　教师　　　　　　　是

他是工人，我是教师。

（4）宾语是人称代词、人名、亲属称谓及其他有关人的名称或地名时，一般要加宾语助词。例如：

①tθu²²　　doʔ⁵⁵　　go²²　　　pjo⁵⁵pjaʔ⁵⁵　　laiʔ⁴⁴　　ba²²

他　　　们　　　宾语助　告诉　　　　助动　　　请

请你告诉他们一下。

②tçă²²nɔ²²　　 gaʔ⁵⁵　　　maũ²²so⁵⁵　go²²　　　sa²²　je⁵⁵

　我　　　　主语助　　貌梭　　　宾语助　信　写

pe⁵⁵　　　　dɛ²²

给　　　　　句尾助

我给貌梭写信。

③tçă²²nɔ²²　　za²²tiʔ⁵⁵　go²²　　　tθǎ²¹diʔ⁵⁵jaʔ⁵⁵　dɛ²²

　我　　　　家乡　　宾语助　　想念　　　　　　句尾助

我想念家乡。

（5）宾语是不能发出施动行为的事物时，一般可不加宾语助词。例如：

①tçă²²nɔ²²　　bǎ²²ma²²　ba²²dða²²　　tθĩ²²　ju²²　dɛ²²

　我　　　　缅甸　　　语　　　　学　　拿　句尾助

我学习缅甸语。

②tθu²²　do?⁵⁵　kauʔ⁴⁴　saiʔ⁴⁴　ne²²　tçaʔ⁵⁵　dɛ²²

　他　　们　　秧　　　栽　　　着　　复数助　句尾助

他们在插秧。

（6）出现双宾语助时，需加间接宾语助词，直接宾语助词可不加，这时间接宾语助词用go²²。例如：

di²²　　sa²²　　ou?⁴⁴　（go²²）　　　　maʔ⁵⁵mjĩ⁵³wĩ⁵⁵

这　　书　　本　　（直接宾语助）　玛敏雯

go²²（a⁵⁵）　　　pe⁵⁵　ba²²

（间接）宾语助　给　请

请你把这本书给玛敏雯。

2.4.2　定语助词用与不用，主要有以下几个条件。

（1）定语表示性质、状态等特征时，若放在中心词前，则需加定语助词dðɔ⁵⁵（口语体用dɛʔ⁵⁵）；若放在中心词后，则可不加。例如：

zǎ²¹bwɛ⁵⁵　　　　dɲi⁵⁵

桌子　　　　　　　大

大桌子

dɲi⁵⁵　　　　dðɔ⁵⁵（dɛʔ⁵⁵）　　　zǎ²¹bwɛ⁵⁵

大　　　　　定语助　　　　　　桌子

大的桌子

（2）定语表示领属时，一般需加定语助词iʔ⁵⁵（口语体用jɛʔ⁵⁵）。若定语是表示领格的人称代词，则定语助词可加可不加（表示领格的人称代词开元音低平调变带喉塞韵尾的高平调，带鼻化元音的低平调变高降调）。例如：

①me²²me²²　　　jɛʔ⁵⁵　　　lɛʔ⁴⁴　　　suʔ⁴⁴

妈妈　　　　　定语助　　　手　　　　镯

妈妈的手镯

②tθuʔ⁵⁵（原为tθu²²）　　　phe²²　　　phe²²

他　　　　　　　　　　爸　　　　爸

他的爸爸

（3）定语表示类别、数量等特征时，不加定语助词。例如：

①mjã²²mja²²　　　sa²²

缅　　　　　　文

缅文

②tθoũ⁵⁵　　　jɛʔ⁴⁴

三　　　　　天

三天

（4）定语表示时间、地点等特征时，需加结构助词gaʔ⁵⁵。例如：

①mǎ²¹nɛʔ⁴⁴phjã²²　gaʔ⁵⁵　　　si⁵⁵we⁵⁵pwɛ⁵⁵　go²²

明天　　　　　　　定语助　会议　　　　　　宾语助

mǎ²¹　　lou?⁴⁴　　dɔ?⁵⁵　　bu⁵⁵

不　　　　开　　　　助　　　　句尾助

明天的会不开了。

②ɛ?⁵⁵khã⁵⁵　　ga?⁵⁵　　lu²²　　twe²²　　zǎ⁵⁵ga⁵⁵

客厅　　　　定语助　人　　们　　　　话

pjɔ⁵⁵　　ne²²　　tɕa?⁵⁵　　dɛ²²

说　　　着　　　复数助　　句尾助

客厅的人们正说着话。

（5）词组或句子形式作定语时，需加结构助词dðɔ⁵⁵（口语体用dɛ?⁵⁵）或m̥a?⁵⁵（口语体用ga?⁵⁵）。例如：

①tθu²²　dɔ?⁵⁵　pha?⁴⁴　ne²²　dðɔ⁵⁵（dɛ?⁵⁵）　sa²²　ou?⁴⁴

他　　们　　看　　着　　定语助　　　书　　本

他们正在看的书

②tɕǎ²²nɔ²²　ga?⁵⁵　ju²²nã²²taĩ⁵⁵　jĩ⁵⁵tθa⁵⁵lu²²mjo⁵⁵mja⁵⁵

我　　　　主语助　云南　　　　民族

tɛ?⁴⁴kǎ²²dðo²²　ga?⁵⁵　　　tɕaũ⁵⁵dða⁵⁵　ba²²

大学　　　　　定语助　　　学生　　　　是

我是云南民族大学的学生。

2.4.3　状语助词用与不用，主要条件是：

（1）状语说明动作行为进行的时间，其后面可加结构助词m̥a³³，也可不加。加了表示突出和强调。例如：

①tθu²²　n̥a?⁵⁵ne²²　taĩ⁵⁵（m̥a²²）　tɕã⁵⁵ma²²je⁵⁵

他　　下午　　　每　　（状语助）　身体

le?⁵⁵tɕĩ⁵³　　dɛ²²

锻炼　　　　句尾助

他每天下午锻炼身体。

②tɕă²²nɔ²²　　să²²ne²²neʔ⁵⁵（m̥a²²）la²²　oũ⁵⁵mɛ²²

我　　　　星期六　（状语助）来　还要　句尾助

我星期六再来。

（2）状语说明动作行为进行的地点，其后面一般要加结构助词twĩ³³（口语体用m̥a³³）。若状语后加了方位名词，则可不加结构助词。例如：

①tθu²²　　gaʔ⁵⁵　　eĩ²²　　m̥a²²　　ɕiʔ⁵⁵　　dɛ²²

他　　主语助　家　　状语助　在　　　句尾助

他在家。

②pho⁵⁵pho⁵⁵　a²¹khã⁵⁵　thɛ⁵⁵（m̥a²²）ne²²　　dɛ²²

爷爷　　　屋　　里　（状语助）在　　　句尾助

爷爷在屋里。

（3）状语说明动作行为进行的原因，其后面一般要加结构助词tɕaũ⁵³、n̥ĩ⁵³（口语体用neʔ⁵⁵）。例如：

①tθuʔ⁵⁵　　tɕaũ⁵³　　tɕă²²nɔ²²　a²²we²²phã²²　khã²²

他　　状语助　我　　　批评　　　　受

jaʔ⁵⁵　　dɛ²²

挨　　　句尾助

因为他挨了批评。

②tθu²²　　gaʔ⁵⁵　　ŋʌɛʔ⁴⁴phja⁵⁵　jɔ⁵⁵ga²²　neʔ⁵⁵　　tθe²²

他　　主语助　疟　　　疾　　状语助　死

tθwa⁵⁵　dɛ²²

去　　　句尾助

他因患疟疾而死了。

（4）状语说明动作行为的目的，其后面一般要加结构助词a²¹twɛʔ⁴⁴、jã²²（boʔ⁵⁵）。例如：

①mă²¹nɛʔ⁴⁴phjã²²　　si⁵⁵we⁵⁵bwɛ⁵⁵　　a²¹twɛʔ⁴⁴

明天　　　　　　　会议　　　　　状语助

pjĩ²²shĩ²²　　ne²²　　dɛ²²

准备　　　　　着　　　　句尾助

为明天的会议做准备。

②sa²²me⁵⁵bwɛ⁵⁵phje²²　jã²²（boʔ⁵⁵）　sa²²　tɕɛʔ⁴⁴

考试　　　　　　　状语助　　　　功课　复习

dði²²（dɛ²²）

句尾助

为考试而复习。

（5）状语说明动作行为进行的方式或使用的工具。其后面一般要加结构助词n̥ĩ⁵³（nɛʔ⁵⁵）、phjĩ⁵³（nɛʔ⁵⁵）。例如：

①tθu²²　gaʔ⁵⁵　　a²²tθã²²　to⁵⁵do⁵⁵　n̥ĩ⁵³（nɛʔ⁵⁵）

他　主语助　声音　低低　　状语助

pjɔ⁵⁵　dɛ²²

说　　句尾助

他小声地说。

②da⁵⁵　nĩ⁵³（nɛʔ⁵⁵）　wa⁵⁵　khouʔ⁴⁴　dði²²（dɛ²²）

刀　状语助　　　　竹子　砍　　　句尾助

用刀砍竹子。

（6）状语说明动作行为的出发点，动作行为延伸到某个时间、地点或达到某种程度（结果），其后面要加结构助词。例如：

①tɕă²²nɔ²²　gaʔ⁵⁵　　pi²²kĩ⁵⁵　gaʔ⁵⁵　　pjã²²　la²²

我　　主语助　北京　状语助　回　　来

da²²　　ba²²

的　　是

我是从北京回来的。

②tɕă²²nɔ²²　doʔ⁵⁵　khũ²²mĩ⁵⁵　gaʔ⁵⁵　　çã²²xɛ⁵⁵

我	们	昆明	状语助	上海
a²¹thiʔ⁵⁵	mi⁵⁵	jǎ²¹tha⁵⁵	si⁵⁵	dɛ²²

状语助	火	车	乘	句尾助

我们从昆明坐火车到上海。

（7）状语说明动作行为的趋向时，可加可不加结构助词。例如：

① tɕaũ⁵⁵　　（dðoʔ⁵⁵）　　tθwa⁵⁵　　dði²²

　　去　　　　（状语助）　　去　　　句尾助

去学校。

② eĩ²²　　（go²²）　　pjã²²　　dɛ²²

　　家　　（状语助）　　回　　句尾助

回家。

（8）状语表示事物的性质、状态的对比时，其后需加结构助词。例如：

① di²²　　sa²²　　ouʔ⁴⁴　　gaʔ⁵⁵　　xo²²　　sa²²　　ouʔ⁴⁴

　这　　书　　本　　主语助那　　书　　本

thɛ²⁴⁴　　thu²²　　dɛ²²

状语助　　厚　　句尾助

这本书比那本书厚。

② tθu²²　　je⁵⁵　　da²²　　gaʔ⁵⁵　　tɕǎ²²nɔ²²　　je⁵⁵　　da²²

　他　　写　　的　　主语助　　我　　　　写　　的

lauʔ⁴⁴　　mǎ²¹　　l̩aʔ⁵⁵　　bu⁵⁵

状语助　　不　　漂亮　　句尾助

他写的没有我写的漂亮。

（9）状语表示动作行为的依据，其后需加结构助词。例如：

① tɕaũ⁵⁵　　si⁵⁵gã⁵⁵　　tθaʔ⁴⁴m̩ aʔ⁴⁴　　tɕhɛʔ⁴⁴　　a²¹jaʔ⁵⁵

　学校　　纪律　　规定　　名物化助　　状语助

tɕaũ⁵⁵dða⁵⁵　　mja⁵⁵　　gaʔ⁵⁵　　　　a²¹jɛʔ⁴⁴　　mǎ²¹

学生　　　　　们　　　　主语助　酒　　　　不

tθauʔ⁴⁴　　ja²²　　　buʔ⁵⁵

喝　　　　得　　　　句尾助

依照学校的规定学生不能喝酒。

②tθu²²　　pjɔ⁵⁵　　dɛʔ⁵⁵　　a²¹taĩ⁵⁵　　louʔ⁴⁴　　ba²²

他　　说　　定语助　状语助　　做　　请

请按他说的做吧！

（10）状语说明动作行为分配的数量单位，一般可加可不加结构助词。例如：

①tǎ²¹　jauʔ⁴⁴　　ko²²　　　　ŋwe²²　jã²²　ŋa⁵⁵　shɛ²²

一　　人　　　宾语助　　钱　　元　五　十

（tɕaʔ⁵⁵）　　　pe⁵⁵　　　dɛ²²

（状语助）　　给　　　句尾助

每人给五十元钱。

②kǎ⁵⁵le⁵⁵　tǎ²¹　jauʔ⁴⁴　ko²²　　dðǎ²¹dɱa⁵⁵loũ⁵⁵

小孩　　一　　　个　　　宾语助　水果糖

ŋa⁵⁵　　loũ⁵⁵　　（tɕaʔ⁵⁵）　　pe⁵⁵　　dɛ²²

五　　　个　　　（状语助）　给　　句尾助

每个小孩给五个水果糖。

（11）补语和引语后面的结构助词一般都不能省略。例如：

①di²²　phaʔ⁴⁴sa²²　go²²　　　　a²¹luʔ⁴⁴　jaʔ⁵⁵　aũ²²

这　课文　　　宾语助　　背　　　得　　补语助

tɕɛʔ⁴⁴　　jaʔ⁵⁵　　mɛ²²

背诵　　要　　句尾助

这篇课文要背熟。

②tθu²²　gaʔ⁵⁵　　tɕǎ²¹nɔʔ⁵⁵　go²²　　　ba²²　　wɛ²²

他　　　主语助　　我　　　　　宾语助　　什么　　买
mǎ²¹lɛ⁵⁵　　loʔ⁵⁵　　　　meˉ⁵⁵　　　　dɛ²²
句尾助　　　引语助　　问　　　　句尾助
他问我要买什么？

3

缅甸语有将近千年文献记载的历史，从早期（蒲甘时期）的碑文中我们可以看出缅甸语的结构助词已经比较丰富了。碑文中已经出现主语助词saŋ（现读dði³³）；宾语助kiuw（按碑文语音构拟撰写）、a；定语助词表修饰关系的sɔ（按碑文语音构拟撰写，现读dðɔ⁵⁵）；表领属关系的eʔ和i（按碑文语音构拟撰写，现读iʔ⁵⁵）；状语助词hniuk（现读ŋ̊ aiʔ⁵⁵）、phlang（现读phjĩ⁵³）；补语助词ɔŋ（现读aũ³³）；引语助词 xu（现读xuʔ⁵⁵）、xuujwe（现读xu³³jweʔ⁵⁵）等。例如：

3.1　主语助词

ii　　hmja　sɔ　　khiuw　tsa　kun　sɔ　　su　　tiuw　saŋ
此　　如　　的　　偷　　　吃　　全　　的　　者　　们　　主语助
kaa　　　　khjaṁsaa　　ra　　　aṁ　　　sate
语气助　　幸福　　　　得　　　助　　　语气助

希望如此以偷盗为生的人们也得到幸福。（《加苏瓦王敕令》第 25 行）

3.2　宾语助词

①ratana　suṁ　　paa　　kiuw　　raŋ　　ruj　　ʔajap　suṁ
宝贝　　　三　　　件　　　宾语助　针对　连　　寺庙　　三
paa　　plu　　sate
座　　　建造　语气助

针对佛法僧三宝，修建了三座庙。(《良渊侯女儿碑文》4—5行）

②thiuw   maŋ   kaa   kjɔn   suṁ   rwɔh   teh
　该　　　王　　语气助　奴隶　　三　　村　　语气助

paaj ma jaa   ʔaa   pij   eʔ
　王妃　　　宾语助　给　　句尾助

国王把三个奴隶村庄给了王妃。(《妙齐提碑文》第 8—9行）

3.3　定语助词

①ii   ŋaa   plu   sɔ   ŋaa   ʔa hluu   kɔŋ hmu   eʔ
　这　我　　做　定语助　我　　布施　　善事　　定语助

ʔa kliuw
　好处

这我所布施的善事的好处。(《萨布歪塔碑文》第 24 行）

②ŋa pu tat tsaṁ   sɔ   tshu   pij   sɔ   laj
　尔布达　　享受　定语助　奖品　给　　定语助　田

尔布达享受的奖品和被给的田。(《萨布歪塔碑文》第 6行）

3.4　状语助词

①praŋ   ʔa nɔk   phak   hlaŋ klah   niuk   maŋ
卑（市）西　　边　　勒加拉　　状语助　　王

krii   nij   taw   muu   i
大　　在　　助　　助　　句尾助

国王住在卑（市）的以西的勒加拉地方。(《底裟大法师碑文》正面，第 2 行）

②klɔk pu thiuw kiuw   kaa   tshij   rij   rujʔ
　石　浮屠　　宾语助　语气助　漆　绘　　连

　　krij　khraŋ̇　hnaŋʔ　khak　　eʔ

　　铜　　丝　　状语助　镶嵌　　句尾助

石浮屠彩绘之后再用铜丝镶嵌好。(《明阿南都碑文》东面，第9行)

③mjak tsij　phlaŋ　hru　kra　　ra tsij eʔ

　眼睛　　状语助　看　复数助助　得 使 句尾助

让他用眼睛看得见。(《登伽都女儿碑文》第8行)

④taw　siuw　　pli jruj sij kun khaṁ sɔ　　ta kaa

森林 状语助　跑 连 死 光 受　定语助 语气助

都跑向森林受死。(《底裟大法师碑文》正面，第25行)

　3.5　补语助词

Ɂanantapitsaŋ mahaapiuw　kiuw　　naŋ　　tiuw

阿南达比西摩诃波　　　宾语助　你　　们

ta rut　i　Ɂa laa　kiuw　si　　ɔŋ　　muu

中国　定语助 行踪　宾语助 知晓　补语助 进行

lij　　hu　　tsij　tɔ　　muu　　i

语气助　引语助 派　助　助　　句尾助

(国王)派阿南达比西摩诃波，并对他说："你们去了解以下中国军队的行踪。"(《底裟大法师碑文》正面，第3行)

　3.6　引语助词

①tsaa　pij　sɔ　　te　　hu　　min　　i

　食　给　定语助 语气助 引语助 命令　句尾助

命令道："给他吃"。(《德索山碑文》背面，第9行)

②ŋaa　tiuw　tan man muu hljaŋ　Ɂaṁ　huu ruj

　我　们　　使臣　做　助　语气助　引语助

su waṅ ṇa lip plu ruj ŋaa kiuw hlwat i

书信　　　写　连　我 宾语助 派遣　句尾助

他们对我说："（你）做我们的使臣。"于是写书信派我去。（《底裟大法师碑文》正面，第 11 行）

从来源上看，多数结构助词是原来就有了或者产生的时间比较早，有少量的结构助词是后来才产生的。从文献中可以看出，有些结构助词是通过动词虚化而来的。如定语助词 $ci\text{ʔ}^{55}$，状语助词 $t\varsigma a\text{ʔ}^{55}$ 和 $a^{21}phji\text{ʔ}^{44}$ 都是动词虚化而来的。

$ci\text{ʔ}^{55}$ 在早期的碑文中写作 hij，意思是"有"。例如：

①liw　mjak hnaa　hij　sɔ　　kuu　le　ta　　luṁ

　四　面　　　　有　定语助　洞穴　也　一　　个

plu　　eʔ

建造　　句尾助

还建造了有四面的一个洞穴（之塔）。（《德钦普瓦娑碑文》第 7—8 行）

②ʔat shuu　hij　sɔ　　　krim luṁ

　刺　　　有　定语助　藤鞭

带刺的藤鞭。（《《加苏瓦王敕令》第 51 行》

在现代缅甸语中除了还保留"有"这个意思以外，虚化变为定语助词，用来表示存在，相当于汉语中的"位于……的"或"处于……的"。例如：

①tçǎ ^{22}nɔ^{22}　sa^{22}　ouʔ^{44}　tǎ ^{21}　ouʔ^{44}　ciʔ^{55}　dɛ^{22}

　我　　　书　本　　一　　本　有　句尾助

我有一本书。

②a^{21}pho^{55}o^{22}　tǎ ^{21}jauʔ^{44}　dði^{22}　　mǎ ^{21}ni^{55}mǎ ^{21}we^{55}

　老头　　　一个　　　　主语助　不远处

ciʔ^{55}　　tçauʔ^{44}doũ ^{55}　dmi^{55}　pɔ^{22}　twĩ ^{22}

定语助　石头　　　　　大　　上　　状语助

thaĩ ^{22}　ka^{22}　a^{21}pã ^{55}phje^{22}　ne^{22}　　iʔ^{55}

坐 连 休息 着 句尾助
有一个老头子正在不远处的大石头上坐着休息。

tɕaʔ⁵⁵在早期的碑文中写作kla，意思为"到""落下"。例如：

①kha paŋ tsuṁ kla sɔ tsa paa taŋ ta
所有 全部 到 定语助 谷子 箩 一
raa suṁ tshaj
百 三 十
所有的谷子到一百三十箩。（《米普拉唆碑文》第 31~32 行）

②tats hnats kla sɔ tsa paa taŋ lij tshij
一 年 到 定语助 谷子 箩 四 十
到一年的谷子有四十箩。（《米普拉唆碑文》第 25 行）

③kla sɔ khrij
落 定语助 脚
掉落的脚。（《萨布歪貌塔碑文》第 6 行）

在现代缅甸语中tɕaʔ⁵⁵作动词用时有许多意思，如有"掉落""到""牺牲"等等，此外虚化变为状语助词，表示分配到每一单位的量。例如：

①tθă²¹jɛʔ⁴⁴tθi⁵⁵ tθiʔ⁴⁴pĩ²² po²² gaʔ⁵⁵ tɕaʔ⁵⁵
芒果 树 上 状语助 掉落
la²² dɛ²²
来 句尾助
芒果从树上掉下来。

②tɕă²¹nɔʔ⁵⁵ a²¹l̥ɛʔ⁵⁵ tɕaʔ⁵⁵ bji²²
我 轮到的机会 到 了
轮到我了。

③tai?⁴⁴pwɛ⁵⁵　　m̥a²²　　　tɕa?⁵⁵　　tθwa⁵⁵　　dɛ²²

　战斗　　　　状语助　　牺牲　　　掉　　　句尾助

　在战斗中牺牲了。

④tă²¹　　jau?⁴⁴　　ko²²　　ĩ⁵⁵dm̩i²²　　tă²²　　thɛ²²

　一　　　个　　　宾语助　　衣服　　　一　　　件

　tɕa?⁵⁵　　wɛ²²　　pe⁵⁵　　dɛ²²

　状语助　　买　　　给　　　句尾助

　每人买给一件衣服。

　　由于我们掌握的古缅文文献有限，还不能全面地考查缅甸语结构助词的来源和演化过程。在此仅对个别结构助词的来源作初步的探讨，今后还需要做进一步深入研究。

参考文献

戴庆厦　1990　《缅彝语的结构助词》，载于 2004《藏缅语族语言研究（三）》，昆明：云南民族出版社。

北京大学东方语言文学系缅甸语教研室编　1990　《缅汉词典》，北京：商务印书馆。

汪大年　1997　《缅甸语概论》，北京：北京大学出版社。

（岳麻腊　云南民族大学东南亚南亚语言文化学院　昆明　650000）

澳门地方普通话若干语法特点略析①

周荐

1

澳门原属广东香山县，早在春秋战国时期，香山已属百粤海屿之地。约在公元前三世纪，澳门已入中国版图，属南海郡番禺县地。晋元熙二年（公元420年），澳门属新会郡封乐县地。隋开皇十年（590年），废新会郡改属宝安县地。唐至德二年（757年），废宝安县，改为广州东莞县辖。自南宋开始，澳门始隶属广东省广州香山县。元代属广东道宣慰司广州路，路治广州；明代属广州府；清朝后期前属广肇罗道广州府，道治肇庆，府治广州。1557年，葡萄牙人向当时的明政府取得居住权，成为第一批进入中国的欧洲人。从彼时始，澳门正式开埠，逐渐发展成为中国与西方进行中西文化交流的桥头堡。澳门由澳门半岛和离岛构成。1840年的澳门半岛面积仅有2.78平方公里。从1866年开始，澳门不断填海造地，到2011年，根据澳门统计暨普查局的数字，澳门面积已达29.9平方公里，这一数字还未将

———————————
① 本文为国家社科基金重大项目"全球华语语法研究"（批准号 11&ZD128）之子课题"澳门卷"的阶段成果。

1.1平方公里的澳门大学新校区以及正在进行的填海工程的澳门新城区包括在内。澳门首次人口普查始于1867年，当时的居住人口约为80，000人。2013年12月31日，常住人口已达607，500人。澳门虽小，但它无论是历史上还是当代都是中西文化碰撞的所在，语言情况比较复杂。

澳门是1999年回归祖国的。回归前和回归后，澳门语言使用的情况，尤其是普通话在澳门的地位，是不一样的。回归前普通话从法律上看没有任何的官方地位，也基本上没有得到当地市井百姓的认可。无论回归前还是回归后，澳门社会都有"中文"一词用以指称本地人所用的语言。回归前，澳门社会提到的"中文"，所指的其实就只是粤语。中文，虽然是当时占90%以上的人口所用的语文，但却是没有官方法律地位的语文。粤语在当时仅仅是普通百姓的语言，正式的社交场合、官场上、法庭上，甚至官办的教育场所，葡萄牙语、英语才是正式语文。澳葡政府时期，"中文"没有法律地位这一点从下列情况可见一斑：正式社交场合和官场上以葡语、英语为交际语；法庭上，以中文为母语的当事人皆须配备葡语（或英语）传译，反之，以葡语（英语亦然）为母语的当事人，则无须配备中文传译；公立学校一概以葡文、英文为教学媒介语，华文教学只存在于私立学校。回归后，澳门社会提到的"中文"，所指虽不确指是粤语还是普通话，但是，"中文"的地位已然发生了根本性的改变，即发生了地位由低向高攀升的转变。变化似乎是在澳门回国祖国的消息一经确认后旋即发生，随着1999年澳门的回归，情况更发生了瞬时的逆转：中文上升为官方语言，而且是第一官方语言。官方语言，《基本法》的表述为"正式语文"。这里所出现的虽然仍旧是"中文"的字样，而未见"普通话"的字样，但是整个澳门社会对普通话的接受度、依赖度在逐年上升，现在凡受过教育的人几乎无人不会说普通话，只有程度上的差别而已。

最近这二十余年来，澳门常住人口的语言选择发生了一些显著的变化。这一变化情况从下面的语言使用情况一览表中可见一斑：

	1991	1996	2001	2006	2011
广东话	85.8%	87.1%	87.9%	85.7%	83.3%
普通话	1.2%	1.2%	1.6%	3.2%	5.0%
其他中国方言	9.6%	7.8%	7.6%	6.7%	5.7%
葡语	1.8%	1.8%	0.7%	0.6%	0.7%
英语	0.5%	0.8%	0.7%	1.5%	2.3%
其他	1.1%	1.3%	1.7%	2.3%	3.0%

（数据源：澳门统计暨普查局《1991 澳门人口普查》《1996 中期人口统计总体结果》《2001 人口普查总体结果》《2006 中期人口统计总体结果》和《2011 人口普查详细结果》）。目前，澳门社会通行的语文有所谓"三文四语"之说。所谓"三文"，即中文、葡文、英文；所谓"四语"，即粤语、葡语、普通话、英语。[①] "三文"中，中文稳居第一。"四语"中，粤语的地位还是排在第一位的，但是普通话已成为本地许多人与其他地方的人们交际交流的工具，而且这个数字还在逐日升高，则是不争的事实。

---

① 能够说明"四语"在当今澳门人心目中的位置的一个鲜活的例子，是公交车上报站名时所选语种的顺序：粤语、葡语、普通话、英语。这或可说明：在相当一部分澳门人的心目中，能够与那个排位第一的正式语文"中文"划上等号的，其实并不是普通话，而是粤语。

2

　　回归后，不少澳门本地人在许多场合将普通话作为自己与外界交流（尤其是与母语非粤语的内地人交往时）的媒介语、交际语，从而在澳门社会出现了一种澳门地方普通话。澳门地方普通话，实际上是澳门母语为粤语者所说的一种普通话。澳门通行的这样一种普通话，可简称为"澳普"。"澳普"无论语音上、词汇上还是语法上，都有其一定的特点。由于澳门人的母语是粤语，澳门本地人又与广东境内的人们有着极为密切的联系，因此"澳普"的特点，很多情况下与广州人的普通话即"广普"的特点，或者说与绝大多数说粤方言的人的普通话即"粤普"的特点，有着某种近似甚至重合之处。"澳普"词汇的特点，首先表现在特有词语上。"澳普"特有词语，即为澳门普通话说者所常用，他处不用或不常用的词语。例如"便"（便宜）"过身"（过世）"落区"（下基层）"半程"（半段）"小手"（小偷、贼）"散钱"（零钱、零钞）"揭盅"（北方话所谓"揭锅"，普通话的"揭晓"）"工作天"（工作日）。词汇的特点也包括术语的运用。例如车辆违章被罚，内地说"罚款"，"澳普"叫"抄牌"；车辆的驾驶执照被吊扣，内地说"吊销驾照"，"澳普"叫"停牌"；提前排队以取得入场之类的券，内地没有专门的词语来称说，"澳普"说"拿筹"或"取筹"；因某种原因或目的而被用来作为陪衬的工具，内地有偏于消极性的"陪绑"，"澳普"则用无所谓积极性、消极性的"陪跑"；索要赔偿，"澳普"说"索偿"，而不像内地那样说"索赔"。词汇的特点，还包括一些因详略不同的说法而产生的差异。例如内地说的"预约"或"预订"，"澳普"都只说成"预"；茶餐厅等处出售的"牛肉河粉"，

"澳普"说成"牛河";"豆芽菜","澳普"说成"芽菜"。词汇的特点，还包括原也用于他处，现在他处罕用或不用而此处常用或独用的偏域词。①例如"冬日激赏大抽奖"中的"赏"，内地很少再用，但是"澳普"用，而且与"奖"并用，只不过两者的使用域有所区别而已。词汇的特点，还显现在因方言字而形成的特点上。例如"餸"，是"带送主食，使从口腔下到胃里的副食"的意思。"澳普"经常问"你吃什么餸？"而不说"你吃什么菜？"（但是注意："澳普"常说"你吃什么餸？"而不说"你吃乜菜？"）

"澳普"语音上的特点也有不少。粤语的声韵调系统与普通话比，相去较大，因此，"澳普"在声韵调上就存在着与普通话不相一致之处。粤语有声母 19 个，如下：b[p]，p[pʰ]，m[m]，f[f]，d[t]，t[tʰ]，n[n]，l[l]，g[k]，k[kʰ]，ng[ŋ]，h[h]，gw[kʷ]，kw[kʷʰ]，w[w]，z[ts]，c[tsʰ]，s[s]，j[j]。普通话不计零声母，有 21 个，如下：b [p]，p [pʰ]，m [m]，f [f]，d [t]，t [tʰ]，z [ts]，c [tsʰ]，s [s]，n [n]，l [l]，zh [tʂ]，ch [tʂʰ]，sh [ʂ]，r [ʐ]，j [tɕ]，q [tɕʰ]，x [ɕ]，g [k]，k [kʰ]，h [x]。粤语和普通话声母系统存在一定差别，这就导致一些"澳普"说者普通话声母中的一些音发不出来，只好用其母语的其他一些声母来替代，或所发声母与普通话声母距离较大。例如普通话"吃"的意思，粤语要说成"食"[sik⁶]。粤语中没有普通话的卷舌音，因此"澳普"说者常常将他们嘴里的"吃"发成[tɕʰi]。粤语和普通话的韵母系统差别更大一些。粤语有韵母 58 个，如下：aa[aː]，aai[aːi]，aau[aːu]，aam[aːm]，aan[aːn]，aang[aŋ]，aap[aːp̄]，aat[aːt̄]，aak[aːk̄]，ai[ɐi]，au[ɐu]，am[ɐm]，an[ɐn]，ang[ɐŋ]，ap[ɐp̄]，at[ɐt̄]，

---

① "偏域词"的说法，参考周荐《偏域词语说略》一文。

ak[ɐk̚], e[ɛː], ei[ei], eu[ɛːu], em[ɛːm], eng[ɛːŋ], ep[ɛːp̚], ek[ɛːk̚], i[iː], iu[iːu], im[iːm], in[in], ing ɪŋ], ip[iːp̚], it[iːt̚], ik[ɪk̚], o[ɔː], oi[ɔːi], ou[ou], om[ɔːm], on[ɔːn], ong[ɔːŋ], op[ɔːp̚], ot[ɔːt̚], ok[ɔːk̚], oe[œː], oeng[œːŋ], oek[œːk̚], eoi[ɵy], eon[ɵn], eot[ɵt̚], u[uː], ui[uːi], un[uːn], ung[ʊŋ], ut[uːt̚], uk[ʊk̚], yu[yː], yun[yːn], yut[yːt̚], m[m], ng[ŋ]。普通话有韵母 39 个, 如下：i[i], u[u], ü[y], a[ä], ia[iä], ua[uä], o[ɔ], io[iɔ], uo[uɔ], e[ɤʌ], ê[ɛ], ie[iɛ], üe[yœ], er[ɑɹ], -i[ɿ], -i[ʅ], ai[aɪ], iai[iaɪ], uai[uaɪ], ei[eɪ], uei[ueɪ], ao [aʊ], iao [iaʊ], ou[oʊ], iou[ioʊ], an[än], ian[iɛn], uan[uän], üan[yɛn], en[ən], in[in], uen[uən], ün[yn], ang [ɑŋ], iang [iɑŋ], uang[uɑŋ], eng[ɤŋ], ing[iŋ], ueng[uɤŋ], ong[ʊŋ], iong[iʊŋ]。粤语和普通话韵母系统差异很大, 导致一些 "澳普" 说者普通话韵母中的一些发不出来, 所发出来的, 普通话母语者又听不大懂, 感觉既像粤语又像普通话, 如 "澳普" 说者嘴里的 "肉" 字。粤语有声调 9 个, 分别是阴平、阴上、阴去、阳平、阳上、阳去、高阴入、低阴入, 阳入, 而普通话则只有阴平、阳平、上声、去声四个调子。这样 "澳普" 说着常会出现拿不准调子的问题。例如把车子驻停某处粤语说 "泊车"。这个 "泊" 是个入声字。普通话没有入声, "澳普" 说者嘴里的 "泊" 字的声调往往不好掌握。

以上简述的是 "澳普" 词汇、语音上的特点。本文主要探讨 "澳普" 在语法上的一些特点, 举例如下：

普通话日常问话时说 "吃了吗" "吃没吃", "澳普" 受粤语 "食咗未" 的影响, 说成 "吃饭了没"。"澳普" 这里的 "没" 就是粤语的 "未" 的照搬。普通话有所谓重动句, 如说 "请不要跟车跟得太近", 但是 "澳普" 不说重动句, 同样意思的话要说成 "请不要跟车太贴"。"澳普" 不像普通话那样说 "提醒您"

这样一个动词+人称代词的句式，而说"提提您"这样一个动词重叠+人称代词的句式。普通话的比较句是 a 比 b 如何，粤语的比较句是 a 好过 b，"澳普"的比较句常常是"a 好过 b"，例如"张三还好过李四呢"（普通话说"张三还比李四好呢"）"你的多过我的"（普通话说"你的比我的多呢"）"你今天来得早过我"（普通话说"你今天来得比我早呢"）。"澳普"不用普通话话语序，将副词置于动词的前面，说"你先出来吧""先把工具收起来"，而是将副词置于动词之后，甚至置于全句的末尾，说"你出来吧先""把工具收起来先"。"澳普"词的位置与普通话有异，还可举下面的例子，如不说"多吃一顿"而说"加多一餐"；不说"多收五元"而说"收多五文"；不说"帮一下忙"而说"帮忙一下"；不说"我看过就还给你"而说"我看过就给回你"。甚至介词结构的位置，"澳普"也与普通话不相一致，普通话说"请给救援车辆让路"，"澳普"说"请让路予救援车辆"。"澳普"说"那钱我手数畀你"，而普通话说"那钱我用手数给你"。两者的差别是，普通话的介词结构"用手数"，而"澳普"直接用词化的"手数"。普通话有所谓双宾句，近宾语由表示人的人称代词等来充当，远宾语则通常由表示事物对象的普通名词来充当，如"给我一张纸"。但是在"澳普"里，"多给我一个"的意思说成"加多一个畀我"，"多送给我几本"的意思说成"送多几本给我"，"多给你一片（药）"的意思说成"给多一片（药）你"。普通话中是离合词的单位，在"澳普"里被作为非离合词使用，例如不说"随你便"或"随你的便"而说"随便你"。"澳普"不说普通话形容词+"得"+形容词补语那样的中补结构，而说形容词+副词"很"+形容词补语那样的中补结构，比如"轻轨比绿皮车的硬座好很多哦"，"这里人少，那里挤很多"。"澳普"也不用普通话常用的一些词，而用叠加状语的形式。例如不说"新面貌即将展现"或"新面貌快要展现"，而说"新面貌快将展现"。"即将""快要"都是普通话常用的副词状语，而"快将"则是"澳普"中出现的，是普通话中所没有的。"澳普"中有一些特殊的语气词，如"多很多哦"的"哦"，"中午才吃的喔"的"喔"。"澳普"中有一些特殊的量词用法，异于普通话：例如普通话说"一座桥"，澳普说"一条桥"，普通话说"一家银行"，澳普说"一间银行"。还有一些港澳特有的组合方式，在"澳普"体现出来，例如普通话也有形容词"久"表示时间长的意思，但是这个"久"一般不与后置的"一点"搭配，而"澳普"却可以说"久一点"；"特别饱"的意思"澳普"说成"超饱"，"极好吃"的意思"澳普"说成"好好吃"；"夫妻二人"，普通话说"夫妻俩"，北方方言说"公母俩"，"澳普"语序倒过来，说"两夫妻""两公婆"：普通话"是……时候了"，中间嵌入的是表示动作行为时间的词语，而"澳普"却将普通话嵌入其间的成分后置，说成"是时候……"，"了"甚至可以不出现，例如"是时候犒赏自己，来一场华丽优雅的终极盛典迎接2015"。似这样的"澳普"，语法上保留着较为明显的粤语语法的痕迹，很值得研究。

3

细究起来，"澳普"似乎可以分出书面语较强的"澳普"和口语较强的"澳普"这样两类情况。口语性较强的"澳普"，多为中下层人士在市井间交流使用；而书面性较强的"澳普"，借助文字的说明，即使不大容易明白，亦可猜个八九不离十。口语性强的"澳普"中，普通话的口语成分似乎更多一些；书面语性更强的"澳普"中，粤语成分更多一些。因为粤语保留古汉语的词语成分较多，因此无论哪种"澳普"里都间或可见古汉语的词汇成分，例如公交车上有广告："光纤正不断覆盖，生活水平亦不断提升"中的"亦"。再如医院内有提示语："如需协助，请即扬声"中的"即"。

　　值得注意的是，同样一个意思，在普通话里，可能会有甲乙两种表达方式，意思基本一致，而在"澳门"里却只偏用于一种。例如普通话可说"多给点儿饭"，也可说"给多点儿饭"，意思基本不变。但是在"澳普"里，却只有"畀多点饭"这样一种表达法而无"多畀点饭"的表达法。词汇的表达也一样。在普通话或汉语其他地区用甲词，在"澳普"用乙词。只不过所用语境不同。例如澳门的电梯间里有"录像在监察中"这样的警示性的标语。同样的意思，在内地几乎所有的地方都说成"录像在监视中"。"收工""下班"这两个词，内地普通话都有，但分工不同。但在"澳普"中只有"收工"没有"下班"。再如"吃素""吃斋"两个词，其他地方只是在表示僧尼吃素时才叫"吃斋"，非僧尼吃素就叫"吃素"而不叫"吃斋"。但是"澳普"却是任何人吃素都是"吃斋"。澳门和其他地方都有工资单，但是"澳普"称工资单为"粮单"。而在汉语其他地区，工资单就是工资单，粮单就是粮单，是完全不可混同的。澳门的住宅多是高层建筑，楼下的保安通常会对新来的住户问道："你的是多少单位？"同样的意思，普通话要说成："你的是哪个单元？"或"你的是什么单元？""澳普"在时间的表达上也有特点，钟表的分针所指是哪个数字，即用其来表示时间，比如时针指向十点，而分针指向五分钟的"1"字，即称"十点一"；分针指向十分钟的"2"字，即称"十点二"；分针指向十五分钟的"3"字，即称"十点三"；以此类推。

　　上文已说"澳普"与"粤普"有着近似甚至重合之处。这种近似或重合之处，在"澳普"与"港普"两者间或更有高度的一致性。例如"澳普""港普"都常见用"VAVB"这样的熟语性语模造出的熟语："有商有量""自说自话""讲清讲楚"。

本文目前还只是一个非常简略的分析文字，更全面的调查分析还有待展开。在下一步的调查分析中，将"澳普"与澳门境内的粤语这样的"澳粤"的特点严格区别开来，将"澳普"与粤语圈内的其他地方的普通话，与其他地方的普通话的特点严格分别开来，或许是未来更需关注的地方。

参考文献：

李雄溪、田小琳、许子滨　2009　《海峡两岸现代汉语研究》，香港：文化教育出版社。

许嘉璐　2011　《关于澳门规划的思考》，《澳门语言文化研究（2010）》，澳门理工学院。

周荐、董琨　2008　《海峡两岸语言与语言生活研究》，香港：商务印书馆有限公司。

石定栩、周荐、董琨　2014　《基于华语教学的语言文字研究》，香港：商务印书馆有限公司。

郑锦全、何大安、萧素英、江敏华、张永利　2007　《语言政策的多元文化思考》，台北：中国台湾地区"研究院"语言学研究所。

周　荐　2014　《偏域词语说略》，台北：海峡两岸第八届现代汉语问题学术研讨会论文。

后　记

　　在我国著名语言学家、汉语侗台语比较语言学大师邢公畹先生诞辰 100 周年之际，南开大学文学院于 2014 年 10 月 25 日召开邢公畹先生学术思想研讨。众多邢门弟子和语言学者齐聚一堂，纪念邢公畹先生为中国语言学做出的重要贡献，弘扬邢公畹先生的学术思想与治学精神。会后我们把大家的研讨内容汇集起来，成为这本纪念文集。

　　邢公畹先生（1914—2004），名庆兰，生于安徽省安庆市，祖籍江苏高淳，是我国著名语言学家、汉语侗台语比较语言学大师。历任国立西南联合大学教员，莫斯科大学教授，南开大学中文系教授、系主任。曾任中国语言学会常务理事、副会长，中国音韵学研究会顾问，中国民族语言学会常务理事。

　　邢公畹先生曾用"君子之学如蜕"《荀子·大略》来总结自己的为学之道，认为"治学应当不断地从旧范围里走出来,走向新的境界"。他孜孜不倦辛勤耕耘，在促进普通语言学理论的深化和完善方面，在汉语方言、汉语语法和音韵学研究方面，在汉藏语比较研究特别是汉语与侗台语比较研究等诸多方面，都做出重要成就，硕果累累，为中国语言学发展贡献了毕生精力，在国内外语言学界具有重要影响。邢公畹先生的精神和风范为中国语言学者树立了榜样。因此我们今天纪念邢公畹先生具有很好的现实意义。

　　在本书编辑过程中，南开大学文学院领导给予了热情支持，石锋教授、曾晓渝教授、孙易老师积极工作，研究生鄢卓、高聪同学负责稿件整理编排，南开大学出版社的编辑辛勤努力，在此谨致谢忱。

《邢公畹先生诞辰 100 周年纪念文集》编委会

2016 年 11 月